Marie Haller-Nevermann
FRIEDRICH SCHILLER
Ich kann nicht Fürstendiener sein

Marie Haller-Nevermann

Friedrich
Schiller

Ich kann nicht Fürstendiener sein

Eine Biographie

Aufbau-Verlag

Inhalt

Einführung
Geisteshaltung und Künstlerpersönlichkeit

Wie lebhaft habe ich bei dieser Gelegenheit erfahren […], daß es
dem Vortrefflichen gegenüber keine Freiheit gibt als die Liebe.
An Goethe, 2. Juli 1796

1. (Frontispiz): Friedrich
Schiller. Gemälde von
Anton Graff, 1785/86.

2. Friedrich Schiller.
Pastellgemälde von
Gerhard von Kügelgen,
um 1810.

Jede Auseinandersetzung mit der Lebensgeschichte Schillers steht vor der Herausforderung, dem Außergewöhnlichen dieser Biographie Rechnung zu tragen. Zunächst erstaunt, wie unspektakulär der Lebensweg auf den ersten Blick anmutet. Sein geregeltes Ehe- und Familienleben wurde nicht durch aufsehenerregende Liebesverhältnisse oder exzeptionelle Affären in Frage gestellt, Schiller hat sich nur ungern und höchst selten von seiner Frau getrennt. Es gab weder ausgedehnte Reisen oder lebensprägende Auslandsaufenthalte noch einschneidende Umbrüche. An innerer Spannung aber war dieses Leben kaum zu überbieten, ohne seelische Krisen nicht denkbar. Schiller überwandt sie, indem er das absolute Ziel der eigenen Dichtung vor Augen hatte, und er erreichte es aufgrund der »Gediegenheit seiner Natur und der rastlosen Arbeit«*.

Schillers Leben ist reich dokumentiert; die vorliegende Biographie bemüht sich daher, das ganz und gar Ungewöhnliche dieser Künstlerpersönlichkeit zu verdeutlichen. Werdegang und Werk sollen in Verbindung mit der umgebenden Realität und den individuellen Bedingungen dargestellt werden: Schiller wird als Zeitbürger gesehen vor dem Hintergrund der historischen Kraftlinien, die ihn prägten. Und diese sind ungewöhnlich genug.

In seine Schulzeit fiel die Phase der demokratischen Revolution in Nordamerika, in der deutschen Geistesgeschichte und in den Naturwissenschaften vollzog das

* Briefwechsel zwischen Schiller und Wilhelm von Humboldt. Mit einer Vorerinnerung über Schiller und den Gang seiner Geistesentwicklung. Stuttgart und Tübingen 1830, S. 4.

Bürgertum zwischen 1770 und 1830 seinen Aufbruch, geprägt durch die Hochzeit der deutschen Aufklärung in der zweiten Hälfte des 18. Jahrhunderts. Mit der Überwindung des einseitigen Rationalismus der Aufklärung in der Literatur, der Pädagogik, auf der politischen Bühne und in den religiösen Auseinandersetzungen wurde eine neue Lebens- und Weltsicht entwickelt, die in der Philosophiegeschichte als Epoche des deutschen Idealismus und in der Literaturgeschichte als die Perioden »Sturm und Drang«, »Weimarer Klassik« und »Romantik« bezeichnet werden. In seinem dreißigsten Lebensjahr wurde Schiller Zeuge der Französischen Revolution. Die kritische Analyse dieser ersten bürgerlichen Erhebung innerhalb der modernen Demokratiebewegung hat sein weiteres Leben grundlegend bestimmt. Zentrale Themen seiner Dichtung wie seiner historischen und philosophischen Abhandlungen waren fortan die Freiheits- und Menschenrechte, die Kritik an absolutistischer Willkür (»Die Räuber«, »Don Karlos«, »Wilhelm Tell«) und an der Ständegesellschaft (»Kabale und Liebe«), die Entstehung einer bürgerlichen Nation (»Geschichte des Abfalls der Vereinigten Niederlande«) und die Entwicklung der Französischen Revolution (»Über die ästhetische Erziehung des Menschen«, »Geschichte des Dreißigjährigen Kriegs«, die Wallenstein-Trilogie). Auch die Rolle der Frau, ihre Position in der Stände- bzw. der bürgerlichen Gesellschaft wird in mehreren

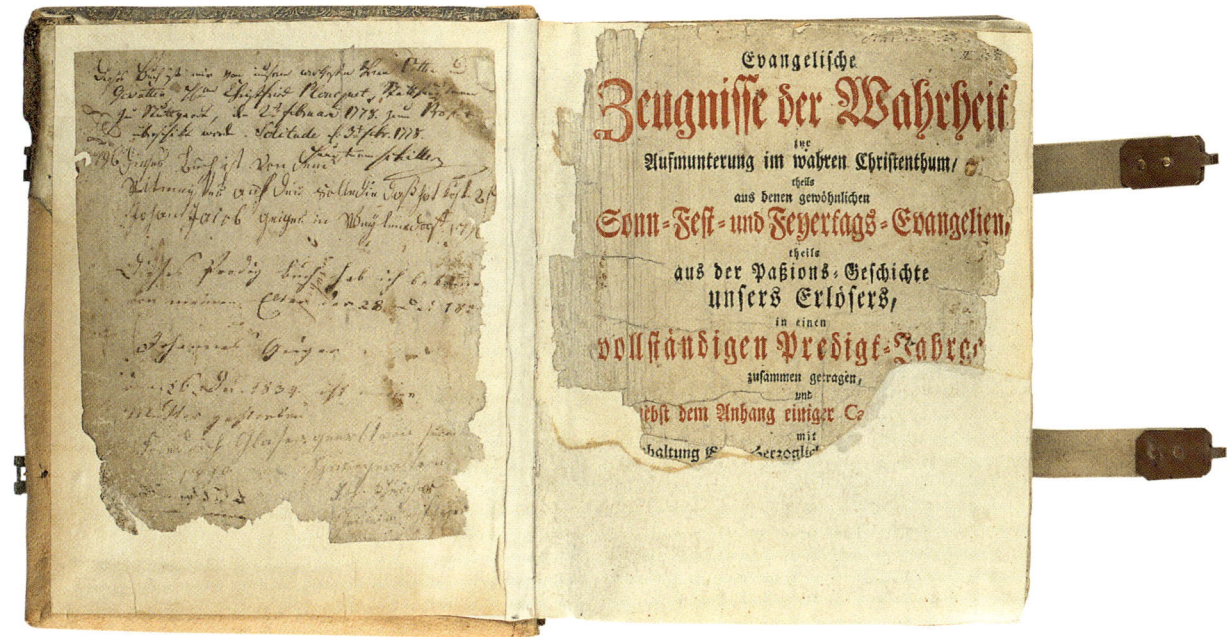

Dramen und vielen Gedichten reflektiert, wobei die großen Frauenfiguren, die Schiller in seinen Stücken schuf, oftmals dem widersprechen, was er in Lyrik und Prosa über Tugend und Würde der Frauen formuliert hatte. In der Jungfrau von Orleans, in Elisabeth (»Maria Stuart«), der Gräfin Terzky (»Wallenstein«), in Marina (»Demetrius«) und Hedwig (»Tells Gattin, Fürsts Tochter«) gestaltete er Stärke, Autonomie, Ehrgeiz, Mut, ja Verwegenheit.

Im Unterschied zu Goethe hat Schiller weder Tagebuch geführt noch eine Autobiographie hinterlassen. Wohl gab es 1790, kurz vor seiner Heirat, an einem Wendepunkt seines Lebens also, diesbezügliche Pläne, doch hat er eine solche »Geschichte seines Geistes« in dem kurzen, nur knapp 46 Jahre währenden Leben nicht schreiben können. Als Arzt war ihm früh bewußt, daß er mit seiner Zeit haushalten mußte. Die Prioritäten, die er setzte, waren andere. Sie galten nicht der Beschäftigung mit der eigenen Person, sie galten ausschließlich dem Schaffensprozeß, in dessen Verlauf entstand, was nunmehr seit gut zweihundert Jahren als Werk vor uns liegt. Schiller ging es nur darum, schreiben zu können, das Schreiben war für ihn innere Notwendigkeit und existentiell für seine Künstlernatur. Es leitete den Ablauf jedes Tages und fixierte die geistige Landschaft, die er in sich erschuf.

Ein Grundzug seiner Persönlichkeit war das Dialogische. Schiller war, einer Feststel-

3. Evangelisches Predigtbuch. Hrsg. von Immanuel Gottlob Brastberger. Mäntler, Esslingen 1758/60 – ein Standardwerk pietistischer Frömmigkeit aus dem Besitz von Schillers Vater.

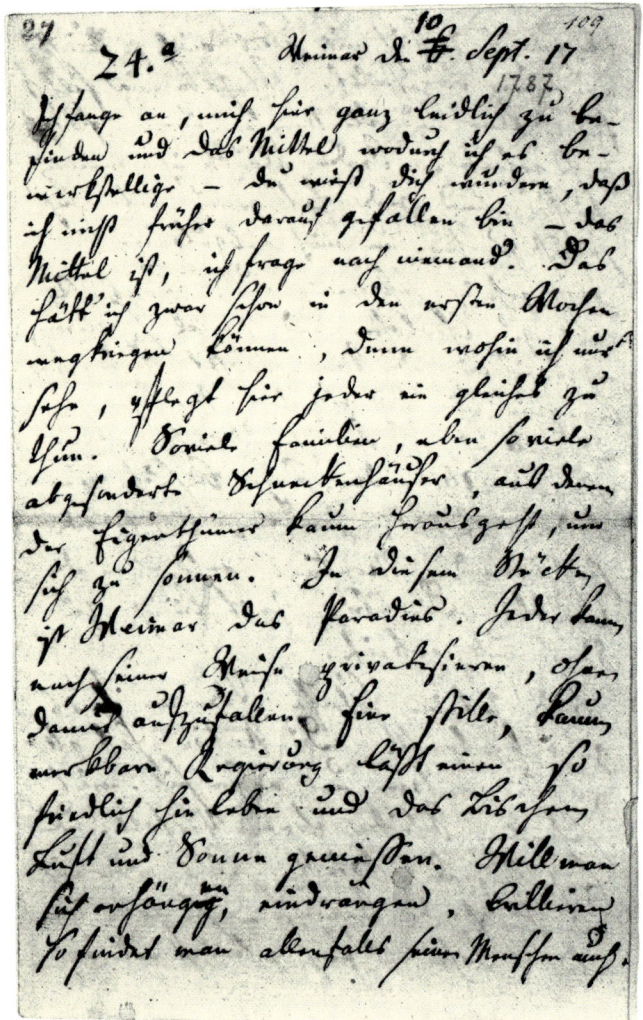

4./5. Erste und letzte
Seite eines Briefes von
Schiller an Gottfried
Körner.

lung seines Freundes Wilhelm von Humboldt zufolge, für das Gespräch, den geistigen Austausch geboren. Zeit seines Lebens suchte er den Dialog, der ihm Lebensbedingung war. Er bedurfte des anderen, er ließ diesen »nie müßig werden«, er »behandelte den Gedanken immer als ein gemeinschaftlich zu gewinnendes Resultat«. Schiller habe »nicht eigentlich schön gesprochen«, doch sei sein Geist immer »in Schärfe und Bestimmtheit einem neuen geistigen Gewinne« zugestrebt. Ein nur von dem Wunsch nach Wissen geleitetes Studieren war ihm fremd, es ging ihm stets um Geistestätigkeit, die sich an dem Stoff entfaltete.

Insofern war auch der Brief die ihm gemäße Form schriftlicher Kommunikation. Nur wenige Dichter haben einen so umfangreichen Briefwechsel hinterlassen. So wurden in der intensiven Phase der Freundschaft mit Goethe in rund elf Jahren über 1000 Briefe gewechselt, von denen 473 aus der Feder Schillers überliefert sind. Ähnlich umfangreich ist der Briefwechsel mit Körner. Die Korrespondenz mit seiner späteren Frau Charlotte umfaßt an die 400 Briefe, von denen mehr als die Hälfte von ihm stammen. Insofern ist für die Auseinandersetzung mit seiner Persönlichkeit neben dem Werk der Briefwechsel von großer Bedeutung. Allerdings offenbart er hier nur selten Privates. Einblicke in die persönliche Situation gewährte er höchstens dem »Urfreund« Körner, gelegentlich Humboldt und später hin und wieder Goethe.

Seine ganze Energie, allzuoft der physischen Disposition mühevoll abgerungen, ist auf die Arbeit am literarischen oder philosophischen Text gerichtet, über den er den Austausch suchte.

Neben dem Briefwechsel gab es den persönlichen Kontakt mit Freunden, die ihm als geistige Partner zur Seite standen und seine poetische Produktivität und Kreativität anregten. Sie haben Schillers künstlerische Individualität in aufschlußreichen Dokumenten sichtbar gemacht. Eine intensive Lebensfreundschaft entwickelte sich mit Christian Gottfried Körner, den Schiller 1785 persönlich kennenlernte, später dann mit dem acht Jahre jüngeren Wilhelm von Humboldt und schließlich seit Mitte der neunziger Jahre eine Geistesfreundschaft ohne Beispiel mit dem zehn Jahre älteren Goethe.

Wilhelm von Humboldt, dem Schiller 1789 in Weimar begegnete, erfaßte rasch, daß dieser »nur in seinen Ideen lebte«, er begriff von den drei Freunden die spezifische Eigenart von Schillers Denken und Dichten am klarsten und gänzlich ohne Vorbehalte. Sein Urteil war von größter Sensibilität getragen und beruhte auf grenzenloser Bewunderung. 1830, lange nach Schillers Tod, gab er ihren Briefwechsel heraus, versehen mit einer »Vorerinnerung über Schiller und den Gang seiner Geistesentwicklung«. In diesem Vorwort umkreist Humboldt die Besonderheit von Schillers Künstlerpersönlichkeit unter immer neuem

6. Melpomene, die Muse der tragischen Dicht-kunst.
Gipsplastik von Martin Gottlieb Klauer, Ende des 18. Jahrhunderts.

7. Clio, die Muse der Geschichtsschreibung. Gemälde, 1797.

Blickwinkel. Es ist ein Dokument der Ver-ehrung und vor allem eines tiefen Verständ-nisses und gehört trotz der zeitgebundenen Sicht noch heute zum Denkwürdigsten, was über Schiller geschrieben wurde.

Daß Goethe kein Lebensporträt seines Freundes hinterlassen hat, ist oft beklagt worden. Gleichwohl ist seinen Briefen ein lebendiges Bild des Gefährten eingeschrie-ben, vor allem den späten, in denen er ermißt, was Schiller ihm bedeutet hat. Sein als Reaktion auf dessen Tod 1805 geschrie-bener Epilog zur »Glocke« stellt, in höchster Verdichtung, ein solches Porträt dar. Es geht hierin nicht nur um das Gedicht, sondern um den Dichter selbst, um Goethes Trauer und das Ausmaß des Verlustes, den dieser Tod für ihn darstellte.

Die Tragik dieser Biographie ist der von Anfang an äußerst labile Gesundheitszu-stand, der schon bald zur Erkrankung der inneren Organe führte und zu einem frühen Lebensende. Schiller hatte für sein Werk nicht einmal drei Jahrzehnte Zeit. Mit äußerster Willensanstrengung arbeitete er seiner körperlichen Disposition entgegen, er belastete sich stets über die vorhandene Kraft hinaus, er war chronisch überarbeitet, seine Lebensführung kannte keine Scho-nung. Demgegenüber ist es erstaunlich, wie lange physische und psychische Krisen auf sich warten ließen. Die Not des Körpers beeinträchtigte die seelische Konstitution erheblich. Ging es ihm gesundheitlich bes-ser, war er geradezu euphorisch, doch wurde sein Enthusiasmus allzuoft durch jähe gesundheitliche Einbrüche gedämpft. Mißmut und Melancholie, oft zu Schwermut gesteigert, waren die offenkundigen Folgen. Schiller lebte und arbeitete jedoch ohne eine Spur von Wehleidigkeit. »Mein Kopf ist ganz hin«, schrieb er 1788 an Charlotte von Lengefeld, »ein heilloser Zustand.« »Mein Kopf ist von Schnupfen ganz zerstört«, heißt es im Februar 1790. Er berichtete über die »Tyrannis« der Krankheit mit ihrer schweren Beeinträchtigung seiner Arbeitsfähigkeit wie über etwas, das ihm anhaftete, ohne daß es die Chance einer Befreiung gäbe.

In seinem eigenen Leistungshorizont hat Schiller stets das Höchste von sich gefordert, er strebte das selbstgesetzte Ideal kompromißlos an – ein Grund dafür, daß sich »in seinen Werken so Weniges [findet], was man matt oder mittelmäßig nennen müßte«; es war Schiller ganz unmöglich, »etwas Unklares oder Ungewisses in seinem Geiste zurückzulassen« (Humboldt). Selten hat ein Dichter größere Forderungen an sich und seinen Stoff gestellt. Eine »große, empor verlangende Seele« nannte ihn Thomas Mann in seinem »Versuch über Schiller«. Und Max Kommerell bekannte: »Umformend, wie er sich gegen die Welt verhält, verhält er sich gegen sich selber. [...] Dichtend tut er sich Gewalt, unterwirft sich dem Gesetz einer fordernden Auswahl. [...] Nur so war ihm das Dasein möglich. Das unbewachte Leben seiner Seele läßt sich schwer aus seinem streng vom Willen bewachten Werk lesen.

Doch ist die Spur nicht verwischt.« Vor dem Hintergrund der differenzierten Kenntnis des Freundes ging Goethe noch einen Schritt weiter, wenn er am 19. Februar 1829 gegenüber Eckermann konstatierte: »Aber Schiller hatte in seiner Natur etwas Gewaltsames; er handelte oft zu sehr nach einer vorgefaßten Idee, ohne hinlängliche Achtung vor dem Gegenstande, der zu behandeln war.«

Diese Spuren gilt es weiterzuverfolgen, und zwar in seinen Dramen, seinen ästhetischen, philosophischen und historischen Schriften wie in seinen Briefen. Welches Bild des Autors strahlt aus seinem Werk zurück?

Ein wesentliches Moment ist das große Bildungserlebnis. Auch wenn Schillers Leben keineswegs so privilegiert begann wie das von Goethe oder Humboldt, so besteht das ganz und gar Besondere seines Weges darin, daß er, der ärmlichen Verhältnissen entstammte, dessen Entwicklung sich unter größten Schwierigkeiten vollzog und der mit der Last einer schwachen Konstitution ausgestattet war, als Dichter einer ganzen Epoche Ausdruck verlieh. Als den »ideenfruchtbarsten Kopf, der überhaupt existiert«, charakterisierte ihn der bedächtige Freund Wilhelm von Humboldt. Tief verneigte sich Novalis 1791 vor Schiller. »Con amore« habe die Natur die unterschiedlichsten Qualitäten in ihm vereint: »so viel Herzensgüte mit so viel Herzensstärke, so viel Einfachheit mit so viel Reichthum, so viel System mit so viel Art, so viel Caracter mit so viel Sinn, so viel Schema mit so viel Anwendung, so viel

»Dasjenige zu leisten und zu seyn, was ich nach dem mir gefallenen Maaß von Kräften leisten und seyn kann, ist mir die höchste und unerläßlichste aller Pflichten.«
An Jens Immanuel Baggesen, 16. Dezember 1791.

* Novalis (Friedrich von Hardenberg), Werke, Tagebücher und Briefe. Hrsg. von Hans-Joachim Mähl und Richard Samuel. 3 Bände, München 1978, Band 1, S. 509 f.

Transcendentale Einbildungskraft und so viel Methode in der Transcendenten«*.

1782, nach der Flucht aus Württemberg, sprach Schiller von seinem »Dichterberuf« – einen Begriff wählend, der vor ihm so nicht existierte. Von diesem Zeitpunkt an versuchte er als freier Autor zu leben. Den steinigen Weg vom Selbstverleger zum freien Schriftsteller ging er kompromißlos. Weder der frühe Erfolg der Mannheimer »Räuber«-Inszenierung und der dadurch auf ihm lastende politische Druck noch gesundheitliche Krisen oder Enttäuschungen wie Dalbergs Verzicht auf eine Zusammenarbeit und das daraus folgende Ende seiner Mannheimer Hoffnungen konnten ihn von diesem Ziel abhalten. In denkwürdigen Sätzen resümierte er 1784 die damaligen Erfahrungen: »Ich schreibe als Weltbürger, der keinem Fürsten dient. Früh verlor ich mein Vaterland, um es gegen die große Welt einzutauschen […]. Die Räuber kosteten mir Familie und Vaterland […].«

Sein umfangreiches, den damaligen Kenntnisstand repräsentierendes Wissen erwarb sich Schiller u. a. durch gezielte Lektüre, durch Quellenstudium und durch Gespräche. Er ist wenig gereist, er lernte Deutschland nur zum Teil kennen, die Schweiz seines Wilhelm Tell zum Beispiel gar nicht. Sein Bildungsweg führte weder nach Italien noch nach Griechenland. Aus gesundheitlichen Gründen scheute er Hitze und Reisestrapazen. Doch was ihm eine begrenzte Anschauung bot, ergriff er so

intensiv, daß es ihm gelang, auch das in seinen Erfahrungshorizont zu integrieren, was er sich durch Studium und fremde Schilderung aneignete. Ein großes Potential an gedanklich strukturierter Phantasie und ein hervorragendes Gedächtnis waren hierfür die wesentlichen Voraussetzungen.

Welches Bild von einem Dichter hatte Schiller, was forderte er von der Dichtung? Zunächst könne der Dichter nichts anderes geben als die eigene Individualität, die es soweit wie möglich zu veredeln gelte, »zur reinsten herrlichsten Menschheit hinaufzuläutern«, wie er 1791 in der Rezension »Über Bürgers Gedichte« präzisierte. Aufgabe der Literatur sei es, der »Vereinzelung und getrennten Wirksamkeit unsrer Geisteskräfte« entgegenzuarbeiten, damit das moderne Individuum zu seiner ursprünglichen Einheit zurückfinde. In den Briefen »Über die ästhetische Erziehung des Menschen«, die 1793 geschrieben wurden und 1795 in einer überarbeiteten Fassung erschienen, verfolgte er seine Überlegungen weiter. In diesen Briefen, die Schiller für seine bedeutendste theoretische Schrift hielt, erörterte er seine Idee des »ganzen Menschen«, den Beitrag der Kunst für die Ausbildung der Humanität, die Entwicklung einer ganzheitlichen Erfahrung und die Veredelung des Charakters als Vorbedingung politischer Freiheit. Die ästhetische Kultur und in ihr die Schönheit sind für Schiller das wirksamste Medium der Charakterbildung. Kunst und Dichtung finden ihre vornehmste

Aufgabe in der ästhetischen und sittlichen Bildung des Menschen. Seine Grundforderungen an den Dichter sind geläuterte Individualität, Genie und Talent.

Mit seinem Entwurf knüpfte Schiller an Erkenntnisprozesse an, die im 18. Jahrhundert im Rahmen der Aufklärung die Emanzipation des Menschen zum Ziel hatten. Auf der Grundlage der bisher gewonnenen Einsichten ging es um eine Veränderung der Gesamtsituation des Individuums. Mit ihrem Postulat menschlicher Selbstbestimmung war die Aufklärung eine geistige und zugleich eine gesellschaftskritische Bewegung, die mit einem Säkularisierungsprozeß einherging.

Auch die Idee der Ganzheit war Teil aufklärerischen Denkens. Mit ihr setzte sich Schiller im 6. Brief zur »Ästhetischen Erziehung des Menschen« auseinander, indem er die »Aufmerksamkeit auf den Zeitcharakter« richtete, das heißt die Idee mit der Erfahrung konfrontierte. Erst wenn der Mensch die Harmonie seiner selbst wiedergefunden habe, sei er in der Lage, seine politische Situation zu verändern. Die Ganzheit des Menschen, die bei den Griechen Wirklichkeit gewesen sei, sei bei »uns Neuern« in »Bruchstücke« zerfallen. Schiller hält der ehemals vorhandenen »Totalität der Gattung« die Zerstückelung und Fragmentierung des heutigen Menschen entgegen: »Die Kultur selbst war es, welche der neuern Menschheit diese Wunde schlug. Sobald auf der einen Seite die erweiterte Erfahrung und

das bestimmte Denken eine schärfere Scheidung der Wissenschaften, auf der andern das verwickeltere Uhrwerk der Staaten eine strengere Absonderung der Stände und Geschäfte notwendig machte, so zerriß auch der innere Bund der menschlichen Natur, und ein verderblicher Streit entzweite ihre harmonischen Kräfte.« Indem er von Entfremdung und Spaltung ausgeht und vom Bruchstückmenschen spricht, bleibt er nicht bei der Formulierung eines hehren Ideals stehen, sondern nimmt gleichsam Adorno mit seiner Dialektik der Aufklärung vorweg: »[…] der Genuß wurde von der Arbeit, das Mittel vom Zweck, die Anstrengung von der Belohnung geschieden. Ewig nur an ein einzelnes kleines Bruchstück des Ganzen gefesselt, bildet sich der Mensch selbst nur als Bruchstück aus, ewig nur das eintönige Geräusch des Rades, das er umtreibt, im Ohre, entwickelt er nie die Harmonie seines Wesens, und anstatt die Menschheit in seiner Natur auszuprägen, wird er bloß zu einem Abdruck seines Geschäfts, seiner Wissenschaft« (6. Brief). In seinem »Versuch über Schiller« hat Thomas Mann auf die »realistische Unverschwämtheit« des Dichters hingewiesen, der, »Idealist gewiß in jedem Sinn, dem philosophischen und künstlerischen«, sich nie in »wolkigem Optimismus« gewiegt habe: »Er war Mediziner genug, den Idealismus, das der Unsterblichkeit dargebrachte Opfer irdischen Glücks durch die Verwesung als höhnischen Trug entlarvt zu sehen.« Was für Schiller zählte, was auch dem Zweifel als moderner Grundhaltung standhielt, war die Idee.

Humboldt sprach von Schiller als einem »angeborenen, schöpferischen Dichtergenie«, das sich bereits in seinen ersten Arbeiten ankündigte. Er selbst hat sich so nicht wahrgenommen, vielmehr bedrängten ihn zu Beginn seines Weges Zweifel, ihm fehlte das Vertrauen in seine dichterische Begabung, die Zuversicht, daß der Dichterberuf für ihn der einzig mögliche sei. Einen schriftstellerischen Lebensplan hat er nur zögernd entwickelt; den Zugang zur Dichtung fand er über das Verfassen theoretischer Schriften. Schillers Dichtergenie, so Humboldt, sei »auf das engste an das Denken in allen seinen Tiefen und Höhen geknüpft«. Der Gedanke sei »das Element seines Lebens« gewesen, das Besondere an ihm die anhaltende kreative Selbsttätigkeit des Geistes. Bloße Lektüre ohne daraus erwachsende kritische Reflexion war bei ihm nicht vorstellbar. Er forderte von der Dichtung »einen tieferen Antheil des Gedankens, und unterwarf sie strenger einer geistigen Einheit«, indem er sie an eine feste Kunstform band und ihr ein ideelles Konzept unterlegte. Schiller forderte von ihr »Klarheit und Bestimmtheit«, sein »Dichtergenie« gründete auf Intellektualität. Seine Dichtung, so Humboldt, lasse »weniger die leichte, glückliche Geburt des Genies« erkennen als »die sich ihrer selbst bewußte Arbeit des Geistes«.

Schiller ist der Dichter des Tragischen; seine Dramentheorie ist Kant und dessen Reflexionen über die Tragödie verpflichtet. Kants Abhandlung »Beobachtungen über das Gefühl des Schönen und Erhabenen« (1764) sowie seiner Theorie der sittlich-moralischen Autonomie des Menschen folgend, sah er in der Tragödie das einzig mögliche Argumentationsmedium. Nur im tragischen Konflikt von Ideen und Taten, Pflichten und Neigungen erweise sich die Befähigung des Menschen zur Selbstbestimmung, mithin seine Freiheit. Max Kommerell nannte Schiller einen »geborenen Tragiker«. Geschichte sei für ihn nicht der Stoff, sondern die Gesinnung seiner Dramen. Jeder geschichtliche Stoff sei nur Material, ein Fall, in dem die Geschichte selbst erkennbar werde. »Schiller sieht sie mit dem Auge des geborenen Tragikers: als den Leidensweg der Idee über die Erde. Die Idee muß sich in der Tat verwirklichen, obschon sie mit ihr unversöhnlich entzweit ist. Das ist das tragische Urbeispiel, das in immer neuen Beispielen erscheint. Die Passion der Idee kann sein, daß sie verfälscht wird, oder daß ihr Träger für die Welt vernichtet wird. Die Erde selbst, als der Schauplatz der Geschichte ist die erste tragische Bühne, und Schillers Gefühl vor ihr ist Schauder. Andere, strahlende Augenblicke der Geschichte deutet Schiller als Wunder.«[*]

Seine Dramentheorie ließ die Form der Komödie kaum zu. Das Leichtfüßige, auch wenn es großem Ernst verpflichtet wäre, konnte seine Sache nicht sein; es ist in

* Max Kommerell, Geist und Buchstabe der Dichtung. Frankfurt a. M. 1962, S. 161.

8. Friedrich Schiller.
Gemälde von Ludwig
Frenzel, 1882, nach
Ludovike Simanowiz.

seinem Werk eher versteckt und muß aufgesucht werden. Eine Komödie hat er nicht
hinterlassen, und der einzige Entwurf einer
solchen, »Die Polizei«, kam über eine flüchtige Skizze nicht hinaus. Elemente des Phan-
tastischen, des Kindlichen oder Märchen-
haften vermied er genauso wie Anklänge an
die Commedia dell'arte. Zwar gibt es komö-
diantische Szenen wie in »Wallenstein« oder
in »Kabale und Liebe«, komische Figuren als
solche aber treten nicht auf. Wohl gibt es die
Karikatur, wie in der Person des Marschalls
von Kalb, einer Hofcharge, die ihren Namen
nicht zu Unrecht trägt, die Posse aber
kommt nicht vor. Verleiht Schiller seinen
Gestalten komische Züge, dann erscheinen
sie allenfalls am Rande. Zwar lehnte er die
Komödie als dramatische Form keineswegs
ab, da er aber die vordringliche Aufgabe von
Dichtung in der Veredelung des Menschen,
der Förderung seiner ganzheitlichen Entwicklung sah, konnte er das komische Genre
nicht bedienen.

Daß Schiller die lyrische und die dramatische Dichtung stets den Prosaformen vorzog, entsprach dem poetologischen Denken
der Zeit, als sich der Roman erst zögernd
durchzusetzen begann. Es war durchaus
dem vorherrschenden Verständnis geschuldet, daß er Roman und Erzählung nicht nur
allgemein geringschätzte, sondern schon
in den achtziger Jahren auch die eigenen
Erzählungen abwertete. Der Romancier sei
der »Halbbruder«* des Dichters, erklärte er
1795. Nur zwei Erzählungen hielten seinem

* NA 20, S. 462.

kritischen Blick stand: »Verbrecher aus Infamie« und »Spiel des Schicksals«, die er in die
»Kleineren prosaischen Schriften« von 1792
aufnahm. Selbst »Der Geisterseher« (1789),
der ihm einen Sensationserfolg eingebracht
hatte, interessierte ihn kaum mehr. Diese
erzählenden Texte stehen in deutlicher Nähe
zur Novelle; ihre dialogische Struktur verweist auf den erfahrenen Dramatiker.

Sein geistiges Leben hatte der Dichter
unter den Schutz zumindest einer Göttin
gestellt: Als Historiker war ihm Clio, die
Muse der Geschichte, am nächsten, deren
inspirierenden Beistand er in einem Gemälde suchte, das sich seit 1797 in seinem Besitz
befand und heute im Marbacher Literaturarchiv aufbewahrt wird. Schiller hatte es von
einem Duisburger Fabrikanten, der sich auf
die »mechanische Nachbildung« originaler
Gemälde spezialisiert hatte, sozusagen als
Werbegeschenk erhalten, wovon er Goethe
in zwei Briefen vom 14. und 25. April 1797
berichtete. Aber auch Thalia als Muse der
dramatischen Dichtkunst und vor allem
Melpomene, die Singende, die Muse der tragischen Dichtkunst, standen ihm zur Seite.
Da Goethe von dem Duisburger Institut eine
Reproduktion der Melpomene erhalten
hatte, ist zu vermuten, daß auch Schiller eine
solche Darstellung besaß.

Obwohl Schiller stets eine gewisse
Distanz zur Tagespolitik hielt, war er doch
ein sehr genauer Beobachter des politischen
Zeitgeschehens. Sein Interesse galt der sozialen Ordnung, in der er lebte, er analysierte

den Umgang mit politischer Macht, er reflektierte den kulturellen und sozialen Zustand seines Landes. Die großen Gestalten seiner Dramen »greifen mit den Machtverhältnissen zugleich Denkstrukturen an; die Geistigkeit der geschichtlichen Verläufe ist diesem Deuter der Geschichte eigen«*. Im Zeitalter der Französischen Revolution befaßte sich der Historiker mit den großen politischen Brüchen und den gesellschaftlichen Umschichtungen der europäischen Staaten des 16. und 17. Jahrhunderts, in denen sich die Entwicklung zur Moderne ankündigte. Auffällig ist, daß der große »Nationaldichter« seine Themen in der italienischen, spanischen, englischen, französischen, russischen und Schweizer Geschichte fand, kaum aber in der deutschen. Nationale Stoffe konnte »dieser größte politische Aktivist der deutschen Literatur«* kaum aufgreifen, verhinderten doch nationale Zersplitterung und Kleinstaaterei jeden Patriotismus. So wurde Schiller zu einem »Dramatiker der Weltgeschichte«, der seinen in der Gegenwart oder in der Geschichte verankerten Gegenstand ins Überzeitliche transponierte, was jedoch nicht bedeutete, daß er Normen festschreiben wollte oder auf die Aktualisierung eines Stoffes verzichtete. Schiller dachte immer auch historisch. Seine Dichtung war in hohem Maße »Reflexionskunst« mit dem Ziel einer »Bestimmung des eigenen Standortes«: »das lebendige Produkt einer individuellen bestimmten Gegenwart«.*

Im engeren Sinne war Schiller kein religiöser Mensch. Seine durch das Elternhaus geprägte Glaubenswelt wurde bereits in der Carlsschule transformiert und durch das philosophische Weltbild seines Lehrers Jakob Friedrich Abel weiterentwickelt. Dennoch war er durch seine Mutter und die regelmäßigen Kirchgänge der Familie mit dem schwäbischen Pietismus vertraut. Zweifellos kennzeichnete seine Kindheit und frühe Jugend ein ungebrochenes religiöses Empfinden. Das Vorbild des Lorcher Pfarrers Philipp Ulrich Moser war so eindringlich, daß Schiller als Kind den Wunsch äußerte, Pfarrer zu werden. In den »Räubern« hat er ihm in der Figur des Pastors Moser ein Denkmal gesetzt.

Die pietistische Rebellion gegen die lutherische Orthodoxie war nicht nur ein Aufstand frommer Innerlichkeit gegen die Erstarrung des Protestantismus in äußerlichen Formeln und Ritualen. Pietismus bedeutete vor allem die radikale Verweltlichung des Glaubens. Die affektiven Energien der ständigen Selbstprüfung und des weltlichen Handelns aus dem Geist tätigen Glaubens steigerten sich wechselseitig. Aus der Spannung beider Pole erwuchs die Dynamik des Pietismus. Dessen prägende Bedeutung für Schiller, der bereits in seinem 13. Lebensjahr das Elternhaus gegen die Carlsschule eintauschen mußte, darf keinesfalls unterschätzt werden. In einer Untersuchung über die »religiöse Situation des jungen Schiller« weist Müller-Seidel darauf

Max Kommerell, Frankfurt a. M. 1962, S. 189.

Walter Muschg, Die deutsche Klassik tragisch gesehen. In: Heinz Otto Burger (Hrsg.), Begriffsbestimmung der Klassik und des Klassischen. Darmstadt 1972, S. 174.

NA 30, S. 177.

hin, daß »Formen der Selbstreflexion und der Selbstbeobachtung«, die Schiller durch seine medizinischen Studien und den Philosophie-Unterricht Abels erlernt hatte, durchaus auch in »einer Tradition der Frömmigkeitsformen seiner Zeit« standen und daß gerade der schwäbische Pietismus in vielen Zügen mit der Aufklärung zusammenging. Er korrigierte damit das in vielen Biographien vorherrschende Bild des schwäbischen Pietismus als eines ausschließlich schwärmerische Frömmigkeit kultivierenden Gefühlschristentums.

Seine protestantische Grundeinstellung hat Schiller, dessen Frau zeitlebens tief religiös war, nie aufgegeben, doch war sein Religionsverständnis der Aufklärung verpflichtet. Schon früh erkannte er den »Wert des Selbstdenkens« und akzeptierte die urteilsbildende Kraft der Vernunft als Basis jeder wissenschaftlichen Erkenntnis. Auch das protestantische Ethos seiner Arbeitsauffassung und sein Pflichtbewußtsein können damit erklärt werden.

Schillers aufgeklärtes Religionsverständnis läßt sich an einem außergewöhnlichen Beispiel, der Beichte und Kommunion im 5. Akt von »Maria Stuart«, erläutern. Zum erstenmal in der Geschichte des deutschen Theaters wurden mit dieser Szene die heiligen Sakramente auf die Bühne gebracht. Als gläubige Katholikin beichtet Maria vor ihrer Hinrichtung. Gemäß dem katholischen Ritus, den Schiller mit großer Genauigkeit studiert hatte, erhält sie die Absolution und empfängt die Kommunion. In dieser Szene, die nicht nur die Öffentlichkeit und die Kirche, sondern auch die Zensur auf den Plan rief, war es Schiller weder um die »Profanation der Kirche« zu tun, noch setzte er auf den Effekt. Mit innerer Notwendigkeit entwickelt sich der Charakter Maria Stuarts, sie befreit sich im Angesicht des nahen Todes von allen irdischen Hoffnungen und gibt sich ganz in die Hand Gottes. Es vollzieht sich ihre Läuterung zur »schönen Seele«. Trotz dieses gedanklichen Zusammenhangs konnte Schiller Zensurmaßnahmen und Änderungen an dieser Abendmahlsszene nicht verhindern.

Sein Denkkonzept war dem deutschen Idealismus verpflichtet; geistige Deutungsmodelle und Werthierarchien galten ihm als treibende Kraft der kulturellen Entwicklung. Idealismus im Hinblick auf Schiller bedeutet, daß er das Geistige, die Idee als das Medium betrachtete, das eine solche Entwicklung leitet, wobei er von der Autonomie der geistig-kulturellen Entwicklung ausging. Im »Epilog zu Schillers Glocke« hat Goethe die Ideale des Freundes umrissen: »Indessen schritt sein Geist gewaltig fort / Ins Ewige des Wahren, Guten, Schönen, / Und hinter ihm, in wesenlosem Scheine, / Lag, was uns alle bändigt, das Gemeine.«

Eine zentrale Idee Schillers war die Einheit des Menschen mit sich selbst auf immer höherer Stufe – er begriff sie als Prozeß, der, wie in den »Briefen zur ästhetischen Erziehung des Menschen« dargestellt, zu keinem

Abschluß gelangen kann. Möglich ist immer nur die Annäherung an das Ziel einer Entfaltung der menschlichen Kräfte in absoluter Freiheit. Im vierten Brief heißt es: »Jeder individuelle Mensch [...] trägt, der Anlage und Bestimmung nach, einen reinen idealischen Menschen in sich, mit dessen unveränderlicher Einheit in allen seinen Abwechselungen übereinzustimmen die große Aufgabe seines Daseins ist.« Zwei Wege gebe es, den in seine jeweilige Realität eingebundenen Menschen mit der Idee in Einklang zu bringen: »entweder dadurch, daß der reine Mensch den empirischen unterdrückt, daß der Staat die Individuen aufhebt; oder dadurch, daß das Individuum Staat wird, daß der Mensch in der Zeit zum Menschen in der Idee sich veredelt«. Für Schiller ist »der Dichter [...] der einzige wahre Mensch, und der beste Philosoph ist nur eine Karikatur gegen ihn«, wie er an Goethe am 7. Januar 1795 schreibt. Sein Leben selbst wurde zum dichterischen Prozeß. Poesie und Philosophie stehen im Mittelpunkt aller Geistestätigkeit, sie repräsentieren den Menschen. Alle anderen Wissenschaften zeigen lediglich, was der Mensch an Kenntnissen besitzt oder sich angeeignet hat.

Schillers Denkkonzept lag nicht nur seinen kunst- und dichtungstheoretischen Schriften, sondern auch seinen Dramen zugrunde. Gemeinsam mit Goethe schuf er das, was im Rahmen der Dramenentwicklung heute als das Ideendrama der Weimarer Klassik verstanden wird. Stoff, bei Schiller weitgehend der Geschichte entnommen, Handlung und Charaktere folgen einer übergeordneten Idee. Eigentlicher Gegenstand der Dramen ist »der handelnde Mensch«, und dieser ist ideengeleitet. »Wenn Schiller von Idee handelt, handelt er von Tat«*, stellte Max Kommerell fest. Das Ideenpotential bedinge Handlungsimplikationen; die Idee bedürfe der Umsetzung, und die Umsetzung bedürfe der Idee. Die Idee »als Entwurf zur Tat« erfahre die Brechung in der »Unversöhnlichkeit von Idee und Tat«. Insofern erscheine der Untergang in Schillers Dramen als die höchste Form der Tat. Vor allem an Wallenstein untersucht Kommerell das Verhältnis von Macht und Ideal. »Wer Macht übt, verkauft sich an Mächte. Er zahlt mit dem Opfer der Idee. Der Handelnde ist unrein. Gutbleiben ist der Luxus des Nichthandelnden.«

Mit der »Wallenstein«-Trilogie begann die klassische Schaffensperiode des Dramatikers. Schiller verband sie mit einer Kritik an seinen früheren Dramen, in die er auch den »Don Karlos« einbezog. Selbstkritisch geht er in einem Brief an Wilhelm von Humboldt vom 21. März 1796 auf die idealistische Überhöhung von Karlos und Posa ein. »Wallenstein ist ein Character, der – als ächt realistisch – nur im Ganzen, aber nie im Einzelnen interessieren kann [...]. Er hat nichts Edles, er erscheint in keinem einzelnen LebensAct groß; er hat wenig Würde u. dgl., ich hoffe aber nichtsdestoweniger auf rein realistischem Wege einen dramatisch gro-

* Max Kommerell, Frankfurt a. M. 1962, S. 135 ff.

ßen Character in ihm aufzustellen, der ein ächtes Lebensprincip in sich hat. Vordem habe ich wie im Posa und Karlos die fehlende Wahrheit durch schöne Idealität zu ersetzen gesucht, hier im Wallenstein will ich es probieren, und durch die bloße Wahrheit für die fehlende Idealität (die sentimentalische) entschädigen.«

Schiller wollte über die Idee auf die Entwicklung des Menschen einwirken. Humboldt sah hierin das »stille und gleichsam magische Wirken großer geistiger Naturen«, das »den immer wachsenden Gedanken von Geschlecht zu Geschlecht, von Volk zu Volk immer mächtiger und ausgebreiteter emporsprießen läßt«. Die Bedeutung, die Schiller der Idee beimaß, wird deutlich in der erzieherischen Kraft, die er der Poesie zuerkannte. Sie soll den Menschen im Innersten ergreifen und ihn mit kreativer Energie erfüllen. Er ging davon aus, daß ein wertvoller Stoff seine Wirkung auf den menschlichen Geist nicht verfehle, daß Poesie als ein durch den Geist geschaffenes Medium ihrerseits ein neues geistiges Vermögen erzeuge, das, wenn es genährt wird, unendlich entwicklungsfähig sei. In diesem Sinne galt ihm die griechische Antike als vollkommenes Muster. Als Kern der idealistischen Orientierung Schillers läßt sich sein Glauben an die dem Menschen eigene kreative Kraft erkennen. Er war davon überzeugt, daß es eine innere Übereinstimmung geben muß zwischen dem kreativen Potential im Menschen und der das ganze Weltall ordnenden und regierenden Kraft, daß, so Humboldt, »alle Wahrheit nur Abglanz der ewigen, ursprünglichen« Kraft sei. Kunst und Dichtung werden »unmittelbar an das Edelste im Menschen geknüpft, dargestellt als dasjenige, woran er erst zum Bewußtsein der ihm inwohnenden, über die Endlichkeit hinaus strebenden Natur erwacht«. Auf diesem Weg der ästhetischen und sittlichen Bildung soll die Kunst vor allem Kleinlichen und Herabwürdigenden bewahrt werden, das sie in ihrem reinen Kern gefährden könnte.

Mit Erstaunen stellte der Sprachforscher Humboldt fest, daß Schiller Sprache und Sprachentwicklung nicht reflektierte. Einen möglichen Grund hierfür sah er in der Tatsache, daß die Sprache »der Nation, und dem Geschlecht, nicht dem Einzelnen« angehöre. Schiller war zweifellos ein Meister der Sprache, ein Stilist von seltener Klarheit und Modernität. Die Sprache als Eigentum einer Nation interessierte ihn allerdings nur bedingt, sein Gegenstand war der einzelne, der durch seine Veredelung auf die Nation einwirkt. In seinem Verständnis wird im Laufe eines evolutionären Prozesses die ganze Menschheit von dieser Entwicklung erfaßt.

Auf die individuelle Persönlichkeit Schillers, seinen subjektiven Habitus, kann an dieser Stelle nur bedingt eingegangen werden; sie bleibt den biographischen Kapiteln vorbehalten. Daß Schiller ein scheuer, zurückhaltender Mensch war, daß in jungen Jahren sein Körpergefühl wenig ausgebildet war, daß seine Haltung steif, seine Bewegungen zuweilen hölzern, ja ungelenk waren, daß er auch in späteren Jahren auf Festen nicht tanzte, sondern sich auf das Gespräch konzentrierte oder an den Spieltisch zurückzog, daß er zum Arbeiten Stimulanzien (Tabak, Wein, Kaffee) brauchte – all das sind Facetten, die ohne den lebensweltlichen Kontext nicht darzustellen sind.

Ein Charakterzug, der sowohl seine Künstlernatur als auch seine Persönlichkeit auszeichnete, war sein Bescheidenheit, seine Fähigkeit zur Selbstkritik. Schiller hat sich nie auf Erfolgen ausgeruht, zeit seines Lebens arbeitete er an der eigenen Weiterentwicklung. Körner beschreibt er am 10. Juli 1797, wie er auf Erfolge, aber auch auf Krisen reagierte: »Ich will ihn [den Erfolg], durch das was nachfolgt, noch besser zu verdienen suchen. Es ist schon viel gewonnen, daß ich aus meinen alten Unarten großenteils glücklich heraus bin, und daß ich bei dieser Krise doch noch das Gute aus der alten Epoche gerettet habe.«

Jedem selbstgesteckten Ziel, jedem neuen Projekt sah er mit »rechter Lust entgegen« (an Goethe, 18. Juni 1797). Arbeitsenthusiasmus und Kreativität verließen ihn nie, wohl aber der Lebensmut, der gegen Ende seines Daseins durch die gesundheit-

liche Situation stark bedroht war. Je gefährdeter sein körperlicher Zustand, desto mehr versuchte er, dem Verfall durch geistige Arbeit entgegenzuwirken. »Was ich bin, bin ich durch eine oft unnatürliche Spannung meiner Kraft«, bekannte er Körner am 18. Januar 1788. Schiller wurde nur knapp 46 Jahre alt, 27 davon waren von höchster Produktivität erfüllt. Wenige Monate vor seinem Tod schrieb er am 22. Februar 1805 an Goethe: »Die zwei harten Stöße, die ich nun in einem Zeitraum von 7 Monaten auszustehen gehabt, haben mich bis auf die Wurzeln erschüttert, und ich werde Mühe haben, mich zu erholen. Zwar mein jetziger Anfall scheint nur die allgemeine epidemische Ursache gehabt zu haben, aber das Fieber war so stark und hat mich in einem schon so geschwächten Zustand überfallen, daß mir eben so zu Mute ist, als wenn ich aus der schwersten Krankheit erstünde, und besonders habe ich Mühe eine gewisse Mutlosigkeit zu bekämpfen, die das schlimmste Übel in meinen Umständen ist.« Die Kraft und die Konzentration, mit denen er sein Leben und dessen Schicksalsschläge gemeistert hatte, verließen ihn auch nicht, als ihm der Tod, der ihn seit seinem dreißigsten Lebensjahr verfolgte, entgegentrat.

9. Schiller in seiner letzten Lebenszeit. Miniaturbildnis von Emma Körner 1808. Das gut getroffene Porträt von Körners Tochter trug Charlotte Schiller immer bei sich.

Erstes Kapitel

Herkunft und Kindheit
Jugend und Studienjahre
in der Carlsschule
1759–1780

Durch Schillers alle Werke geht die Idee von Freiheit,
und diese Idee nahm eine andere Gestalt an, sowie Schiller
in seiner Kultur weiterging und selbst ein anderer wurde.
Goethe im Gespräch mit Eckermann
18. Januar 1827

10. Schiller als
Regimentsarzt. Gemälde
von Philipp Friedrich
Hetsch, 1781/82.

11. Der Vater Johann Caspar Schiller als Leutnant. Zeitgenössisches Ölbild.

12. Die Mutter Elisabeth Dorothea Schiller, geb. Kodweiß. Zeitgenössisches Ölbild.

Als Elisabeth Schiller am 10. November 1759 in der kleinen Wohnung in Marbach am Neckar ihr zweites Kind Johann Christoph Friedrich Schiller zur Welt brachte, standen ihr nur die Mutter und ein Arzt zur Seite. Der Ehemann war abwesend, denn er diente als Leutnant in der Armee des Herzogs Carl Eugen von Württemberg; es war das vierte Jahr des Siebenjährigen Krieges, der Herzog kämpfte auf der Seite Österreichs gegen Preußen. Das Neugeborene war zart und kränklich, und die Mutter brauchte lange, um sich von der Geburt zu erholen. Sie konnte nicht selber stillen, fand aber eine Cousine, die sich als Amme des Kindes annahm.

Auch bei der Taufe am 11. November in der nahe gelegenen evangelischen Alexanderkirche war der Vater nicht zugegen.

Schiller wurde in den protestantischen Landesteil Süddeutschlands hineingeboren, für den das sonst vorherrschende Katholische gleichsam nicht existent war – eine Tradition, die sich bis heute erhalten hat. Dieser religiösen Herkunft bleibt auch sein weiterer Lebensweg verbunden; die Gegend Marbach, Ludwigsburg, Stuttgart bis hin nach Tübingen war das Stammland des schwäbischen Protestantismus, dem beide Eltern in unterschiedlicher Intensität angehörten.

Erst im Januar 1760 besuchte die Mutter mit ihrer Tochter Christophine, die zwei Jahre zuvor im achten Jahr der Ehe geboren worden war, den in Würzburg stationierten Vater, um ihm den langersehnten Sohn vorzustellen. In ihren Lebenserinnerungen geht die Schwester auf diese Zeit ein: »[...] diese Trennung, in diesen Umständen, griff meine

Mutter sehr an, und in der Folge noch mehr die traurigen Nachrichten die vom Kriegs Schauplatz hier einliefen, daher mein Bruder von Jugend auf immer schwächlicher war als ich [...].«*

Das Kind wurde in bescheidenen Verhältnissen geboren, die Eltern lebten beide in den Traditionen, die das einfache Bürgertum in Deutschland in der Mitte des 18. Jahrhunderts kennzeichnete. Der 1723 in dem Dorf Bittenfeld bei Waiblingen (Württemberg) geborene Johann Caspar Schiller hatte den Vater, Bäcker und Schultheiß des Ortes, verloren, als er gerade zehn Jahre alt war. Acht Geschwister mußten versorgt werden, und der begabte, fleißige Sohn war gezwungen, seine fest gehegten Studienpläne früh aufzugeben, was er sein Leben lang bedauert hat. Später dankte er Gott dafür, daß der Lebensweg seines Kindes, den er 37 Jahre lang verfolgen konnte, nicht an eine solche Grenze stieß: »Und Du, Wesen aller Wesen, Dich hab ich nach der Geburt meines einzigen Sohnes gebeten, daß Du demselben an Geistesstärke zulegen möchtest, was ich aus Mangel an Unterricht nicht erreichen konnte; und Du hast mich erhört. Dank Dir, gütigstes Wesen, daß Du auf die Bitten der Sterblichen achtest.«*

Den ersten Lebensunterhalt hatte sich Johann Kaspar Schiller mit Feldarbeit verdient. Er absolvierte eine Barbierlehre und war in Backnang, Lindau und Nördlingen tätig, wo er Französisch und das Fechten lernte. Von 1745 bis 1749 arbeitete er als Feldscher, d. h. als Wundarzt eines bayerischen Husarenregiments; er barbierte die Soldaten und versorgte an Ort und Stelle die Verwundeten. Nach amtlicher Prüfung als Wundarzt heiratete er am 22. Juli 1749 die gerade 16jährige Tochter des Marbacher Löwenwirts, eine, wie es schien, gute Partie. Er erhielt das Marbacher Bürgerrecht und ließ sich in dem Ort nieder. Doch erneut mußte er erleben, daß sich seine Pläne zerschlugen. Hohe Vermögensverluste seines Schwiegervaters beeinträchtigten seine Arzttätigkeit und zwangen ihn, sich 1753 wieder in die Armee des Herzogs von Württemberg zu begeben, zunächst als Fähnrich und Adjutant und seit 1758 als Leutnant.

Schillers 1732 geborene Mutter Elisabeth Dorothea entstammte einer alten angesehenen Marbacher Familie, ihre Vorfahren waren Bäcker und zeitweise Bürgermeister der Stadt gewesen. Der Vater, Georg Friedrich Kodweiß, betrieb neben dem Bäckerhandwerk die kleine Weinwirtschaft »Zum Goldenen Löwen« – hier hatten sich Schillers Eltern kennengelernt – und übte außerdem das Amt eines Holzinspektors beim herzoglichen Floßwesen aus. Er geriet in finanzielle Schwierigkeiten und verlor durch Spekulation und Schuldenmacherei das Familienvermögen. Die zarte, fast ängstliche Elisabeth, sein einziges Kind, litt zutiefst unter dem Verlust von Ansehen und Vermögen. Zorn und Scham hatten ihren Mann aus Marbach vertrieben, und Zorn und Scham über das väterliche Fehlverhalten

* Christophine Reinwald, Notizen über meine Familie. In: Schiller's Briefwechsel mit seiner Schwester Christophine und seinem Schwager Reinwald. Hrsg. von Wendelin von Maltzahn. Leipzig 1875, S. 338.

* Zitiert nach: J. Wychgram: Schiller. Dem deutschen Volke dargestellt. Bielefeld und Leipzig 1895, S. 3.

prägten auch ihr Leben als allein gelassene Frau und Mutter. Mit inniger Liebe hing sie an den Kindern, ängstlich besorgt vor allem um die instabile Gesundheit des Sohnes, und beschützte liebevoll das kleine Glück, das ihr geblieben war. In strenger Glaubenshaltung war sie dem schwäbischen Protestantismus verpflichtet. Anders als ihr Mann war sie tief religiös und fand in ihrem Glauben, was ihr die Ehe versagte, Trost und Kraft. Ihre Hauptaufgabe sah sie darin, zwischen dem äußerst strengen, fordernden Vater und den Kindern zu vermitteln. Auch Caspar Schiller war ein frommer Mann, doch entsprach seinem Charakter ein eher nüchterner Umgang mit der Religion.

An ein geregeltes Familienleben war in der frühesten Lebensphase des Jungen nicht zu denken. Der erste Besuch beim Vater in Würzburg dauerte von Ende Januar bis zum 18. Mai 1760. In dieser Zeit kam die Familie in einem Wirtshaus nahe der Mainbrücke unter. Als die Truppe ins Württembergische weiterzog, folgte ihr die Mutter mit den beiden Kindern; das unsichere, notdürftige und entbehrungsreiche Leben setzte ihr hart zu. Die ältere Schwester berichtet, daß der Bruder infolge dieser ruhelosen ersten Jahre immer wieder unter Fieber und Krämpfen litt, die Hygiene war unzureichend, es herrschten Not und Unsicherheit des Krieges. Nach dessen Ende wird der 1761 zum Hauptmann ernannte Vater als Werbeoffizier von Ludwigsburg in die Freie Reichsstadt Schwäbisch Gmünd versetzt. Wie immer folgte die Familie dem Zug der

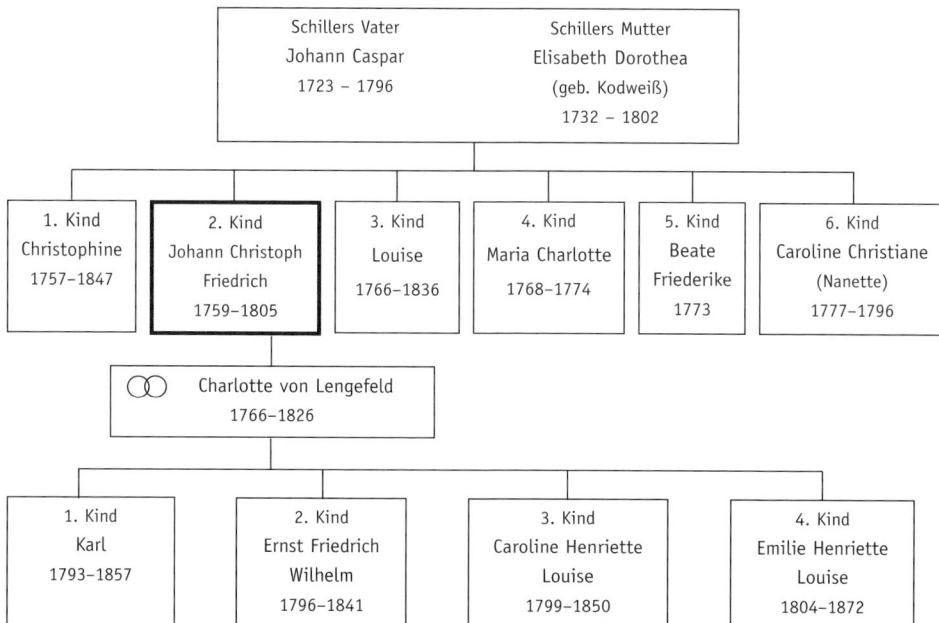

13. Stammtafel.

14. Schillers Geburtshaus in der Niklastorgasse in Marbach. Zeitgenössischer Stich.

herzoglichen Truppen. Anfang des Jahres 1764 siedelte Caspar Schiller von Marbach in das nahe gelegene Dorf Lorch um, wo das Leben wesentlich billiger war als in der katholischen Reichsstadt. Es war nicht der letzte Ortswechsel, zum erstenmal aber waren die Voraussetzungen für ein gemeinsames Familienleben und einen geordneten Alltag gegeben.

Als Konsequenz sowohl seiner eigenen gescheiterten Bildungswünsche als auch der enttäuschenden Erfahrungen mit seinem Schwiegervater versuchte der Vater von Anfang an, auf die Entwicklung des Sohnes Einfluß zu nehmen. Nicht nur daß er ihm, auf Protektion hoffend, auffallend viele Paten zur Seite gestellt hatte, er begleitete auch vom ersten Tag an unnachgiebig und äußerst streng dessen Erziehung. Soweit es ihm möglich war, kontrollierte er jeden seiner Schritte und verlangte nahezu militärische Disziplin und Gehorsam. Wenn auch von großer Redlichkeit, so waren doch Härte, Kompromißlosigkeit und pedantische Strenge die grundlegenden Motive seiner Erziehung. Das morgendliche Familiengebet wurde der gleichen Zucht unterworfen wie später die Kontrolle der schulischen Arbeiten.

Der Junge wird die vor allem in den ersten Jahren dominierende zärtliche Fürsorge der Mutter als einen harten Kontrast zur despotischen Strenge des Vaters erfahren und ihre toleranz- und kompromißfähige Haltung, ihre leise und gütige Art als entlastend erlebt haben. In der Kontinuität und

Herkunft und Kindheit | 29

Intensität ihrer Zuwendung hat es keine Einschränkung gegeben. So erstaunt es nicht, daß der kleine Friedrich als ein verständiges, harmonisches, intelligentes Kind beschrieben wird, voller Freundlichkeit und Umsicht anderen gegenüber. Elisabeth Schillers Verhältnis zu ihrem einzigen Sohn – Schiller hatte fünf Schwestern – war in besonderem Maße innig; auch er bewahrte ihr zeit seines Lebens ein dankbares, von Liebe erfülltes Andenken.

Auf der Lorcher Dorfschule erhielt Friedrich den ersten regelmäßigen Unterricht, er lernte Lesen und Schreiben, im Sommer fünf, im Winter sechs Stunden täglich. Da der Vater mit der Qualität dieser Unterweisung durch schlecht ausgebildete Elementar-

lehrer unzufrieden war, schickte er den Sohn zu dem Lorcher Pfarrer Philipp Ulrich Moser (1720–1792), der ihn in Latein und ein Jahr später in Griechisch unterrichtete. An den Stunden nahm auch der Sohn des Pastors, Christoph Ferdinand Moser, teil, mit dem Schiller eine enge Freundschaft schloß. Er wurde neben der Schwester zum wichtigsten Spielgefährten der Lorcher Jahre. Der dritte im Bunde war der drei Jahre jüngere Carl Philipp Conz (1762–1811), Sohn des Klosteramtsschreibers Johann Philipp Conz. Beide Familien verband ein freundschaftlicher Kontakt, und die Jugendgefährten verloren sich auch in Zukunft nie ganz aus den Augen. Schillers Kindheit verlief also keineswegs einsam. Schon in dieser frühen Zeit erwies er seine Fähigkeit zu intensiver Freundschaft, er brauchte den Austausch und verstand es, Menschen an sich zu binden, von denen er Anregungen und Impulse empfing.

In dem ernsten, gebildeten und tief religiösen Pastor Moser fand Schiller zum erstenmal ein Vorbild für das eigene Leben. Der Eindruck, den der Geistliche hinterließ, war so stark, daß der Junge den Wunsch entwickelte, Pfarrer zu werden. Der Gehalt und die rhetorische Kraft der Moserschen Sonntagspredigten faszinierten ihn und legten den Grund für die Ausbildung einer eigenen Religiosität. Im Spiel ahmte er Erlebtes nach und hielt – schwarzgewandet auf einem Stuhl stehend – mit dem größtem Ernst predigtartige Reden. Dieses Spiel erfreute die Eltern und weckte bei dem Vater die Vorstellung, den Sohn zum Pfarrer ausbilden zu lassen – ein Lebenskonzept, das ihm selbst versagt geblieben war. Während der Lorcher Jahre stand Pastor Moser der Familie Schiller sehr nahe und bestärkte sie als aufgeklärter Theologe in ihrer pietistischen Glaubenswelt. Durch ihn lernte Schiller die Grundzüge der Lehre Johann Albrecht Bengels kennen, einer zentralen Persönlichkeit der pietistischen Bewegung. Spuren dieser Auseinandersetzung finden sich noch in den frühen Dramen.

In Lorch wurde 1766 Schillers zweite Schwester Louise geboren. Es ist das Jahr, in dem auch Charlotte von Lengefeld, Schillers spätere Frau, in Rudolstadt auf die Welt

16. Der Lorcher Pfarrer Philipp Ulrich Moser. Zeitgenössisches Ölbild. Durch Moser wurde Schiller mit der pietistischen Glaubenswelt bekannt.

kam. Ende des Jahres ließ sich Hauptmann Schiller auf eigenen Wunsch zu seinem Regiment in die Garnison Ludwigsburg zurückversetzen. Der Grund für diesen Schritt waren Rückstände des Herzogs bei der Besoldung des Vaters. Dieser hatte bereits längere Zeit auf eigene Kosten leben müssen, er hatte den letzten Teil seines Vermögens, einen kleinen Anteil an einem Marbacher Weinberg, veräußert und war nun am Ende seiner finanziellen Möglichkeiten. Zwar wurde ihm die Zahlung des ausstehenden Solds zugesagt, doch mußte er sich bis dahin selbst behelfen. In Ludwigsburg, der Residenzstadt des Herzogtums Württemberg, fand die Familie zunächst Wohnung bei dem Leibchirurgen Reichenbach, dem Vater der

17. Die erste Ludwigsburger Wohnung der Familie Schiller in der Hinteren Schloßstraße 26 (heute Mömpelgardstraße). Zeichnung von Lucie Störzer, 1915. Das Haus gehörte dem Leibchirurgen Reichenbach.

Malerin Ludovike Simanowiz. Ein Jahr später erfolgte der Umzug in das Haus des Hofbuchdruckers Christian Friedrich Cotta, eines Onkels des berühmten Verlegers. Die Schillers bewohnten das Haus gemeinsam mit der Familie des Mediziners von Hoven, dessen Söhne Friedrich Wilhelm und Christoph August sich eng an Friedrich anschlossen.

Anfang 1767 trat Schiller gemeinsam mit Friedrich Wilhelm von Hoven in die Ludwigsburger Lateinschule ein. Beide verband das Ziel, die theologische Laufbahn einzuschlagen. Im ersten Jahr erhielt Schiller täglich Latein- und Religionsunterricht, für den Freitag kam Deutsch hinzu und für den Sonntag die Pflicht des Kirchgangs mit anschließender Unterweisung zum Verständnis und zur Vertiefung des Gottesdienstes. Sein Lehrer Abraham Elsässer war

streng und freundlich, Friedrich lernte gern und mit großem Fleiß. Da er gut vorankam, konnte er schon im Herbst in die zweite Stufe der Lateinschule aufrücken. Sein Lehrer wurde der noch strengere Philipp Christian Honold. Entscheidend gefördert wurde er im dritten Jahr von dem Oberpräzeptor Johann Friedrich Jahn, einem hervorragenden Lehrer, der prägenden Gestalt der Ludwigsburger Schulzeit. Er erweiterte den sprachlichen Horizont der Schüler und las mit ihnen Vergil sowie Oden des Horaz und einige unter sittlichen Kriterien sorgfältig ausgewählte Texte Ovids. Friedrich verfaßte inzwischen mit großer Leichtigkeit lateinische Distichen, er war in der Lage, lateinische Autoren und das in griechischer Sprache vorliegende Neue Testament zu übersetzen, und erwarb Kenntnisse in antiker Geschichte, Mythologie und Kunstgeschichte. Demgegenüber wurden die modernen Autoren weitgehend vernachlässigt. Was der junge Schiller anstrebte, war das in Stuttgart abzulegende Landexamen, das ihm den Zugang zu den kostenlosen Klosterschulen Württembergs eröffnen sollte.

Der unermüdliche Vater hatte inzwischen hinter dem Ludwigsburger Haus eine Baumschule gegründet, aus deren Bestand er wenige Jahre später 4000 Obstbäume in der Militärpflanzschule des Schlosses Solitude pflanzen wird. 1767/68 publizierte er erste Veröffentlichungen über Fragen der Landwirtschaft im Herzogtum, die 1769 unter dem Titel »Oekonomische Beyträge

zur Beförderung des bürgerlichen Wohl-
standes« erschienen. Dieses erfolgreiche
Engagement brachte ihm 1775 eine Anstellung als oberster Hofgärtner der Anlagen des
herzoglichen Schlosses ein. Seine Publikationen zeigen ihn nicht nur als kundigen, ja
peniblen Landwirt, sondern lassen auch seinen Gestaltungswillen erkennen. In der
1793 mit Unterstützung des Sohnes in Leipzig veröffentlichten Abhandlung »Gedanken
über die Baumzucht im Großen zur Besse-
rung der Land- und Hauptstraßen mit Bäu-
men« will er die Mächtigen dafür gewinnen,
Bäume für das einfache Volk zu pflanzen:
»Die Erde ist gleichsam ein Stoff, den Euch
die Vorsehung ausgeteilt. [...] Dem niedern
Landmann sind Eure Landhäuser, Eure
Gärten verschlossen; entschädigt ihn mit
dem Anschauen und Genuß von tausend
Baum-Alleen.«

Am 20. November 1768 wurde in Ludwigsburg die dritte Schwester, Maria Charlotte, geboren, Schiller war gerade neun
Jahre alt. Im September 1769 bestand er zum
erstenmal erfolgreich das Landexamen, was
ihn für die Aufnahme in das berühmte
Tübinger Stift qualifizierte und ihm Zugang
zum Theologiestudium verschaffte. Für
begabte, aber mittellose männliche Absolventen war es die einzige Möglichkeit des
sozialen Aufstiegs. Die Landexamen mußte
Schiller bis 1772 jährlich wiederholen.

Ende 1770 gründete der Herzog Carl
Eugen hinter dem Schloß Solitude bei Stuttgart ein Militärwaisenhaus. Bald erweiterte

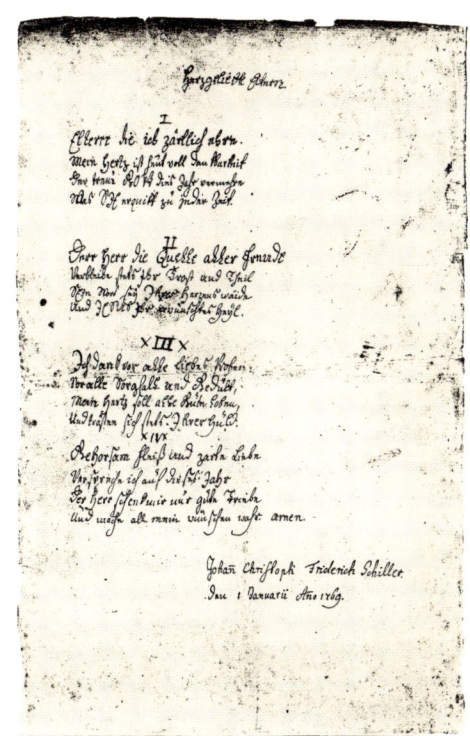

18. Neujahrsgedicht des
Neunjährigen für seine
Eltern, 1769, die älteste
erhaltene Handschrift
Schillers.

er das Konzept und wies seine Offiziere an,
der Anstalt ihre begabten Söhne für eine
Erziehung im Sinne des Herzogs zu überant-
worten. 1771 ging aus dieser Einrichtung die
Militärpflanzschule hervor. Sie hatte den
Status eines Gymnasiums und führte später
zur Gründung der Hohen Carlsschule. Im
Sommer desselben Jahres wurde Schillers
Lehrer Johann Friedrich Jahn an die Militärpflanzschule versetzt. Auch die Brüder Wilhelm und August von Hoven wechselten von
der Ludwigsburger Lateinschule in die herzogliche Anstalt. Jahn war es, der dem Herzog über begabte Landeskinder männlichen
Geschlechts Auskunft zu erteilen hatte, eine

Aktivität, die auch Schillers Lebensweg entscheidend veränderte. Dieser absolvierte derzeit das dritte Jahr bei Jahns Nachfolger Philipp Heinrich Winter. Mit Beginn des Jahres 1772 nahm er an dem Konfirmandenunterricht für die Offizierssöhne in der Garnisonskirche teil, die Konfirmation erfolgte am 25. April durch den Garnisonspfarrer.

Das vierte Landesexamen, das Schiller in seinem dreizehnten Lebensjahr ablegte, entsprach nicht seinen bisherigen Leistungen. Während er die vorangegangenen schweren Prüfungen mit gutem Erfolg bewältigt hatte, gelang es ihm 1772 nicht, diesen Standard zu halten. Das extrem hohe Lernpensum hatte nicht nur seine Freizeit völlig aufgezehrt, sondern ihn auch an den Rand seiner körperlichen und psychischen Leistungsfähigkeit gebracht, zumal seine Konstitution durch ein allzu rasches Wachstum geschwächt war. Auch die einsetzende Pubertät forderte ihren Tribut. Das gerade noch ausreichende Ergebnis beeinträchtigte allerdings nicht die großen Erwartungen, die der Herzog in den jungen Schiller setzte.

Das Jahresende bedeutete eine jähe Zäsur in seinem bisherigen Leben. Herzog Carl Eugen hatte mit seiner neugegründeten Schule ehrgeizige Pläne. Sie waren das Ergebnis seiner Erziehungsleidenschaft und Ausdruck seines Glaubens an die Perfektibilität des Menschen, dessen Anlagen entwickelt und gefördert werden sollten. Also wurden die begabtesten Schüler des Landes, vorrangig die Söhne der Offiziere, in diese Lehranstalt gerufen, wo sie eine kostenfreie Ausbildung erhalten sollten.

Bis an die Grenze des Ungehorsams hatte Vater Schiller versucht, sich dieser Forderung zu entziehen, um seinen Plan, dem Sohn ein Theologiestudium zu ermöglichen, nicht zu gefährden. Doch gegen dessen eigenen Willen und gegen den erklärten Willen der Eltern mußt der dreizehnjährige Friedrich am 16. Januar 1773 in die Carlsschule eintreten. Der Herzog hatte dem Vater die freie Wahl eines Studienplatzes und für später eine bessere Versorgung als die eines Theologen in Aussicht gestellt – eine Perspektive, die sich acht Jahre später als fatales Trugbild erwies. Das Studium der protestantischen Theologie sah die vom katholischen Landesherrn gegründete Anstalt nicht vor, da es dafür in Württemberg bereits hochrenommierte Einrichtungen gab. Immerhin galten sowohl am herzoglichen Hof als auch in der Carlsschule beide Religionen als gleichberechtigt.

Der Eintritt in das Internat, in dem er bis Dezember 1780 lebte – zunächst auf Schloß Solitude bei Stuttgart und ab 1775 in der Stadt selbst –, bedeutete für Schiller den definitiven Abschied von den Eltern, den Geschwistern und seinem Zuhause. Er war das Ende seiner Kindheit. Anders als Goethe, der Frankfurter Patriziersohn, dessen Erziehung im Rahmen eines hochgebildeten großbürgerlichen Elternhauses gefördert wurde, sah sich Schiller einer Realität gegenüber, die seine physische und psychische Existenz bedrohte. Er stand nunmehr in den »Diensten des Herzoglichen Württembergischen Hauses«. An die Stelle individuell-familiären Lebens trat die Anstalt, die Zöglinge hatten Uniform und Perücke zu tragen, von ihnen wurde Unterordnung und militärische Disziplin gefordert. In seiner Uniform gab der 1,81 Meter große, dünne Eleve eine wohl eher komische Figur ab. Per urkundliche Erklärung mußten die Eltern auf alle Rechte und Pflichten gegenüber ihrem Sohn verzichten und so die Trennung besiegeln. Die kostenfreie Ausbildung war an die Verpflichtung geknüpft, nach dem Abschluß in den württembergischen Dienst zu treten.

19. Carl Eugen, Herzog von Württemberg. Zeitgenössisches Pastellgemälde.

Der Herzog dehnte seinen Anspruch, Landesvater zu sein, so weit aus, daß er sich nicht nur als oberster Herr der Anstalt verstand, sondern auch zum »Vater« der Eleven erklärte und sie als »Söhne« bezeichnete. Die Zerstörung familiärer Bindungen war Teil seines Konzepts. Obwohl die Eltern in unmittelbarer Nähe wohnten, hat Schiller sie nur noch selten gesehen. Die Ausrichtung der Carlsschule, in der zum Zeitpunkt seines Eintritts rund 400 Eleven lebten, entsprach der Tradition der nur dem Adel zugänglichen Eliteakademien. In durchaus aufklärerischem Geist öffnete der Herzog sie auch den Söhnen bürgerlicher Herkunft, die die Mehrheit der Zöglinge stellten. Von ihnen unterschieden sich die adligen Schüler durch andersgestaltete Uniformen

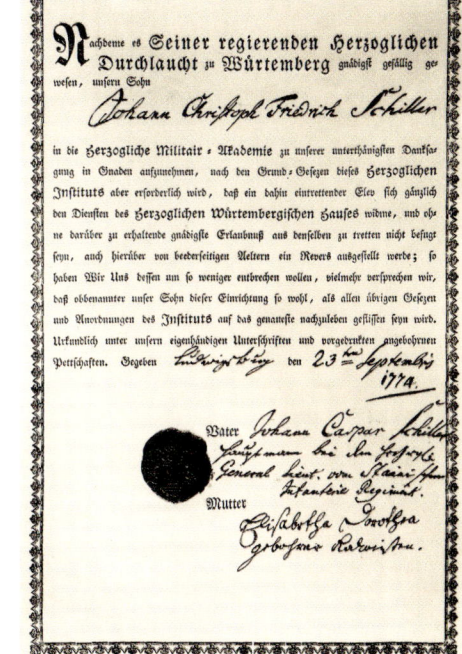

20. Erklärung der Eltern, ihren Sohn den »Diensten des Herzoglichen Württembergischen Hauses« zu übergeben, Ludwigsburg, den 23. September 1774.

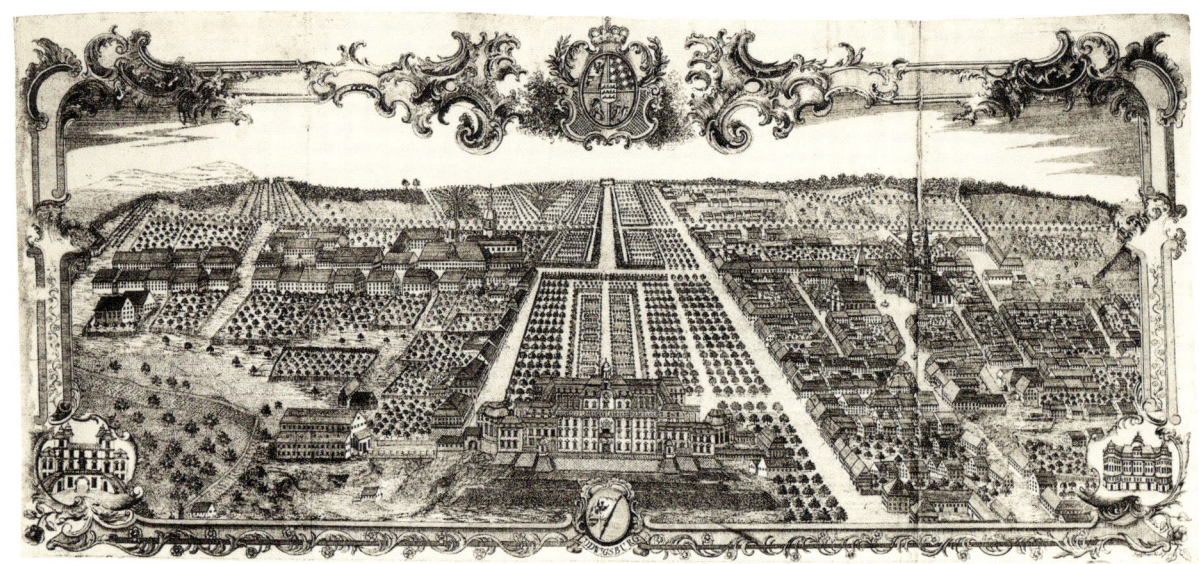

21. Ludwigsburg aus der
Vogelperspektive, 1775.

22. Schloß Solitude bei
Stuttgart. Hinter dem
vom Herzog erbauten
Schloß entstand 1770
ein Militärwaisenhaus,
das 1773 zur Militär-
pflanzschule und später
zur Hohen Carlsschule
umgebaut wurde.

und das Vorrecht, sich vorwiegend in prächtig ausgestatteten Räumen aufzuhalten. Der Herzog überwachte den Alltag und regelte bis ins kleinste die schulische Ausbildung und den Tagesablauf, der einem streng disziplinierten Kasernenleben glich. Ferien gab es nicht, Besuche von Angehörigen waren nicht gestattet, Urlaub wurde nur im Ausnahmefall bewilligt.

Am 4. Mai 1773 wurde in Ludwigsburg die Schwester Beate Friederike geboren, die der Bruder – sie starb noch im selben Jahr, am 22. Dezember – nie gesehen hat. Auch von der 1768 geborenen Maria Charlotte, die am 29. März 1774 im Alter von sechs Jahren starb, konnte Schiller keinen Abschied nehmen. Die jüngste Schwester, die am 8. September 1777 geborene Caroline Christiane (Nanette), lernte er erst nach seiner Entlassung im Jahre 1780 kennen.

Wie sehr Schiller unter der fürstlichen Willkür und der jede Kreativität erstickenden Disziplin litt, wird noch in der 1784 geschriebenen Ankündigung seiner Zeitschrift »Rheinische Thalia« deutlich: »Neigung für Poesie beleidigte die Gesetze des Instituts, worin ich erzogen ward, und widersprach dem Plan seines Stifters. Acht Jahre rang mein Enthusiasmus mit der militärischen Regel; aber Leidenschaft für die Dichtkunst ist feurig und stark, wie die *erste Liebe.* Was sie ersticken sollte, fachte sie an. Verhältnissen zu entfliehen, die mir zur Folter waren, schweifte mein Herz in eine *Idealenwelt* aus – aber unbekannt mit der

wirklichen, von welcher mich eiserne Stäbe schieden.«

Fürstliche Willkür hatte in Deutschland im 18. Jahrhundert eine noch ungebrochene Tradition und fand ihre besondere Ausprägung in Württemberg. Auch die Carlsschule hatte ihren Platz im System des aufgeklärten Absolutismus. Der rigiden Erziehung, der strengen Zucht und der damit verbundenen krisenhaften Entwicklung des Eleven stand ein umfangreiches Bildungsangebot gegenüber. Schiller konnte vor allem ein umfassendes philosophisches Wissen erwerben, das ihm einen souveränen Umgang mit den wesentlichen Strömungen der Aufklärung ermöglichte, er eignete sich hervorragende Sprachkenntnisse und eine beachtliche literarische Bildung an. Zudem absolvierte er im Anschluß an die – kurze – Schulzeit auf der Carlsschule seine medizinische Ausbildung.

Das Resultat dieser achtjährigen Bildungsphase läßt sich nur schwer aufwiegen gegen den hohen psychischen Preis, den Schiller dafür zahlte. Die Frage, ob das Tübinger Stift eine gemäße Alternative gewesen wäre, muß unbeantwortet bleiben. Er selbst hat nie ohne Bitterkeit die eigene Bildungsgeschichte reflektiert. Wie tief der Eingriff in die Psyche war, läßt sich an der Kompromißlosigkeit ermessen, mit der er 1793 auf den Tod des Herzogs reagierte. In einem Brief an Körner vom 10. Dezember 1793 sieht er in ihm noch immer den »alten Herodes«, den Mörder seiner Freiheit.

Schiller hatte rasch erkannt, daß es zu dem Zwang, sich anzupassen und die eigene Meinung zurückzuhalten, keine reale Alternative gab. Verbogen hat er sich dabei nicht. Mit der ihm eigenen Geradlinigkeit und Kraft wehrte er sich dagegen, als autoritätshöriger Untertan vereinnahmt und Teil der »Skavenplantage« zu werden, wie der Dichter Christian Friedrich Daniel Schubart die Akademie nannte. Aus dieser Perspektive läßt sich die Carlsschulzeit durchaus von ihrem Ertrag her betrachten: als Phase der Ausbildung von Schillers intellektuellem Profil. Dieser Prozeß spiegelt sich noch in der Entstehung der ersten dramatischen Texte; »Die Räuber«, »Kabale und Liebe« und »Fiesko« erschließen sich vollständig erst vor dem Hintergrund dieser Erfahrungen. Mit ihnen reagierte er auf die Bedro-

hung freiheitlichen Denkens und jeder Form schöpferischer Individualität.

Auch in seinem in der »Anthologie auf das Jahr 1782« veröffentlichten Gedicht »Die schlimmen Monarchen« verarbeitete Schiller seine Erfahrungen mit despotischer Willkür und Machtmißbrauch. Die vorletzte Strophe spielt auf unmittelbar Erlebtes an, sie zielt direkt auf den Herzog: »Ihr bezahlt den Bankerott der Jugend / Mit Gelübten, und mit *lächerlicher Tugend*, / Die – Hanswurst erfand.« Die letzte Strophe ist ein Strafgericht: »Berget immer die erhabne Schande / Mit des *Majestätsrechts* Nachtgewande! / Bübelt aus des Thrones Hinterhalt. / Aber zittert für des Liedes Sprache, / Kühnlich durch den Purpur bohrt der Pfeil der Rache / Fürstenherzen kalt.« Motiviert zu dieser Art des Widerstands in Form

23. Innenhof der Herzoglichen Militärakademie in Stuttgart. Kolorierter Kupferstich nach einer Zeichnung von Karl Philipp Conz.

von Sprache und Dichtung hatte ihn das 1780 entstandene Klagegedicht »Gruft der Fürsten« von Schubart, den der Herzog zehn Jahre, von 1777 bis 1787, auf der Feste Hohenasperg gefangenhielt. Der Dichter, Publizist und Musiker, der für seine kritische, gegen Hof und Kirche gerichtete Zeitung »Deutsche Chronik« zu büßen hatte, soll die Verse mit Hilfe einer Hosenschnalle in die Wand seines Kerkers geritzt haben. Sein Los hatte Schiller empört und sein ganzes Mitgefühl erregt.

Die tiefgehende Verunsicherung, die der Vierzehnjährige durch das Herausgerissenwerden aus dem familiären Umfeld erfuhr, konnte dadurch etwas gemildert werden, daß er in der Carlsschule nicht nur die Brüder von Hoven wiedertraf, sondern auch seinen alten Lehrer Johann Friedrich Jahn, der allerdings schon Ende 1774 wegen prinzipieller Meinungsverschiedenheiten mit dem Herzog wieder ausschied und zurück nach Ludwigsburg ging. Im ersten Jahr erhielten die Eleven noch kein festes Fachstudium. Tagesablauf und Arbeitsplan, vom Herzog auf die Minute festgelegt, variierten nur selten, etwa an den größeren Festtagen des Herzogs. Die Jungen mußten früh aufstehen, im Sommer um 5 Uhr, im Winter um 6 Uhr. Nach Musterung, Rapport und Frühstück begann um 7 Uhr der Unterricht und dauerte bis 11. Es folgte das Säubern der Anstaltskleidung und die erneute Musterung durch den Herzog oder, falls er abwesend war, durch seinen Stellvertreter und

Berater, Christoph Dionysius von Seeger (1740–1802), den Schiller als verständnisvolle Persönlichkeit durchaus schätzte. Ihm unterstanden mehrere Offiziere, denen Aufsicht und Kontrolle oblagen. An das Mittagessen schloß sich zur körperlichen Ertüchtigung ein beaufsichtigter Spaziergang in der jeweiligen Lerngruppe an. Von 14 bis 18 Uhr wurde der Unterricht fortgesetzt, danach konnten sich die Eleven eine Stunde erholen, bevor nach Musterung und Rapport das Abendbrot eingenommen wurde. Bis zur Schlafenszeit um 21 Uhr ging jeder seiner Arbeit nach. Sonntags fanden größere Wanderungen unter Aufsicht der Offiziere statt. Die Zöglinge hatten rund 48 Wochenstunden zu absolvieren, zu denen vertiefende eigene Arbeiten, Unterrichtsvorbereitung und Lektüre kamen. Ihre private Korrespondenz mußte vorgezeigt werden und wurde gegebenenfalls zensiert. Auch nachts waren die nach Alter gruppierten Schüler in ihren spartanisch eingerichteten Schlafsälen unter Kontrolle. Private Freiräume gab es nicht. Die Zöglinge waren ausschließlich unter sich, Mädchen war der Zutritt zur Akademie verboten.

Aufgrund der knappen Kost, der harten Lebensbedingungen und seiner schwachen gesundheitlichen Konstitution war Schiller häufig krank; er laborierte an Erkältungen, Halsschmerzen, Fieber- und Schwächeanfällen.

Das Lehrprogramm glich weitgehend dem der Lateinschule, die Anforderungen

24. Friedrich Schiller. Getuschter Schattenriß in Kupferstichumrahmung, um 1773. Das früheste Bildnis des Carlsschülers aus dem Album des Intendanten Christoph von Seeger.

25. Rapportzettel der Carlsschule mit einer Erwähnung Schillers.

waren sehr hoch und das schulische Niveau vorzüglich, da der Herzog nur die besten Lehrer des Landes berief. Schiller erhielt jetzt auch Unterricht in Französisch, Philosophie, Rhetorik und Poetik. Nach den Maßstäben der Akademie war er ein mittelmäßiger Schüler und, was Reiten, Tanzen und Fechten betraf, ein schlechter. Disziplinarverstöße wurden mit Strafbilletts geahndet, die dem Herzog vorzulegen waren. Schiller bekam häufig solche Strafzettel, zum Beispiel wenn er sich als Ergänzung der spärlich bemessenen Essensrationen verbotenerweise Brot beschaffte oder beim Tischgebet unaufmerksam war. Allerdings hielt sich der Herzog ihm gegenüber weitgehend zurück, ja, er schien sogar einen gewissen Sinn für den hochaufgeschossenen, unge-

lenken Knaben zu haben. Auf die Kritik der Lehrer an den zunächst unbefriedigenden Leistungen entgegnete er: »Laßt mir diesen nur gewähren. Er kann gewiß ein recht großes Subjektum werden, wenn er fortfährt, fleißig zu sein.« »Das Feuer dämpfen« war ein weiterer Rat des auf Leistung und Maßhalten pochenden Herzogs.

Schon in ihrem 14. Lebensjahr mußten sich die Eleven einer besonderen Prüfung unterziehen, für welche der vier universitätsähnlichen Fachausbildungen sie sich eigneten. Anfang 1774 erhielt die Carlsschule eine juristische Fakultät, und Schiller entschied sich, wenn auch widerwillig, für das Jurastudium. Als im November des folgenden Jahres der Hof nach Stuttgart umzog, wurde auch die Akademie dorthin verlegt und als »Hohe Carlsschule« zur Universität erklärt. Zwischen Stadtschloß und aufwendig umgebauter Schule lagen nur wenige Schritte, so daß der Herzog die tägliche Kontrolle noch effektiver ausüben konnte. Allerdings war es den Schülern jetzt gestattet, unter strengen Auflagen die Oper, das Theater und andere städtische Einrichtungen zu besuchen, und auch die literarischen Neuerscheinungen fanden nunmehr leichter den Weg zu ihnen. In den Theatersälen von Ludwigsburg und Stuttgart lernte Schiller das klassische französische Theater kennen. Immer deutlicher entfernte er sich aus der religiös bestimmten, kulturfremden Welt seiner kleinbürgerlichen Herkunft.

Ende 1775 begann der Herzog mit dem Aufbau einer medizinischen Fakultät mit den Schwerpunkten Anatomie, Physiologie, Pathologie und Chirurgie, zu denen im folgenden Jahr die Fachgebiete Chemie und Arzneimittelkunde sowie Psychologie, Medizingeschichte und Therapeutik hinzukamen. Die Prüfungen fanden jetzt öffentlich und in Anwesenheit des Herzogs statt, der das hohe Niveau der Akademie dem gelehrten Publikum demonstrieren wollte.

Als Lichtpunkt seiner Carlsschulzeit empfand Schiller den 1772 aus dem Tübinger Stift an die Akademie berufenen Professor Jakob Friedrich Abel. Der von den Eleven besonders verehrte »engelsgleiche Mann« unterrichtete Philosophie, Psychologie und Moral. Ihm war es zu verdanken, daß Philosophie Zentralfach der Akademie

26. Shakespeare, Theatralische Werke. Aus dem Englischen übersetzt von Herrn Wieland. Titelseite des 3. Bandes, Zürich, Orell, Geßler & Co. 1763. Aus dem Besitz von Professor Abel, der Schiller die Bände auslieh.

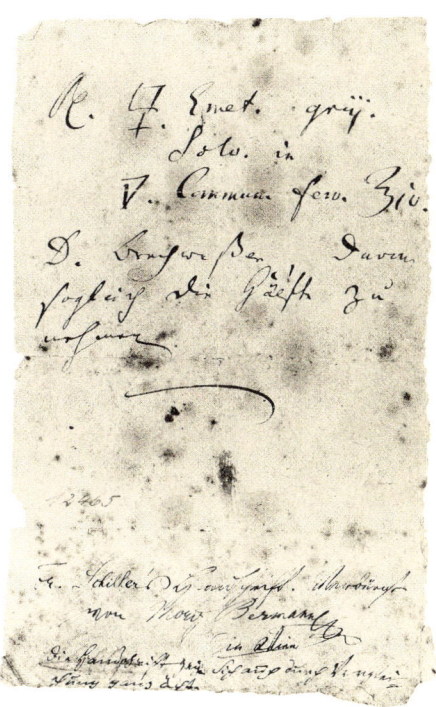

27. Rezept des Regimentsmedikus Schiller aus der Stuttgarter Zeit 1781/82 mit der Verordnung von »Brechwasser, davon sogleich die Hälfte zu nehmen«. Es ist das einzige handschriftliche Dokument von Schillers ärztlicher Tätigkeit.

28. Jakob Friedrich Abel, Lithographie von J. Wölffle nach dem Gemälde von Philipp Friedrich Hetsch, 1790er Jahre.

29. Friedrich Gottlieb Klopstock. Ölgemälde von Johann Heinrich Wilhelm Tischbein.

wurde und damit auch im Rahmen des Medizinstudiums einen hohen Stellenwert erhielt. Abel war es, der Schiller dazu anregte, von dem ungeliebten juristischen in das ihm bis dahin gänzlich unbekannte medizinische Fach zu wechseln, ein Schritt, der auch den Versorgungsinteressen und Verwaltungsperspektiven des Herzogs entsprach. Obwohl Schillers eigentliche Neigung der Dichtung galt, nahm er Anfang 1776 gemeinsam mit Wilhelm von Hoven das Medizinstudium auf. Zu seinen Lehrern gehörte neben den renommierten Professoren Johann Friedrich Consbruch, Christian Gottlieb Reuß und Christian Klein auch der Publizist und Literarhistoriker Balthasar Haug, der an der Carlsschule zwischen 1775 und 1792 Logik, Philosophie, Geschichte und antike Mythologie unterrichtete. In seinem »Schwäbischen Magazin von gelehrten Sachen« erschien 1776 zum erstenmal ein Gedicht von Schiller, »Der Abend«.

Hatte Schiller vor seiner Akademiezeit vorwiegend literarische Texte der Antike rezipiert, dominierte jetzt die neuere Literatur. Er las gern und viel und folgte über den Unterrichtsstoff hinaus jedem Hinweis auf interessante Autoren. So vertiefte er sich in Maximilian Klingers Stück »Die Zwillinge«, las von Leisewitz das Trauerspiel »Julius von Tarent« sowie »Götz von Berlichingen«, »Clavigo« und »Stella« von Goethe, er lernte Ossian kennen und Rousseau und »Das verlorene Paradies« von John Milton. Als Vierzehnjähriger ließ er sich von Klopstocks

Oden und dem »Messias« ergreifen. Das Erlebnis dieser Dichtung prägte die Sprache seiner frühen Lyrik. Deutlicher Ausdruck seiner Auseinandersetzung mit Klopstock sind der Hymnus »An die Sonne« und das epische Gedicht »Moses«. Er lernte »Othello« kennen, angeregt durch Abel, der das tiefe Interesse seines Schülers für Shakespeare erkannt hatte und ihm seine eigenen Exemplare zur Verfügung stellte. Aus den vorhandenen Ausleihlisten der herzoglichen Bibliothek läßt sich Schillers Lesepensum zum Teil rekonstruieren. Shakespeares Dramen las er zumeist in der Wieland-Eschenburgschen Prosaübertragung, während er die französischen Klassiker im Rahmen des Französischunterrichts im Original las. Eine weitere wesentliche Erfahrung waren die im Kreis der Dichterfreunde um Georg Friedrich von Scharffenstein und Johann Wilhelm Petersen gelesenen Trauerspiele Lessings, vor allem »Emilia Galotti«, deren politischer Charakter ihn beeindruckte und seine frühen Stücke beeinflußte.

Mit der zweiten Hälfte des Jahres 1776 vollzog sich eine deutliche Wende in der Entwicklung des jungen Schiller. Die intellektuellen Herausforderungen weckten seine Energien, er lebte trotz seines scheuen und introvertierten Wesens innerlich auf, entwickelte Selbstbewußtsein und konnte seine Leistungen steigern. Großen Einfluß auf die intellektuelle Entwicklung dieser Lebensphase hatte sein Lehrer Abel, zu dem sich ein enges freundschaftliches Verhältnis herstell-

te. Mit ihm zusammen gab Schiller 1782 das »Wirtembergische Repertorium der Litteratur. Eine Vierteljahresschrift« heraus. Später bemühte sich Abel, Schiller als Professor an das Tübinger Stift zu holen.

Auch unter den Mitschülern fand Schiller Freunde, von denen ihm Friedrich von Hoven, Johann Wilhelm Petersen und Georg Scharffenstein besonders nahestanden. Für sein Streben nach vertrauensvollem emotionalem und geistigem Austausch fand er in diesem Kreis die angemessenen – und das heißt für Schiller auch immer an Dichtung interessierten – Partner. Die Freunde verband ein von »Sympathie« gleichgestimmter Seelen getragener Kult. Obwohl gerade Scharffenstein ihm am nächsten stand, kam es zu einem Bruch, als dieser in grobwitziger Art die Echtheit von Empfindungen in Zweifel zog, die Schiller in seinen Gedichten zum Ausdruck gebracht hatte. Er stellte den Kommunikationsstil der Dichterfreunde in Frage und schloß sich dem Spott des Mitschülers Peter Konrad Masson an, wodurch sich Schiller tief verletzt fühlte. Doch seinem Enthusiasmus tat die Polemik keinen Abbruch, ja, er nutzte den Konflikt dazu, den eigenen poetischen Standpunkt zu reflektieren und argumentativ zu verteidigen. Nach Scharffensteins Austritt aus der Akademie 1778 stellte sich das gute Verhältnis zu ihm wieder her, und auch die Freundschaft mit von Hoven und Petersen vertiefte sich weiter. Während der letzten drei Jahre seiner Carlsschulzeit wuchs Schillers Ansehen

unter den Kameraden, die ihm entgegen-
gebrachte Wertschätzung war Ausdruck
einer Wandlung und Fortbildung seiner
Persönlichkeit. Sein inneres Leben gewann
an Kraft und Souveränität, und er entwickelte zunehmend ein eigenes Profil. Auch ver-
besserte er kontinuierlich seine schulischen
Leistungen und konnte 1778 verschiedene
medizinische Prüfungen mit dem besten
Erfolg abschließen.

1775 war Schiller durch die Lektüre des
»Werther« und durch eine Zeitungsnotiz
über den Selbstmord eines Studenten zu
einem Dramenplan »Der Student von Nassau« angeregt worden, der allerdings nicht
mehr erhalten ist. 1776 gab ihm die Lektüre
des »Julius von Tarent« den Anstoß zu
einem Drama mit dem Titel »Cosmus von
Medicis«, das er nach der Fertigstellung ver-
nichtete, und 1777 entstanden erste Szenen
der »Räuber«. 1778 entschloß er sich jedoch,
seine Beschäftigung mit der Dichtung
zugunsten seines Studiums zurückzustellen.
Gerade weil er durch die ihn immer tiefer
interessierenden poetischen Projekte in
einen Zeitkonflikt geriet, empfand er die
Notwendigkeit, das Studium der »Brotwis-
senschaft« zu einem angemessenen Abschluß zu bringen, um so deutlicher. Doch
hinderte ihn das nicht daran, bei öffentlichen Festen des Herzogs durch eigene
Beiträge in Erscheinung zu treten und mit
seinen rhetorischen Fähigkeiten zu glänzen.
Hatte er für den auf den 4. Oktober 1778
fallenden Namenstag der Reichsgräfin Fran-

ziska von Hohenheim, der Lebenspartnerin
des Herzogs, ein umfangreiches Würdi-
gungsgedicht verfaßt, das die Tugend als
eine Schwester der Grazie preist, so sollten er
und weitere vom Herzog beauftragte Eleven
für den 10. Januar 1779, dem alljährlich mit
großem Aufwand gefeierten Geburtstag der
Gräfin, eine feierliche Rede ausarbeiten.
Schillers Beitrag setzte sich mit dem Thema
auseinander: »Gehört allzuviel Güte, Leutseligkeit und große Freigebigkeit im engsten
Verstande zur Tugend«. Ein Jahr darauf, am
10. Januar 1780, trug er seinen vom Herzog
unter zwölf Beiträgen ausgewählten Text
vor: »Die Tugend, in ihren Folgen betrachtet«. Mit seinen Festreden schien Schiller die
Spielregeln der Huldigung und der Rhetorik
perfekt zu bedienen, und gleichzeitig unter-
grub er übermäßige Schmeichelei und
scheinbare Heuchelei durch den Einsatz
parodistischer Mittel. Mit Anklängen an ein
Zerrbild gewann er Distanz zum höfischen
Zeremoniell und schützte sich vor Unter-
würfigkeit und der Preisgabe der eigenen
Würde.

Dem Rhetorikunterricht der herzoglichen Akademie galt Schillers ganzes Interesse. Die Beschäftigung mit dem Theater
und die Aufführung von Theaterstücken
waren Teil der Redeschulung. Die Eleven
führten nicht nur selbstverfaßte Bühnenstücke auf, sondern auch Dramen zeitgenössischer Autoren, die sie mit großem Aufwand in Szene setzten. Zum Geburtstag des
Herzogs am 11. Februar 1780 fiel die Wahl

auf Goethes Trauerspiel »Clavigo« (1774). Anlaß dafür war der Besuch des damals schon bekannten Dichters, der Mitte Dezember 1779 in Gesellschaft des Herzogs Carl August von Sachsen-Weimar-Eisenach an den Feierlichkeiten zum Stiftungstag der Carlsschule teilnahm. Schiller, der den Clavigo spielte, wünschte sich nichts sehnlicher, als von Goethe wahrgenommen zu werden, doch dieser hatte keinen Blick für ihn. Seine schauspielerischen Fähigkeiten müssen – folgen wir dem Bericht des Freundes Petersen – grotesk schlecht gewesen sein: »Was rührend und feierlich sein sollte, war kreischend oder strotzend und pochend; Innigkeit und Leidenschaft drückte er durch Brüllen, Schnauben und Stampfen aus, kurz, sein ganzes Spiel war die unvollkommenste Ungebärdigkeit, bald zurückstoßend, bald lachenerregend.«

Den Frühsommer des Jahres 1780 verbrachte Schiller als Arzt am Sterbebett von Christoph August von Hoven, dem jüngeren Bruder Friedrich Wilhelms. Als der Freund in seinem 19. Lebensjahr am 13. Juni starb, geriet Schiller in eine tiefe Krise, aus der er sich nur mit Mühe befreien konnte: »Das Leben war, und ist mir eine Last geworden.« Das Erleben von Krankheit und Tod ließ das Gedicht »Eine Leichenfantasie« entstehen. Um so intensiver setzte er die Arbeit an den »Räubern« fort, die er vermutlich noch in der Carlsschulzeit beendete. In dieser Zeit entstand auch das Konzept zu der »Theosophie des Julius«.

Nach der Annahme seiner dritten Dissertation und den erfolgreich absolvierten medizinischen Abschlußprüfungen wurde Schiller am 15. Dezember 1780 als ausgebildeter Arzt aus der Militärakademie entlassen – ein Datum, das er als Befreiung empfunden haben dürfte, doch sollte der Weg, der vor ihm lag, nicht weniger steinig sein.

Der Herzog bot dem jungen Mediziner eine Anstellung als Regimentsmedikus in dem heruntergekommenen Grenadierregiment Augé in Stuttgart an. Mit einer Besoldung von monatlich 18 Gulden konnte er indessen kaum seinen Lebensunterhalt bestreiten. Obwohl bitter enttäuscht über diese miserablen Berufsperspektiven, blieb ihm nichts anderes übrig, als diese dürftige Stelle anzutreten. Als Arzt fiel Schiller schnell durch gewagte Medikationen und zu hohe Dosierungen auf, so daß sich sein übergeordneter Leibmedikus Johann Friedrich Elwert gezwungen sah, die Rezepte ohne Schillers Wissen herunterzudosieren. Dieser schien seine neue Aufgabe nicht ohne Zynismus wahrzunehmen. In seiner »Selbstbesprechung« der »Räuber« von 1782 heißt es am Schluß: Der Verfasser »soll ein Arzt bei einem wirtembergischen *Grenadier*-Bataillon sein, und wenn das so ist, so macht es dem Scharfsinn seines Landesherrn Ehre: So gewiß ich sein Werk verstehe, so muß er *starke Dosen* in Emeticis ebenso lieben als in Aestheticis, und ich möchte ihm lieber zehen Pferde als meine Frau zur Kur übergeben.« Schiller behandelte nicht nur seine

Patienten, sondern auch sich selbst in exzessiver Weise. Als er im September 1783 an Malaria schwer erkrankte, versuchte er ihr durch eine rigide Diät und eine Überdosis Chinarinde beizukommen. Die Folge war eine irreversible Schädigung des Magens, die zu einer chronischen Magenentzündung wurde.

Schiller brauchte lange, um die widersprüchlichen Erfahrungen seiner Carlsschulzeit zu verarbeiten. Erst in der Distanz gelang ihm die kritische Einsicht sowohl in den unterdrückenden als auch in den aufklärerischen Charakter seiner Schul- und Ausbildungszeit. Während er dem Herzog gegenüber zu keinem Zugeständnis bereit war, gestand er in einem Brief an Körner vom 16. April 1794 dem »Institut« immerhin zu, »ungemein viel Kenntnisse, artistisches und wissenschaftliches Interesse unter den hiesigen Einwohnern verbreitet« zu haben.

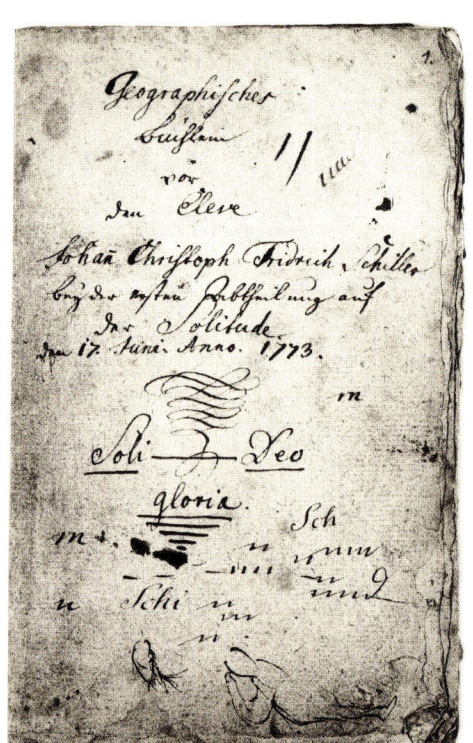

30. Geographisches Büchlein des Eleven Schiller, 1773, Titelseite.

Porträt

Dichterarzt und »scharfsinniger Psychologe«

Würde des Menschen

Nichts mehr davon, ich bitt euch. Zu essen gebt ihm, zu wohnen,

Habt ihr die Blöße bedeckt, gibt sich die Würde von selbst.

31. Jakob Friedrich Abel. Zeitgenössischer getuschter Schattenriß.

Der schroffe Zweizeiler stammt nicht etwa aus der Feder Brechts, gleichsam als Variation seines »Erst kommt das Fressen, dann kommt die Moral«. Schiller schrieb ihn im Jahre 1796, in der hohen Zeit des deutschen Idealismus. Sein Epigramm kann ganz unidealistisch, fast antiidealistisch gelesen werden: Würde nicht als entrücktes Ideal, sondern abhängig von den Grenzen, die die Realität setzt, den sozialen und ökonomischen Bedingungen. Materielle Not hatte er zu hart am eigenen Leib erfahren, als daß er sich blind hehren Idealen hätte verschreiben können. Bereits 1791 hatte er an den dänischen Prinzen von Augustenburg geschrieben: »Der Mensch ist noch sehr wenig, wenn er warm wohnt und satt gegessen hat. Aber er muß warm wohnen und satt zu essen haben, wenn sich die bessere Natur in ihm regen soll.« Hier zeigt sich Schiller ganz als Aufklärer, der Realist und Idealist in einem ist. Beide Pole kennzeichnen ihn als »Meister der Menschendarstellung« (Max Kommerell). Woher kommt dieser scharfe, den ganzen Menschen in seiner Lebenswelt umfassende Blick, woher die große Menschenkenntnis?

Eine Doppelbegabung – die des Dichters und des Denkers – hat man ihm schon immer zugestanden. Sie bedarf aber der Ergänzung durch den poeta doctus: Schiller war Dichter, Denker und ausgebildeter Arzt in einer Person. In der kurzen Phase seiner medizinischen Ausbildung und Praxis hat er nicht nur drei medizinisch-philosophische

Dissertationen und acht hochdifferenzierte Krankenberichte verfaßt, er hat vor allem grundlegende medizinisch-psychologische Erfahrungen gesammelt, die für seine dichterische Arbeit von Bedeutung waren. Häufig wird über dem Dichter der Arzt vergessen, in Schiller gehören beide zusammen. Sie verbinden sich in dem leidenschaftlichen Interesse für den Menschen, dem psychologischen Scharfblick und einer profunden Menschenkenntnis. Denn Wissen über den Körper und seine physische Bedingtheit schließt bei Schiller immer Erkenntnisinteresse für die menschliche Seele ein: Heilkunde soll Seelenarbeit sein. Kaum einen anderen Dichter zeichnet eine so hohe Übereinstimmung von wissenschaftlicher Kenntnis und dichterischem Konzept aus wie ihn.

Bereits der Vater hatte eine Zeitlang als Wundarzt gearbeitet. Doch während er armen Verhältnissen entstammte und nur die praktische Wundarzt-Ausbildung erhalten hatte, konnte sich der Sohn in der Hohen Carlsschule ein gediegenes akademisches Fachwissen aneignen. Die neugegründete herzogliche Akademie bot trotz ihrer militärischen Disziplin hierfür einen hervorragenden intellektuellen Rahmen. Sie war nicht nur allen Strömungen der Aufklärung und den modernsten Wissenschaften verpflichtet, sie hatte die besten Professoren engagiert, allen voran den jungen Philosophielehrer Jakob Friedrich Abel, der Schiller in seiner Entscheidung für das Medizinstudium bestärkte. Die Intensität des Philosophieunterrichts kam auch den Absolventen des Medizinstudiums zugute. Ihr Interesse galt vor allem Abels neuer Anthropologie, »jener physiologisch interessierten Psychologie, einer Mischung aus ›Seelenlehre, Menschen- und Naturforschung‹, die empirische Menschenbeobachtung auf ihre Fahne schreibt und zur pragmatischen Menschenkenntnis anleitet«*.

Schiller begann sein Medizinstudium 1775, vier Jahre später reichte er die Dissertation »Philosophie der Physiologie« ein, eine medizintheoretische Abhandlung über das Verhältnis von körperlicher und geistiger Disposition, Anthropologie und Psychologie. Die Arbeit wurde aufgrund ihrer spekulativen Orientierung und ihrer unorthodoxen Kritik an fachlichen Autoritäten von den Professoren der Carlsschule abgelehnt, die selbst den ehrgeizigen intellektuellen Anspruch und den Witz des Verfassers tadelten. Ein Grund für die scharfe Zurückweisung mag unter anderem der mangelnde Bedarf an Ärzten in den Krankenhäusern der Residenz gewesen sein, so daß man auf diesem Wege die Zahl der Anwärter von vornherein einschränken wollte. Auch die zweite, 1780 eingereichte Dissertation wurde nicht angenommen, obwohl gerade diese in Latein abgefaßte Schrift »Über den Unterschied zwischen den entzündlichen und den faulen Fiebern« ein im engeren Sinne medizinisches Thema behandelte.

Der Abschluß seiner medizinischen Ausbildung gelang Schiller 1780 mit einer dritten, unüblicherweise in Deutsch abgefaßten Dissertation, dem »Versuch über den Zusammenhang der thierischen Natur des Menschen mit seiner geistigen«. Indem er sich mit dem Verhältnis von Körper und Seele auseinandersetzte und die Notwendigkeit eines Gleichgewichts von physischen und psychischen Kräften erörterte, bewegte er sich erneut auf einer vorwiegend philosophischen Argumentationsebene. Daß diese Abhandlung, sozusagen das Pendant zu der rein medizinischen »Fieber-Schrift«, als anthropologisches Konzept gebilligt wurde, zeigt, daß die Carlsschule für methodisch neue Orientierungen offen war. Die Dissertation erschien, wie fast alle wissenschaftlichen Arbeiten der Carlsschule, bei Cotta in Stuttgart.

Die Bedeutung der medizinischen, psychologischen und philosophischen Orientierung und Qualifizierung für Schillers dramatisches Schaffen kann nicht hoch genug veranschlagt werden. In der Vorrede zu seiner dritten Dissertation geht er auf die fachübergreifende Beziehung zwischen »Philosophie und Arzneiwissenschaft« ein,

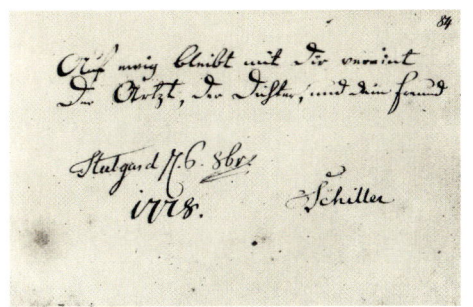

32. Eintrag des Eleven Schiller in das Stammbuch des Eleven Johann Christian Weckherlin: »Auf ewig bleibt mit dir vereint / der Arzt, der Dichter, und dein Freund / Stutgard 6. 8br. / 1778 Schiller.«

* Hans-Jürgen Schings, *Die Brüder des Marquis Posa. Schiller und der Geheimbund der Illuminaten.* Tübingen 1996, S. 26.

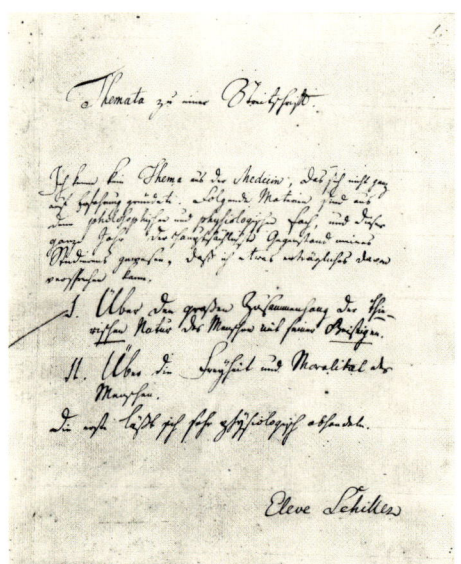

33. Schillers Themenvorschläge für eine Dissertation. Eigenhändiges Manuskript, 1780. Unter den aufgeführten Titeln erscheint (mit Randstrich) die spätere Doktorarbeit.

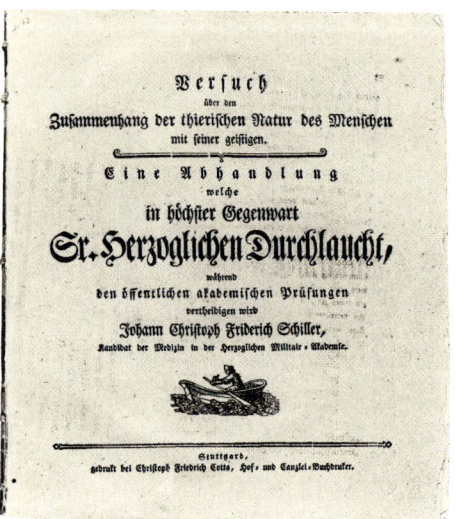

34. Titelblatt der dritten, angenommenen Dissertation: »Versuch über den Zusammenhang der thierischen Natur des Menschen mit seiner geistigen«.

wodurch »die Hippokratische Kunst aus der engen Sphäre einer mechanischen Brodwissenschaft in den höhern Rang einer philosophischen Lehre erhoben« werde. Die Nähe zwischen Arzt und Philosophen war der Schlüssel für Schillers fortdauernde Identifikation mit dieser anthropologischen Ausrichtung. Sie wurde zu einem Grundmotiv seines Denkens, an dem er auch während und nach seinen Kant-Studien festhielt und das die philosophisch-ästhetische Arbeit der Jenaer Zeit fundierte.

Offensichtlich von Abel beeinflußt, entwickelte Schiller eine – wie man heute sagen würde – psychosomatische Orientierung, die vom ganzen Menschen ausgeht. Im Hinblick auf seelische Störungen oder Erkrankungen heißt es: »Der Zustand des größten Seelenschmerzes ist zugleich der Zustand der größten körperlichen Krankheit.« Mit Hilfe eines Vergleichs aus dem Bereich der Musik verdeutlichte er den Zusammenhang von Denken und Empfinden: Intellektualität und Emotionalität seien im Idealfall wie zwei aufeinander abgestimmte Klaviere. Ein geplantes Schlußkapitel mit der Überschrift »Schlaf und natürlicher Tod« kam nicht zustande. Sein für die damalige Zeit höchst progressiver Ansatz läßt nicht nur an das ganzheitliche, Gefühl und Sinnlichkeit einschließende künftige Programm der »Ästhetischen Erziehung des Menschen« (1795) denken, sondern auch an die medizinische Grundlagenforschung zu psychosomatischen Erkrankungen unserer Zeit, auch wenn psychosoziale Faktoren damals noch kaum Beachtung fanden. Wie nahe Schiller aber auch dieser Ansatz war, zeigt seine psychologische Studie des »Verbrechers aus verlorener Ehre« (1786). Für den Erstdruck war der folgende Beginn vorgesehen: »Die Heilkunst und Diätetik, wenn die Ärzte aufrichtig sein wollen, haben ihre besten Entdeckungen und heilsamsten Vorschriften vor Kranken- und Sterbebetten gesammelt. Leichenöffnungen, Hospitäler und Narrenhäuser haben das hellste Licht in der Phisiologie angezündet. Die Seelenlehre, die Moral, die gesetzgebende Gewalt sollten billig diesem Beispiel folgen, und ähnlicherweise aus Gefängnissen, Gerichtshöfen und Kriminalakten – den Sektionsberichten des Lasters – sich Belehrung holen.« In gewissem Sinne stand sein der lebensbedrohenden Krankheit abgerungenes Spätwerk im Zeichen seines Glaubens an die Herrschaft des Geistes über den Körper.

Die Ernsthaftigkeit, mit der Schiller seine medizinische Qualifikation betrieb, wurde durch drei Silbermedaillen gewürdigt, die ihm die Carlsschule für seine herausragenden Leistungen auf dem Gebiet der praktischen Medizin, der Arzneimittelkunde und der Chirurgie zuerkannte. Sie wurden ihm im Dezember 1779 auf der jährlichen Abschlußfeier überreicht, bei der auch der ihm damals noch unbekannte Goethe als Gast des Herzogs anwesend war.

Aufschlußreich sind die acht Krankenberichte, die Schiller 1780, in seinem letzten Akademiejahr, über den gleichaltrigen, schwer depressiven und suizidgefährdeten Kommilitonen Joseph Friedrich Grammont anfertigte. Sie bestätigen anhand einer konkreten Fallstudie den in seinen Dissertationen entwickelten anthropologischen Ansatz, der an den Erkenntnissen der empirischen Psychologie der Spätaufklärung orientiert ist. Der äußerst sensible Grammont, der zunächst als Jura-, später als Medizinstudent zu den herausragenden Schülern seines Jahrgangs gehörte, war durch den frühen Tod seines Vaters in eine schwere psychische Krise geraten, die durch das repressive militärische Reglement des Schulalltages verschärft wurde. Der hohen Suizidgefährdung begegnete Schiller zunächst durch die Verlegung auf die Krankenstation der Carlsschule, vor allem aber durch intensive therapeutische Gespräche. Er stellte den Gesprächskontakt zu Abel und damit zur Leitung der Akademie her und sorgte dafür, daß Grammont sich nur noch unter Aufsicht bewegte und Hilfe erhielt. Seine psychiatrischen Gutachten dokumentieren über viele Wochen Ursachen und Entwicklung einer schweren Gemütserkrankung sowie sein therapeutisches Vorgehen und seine Medikation. Indem Schiller von einem psychosomatischen Zusammenhang ausging, bezog er die gravierenden somatischen Beschwerden wie Kopfschmerzen, Krämpfe, Appetit- und Schlaflosigkeit direkt auf die Lebenseinstellung und Situation des Patienten und wertete sie vor allem als Reaktion

ten. Das genaue Band zwischen Körper und Seele macht es unendlich schwer, die erste Quelle des Übels ausfindig zu machen, ob es zuerst im Körper oder in der Seele zu suchen sei.« Schiller war sich darüber im klaren, daß es für seinen Patienten, solange er in der Akademie lebte, keine Genesung geben konnte, da ihm diese Einrichtung zutiefst zuwider war: Depression wird mithin als pathologische Form der Auflehnung und damit als Kritik an der freiheitsberaubenden herzoglichen Anstalt gesehen. In seinen therapeutischen Gesprächen setzte Schiller auf Empathie, um jeden weiteren Druck auf den Patienten zu vermeiden. Seine bis zum Schluß kompromißlose Kritik an der Person des Herzogs legt die Vermutung nahe, daß sich Schiller in hohem Maße in Grammont wiedererkannte, auch wenn er die eigenen seelischen Krisen anders verarbeitete, nämlich über das Schreiben.

Sein medizinisches Fachwissen erwarb Schiller zum einen durch die Lektüre einschlägiger Publikationen, zum anderen konnte er vielfältige praktische Erfahrungen während der Krankenhausdienste sammeln, die er seit Beginn des Jahres 1779 zu erfüllen hatte. Im Dezember 1780 verließ er die Militärakademie und wurde als Regimentsmedikus in das Stuttgarter Grenadierregiment des Generals Augé aufgenommen.

Am 13. Januar 1782 fand in Mannheim die Uraufführung des Trauerspiels »Die Räuber« statt, bei der Schiller unerkannt unter den Zuschauern saß. Nachdem er die

auf die militärisch ausgerichtete Erziehungswelt des Herzogs. Obwohl dieser sich persönlich um den Kranken kümmerte, obwohl Grammont zu einer Kur geschickt und aufwendig versorgt wurde, konnte seine seelisch-körperliche Krise nur bedingt aufgefangen werden. In der pietistischen Schwärmerei des Patienten und seiner damit zusammenhängenden Realitätsferne sah Schiller in Übereinstimmung mit Abel eine weitere Ursache der psychischen Störung.

»Die ganze Krankheit ist meinen Begriffen nach nichts anders als eine wahre Hypochondrie, derjenige unglückliche Zustand eines Menschen, in welchem er das bedauernswürdige Opfer der genauen Sympathie zwischen dem Unterleib und der Seele ist, die Krankheit tiefdenkender, tiefempfindender Geister und der meisten großen Gelehr-

Landesgrenzen zweimal illegal überschritten hatte, um nach Mannheim zu reisen, erhielt er vom Herzog eine Haftstrafe sowie Schreibverbot für alles, was außerhalb des medizinischen Faches lag. Die einzig mögliche Reaktion auf diese existentielle Bedrohung sah er in der Flucht. 23 Jahre alt, verließ Schiller in der Nacht vom 22. zum 23. September 1782 Stuttgart. Die Laufbahn des Arztes fand damit ein definitives Ende, auch wenn sein Selbstverständnis als »Mediziner« durch diese biographische Zäsur nicht berührt wurde. In einem Brief an den befreundeten Kaufmann Johann Friedrich Kunze vom 13. September 1785 hatte er von seinen gesundheitlichen Ängsten geschrieben: »Wir Mediziner sind darin übler daran als andre, weil unsre Furcht vor Krankheit mikroskopische Augen hat, weil wir tausend Wege mehr entdecken, die die Krankheit zu unserm Leben ausfündig macht. Aber eben diese Bekanntschaft mit dieser Materie liefert noch ungleich mehr Gründe zu unsrer Beruhigung.« Das von ihm als jungem Mediziner entwickelte, den ganzen Menschen umfassende psychosomatische Konzept zieht sich als Spur durch sein Werk.

Schiller besaß auch in bezug auf Theorie und Praxis der zeitgenössischen Psychologie differenzierte Kenntnisse. Eine für die damalige Zeit grundlegende Einsicht bestand darin, daß nicht der Verstand Herr »im Haushalt der menschlichen Seele« sei, sondern – wie es Schiller formuliert – »das plötzlich auffahrende Integralbild des Traums«,

das Unbewußte, das »das ganze System der dunklen Ideen in Bewegung« bringe und gleichsam »den ganzen Grund des Denkorgans« aufrüttle.* Das neue psychologische Modell überwand das starre Vernunftkonzept der Aufklärung, indem es davon ausging, daß das seelische Geschehen mehr umfasse als das von der Vernunft gesteuerte Bewußtsein. Es erforschte das »Tiefe der Seele«, die »dunklen Vorstellungen«*, es entdeckte das Unbewußte und räumte damit ein Konfliktpotential im seelischen Leben ein. Auch hier war es wieder der Philosophielehrer Abel, der Schillers theoretische Orientierung entscheidend beeinflußte. Spannend ist Riedels Abhandlung vor allem deshalb, weil sie zeigt, daß das Franz-Drama in den »Räubern«, Franz Moors »Emanzipation zur Unmenschlichkeit« und seine dennoch erfolgende innere Wende im V. Akt, ohne Kenntnisse der zeitgenössischen Psychologie nicht plausibel wäre.

Eine dem Grammont-Bericht vergleichbare Konstellation wird in dem Romanfragment »Der Geisterseher« erkennbar, das zwischen 1787 und 1789 in der Zeitschrift »Thalia« erschien. Der noch sehr junge, schwärmerische Prinz von ** zeigt ähnliche Symptome einer seelisch-geistigen Krise, die Schiller auch hier u. a. auf religiöse Schwärmerei zurückführt. Gefühlsmäßige Hochspannung birgt die Gefahr des Absturzes in Skepsis, Zweifel und selbstzerstörerischen Materialismus in sich. Blindheit gegenüber politischer Intrige oder Irrglaube werden als

* Wolfgang Riedel, Die Aufklärung und das Unbewußte. Die Inversion des Franz Moor. In: Jahrbuch der Deutschen Schillergesellschaft, 37. Jg., 1993, S. 209 und 212.

* Johann Georg Sulzer, Kurzer Begriff aller Wissenschaften und andern Theile der Gelehrsamkeit. 2. Aufl., Leipzig 1759, S. 213 f.

Folge von Realitätsfremdheit und falscher Selbsteinschätzung erkannt. Schiller zeigt am Beispiel des Prinzen den Mechanismus einer Weltanschauungskrise, die zu Selbstüberschätzung und einem ehrgeizgetriebenen Machthunger führt, die den Prinzen fast in die Nähe Fieskos oder Franz Moors rücken. In der »Vorerinnerung«, dem Vorwort zu den »Philosophischen Briefen«, schreibt Schiller: »Skeptizismus und Freidenkerei sind die Fieberparoxysmen des menschlichen Geistes und müssen [...] in gut organisierten Seelen« überwunden werden. Und der Satz: »Je blendender, je verführerischer der Irrtum, desto mehr Triumph für die Wahrheit, je quälender der Zweifel, desto größer die Aufforderung zu Überzeugung und fester Gewißheit«, läßt schon die Handschrift des künftigen Dramatikers erkennen.

In einer zentralen Szene von »Kabale und Liebe«, der Begegnung zwischen Luise und Lady Milford, durchleuchtet der scharfe Blick des Psychologen den Seelenzustand seiner Figuren. Gleich zu Beginn gewähren die beiseite gesprochenen Bemerkungen der Lady differenzierten Einblick in ihr Inneres; ihr herablassendes Verhalten und das »geschraubte« Gerede entsprechen ihrer sozialen Rolle. Die »arme Geigerstochter« hingegen tritt nicht nur zurückhaltend tugendhaft in Erscheinung, ihr bürgerliches Selbstbewußtsein geht mit einem mutigen Auftreten gegenüber der Adligen einher, das diese mehrfach als Trotz mißversteht. Die entwaffnende Lauterkeit ihrer Argumentation ist auch ihrer Jugend geschuldet, sie ist 16 Jahre alt, unbefangen und verständig zugleich. Luise lehnt das Anstellungsangebot der Lady als »verdächtige Gnade« ab. Deren Überlegung, sie könne sich darüber auch ihrer »bürgerlichen Vorurteile entledigen«, begegnet Luise mit der Frage: »Auch meiner bürgerlichen Unschuld, Mylady?« Der sich an die Aufforderung der Lady: »Zeige Sie, wer Sie ist!« anschließende Dialog der sozialen Kontrahentinnen gerät Schiller zu einem Glanzstück einer Seelenkunde. Luise bleibt trotz der Herausforderung der Lady ganz bei sich; mit der Kompromißlosigkeit ihrer Jugend ist sie sich der Gefährdung jedes Menschen bewußt und nimmt dennoch »die Unschuld eines reinen Herzens« für sich in Anspruch. Luises »Größe« ist für die Lady »unerhört«, »unbegreiflich«, »nicht auszuhalten«. Die Frage: »Wie kommt es, Mylady, daß Ihr gepriesenes Glück das *Elend* so gern um Neid und Bewunderung anbettelt? Hat Ihre Wonne die Verzweiflung so nötig zur Folie? [...] Sind *Sie* glücklich, Mylady?« kann diese nicht beantworten. Inneres Glück und Liebe sind Qualitäten, die Schiller ihr verweigert. Auf Lady Milfords hochmütige Drohung: »Unglückliche – wag es, ihn jetzt noch zu lieben, oder von ihm geliebt zu werden [...] – Ich bin mächtig, Unglückliche – *fürchterlich* – So wahr Gott lebt! Du bist verloren!« entgegnet Luise »standhaft«: »Ohne Rettung, Mylady, sobald sie ihn zwingen, daß er Sie *lieben* muß.« Der zerstörerische Vorsatz der Lady, die Liebe der beiden zu »zermalmen«, gerät ihr zur Selbsterkenntnis: »Seligkeit zerstören ist auch Seligkeit.« Sie weiß um ihre eigene eifersüchtige Raserei und um Luises »edle, große, göttliche Seele«. Als Höhepunkt wird sie Luises Verzicht auf Ferdinand fordern – und erreichen: »Nehmen Sie ihn denn hin, Mylady! – *Freiwillig* tret ich Ihnen ab den Mann, den man mit Haken der Hölle von meinem blutenden Herzen riß.« Sie nennt ihr allerdings auch den Preis: »Reißen Sie ihn zum Altar – Nur vergessen Sie nicht, daß zwischen Ihren Brautkuß das *Gespenst* einer *Selbstmörderin* stürzen wird –«.

Auch in der Charakterisierung des Don Karlos wird der ärztliche Blick auf diese Figur erkennbar. Nicht nur das Interesse für das Individuum, sondern vor allem die Darstellung der psychischen Labilität des Prinzen belegen Schillers Kenntnisse sowohl auf dem Gebiet der Psychologie als auch der Psychopathologie. In vergleichbarer Weise unterzieht Schiller in den »Briefen über Don Karlos« die schwankende »Gemütslage« des Prinzen einer differenzierten Analyse.*

Schillers Menschenbeobachtung ging immer von der Beobachtung der eigenen Person und der Reflexion eigener Extreme und Widersprüche aus. Das Übersteigerte ist nicht nur seinen Jugendhelden eigen, es war auch – zumindest in der ersten Lebenshälfte – Teil der eigenen Persönlichkeitsstruktur. Seine von Derbheit nicht freie leidenschaftliche Sinnlichkeit kontrastierte mit einer Neigung zu Askese und extremer Willensstärke. Sein analytischer Verstand kollidierte mit seinem Hang zu Übersteigerung und Zügellosigkeit, Intellektualität und Leidenschaft verhielten sich nur allzuoft antagonistisch zueinander. Ein tiefer Zug von Melancholie und ein alles verdüsternder Skeptizismus standen einem euphorischen Optimismus gegenüber. Hoher Idealismus hob sich von strengem Realitätssinn ab. Große Sensibilität und eine gewisse Angepaßtheit standen im Gegensatz zu Angriffslust, Mut und herausforderndem Geist. Schwache Konstitution und Kränklichkeit standen gedanklichem Höhenflug und einer kaum vorstellbaren Ausdauer gegenüber, ausgeprägter Sinn für Witz und Pointe war gepaart mit tiefem Ernst. Die sprachlichen Register reichen vom hohen poetischen Ton bis zur vulgär-erotischen Metaphorik. Was Schiller an seinen Figuren mit großem Scharfsinn bloßlegte, ihre inneren Abgründe, das war auch ihm nicht fremd. Daß er die eigenen Polaritäten und Extreme ausbalancieren und im kreativen Prozeß umformen konnte, verdankte er seinem analytischen Verstand, seiner Menschen- und Selbstkenntnis und einem absoluten »Schreibzwang«.

Persönliche Erfahrungen hat Schiller in seiner Dichtung nie thematisiert; die eigene Biographie als literarischer Stoff interessierte ihn zu keiner Zeit. So sucht man auch das Thema Krankheit in seiner Dichtung

»Wie Furien des Abgrunds folgen mir / Die schauerlichsten Träume. Zweifelnd ringt / Mein guter Geist mit gräßlichen Entwürfen; / Durch labyrinthische Sophismen kriecht / Mein unglückselger Scharfsinn, bis er endlich / Vor eines Abgrunds gähem Rande stutzt […]«
Don Karlos, I/2.

* Vgl. dazu Walter Müller-Seidel, Der Zweck und die Mittel. Zum Bild des handelnden Menschen in Schillers »Don Karlos«. Jahrbuch der Deutschen Schillergesellschaft, 43. Jg., 1999, S. 188–221.

vergebens. Es gibt keine einzige Figur, in der sein Krankheitsbild Ausdruck gefunden hätte. In einem im Zusammenhang mit der Arbeit am »Wallenstein« geschriebenen Brief an Goethe vom 4. April 1797 sah er den Dichter durch folgendes gefährdet: »[…] über dem Bestreben, der Wirklichkeit recht nahe zu kommen, beladet er sich mit dem Leeren und Unbedeutenden, und darüber läuft er Gefahr, die tiefliegende Wahrheit zu verlieren, worin eigentlich alles Poetische liegt. Er möchte gern einen wirklichen Fall vollkommen nachahmen und bedenkt nicht, daß eine poetische Darstellung mit der Wirklichkeit eben darum, weil sie absolut wahr ist, niemals koinzidieren kann.« Die literarische Auseinandersetzung mit der eigenen Krankheit wäre ihm in diesem Sinne als etwas »Leeres und Unbedeutendes« erschienen. Der Dichter gewann in dem Arzt stets die Oberhand; ihm war es, wenn überhaupt, um die hinter der Krankheit liegende tiefere Wahrheit zu tun. Über die Nähe bzw. Ferne der Dichtung zur Wirklichkeit äußerte sich Schiller auch in der Vorrede zur »Braut von Messina«. Immer wird er der poetischen Idee den Vorrang geben, doch muß die sie tragende Wirklichkeit mit Scharfsinn gezeichnet sein: »Wie aber nun die Kunst zugleich ganz ideel und doch im tiefsten Sinne reell sein – wie sie das Wirkliche ganz verlassen und doch aufs genaueste mit der Natur übereinstimmen soll und kann, das ists, was wenige fassen, was die Ansicht poetischer und plastischer Werke so

schielend macht, weil beide Forderungen einander im gemeinen Urteil geradezu aufzuheben scheinen. Auch begegnet es gewöhnlich, daß man das eine mit Aufopferung des andern zu erreichen sucht und eben deswegen beides verfehlt.«

Schiller erweiterte sein medizinisches Interesse lebenslang durch die Beobachtung der menschlichen Psyche, er war immer zugleich Arzt und Psychologe und bewegte sich als solcher ganz im Rahmen der europäischen Aufklärung. In diesem Zusammenhang verdient ein eher unspektakuläres Ereignis genauere Betrachtung. Im Sommer 1793 plante er eine Reise in die Heimat. Vor allem für seine hochschwangere Frau erhoffte er ärztlichen Rat: »Ich rechne sehr auf Gmelin in Heilbronn, wo ich meinen Wohnsitz aufzuschlagen gedenke«, teilte er am 1. Juli Körner mit. Auch wollte er seine Eltern besuchen, die er seit seiner Flucht nicht mehr gesehen hatte. » […] der Schwabe, den ich ganz abgelegt zu haben glaubte, regt sich mächtig. Ich bin aber auch eilf Jahre davon getrennt gewesen, und Thüringen ist das Land nicht, worinn man Schwaben vergessen kann«, ließ er Körner am 17. Juli wissen. Im selben Brief nennt er noch einen anderen Grund, der seine Reise motivierte: »Auf Gmelins Bekanntschaft und magnetische Geschicklichkeit bin ich sehr neugierig. Er schreibt mir, daß er mit großen Magnetischen Kuren sich nicht mehr abgebe, aber daß seine Ueberzeugung von der Wirksamkeit dieses Mittels nicht vermindert sey.« Die

Heilwirkung des »Magnetismus animalis«, auch »Mesmerismus« genannt, der auf den 1734 in Konstanz geborenen und 1815 in Meersburg gestorbenen Arzt Franz Anton Mesmer zurückging, sollte auf einem von Mensch zu Mensch übertragbaren Fluidum beruhen, für das Mesmer anfangs Magneten oder magnetische Gegenstände benutzte. Daneben praktizierte er Methoden des Handauflegens und der Berührung, mithin der Suggestion und Hypnose. Seit dem ausgehenden 18. Jahrhundert fand der Mesmerismus viele Anhänger in allen sozialen Schichten. Von seiten der Wissenschaft war er einer vernichtenden Kritik ausgesetzt; die Vorwürfe reichten von Scharlatanerie bis Betrug.

Schiller begegnete dieser umstrittenen Methode mit skeptischem Interesse. »In seinen [Gmelins] Anpreisungen des Magnetismus ist mir zuviel Neigung fürs Wunderbare. Hier in Heilbronn zweifeln viele sehr vernünftige Leute [...]. Aber ich will und kann noch nicht von dieser Materie urtheilen«, schrieb er Körner am 27. August. Gmelin, dessen Schriften Schiller gewiß kannte, war einer der seriösesten und strengsten Schüler Mesmers. Wie populär seine Methode war, läßt sich daran ermessen, daß Mozart sie in seiner 1790 uraufgeführten Oper »Così fan tutte« in der vierten Szene des ersten Aktes zum Thema machte, allerdings in karikierender Form.

Schillers Verhältnis zum Mesmerismus war durch Gmelin vermittelt; deutlich wird

36. Eberhard Gmelin. Gemälde, um 1795. Den Heilbronner Arzt besuchte Schiller während seiner Reise in die württembergische Heimat im Sommer 1793.

dies in einem an einen Jenaer Naturwissenschaftler gerichteten Brief vom 2. Februar 1794, der sein Interesse an dieser psychosomatischen Methode belegt. »Herr Doktor Gmelin aus Heilbronn [...] wird Ihnen schon längst durch seine Schriften über den thierischen Magnetismus bekannt seyn, und so eine vortheilhafte Meinung ich schon von diesem Mann mit hierher brachte, so sehr fand ich sie durch seine persönliche Bekanntschaft bestätigt, die ihn nicht nur als einen gründlichen Gelehrten und als einen gesunden Kopf sondern auch als einen der achtungswürdigsten Männer darstellt.«*

Das Interesse an dieser Heilmethode stand in keinem Widerspruch zu Schillers an aufklärerischer Rationalität orientiertem

* Zitiert nach: Uffe Hansen, Schiller und die Persönlichkeitspsychologie des animalischen Magnetismus. Überlegungen zum Wallenstein. In: Jahrbuch der Deutschen Schillergesellschaft, 39. Jg., 1995, S. 200.

Denken. Bereits 1787 hatte er Mesmers medizinische Theorie kennengelernt, die von der Existenz des Unbewußten ausgeht, das auf den Körper und das Bewußtsein nachweisbar einwirkt. Vor allem in Frankreich hatten Mesmers Schüler dessen Konzept zu einer psychologischen und psychosomatischen Theorie weiterentwickelt; der orthodoxe wie auch der psychologisch motivierte Mesmerismus »gehörten zu den meistdiskutierten medizinischen Entdekkungen des späten 18. Jahrhunderts« (Hansen). Schiller interessierte die Methode vor allem gedanklich, therapeutisch hat er sie weder für seine Frau noch für sich in Anspruch genommen. Mesmers Ansatz war eine Weiterführung seiner eigenen Anthropologie, vor allem im Hinblick auf die Bestimmung der psychischen Struktur des Menschen als eines Spannungsverhältnisses zwischen einem bewußten und einem unbewußten, somnambulen Zustand. In letzterem tritt das psychische Potential zutage, das sich im Traum artikuliert. Gmelins Annahme eines somnambulen Zustands ähnelt dem, was in der »Ästhetischen Erziehung« als Stufe der Vollkommenheit des Menschen erscheint, die nur im ästhetischen Bereich und nur als Ausnahme vorstellbar ist: als Übereinstimmung der Energie der sinnlichen und der geistigen Kräfte (17. Brief), als Harmonie mit sich selbst.

Im Rahmen seiner Anthropologie, vor allem seiner dritten Dissertation, hat Schiller das dynamische Verhältnis zwischen kör-

perlicher und geistig-seelischer Disposition des Menschen dargestellt, das er auch im seelischen Haushalt der Figuren seiner frühen Dramen zum Ausdruck brachte. Auch in seinem Opus magnum, der »Wallenstein-Trilogie«, ist die Polarität Körper – Geist von zentraler Bedeutung, diesmal erweist sich allerdings der körperliche Verfall Wallensteins als Folge psychischer Fehlentwicklungen und fortgesetzter Zerstörungsprozesse, Schwermut als Symptom des Auseinanderfallens von Ich und Welt, als seelische Zerrüttung. Diese psychische Dynamik erhellt auch das zaudernde Verhalten des normalerweise so aktiv-handlungsorientierten Feldherrn. Bereits in den frühen Werken hatte Schiller die Handlung ganz aus dem seelischen Erleben seiner Figuren entwickelt. Diese Tendenz modifiziert sich im Spätwerk insofern, als im »Wallenstein« und in der »Jungfrau von Orleans« dem Unbewußten in seiner Wirkung auf das Verhalten ein größerer Spielraum zukommt: »Wie überhaupt nichts wahrhaft idealistisch heißen kann, als was der vollkommene Realist wirklich unbewußt ausübt, und nur durch eine Inconsequenz läugnet.«* Schiller ging von der Existenz von Handlungsmotiven aus, »die dem Bewußtsein nicht zugänglich sind, sich aber trotzdem im tatsächlichen Verhalten der Person durchsetzen«. In dem Begriff des Unbewußten ist die Spur seiner Auseinandersetzung mit dem Mesmerismus zu erkennen. In diesem neuen Denkansatz erscheint neben der Normal-

* Zitiert nach: U. Hansen, S. 218.

37. Die Legations-
kaserne in Stuttgart.
Sepiagetöntes Aquarell
von A. Federer. Hier ver-
sorgte Schiller als
Regimentsmedikus die
Invaliden des Grenadier-
regiments des Generals
Johann Abraham David
von Augé.

persönlichkeit eine zweite, dem Menschen inhärente, unbewußte Persönlichkeit. Es geht also nicht um die Existenz vereinzelter psychischer Energien oder Affekte, sondern um eine in sich geschlossene psychische Persönlichkeitsebene. Diese Annahme weist bereits auf die Theorie des Unbewußten von Sigmund Freud voraus.

Hansen erkennt in Wallenstein eine in sich widersprüchliche Doppelpersönlichkeit, die immer weniger in der Lage ist, die ihr innewohnenden Widersprüche auszubalancieren, was ihre Tatkraft zunehmend lähmt. Bei der Dramatisierung des historischen Stoffs ging es Schiller vor allem darum, die psychischen Ursachen für die wachsende Vereinsamung dieses Herrschers

zu verdeutlichen, dessen »schwankendes Charakterbild« bereits im Prolog projiziert wird. Im Laufe der Tragödie verspielt der charismatische Wallenstein, »des Glückes abenteuerlicher Sohn«, durch planloses und eigenmächtig-machtbesessenes Verhalten die Realisierung seines großen Ziels einer europäischen Friedensordnung. Überzeugende politische Veränderung – das hat Schiller in seinen Briefen »Über die ästhetische Erziehung des Menschen« dargestellt – ist gebunden an die Veränderung des Bewußtseins, ohne innere Freiheit ist die äußere nicht zu erreichen. Innere Freiheit aber setzt psychische Einheit voraus. Bei Wallenstein fallen Vorstellungswelt und Handeln zunehmend auseinander.*

* Vgl. dazu Dieter
Borchmeyer, Macht
und Melancholie.
Schillers Wallenstein.
Frankfurt a. M. 1988.

Schiller setzte seine Anthropologie, hier vor allem die Bestimmung des Leib-Seele-Verhältnisses, in seinen dramentheoretischen Überlegungen fort, indem er die fehlende innere Harmonie als die Grundbefindlichkeit des modernen Menschen diagnostizierte. Eine Formulierung, die er während der Arbeit am »Don Karlos« seinem Schwager Wilhelm Friedrich Reinwald mitteilte, der Autor solle sich seinen Geschöpfen als »Busenfreund« nähern, um sie nach der Natur darstellen zu können (Brief vom 14. April 1783), erhellt das psychologische Interesse des Dramatikers an seinen Figuren. Ob es sich um die in den »Briefen über Don Karlos« konturierte psychische Anlage des Marquis Posa oder des Prinzen handelt, um den zwielichtigen, zwischen Größe, Machtwahn und Intrigantentum schwankenden Fiesko oder um die wie ein psychologischer Roman angelegte Charakterstudie des melancholischen Schwärmers Julius aus den 1786 veröffentlichten »Philosophischen Briefen« – die »Philosophie des Julius« bildet das Kernstück der »Briefe« –, immer erweist sich der Dramatiker als Seelenforscher, seine Figurenzeichnung gerät zum psychologischen Porträt.

Die Grundvoraussetzung für jeden Psychologen – Selbstbeobachtung und Selbsterkenntnis als Voraussetzung für die Erforschung des anderen – erfüllte Schiller in hohem Maße. Nirgends wird das so deutlich wie in seinem Brief an Goethe vom 31. August 1794, in dem er die Summe

sowohl der eigenen Existenz als auch der des anderen zieht. Er erkennt sich über das große Korrektiv des anderen, ermißt die eigenen Grenzen und lernt, sich zu behaupten.

Welche Sicht hatte Schiller auf den Menschen, mithin auf seinen Gegenstand als Dichter? Das Interesse des Dramatikers, »die Seele gleichsam bei ihren verstohlensten Operationen zu ertappen« (Vorrede zu den »Räubern«), faszinierte ihn zeitlebens. Er gestaltete nicht nur rationales, vernunftgeleitetes Verhalten, er brachte auch das Unbewußte als eine mächtige Triebkraft zur Geltung. Nur über die Kunst könne Erziehung bis ins Unbewußte vordringen und Veränderungen bewirken. Geistig-seelische Entwicklung vollzieht sich aber nicht um ihrer selbst willen. Schiller begreift den Menschen als ein sittliches, ideengeleitetes Wesen, das sein Handeln zur Realisierung vernunftorientierter Ziele einsetzt. Das höchste Ziel ist die Einheit, die Aussöhnung mit sich selbst, die nur im Ästhetischen denkbar ist. Movens jeder Entwicklung ist der sich ständig neugestaltende Geist, die Idee, die in die Geschichte eingreift und den Kampf aufnimmt mit den von Menschen gemachten Verhältnissen. Im Vordergrund steht bei Schiller das Charakterbild des handelnden, auch des sich verstrickenden, des an der Idee scheiternden Menschen. Bewußtes Handeln, das Eingreifen in den geschichtlichen Augenblick, der Kampf zwischen Idee und Macht, auch mittels Verschwörung und Revolution, zeichnet die großen dramatischen Figuren aus: Karl Moor, Fiesko, Marquis Posa, Wallenstein, die Jungfrau von Orleans, Tell, Demetrius; sie alle »greifen mit Machtverhältnissen zugleich Denkformen an« (Max Kommerell).

Was Schiller in seinen theoretischen Schriften als Menschenbild entwarf, findet sich untergründiger, widersprüchlicher und differenzierter in seinen Dramen wieder. Vor allem in den dramentheoretischen Überlegungen und eben in den Dramen selbst erweist er sich als Seelenforscher und Menschenkenner. Thomas Mann ging in seinem »Versuch über Schiller« aus dem Jahr 1955 noch einen Schritt weiter, wenn er sagt: »Wie stark […] habe ich das empfunden […], daß er, der Herr seiner Krankheit, unserer kranken Zeit zum Seelenarzt werden könnte, wenn sie sich recht auf ihn besänne.«

38. »Wallensteins Tod«, V/5. Kupferstich von Waechter nach Heinrich Lips, 1805.

Zweites Kapitel

Wanderjahre

Stuttgart – Mannheim – Bauerbach – Mannheim – Leipzig-Gohlis – Dresden – Ankunft in Weimar

1780–1787

Schillers eigentliche Produktivität lag im Idealen, und es läßt
sich sagen, daß er so wenig in der deutschen als einer andern
Literatur seinesgleichen hat.
Goethe im Gespräch mit Eckermann
18. Januar 1827

39. Friedrich Schiller.
Kupferstich von
G. F. Riedel nach
Friedrich Kirschner,
1784. Das erste für
die Öffentlichkeit
bestimmte Bildnis
Schillers, geschmückt
mit einer Szene aus
den »Räubern«.

Mit einem Dekret des württembergischen Herzogs war Schiller am 15. Dezember 1780 zum Militärarzt ernannt worden. Der Titel »Regimentsmedikus« bedeutete nicht einmal den Rang eines Leutnants. Er hatte dienstunfähige verwundete Soldaten zu versorgen und erfüllte seine ärztliche Pflicht anfangs mit Fleiß und Engagement. Doch brach sich seine Begeisterung nach und nach an den vom Herzog vorgegebenen Bedingungen. Die Arbeit wurde ihm in dem Maße zuwider, wie er sich der Konsequenzen einer fortdauernden Abhängigkeit bewußt wurde. Da war zunächst der Uniformzwang, der seine innere und äußere Freiheit einschränkte und der Identifikation mit seiner Rolle hinderlich war. Einen Bittbrief des Vaters, dem Sohn in seiner Freizeit den Aufbau einer eigenen Praxis in ziviler Kleidung zu gestatten, hatte der Herzog zurückgewiesen. Nachdem Schiller für kurze Zeit in einer Kaserne Unterkunft gefunden hatte, bekam er durch Vermittlung seines ehemaligen Lehrers und Förderers, Professor Balthasar Haugs, in Stuttgart ein Zimmer in der Wohnung der Hauptmannswitwe Louise Dorothea Vischer (1751–1816). In diesem ersten eigenen Domizil konnte er sich allerdings nicht frei bewegen. Zum einen teilte er Raum und Miete mit einem früheren Mitschüler aus der Carlsschule, zum anderen war jeder Ausgang an die Erlaubnis des seinem Grenadierregiment vorstehenden Generals gebunden. Der Umgang mit Freunden und sogar die

Besuche bei Eltern und Geschwistern bedurften der Genehmigung. Auch Stuttgart konnte er ohne Einwilligung des Herzogs nicht verlassen.

Trotz mancher bescheidenen Freiheiten, die sich der Einundzwanzigjährige nahm, konnte er sich nicht darüber hinwegtäuschen, was ihn künftig erwartete: existentielle Unsicherheit und wachsende finanzielle Not, ein labiler Gesundheitszustand und eine extreme psychische Anspannung. Seine Fähigkeit jedoch, zu schreiben, ja schreiben zu müssen, hielt auch den größten Belastungen stand.

Im Januar 1781 starb der ehemalige Mitschüler und ärztliche Kollege Johann Christian Weckherlin; mit ihm verlor Schiller einen weiteren Freund. Als Nachruf entstand die »Elegie auf den Tod eines Jünglings«, die mit Unterstützung seiner Mediziner-Freunde bei Mäntler gedruckt wurde und aufgrund der maliziösen und höhnischen Seitenhiebe nicht nur die Kritik des Zensors, sondern auch den Argwohn des Herzogs auf sich zog.

Mitte des Jahres gab Schiller sein erstes Drama »Die Räuber« anonym und auf eigene Kosten im Selbstverlag heraus. Mit der Aufnahme eines Darlehens für den Druck begann der harte Weg in die Verschuldung. Den Druckort hatte er fingiert, so daß weder Druckerei noch Autor ermittelt werden konnten. Auch der Mannheimer Buchhändler Schwan erhielt ein Exemplar, das er mit sicherem Gespür für einen Bühnenerfolg an die Schauspieler Iffland und Böck sowie an Heribert von Dalberg, den Intendanten des Mannheimer Nationaltheaters, weiterreichte. Dieser engagierte Schiller sogleich für eine Bühnenbearbeitung und bekundete sein Interesse an einer künftigen Kooperation in Mannheim.

Ende des Jahres besuchte Schiller, vermittelt durch seinen Freund Wilhelm von Hoven, unter größter Geheimhaltung Christian Daniel Schubart auf dem Hohenasperg. Vorgestellt wurde er diesem als Freund des »Räuber«-Dichters. Als Schubart eine selbstverfaßte Kritik des Stückes vorgetragen und den Wunsch geäußert hatte, den Verfasser persönlich kennenzulernen, gab sich Schiller zu erkennen, und es kam zu einem intensiven Austausch.

Ende Dezember 1781 wurde die Carlsschule durch eine Urkunde Kaiser Josephs II. in den Rang einer Universität erhoben. Das hatte zur Folge, daß die bisherigen Absolventen aufgefordert wurden, die dem universitären Standard angemessene Promotion nachzuholen. Diese Aufforderung erging auch an Schiller.

Unter Dalbergs Regie fand am 13. Januar 1782 die Uraufführung der »Räuber« in Mannheim statt. Schiller hatte sein Stück zuvor mehrfach überarbeiten müssen; gegen seinen ausdrücklichen Willen hatte Dalberg die Verlegung des Geschehens ins Mittelalter durchgesetzt. Das Stück, ein Hohelied auf die menschliche Freiheit, hatte damit deutlich an Schärfe verloren. Dokumentiert sind die Eingriffe im »Mannheimer Soufflierbuch«*. Der gerade 22 Jahre alte Schauspieler August Wilhelm Iffland spielte den Franz Moor und wurde durch diese Rolle zu einem der berühmtesten Schauspieler seiner Zeit. Johann Michael Böck wurde als Karl Moor eingesetzt, Johann David Beil als Schweizer, Anna Elisabeth Toscani als Amalia. Heinrich Beck, der intellektuelle Kopf der Mannheimer Schauspieltruppe, spielte den Kosinsky. Schiller nahm ohne Erlaubnis des Herzogs in strengster Anonymität in einer eigenen Loge an der Aufführung teil. »Das Theater glich einem Irrenhaus, rollende Augen, geballte Fäuste, heisere Aufschreie im Zuschauerraum! Fremde Menschen fielen einander schluchzend in die Arme, Frauen wankten, einer Ohnmacht nahe, zur Türe. Es war eine allgemeine Auflösung wie im Chaos, aus dessen Nebeln eine neue Schöpfung hervorbricht!« So der Bericht eines Augenzeugen dieser Aufführung, die Theatergeschichte machte. In kürzester Zeit brachten zahlreiche andere Bühnen das Stück heraus.

Nach dem grandiosen Erfolg empfand Schiller die Rückkehr nach Stuttgart als außerordentlich bedrückend, doch gelang es ihm, seine Niedergeschlagenheit ins Kreative zu wenden. Seit Anfang des Jahres arbeitete er an einem zweiten Drama, dem »Fiesko«, und betrieb dafür ein intensives Studium der historischen Quellen. Mitte Februar erschien seine »Anthologie auf das Jahr 1782« mit insgesamt 83 Gedichten, von

Schillers »Räuber«. Urtext des Mannheimer Soufflierbuchs. Hrsg. von Herbert Stubenrauch und Günter Schulz. Mannheim 1959.

denen mindestens 49 von ihm selbst stammten. Entstanden waren sie 1781, zum Teil auch schon früher. Gedichte wie »Der Triumph der Liebe«, »An Minna«, die Gruppe der Laura-Gedichte, »Der Venuswagen«, »An einen Moralisten« oder »Kastraten und Männer« lassen die Sprengkraft einer neuen Lebensorientierung erkennen.

Die rigorose Isolation und die karge männliche Erziehung der Akademiezeit hatten jeder Form von Realitätserfahrung den Riegel vorgeschoben: »Jede Eigenheit, jede Ausgelassenheit der tausendfach spielenden Natur ging in dem regelmäßigen Tempo der herrschenden Ordnung verloren«, konstatierte er in der »Ankündigung der Rheinischen Thalia«. Schiller war sich dieses Vakuums vollkommen bewußt, er beklagte, »unbekannt mit den Menschen«, »unbekannt mit dem schönen Geschlecht« zu sein, und bedauerte seine Anmaßung, »Menschen zu schildern, ehe mir noch einer begegnete«. Die Erfahrung von Liebe, Sinnlichkeit und Sexualität, die Auseinandersetzung mit dem Weiblichen, mit Erotik war bisher allein seiner Phantasie vorbehalten gewesen. Nicht einmal die normalen Beziehungen zu Mutter und Schwestern hatte er im Alltag erfahren können. Die Tore der Carlsschule hatten sich »Frauenzimmern« nur geöffnet, »ehe sie anfangen interessant zu werden, und wenn sie aufgehört haben, es zu sein«. Schiller wußte sehr wohl, daß er ohne Lebenserfahrung und Menschenkenntnis nicht schreiben konnte: »Unbe-

* Julius Hartmann, Schillers Jugendfreunde. Stuttgart und Berlin 1904, S. 207.

kannt mit Menschen und Menschenschicksal mußte mein Pinsel notwendig die mittlere Linie zwischen Engel und Teufel verfehlen.«

Ein gewaltiger Lebenshunger glühte in ihm, dem Scheuen, Unsicheren, dem von der militärisch orientierten Männerwelt Geprägten und Abgehärteten. Magisch zog ihn das Unbekannte an, das ihm vorerst in Gestalt seiner zehn Jahre älteren Wirtin oder anderer Frauen begegnete, die in der schäbigen Soldatenwelt auftauchten. Dem entsprachen Elemente des Anstößigen und Obszönen in der frühen Dichtung als Teil von Schillers Erlebniswelt. Noch war er weit entfernt von seinen großen Frauenfiguren. Es gibt nur wenige seriöse Dokumente über diesen Lebensabschnitt, vor allem waren es die Jugendfreunde, die über diese Zeit berichteten. Das wenige, das sich belegen läßt, zum Beispiel die Tatsache, daß sich Schiller heftig mit »Soldatenweibern, auch en compagnie«*, vergnügte und sich in ein wüstes, derb-sinnliches Leben stürzte, erklärt sich nicht nur als Folge der naturwidrigen Askese seiner Schul- und Ausbildungszeit. Er erprobte damit auch die bisher unterdrückte sinnliche Dimension seiner Persönlichkeit und setzte sich mit Widersprüchen und Abgründen der eigenen Psyche auseinander.

Die grundlegende Neuorientierung seiner inneren Verfaßtheit legte Schiller in den verschiedenen Vorreden zu seinem ersten Drama offen. Gerade in der ersten, nicht veröffentlichten Vorrede verrät er – deutlicher als in den folgenden publizierten – eigene Ambivalenzen, psychische Kämpfe und die damit verbundene innere Bedrohung. Ein Hauch von Selbstrechtfertigung wird spürbar, wenn er um Verständnis für die Lasterhaftigkeit und Unmoral seiner Figuren wirbt. »Man trifft hier Bösewichter an, die Erstaunen abzwingen, ehrwürdige Missetäter, Ungeheuer mit Majestät; Geister, die das abscheuliche Laster reizet, um der Größe willen, die ihm anhängt, um der Kraft willen, die es erfordert, um der Gefahren willen, die es begleiten. Man stößt auf Menschen […], die auf dem Wege zur höchsten Vollkommenheit die unvollkommensten werden, die unglückseligsten auf dem Wege zum höchsten Glück, wie sie es wähnen. Mit einem Wort, man wird sich auch für meine Jagos interessieren, man wird meinen Mordbrenner bewundern, ja fast sogar lieben. Niemand wird ihn verabscheuen. Jeder darf ihn bedauern.« Wichtig ist ihm, daß Leser und Zuschauer »den Zusammenhang des Ganzen« verstehen und die »Absicht des Dichters erraten«.

Deutlich reflektierter äußert er sich in der Vorrede zur ersten Auflage der »Räuber«. Der »Menschenmaler« müsse auch auf diese Ebene der Realität eingehen, wenn er »eine Kopie der wirklichen Welt und keine idealische Affektation, keine Kompendienmenschen will geliefert haben. […] Wer sich den Zweck vorgezeichnet hat, das Laster zu stürzen und Religion, Moral und bürger-

liche Gesetze an ihren Feinden zu rächen, ein solcher muß das Laster in seiner nackten Abscheulichkeit enthüllen und in seiner kolossalischen Größe vor das Auge der Menschheit stellen – er selbst muß augenblicklich seine nächtlichen Labyrinthe durchwandern, – er muß sich in Empfindungen hineinzuzwingen wissen, unter deren Widernatürlichkeit sich seine Seele sträubt.« Die differenzierte Kenntnis der menschlichen Psyche einschließlich des »Lasters« mit »seinem ganzen innern Räderwerk« betrachtete er als grundlegend für die Arbeit des Dramatikers.

An den wenigen Festivitäten und Gelagen, an denen Schiller teilnahm, gelang es den trinkfesten Soldaten schnell, den alkoholunerfahrenen Arzt unter den Tisch zu trinken, was ihm rasch den Ruf eines Säufers einbrachte. Schiller war arm, seine Kleidung bedürfnislos, seine Behausung nicht nur spartanisch karg, sondern nahezu unhygienisch unordentlich. Auch dieses Wüste der Lebensorientierung war nicht nur der männlichen Prägung geschuldet, es hatte vielmehr die Würze des Aufbegehrens gegen sinnleeren Drill und lebensfernes Ordnungsdenken. Eine muntere Männergesellschaft aus ehemaligen Eleven und Freunden wie Scharffenstein, Petersen und Reichenbach fand sich in Wirtshäusern und Gasthöfen zusammen; Kartenspiel, Kegeln und laute Debatten füllten die Abende, man machte Schulden, die nicht immer beglichen wurden.

40. Henriette von Wolzogen. Zeitgenössische Lithographie nach einem verschollenen Gemälde.

licht hätte, Carl Eugen den Dienst aufzukündigen. Gefordert war der persönliche Einsatz des Intendanten, doch dieser erwies sich als gänzlich konfliktscheu und passiv. Er hatte zwar Interesse an dem erfolgversprechenden Dramatiker, wollte aber keinesfalls durch ein Engagement für diesen kritischen Geist die Gunst des württembergischen Herzogs aufs Spiel setzen. So sah sich der junge Mann in seinen Erwartungen enttäuscht. Zudem hatte der Herzog von der unerlaubten Reise ins kurpfälzische Ausland erfahren, er zitierte Schiller und konfrontierte ihn mit einer harten Strafe: 14 Tage Arrest sowie, unter Androhung von Haft und Kassation – der Entlassung aus dem Militärdienst –, Verbot des »Komödienschreibens«.

Schiller war in Ungnade gefallen, zumal dem Herzog das politische Konfliktpotential seiner Dichtung keineswegs entgangen sein dürfte. Zu der Verstimmung hatte sicher auch die Tatsache beigetragen, daß der Autor die Aufführungsrechte der »Räuber« nicht nach Stuttgart, sondern nach Mannheim gegeben hatte. Von dem verhängten Schreibverbot waren nur die Arbeiten über medizinische Themen ausgenommen, aber gerade ihnen gegenüber zeigte er sich zunehmend reserviert, insbesondere was die Forderungen einer erneuten Promotion betrafen.

Während seiner Haft vom 28. Juni bis zum 11. Juli 1782 arbeitete Schiller trotz Verbots weiter am »Fiesko« und entwarf eine erste Skizze für ein Stück namens »Luise

Als der Herzog aufgrund einer Reise nach Wien für einige Tage abwesend war, nutzte Schiller die Gelegenheit für eine erneute heimliche Fahrt nach Mannheim. Begleitet wurde er von Louise Dorothea Vischer und Henriette von Wolzogen, der Mutter seines Schulfreundes Wilhelm von Wolzogen. Zu ihr als mütterlicher Freundin hatte er eine tiefe Zuneigung gefaßt. Sie kannte seine Not und hatte ihm für den Konfliktfall ihr Gut Bauerbach in Thüringen als Refugium angeboten – eine Geste von haltgebender Kraft. Bei dem vor ihm liegenden riskanten Unternehmen richtete sich seine ganze Hoffnung auf Dalberg, spekulierte er doch auf eine Anstellung am Mannheimer Nationaltheater, die es ihm ermög-

Millerin«, das eine weitere Etappe der inneren Auseinandersetzung mit dem Herzog darstellte, die nunmehr einen Höhepunkt erreichte. In ihm wuchs der Vorsatz, sich aus seiner gegenwärtigen Lebenssituation zu befreien. Ein Hauptmotiv dafür war die Unmöglichkeit, gerade das zu tun, was ihm am allerwichtigsten war und worauf er auch finanziell dringend angewiesen war, zu schreiben. Im Juli wandte er sich noch einmal mit einem dringenden Brief an Dalberg, schilderte ihm seine Zwangslage und bat um Hilfe. Er stellte ihm nicht nur den Abschluß des »Fiesko« in Aussicht und damit eine mögliche Wiederholung des Erfolgs der »Räuber«, er teilte ihm auch erste Ideen für »Don Karlos« mit. Und er deutete seinen Fluchtplan an. Mit großer Anspannung wartete er auf eine Antwort des Intendanten, doch die blieb aus. Am 1. September unternahm Schiller einen letzten Versuch, seine für ihn unerträglich gewordene Lage zu wenden. In einem kühnen Brief bat er den Herzog, das Schreibverbot zurückzunehmen. Ins Feld führte er in erster Linie seine desolaten Finanzen, die ihm auch eine Weiterführung des Medizinstudiums unmöglich machten. Er bot sogar an, alle künftigen Werke dem Herzog vorzulegen. Diesem Brief wurde die Annahme verweigert und dem Absender das Verfassen weiterer Schreiben strengstens untersagt. Zudem erfuhr er, daß ihm die Festnahme drohte.

Schiller sah für sich keine andere Möglichkeit mehr, als der gegenwärtigen Situation zu entfliehen, was eine der schwerwiegendsten Entscheidungen seines Lebens bedeutete. Während er sich in die Arbeit am »Fiesko« stürzte, übernahm der Stuttgarter Freund Andreas Streicher die Planung der Flucht. Schiller hatte ihn 1781 bei dem Komponisten Johann Rudolf Zumsteeg kennengelernt, der zentrale Szenen der »Räuber« vertont hatte. Der zwei Jahre jüngere Streicher hatte das Stück gleich bei seinem Erscheinen gelesen und hing in großer Liebe und Verehrung an Schiller. Er, dessen Lebensplanung in eine ganz andere Richtung ging, wollte im Frühjahr 1783 nach Hamburg umziehen, um bei Carl Philipp Emanuel Bach sein Musikstudium fortzusetzen. Doch begriff er die innere Not seines Freundes und beschloß, ihn zunächst nach Mannheim zu begleiten. Sein postum erschienener Bericht »Schillers Flucht von Stuttgart und Aufenthalt in Mannheim 1782–1785« ist für dessen Jugendgeschichte eine der wichtigsten Quellen.

Mit größter Sorgfalt wählten die Freunde den geeigneten Termin für die Flucht. Vom 17. bis zum 25. September 1782 war der Besuch des russischen Großfürsten, des späteren Zaren Paul I., und seiner Gemahlin Maria Feodorowna am herzoglichen Hof vorgesehen. Die Großfürstin war eine Nichte des württembergischen Herzogs. Die Wahl fiel auf die Nacht vom 22. zum 23. September, dann hätten die Festlichkeiten ihren Höhepunkt erreicht, die Stadt wäre von Bürgern und Gästen überfüllt und die

Stadttore nicht in der gewohnten Strenge bewacht. Zunächst nahmen sie einen Wagen, um mit ihrem Gepäck erst einmal aus der Stadt herauszukommen. Aus Furcht, entdeckt zu werden, flohen sie weiter zu Fuß, wobei sie einen großen Umweg über Land in Kauf nahmen.

Unmittelbar vorher hatte Schiller den Eltern einen letzten Besuch abgestattet. Während er seine Mutter und die Schwester Christophine in sein Vorhaben einweihte, verbot sich dem Vater gegenüber ein solches Vertrauen, da diesem anderenfalls das Ehrenwort als Offizier, von der Flucht nichts gewußt zu haben, unmöglich gewesen wäre. Angesichts der ungewissen Zukunft hatte die Mutter in tiefer Verzweiflung von ihrem Sohn Abschied genommen, die Bürde der Mitwisserschaft lag schwer auf ihrem Gewissen. Die letzten Tage in Stuttgart nutzte Schiller, um seinen bescheidenen Hausrat aufzulösen. Einen Großteil seiner Bücher übernahm Georg Scharffenstein. Die Freunde hatten nur wenig Geld bei sich, ohne fremde Hilfe würden sie nicht weit kommen. Über Schwetzingen setzten sie die Reise mit der Postkutsche fort und erreichten nach zwei Tagen Mannheim. Mit dem Passieren der kurpfälzischen Grenze waren sie dem Einflußbereich des württembergischen Herzogs entkommen, die Residenz des pfälzischen Kurfürsten galt als Ausland.

Schiller war sich bewußt, daß er mit dieser Entscheidung die Aussicht auf eine geordnete bürgerliche Karriere zerstört

hatte. Als Mediziner dürfte er auch die psychischen und physischen Konsequenzen der ihm bevorstehenden existentiellen Unsicherheit erwogen haben, er kannte seinen labilen Gesundheitszustand. Dennoch fühlte er zum erstenmal so etwas wie persönliche Freiheit. »Nunmehr sind alle meine Verbindungen aufgelöst. Das Publikum ist mir jetzt alles, mein Studium, mein Souverain, mein Vertrauter. Ihm allein gehör ich jetzt an. Vor diesem und keinem andern Tribunal werde ich mich stellen. Dieses nur fürchte ich und verehr ich. Etwas Großes wandelt mich an bei der Vorstellung, keine andere Fessel zu tragen als den Ausspruch der Welt – an keinen andern Thron mehr zu appellieren als an die menschliche Seele« (»Ankündigung der Rheinischen Thalia«).

Die Flucht aus dem Bannkreis des württembergischen Herzogs war wohl das spektakulärste Ereignis in Schillers äußerem Leben. Die Wahrscheinlichkeit, im Falle des Scheiterns auf die Feste Hohenasperg zu kommen, war allgegenwärtig, man denke nur an das Schicksal Schubarts, der mit seiner Dichtung scharfe Kritik an den repressiven Zuständen in Deutschland geübt hatte und der trotz eines Reuebekenntnisses noch viele Jahre auf die Freilassung aus dem Kerker warten mußte, den er als gebrochener Mann verließ. Schiller war jetzt fahnenflüchtig, als Deserteur war sein Leben bedroht, er mußte mit der Verfolgung durch die Späher des Herzogs selbst im »Ausland« rechnen.

In Mannheim angelangt, wandten sich die Freunde zunächst an den Schauspieler und Regisseur des Mannheimer Theaters, Christian Dietrich Meyer, der ihnen ein vorläufiges Quartier besorgte. Dalberg war von den Stuttgarter Feiern anläßlich des Fürstenbesuchs noch nicht zurück, da war Schillers Flucht schon das vorherrschende Stadtgespräch. Meyer, zutiefst beunruhigt über mögliche Konsequenzen und Schillers bedrohliche Lage, konnte diesen zu einem Brief an den Herzog bewegen. Darin entschuldigte er seine Tat und rechtfertigte sie erneut mit der Not, nicht schreiben zu dürfen. Er bat den Herzog um väterliche Nachsicht und nannte ihm drei für eine Rückkehr notwendige Voraussetzungen: Aufhebung des Schreibverbots, die Möglichkeit zu reisen und die Erlaubnis, zivile Kleidung zu tragen, um auch außerhalb der Militärkaserne eine ärztliche Praxis eröffnen zu können. Schiller wird realistisch genug gewesen sein und weder mit der Duldsamkeit noch gar der Großmut des Herzogs gerechnet haben. Sein Ziel war es, den Herzog gegenüber seiner Familie milde zu stimmen. Da unter den gegebenen Bedingungen eine Verständigung mit seinen Angehörigen oder Freunden so gut wie unmöglich war, blieb ihm nichts anderes übrig, als bei den wenigen Briefen, die er in dieser Zeit schrieb, sowohl den Absendeort zu tarnen als auch bewußte Falschinformationen über seine künftigen Absichten zu verbreiten, darauf vertrauend, daß der Adressat diese Intention mitbedach-

te und den Brief lediglich als ein Lebenszeichen verstand.

Die über den General Augé vermittelte Antwort war so unverbindlich, daß Schiller unverzüglich um Präzisierung der Bedingungen bat. Er hatte dem Schreiben entnommen, daß der Herzog seine sofortige Rückkehr, wenn nicht seine Auslieferung fordere, so daß er sicher sein konnte, ihm werde nachgesetzt. Die Korrespondenz ging nur noch kurz hin und her, bis Schiller sie ganz einstellte.

Schon in den ersten Mannheimer Tagen gelang es ihm, Meyers Interesse für den »Fiesko« zu wecken. Am 27. September konnte er das Stück in einem privaten Rahmen vor einigen Schauspielern lesen, auch Iffland war anwesend. Was er bot, war eine hochpathetische Deklamation in tiefstem Schwäbisch, die nicht anders als in einem Desaster enden konnte. Die Gesellschaft löste sich diskret auf, Meyer war entsetzt und konnte es kaum fassen, daß dieser Vortragende der Dichter der »Räuber« sein sollte. Zum Glück blieb es nicht bei dem ungünstigen Eindruck, Meyer nahm sich das Manuskript noch einmal vor, und diesmal verfehlte es seine Wirkung nicht.

Das gerade aufgekeimte Gefühl von Freiheit war schon wieder erstickt. Aus Sorge vor den Nachstellungen des Herzogs sahen sich die Freunde gezwungen, Anfang Oktober Mannheim zu verlassen. Schiller war ohne jede Zukunftsperspektive, zumal ein Gespräch mit Dalberg nicht stattgefunden

41. Christian Dietrich Meyer. Silhouette von Johann Georg Kirchhöfer.

hatte. Erneut begann eine dramatische, seine physische Kraft überfordernde Zeit der Flucht. Zwar konnte Streicher einiges Geld auftreiben, so daß sie wieder begrenzt handlungsfähig waren, doch bedrängten Schiller seine in Stuttgart hinterlassenen Schulden, zu denen neue hinzukamen.

Getarnt und in ständiger Furcht, gefaßt zu werden, setzten sie ihre Flucht zu Fuß fort. Für die Kutsche oder den Postwagen fehlte das Geld. Sie suchten billige Unterkünfte, irrten über weite Strecken umher und kehrten schließlich über Darmstadt und Frankfurt in die Nähe Mannheims zurück. Streicher hatte seine Hamburg-Pläne längst aufgegeben, zu offensichtlich brauchte Schiller seine Hilfe. Dessen Gesundheit litt unter der Unsicherheit der Lage und den Strapazen des Unterwegsseins. Trotz aller Anspannung arbeitete er in jeder freien Minute, erste Entwürfe zu »Luise Millerin« entstanden, er schrieb Gedichte in der Hoffnung, sie irgendwo unterzubringen. Vor allem aber wartete er immer noch auf ein Angebot Dalbergs, den er um einen Vorschuß für den »Fiesko« gebeten hatte. Der Intendant lehnte das Stück jedoch als nicht aufführbar ab und forderte eine grundlegende Umarbeitung. Nur der Regisseur Meyer unterstützte weiterhin die Freunde. Durch seine Vermittlung fanden sie in unmittelbarer Nähe von Mannheim ein Unterkommen, das wenigstens für kurze Zeit ein Ausruhen versprach. Unter falschem Namen quartierten sie sich im »Viehhof« zu

Oggersheim ein, einem Gasthof, in dem Schiller als Dr. Schmidt und Streicher als Dr. Wolf vom 13. Oktober bis zum 30. November 1782 ein zurückgezogenes Leben führten. Neben der Umarbeitung des »Fiesko« und der Weiterarbeit an »Luise Millerin« fand Schiller Trost und Freude an der Musik, die ihm Streicher auf seinem kleinen Klavier vorspielte, das er trotz aller Transportprobleme immer mit sich nahm.

Ende Oktober erschien das 2. Stück des »Wirttembergischen Repertoriums der Litteratur«, ein publizistisches Projekt, von dem sich Schiller ein Veröffentlichungsforum und eine Geldquelle erhoffte. Dalberg hatte auch die überarbeitete Fassung des »Fiesko« und damit jede Form von Vergütung abgelehnt. Mit dieser erneuten Zurückweisung brachen für Schiller die letzten Hoffnungen zusammen, die er auf das Mannheimer Theater gesetzt hatte. Auch persönlich war er von Dalberg zutiefst enttäuscht. Auf Erfolg spekulierend, hatte dieser ihm Hoffnungen gemacht, er hatte von seinem Erstling profitiert, sich mit dem vielversprechenden Dichter geschmückt und ihn dann fallengelassen, um sich die Gunst des Herzogs nicht zu verscherzen, sollte er den entlaufenen Medikus unterstützen. Dessen Geldnot war mittlerweile so drückend, daß er nicht nur seine Uhr versetzte, sondern den »Fiesko« unter Wert an den Mannheimer Buchhändler Schwan verkaufte. So kamen die Freunde wieder für eine Weile notdürftig über die Runden.

Schwan veröffentlichte in seinem Verlag nicht nur die Theaterfassung der »Räuber«, sondern auch »Fiesko« und druckte beide Stücke mehrmals nach, ohne den Autor finanziell zu beteiligen.

Die dramatische Zuspitzung seiner Lage erforderte immer deutlicher eine Umorientierung. Zum einen war er von der erneuten Verfolgung durch die Häscher seines württembergischen Landesherrn informiert worden, zum anderen hatte sich Streicher in Mannheim als Klavierlehrer und Musiker niedergelassen, um seine eigene Existenz zu sichern. Schiller blieb keine andere Wahl, als das Angebot von Henriette von Wolzogen anzunehmen. In seinen Erinnerungen beschreibt Streicher die Trauer, die beide bei der Trennung erfaßte, und vergegenwärtigt sich, wie freudlos und verzagt er zurückblieb, weil er den verehrten Freund und »edelsten Dichter« des Landes in seinem ganzen Unglück allein lassen mußte. Vor seiner Abreise war es Schiller noch gelungen, am 22. November unter schwierigen Bedingungen ein Abschiedstreffen mit seiner Mutter und der Lieblingsschwester Christophine zu arrangieren.

In unzureichender Kleidung verließ er bei strengem Frost am 30. November 1782 das kurpfälzische Oggersheim und erreichte nach beschwerlicher Fahrt durch das tiefverschneite Land am 7. Dezember Thüringen. Das Gut der Henriette von Wolzogen lag in Bauerbach bei Meiningen, zwei Räume im oberen Stockwerk waren für

Schillers Ankunft vorbereitet. Der Gutsverwalter empfing den jungen Dichter und sorgte auch künftig für das Nötigste. Von Dezember 1782 bis zum 24. Juli 1783 konnte er hier sein Gleichgewicht wiederfinden. In weiser Voraussicht hatte ihn Henriette von Wolzogen an den Meininger Hofbibliothekar Wilhelm Friedrich Hermann Reinwald verwiesen, der rasch zu einem engen Vertrauten wurde. Er half Schiller, die für seine Arbeit notwendigen Bücher zu beschaffen, und ersparte ihm so die Gänge zur Meininger Bibliothek, die aufgrund der möglicherweise noch immer andauernden Verfolgung durch den Herzog durchaus ein Risiko darstellten. Schiller las in dieser Zeit Texte, die seine spätere dramentheoretische und philosophische Orientierung prägten. Eingehend beschäftigte er sich mit Lessings kunsttheoretischer Schrift »Laokoon: Oder über die Grenzen der Malerei und Poesie« (1766) sowie mit dessen »Hamburgischer Dramaturgie« (1767/68) und studierte die philoso-

42. Der Viehhof in Oggersheim. Holzstich nach einer Zeichnung von C. Schüler. Auf seiner Flucht aus Stuttgart wohnte Schiller hier gemeinsam mit Andreas Streicher von Mitte Oktober bis Ende November 1782.

43. Gut der Henriette von Wolzogen in Bauerbach bei Meiningen. Lithographie von 1859. Schiller wohnte hier von Anfang Dezember 1782 bis zum 24. Juli 1783.

Kraft zur höchsten Freundschaft besitzen«, es sei »unstreitig wahr, daß wir die Freunde unserer Helden sein müssen, wenn wir in ihnen zittern, aufwallen, weinen und verzweifeln sollen, daß wir sie als Menschen außer uns denken müssen, die uns ihre geheimsten Gefühle vertrauen und ihre Leiden und Freuden in unsern Busen ausschütten. […] Dann rühren und erschüttern und entflammen wir Dichter am meisten, wenn wir selbst Furcht und Mitleid für unsern Helden gefühlt haben.«

Wenn Schiller in seiner Einsamkeit zunächst froh war, in Reinwald einen ihm zugewandten literaturkundigen Gesprächspartner zu finden, so kühlte sich das Verhältnis mit der Zeit doch ab. Zweiundzwanzig Jahre älter und von gegensätzlichem Temperament, bot Reinwald nach einem glücklosen Leben das Bild eines schwermütigen, misanthropischen Sonderlings, der die Menschen eher mied. Pflichtbewußt versah er die herzogliche Bibliothek, in seiner Freizeit hatte er sprachwissenschaftliche Essays und auch Gedichte geschrieben, war sich aber der Grenzen seiner poetischen Begabung bewußt. Von seinen historischen Arbeiten war Schiller immerhin so überzeugt, daß er sie in den von ihm herausgegebenen Zeitschriften druckte. Die Beziehung zwischen ihnen war mit der Zeit zu einem Zweckbündnis geworden, von dem sich Schiller zunehmend distanzierte.

Wenig erfreut war er über die sich anbahnende Beziehung zwischen Reinwald und

phischen und ästhetischen Schriften Moses Mendelssohns, Christian Garves und Johann Georg Sulzers. Auch das Hauptwerk des Archäologen und Kunsthistorikers Johann Joachim Winckelmann, seine »Geschichte der Kunst des Altertums« von 1764, vermittelte ihm grundlegende Kenntnisse und Impulse. Und Wielands »Agathon« von 1773 lernte er kennen. Reinwald besorgte ihm zudem Papier zum Schreiben und Schnupftabak, und er machte ihn mit dem Dorfpfarrer und einigen Persönlichkeiten der Umgebung bekannt. Zwischen beiden entwickelte sich schon bald ein intensiver Gedankenaustausch, der häufig in Briefen fortgesetzt wurde. »Ich stelle mir vor, jede Dichtung ist nichts anderes als eine enthusiastische Freundschaft oder platonische Liebe zu einem Geschöpf unsers Kopfes«, schrieb Schiller aus Bauerbach am 14. April 1783 an Reinwald. Ein Dichter müsse »die

seiner Schwester Christophine. Schwerlich konnte er in dem wesentlich älteren, ungeselligen Bibliothekar den für sie passenden Ehemann erkennen. Schiller hatte zu seiner älteren Schwester stets ein enges, harmonisches Verhältnis gehabt. Auch in späteren Jahren blieb sie ihm eine wichtige Gesprächspartnerin, in seiner Jenaer und Weimarer Zeit führten beide einen intensiven, von Vertrauen und gegenseitigem Verständnis getragenen Briefwechsel. Die am 22. Juni 1786 vollzogene Eheschließung hat er zeit seines Lebens bedauert. Aus Jena berichtete er Goethe am 25. Juni 1799 mißmutig von einem »peniblen« Besuch von Schwester und Schwager: »Er ist ein fleißiger, nicht ganz ungeschickter Philister, sechzig Jahre alt, aus einem kleinstädtischen Ort, durch Verhältnisse gedrückt und beschränkt, durch hypochondrische Kränklichkeit noch mehr daniedergebeugt; sonst in neuern Sprachen und in der deutschen Sprachforschung, auch in gewissen Literaturfächern nicht unbewandert. Sie können denken, wie wenig Konversationspunkte es da zwischen uns gibt und wie übel mir bei den wenigen zu Mute sein mag.«

Die Bauerbacher Zeit war in Schillers Leben die einzige Phase großer Einsamkeit, in der das Schreiben in besonderem Maße zu einem Medium der Selbstverständigung wurde. Abgesehen davon, daß er regelmäßig den Gottesdienst besuchte und sich die Chance nicht entgehen ließ, mit dem Dorfpfarrer über eine an der Aufklärung orientierte Erneuerung des Gottesdienstes zu sprechen, lebte er schon seiner Armut wegen zurückgezogen und weitgehend isoliert vom Treiben des kleinen Ortes. In mehreren Anläufen schloß er im Juni die Arbeit an »Luise Millerin« ab. An die aufklärerische Tradition Lessings anknüpfend, kritisierte er in diesem »bürgerlichen Trauerspiel« die feudalabsolutistischen Herrschaftsstrukturen noch unverhüllter als in den »Räubern«. Nachdem ihn Dalberg auf den Karlos-Stoff hingewiesen hatte, entstand in Bauerbach der erste Entwurf eines »Familiengemäldes in einem fürstlichen Haus«. Er beschäftigte sich mit den historischen Quellen um Maria Stuart und Königin Elisabeth von England und erarbeitete das Konzept eines Dramas »Imhof«, das er zwar nicht weiterverfolgte, von dem er aber thematische Elemente in sein Romanfragment »Der Geisterseher« übernahm. Und er nahm sich erneut die »Theosophie des Julius« vor, eine dichtungstheoretische Schrift, die später das Kernstück der »Philosophischen Briefe« bildete.

Als thüringische Aristokratin verkehrte die schon mit 29 Jahren verwitwete Henriette von Wolzogen auch am württembergischen Hof. Sie war Mutter von vier Söhnen und einer Tochter. Da die Söhne die herzogliche Akademie besuchten, erwartete sie von Schiller auch in Bauerbach Diskretion und Anonymität. Obwohl sein Deckname Dr. Ritter schon bald bezweifelt wurde und

44. Wilhelm Friedrich Hermann Reinwald. Miniatur, Gouache auf Pappe.

weichste, empfindsamste Seele, und noch kein Hauch des allgemeinen Verderbnisses am lauteren Spiegel ihres Gemüts – so kenne ich ihre Lotte [...].« Schiller hatte sich so leidenschaftlich in sie verliebt, daß er der Mutter im Mai 1783 anläßlich ihres Besuchs in Bauerbach einen aufrichtigen Brief schrieb und sich ganz unverhohlen als Ehemann der Tochter ins Spiel brachte. Er wolle auf Dichterruhm verzichten und für immer in Bauerbach leben. Charlotte, der es der Dichter der »Räuber« sicher angetan hatte, war mit dem württembergischen Leutnant Franz Karl Philipp von Winkelmann liiert, den Schiller zeitweise als hochnäsigen und dünkelhaften Konkurrenten in Bauerbach ertragen mußte. Henriette von Wolzogen hatte trotz ihrer Wertschätzung Schillers zweifellos eine standesgemäße Verheiratung der Tochter im Sinn und riet ihrem Gast behutsam, sich zu distanzieren. In solchen Momenten mußte er seine Mittellosigkeit doppelt schmerzhaft empfinden. Er gab die Hoffnung auf Charlotte zwar nicht auf, fügte sich aber den Umständen und besann sich wieder auf das Theater und damit auf Mannheim. In dieser Konstellation von unerfüllter Neigung, extremer Geldnot und Existenzsorgen beschloß er, seine Bauerbacher Zuflucht zu verlassen und zurück nach Mannheim zu gehen.

mancherlei Gerüchte zu Irritationen im Verhältnis zu Frau von Wolzogen führten, überwand ihre selbstlose und geduldige Großzügigkeit alle Empfindlichkeiten. Aber auch hier, in dieser abgeschiedenen Atmosphäre, überwältigte ihn immer wieder die Furcht, entdeckt zu werden. Insofern suchte er durch gezielte Fehlinformationen und falsch lautende Briefe seine Spur zu verwischen.

Schon zu Beginn seiner Bauerbacher Zeit hatte Schiller die damals 16jährige Tochter, Charlotte von Wolzogen, kennengelernt und eine schwärmerische Neigung zu ihr gefaßt. Seinem ehemaligen Carlsschulfreund Wilhelm von Wolzogen gegenüber, dem Bruder der Angebeteten, schwärmte er von Lotte: »Noch ganz wie aus den Händen des Schöpfers, unschuldig, die schönste,

Schon in der zweiten Märzhälfte 1783 hatte Schiller unerwartete Post aus Mannheim bekommen. Dalberg, dessen Theater an Attraktivität und Spannung verloren hatte, brauchte dringend neue Erfolge. Er nahm den Kontakt zu seinem ehemaligen Dramatiker wieder auf und erkundigte sich nach »Luise Millerin«, deren Fertigstellung ihm Schiller bereits Mitte Januar mitgeteilt hatte. In lapidarer Form leistete er Abbitte für seine Untreue, und die Korrespondenz lebte zögernd wieder auf. Schiller tat sich schwer, zu hart lag ihm die Ablehnung des »Fiesko« noch auf der Seele. Dalberg seinerseits schien von einer weiteren Verfolgung des fahnenflüchtigen Regimentsarztes nicht mehr auszugehen und zeigte offensichtliches Interesse für das neue Stück, auf das ihn Andreas Streicher hingewiesen hatte. Bis in den Sommer hinein saß Schiller an der Bühnenfassung seiner »Luise«. Am 24. Juli 1783 nahm er Abschied von Bauerbach. Er erleichterte sich diesen Schritt, der ihm trotz aller Ambivalenzen schwerfiel, durch den festen Vorsatz, schon bald wieder zurückzukehren. Drei Tage später traf er in Mannheim ein. Seiner Zeitplanung zum Trotz wurde es ein Aufenthalt von fast zwei Jahren.

Erneut wandte er sich an den Hausregisseur des Theaters, Christian Dietrich Meyer, der ihm ein Zimmer am Schloßplatz vermittelte, wo er von Juli bis Oktober 1783 wohnte. Bei Meyer traf er auch seinen Freund Andreas Streicher wieder. Mitte August las er in Dalbergs Theater Szenen aus »Luise Millerin«, die das Interesse an dem Stück weckten. Am 1. September 1783 stellte ihn der Intendant zunächst für ein Jahr als Theaterdichter ein. Sein Vertrag enthielt die Ver-

47. Wolfgang Heribert Freiherr von Dalberg, Intendant des Mannheimer Nationaltheaters. Gemälde, nach 1791.

pflichtung, in diesem Jahr drei Stücke für den Spielplan zu liefern, »Fiesko« und »Luise Millerin« eingeschlossen. Als Jahresgehalt wurden 300 Gulden festgelegt, eine Summe, die kurze Zeit später eine 15jährige Sängerin bereits als Anfängerin erhielt. Schiller wird dies nicht ohne Bitterkeit zur Kenntnis genommen haben, mittlerweile aber hatte er gelernt, seine Existenz in äußerster Bescheidenheit zu organisieren; als Regimentsarzt jedenfalls hatte er noch weniger verdient. Immerhin versprach dieser Vertrag zum erstenmal seit seiner Flucht wieder ein geregeltes Einkommen. Einen großen Teil seiner ersten Gehaltszahlung verwandte er sogleich auf den Kauf angemessener Kleidung. Ferner sollte er an dem Ertrag je eines von ihm zu wählenden Theaterabends

48. Das Nationaltheater
in Mannheim.
Kupferstich der Brüder
Joseph, Sebastian und
Johann Baptist Klauber
nach einer Zeichnung
von Johann Franz von
Schlichten, 1782.

beteiligt werden und erhielt zudem freies Recht für den Bühnen- und Buchvertrieb seiner Stücke.

An eine Rückzahlung seiner Schulden war vorerst nicht zu denken, obwohl ihn einige Gläubiger bereits mahnten. Zu ihnen gehörte Henriette von Wolzogen, der Schiller seinen Mannheimer Alltag in einem Brief vom 13. November 1783 schilderte. Auch wenn man vermuten kann, daß er um Nachsicht angesichts seiner finanziellen Lage werben wollte, läßt sich an dem extrem kargen Charakter seines Alltags nicht zweifeln: »In einem Wek wird mein Frühstück bestehen, um 12 g. habe ich aus einem hiesigen Wirtshaus ein Mittagessen zu 4 Schüßeln, wovon ich noch auf den Abend aufheben kann.

Notabene ich habe mir einen zinnernen Einsatz gekauft. Abends esse ich allenfalls Kartoffel in Salz oder ein Ey oder so etwas zu einer Bouteille Bier. Dem ohnerachtet sind meine Ausgaben sehr gros. Wenn ich auch Monats nicht über 11 Gulden fürs Maul aufgehen laße, so kostet mich mein neues Logis 5 Gulden, das Holz 2 fl. 30. und darüber, Lichter 1 Gulden, Friseur einen Thaler, Bader 30 g. Postgeld 1–2 Gulden, Tabak, Papier und tausend Kleinigkeiten ungerechnet.« Erst der spätere Freund Gottfried Körner wird ihm bei der immer dringlicher werdenden Finanzplanung hilfreich zur Seite stehen.

Eine Drucklegung der »Luise Millerin« bei dem Leipziger Verleger Weygand war an

Honorarfragen gescheitert. Das Trauerspiel erschien dann bei Schwan in Mannheim und wurde am 15. April 1784 an Dalbergs Theater uraufgeführt. Die einzelnen Überarbeitungen des Stücks, das später auf Anraten Ifflands in »Kabale und Liebe« umbenannt wurde, lassen sich im »Mannheimer Soufflierbuch« nachlesen. In einem ausführlichen Brief vom 5. Mai 1784 an Reinwald gewährte Schiller Einblick in sein Inneres, er schreibt von seiner Einsamkeit, von den Mühen, den kargen Mannheimer Alltag zu gestalten, und auch die Sehnsucht nach einer dauerhaften Beziehung klingt an. »Tausend kleine Bekümmernisse, Sorgen, Entwürfe, die mir ohne Aufhören vorschweben, zerstreuen meinen Geist, zerstreuen alle dichterischen Träume und legen Blei an jeden Flug der Begeisterung. Hätte ich jemand, der mir diesen Teil der Unruhe abnähme und mit warmer, herzlicher Teilnehmung sich um mich beschäftigte, ganz könnte ich wiederum Mensch und Dichter sein, ganz der Freundschaft und den Musen leben. Jetzt bin ich auf dem Wege dazu. […] Noch immer trage ich mich mit dem Lieblingsgedanken, zurückgezogen von der großen Welt, in philosophischer Stille mir selbst, meinen Freunden und einer glücklichen Weisheit zu leben, und wer weiß, ob das Schicksal, das mich bisher unbarmherzig genug herumwarf, mir nicht auf einmal eine solche Seligkeit gewähren wird. […] Meine Bedürfnisse in der großen Welt sind vielfach und unerschöpflich wie mein

Ehrgeiz, aber wie sehr schrumpft dieser neben meiner Leidenschaft zur stillen Freude zusammen.«

Mitte Oktober 1783 wechselte Schiller sein Domizil und bezog gemeinsam mit Andreas Streicher eine Wohnung bei dem Maurermeister Anton Hölzel, die er behielt, bis er im April 1785 Mannheim wieder verließ. Nicht nur das Verhältnis zu seinem Vermieter gestaltete sich durchgängig erfreulich, auch mit Streicher fand er zu einer einträchtigen Form des Zusammenlebens, einer gelungenen Mischung aus verabredeter Distanz und freundschaftlich gepflegter Nähe. Jeder ging seiner Wege und nahm doch sensibel Anteil am Leben des anderen. Für Schiller war es ein tiefes, seine Arbeit inspirierendes Glück, wenn Streicher Klavier spielte, während er am Schreibtisch tätig war. Er brauchte diese harmonische Übereinstimmung um so mehr, als seine Mannheimer Zeit trotz einiger Erfolge unter ungünstigen Vorzeichen stand. Schiller war mittellos und hatte die Abhängigkeit vom Herzog gegen die von Dalberg eingetauscht. Sowohl sein Arbeitsverhältnis als auch sein Gesundheitszustand bereiteten ihm in den folgenden Monaten erhebliche Sorgen. Auch die Beziehungen, die er zu Frauen einging, waren aufgrund ihrer Ambivalenz nicht dazu angetan, sein Leben grundsätzlich zu bereichern.

Im Sommer hatte er noch einmal in einem Brief an Henriette von Wolzogen um die Hand ihrer Tochter angehalten. Er hatte

Nein – länger, länger werd ich diesen Kampf nicht kämpfen, / Den Riesenkampf der Pflicht. / Kannst du des Herzens Flammentrieb nicht dämpfen, / So fodre, Tugend, dieses Opfer nicht.

Geschworen hab ich's, ja, ich hab's geschworen, / Mich selbst zu bändigen. / Hier ist dein Kranz. / Er sei auf ewig mir verloren, / Nimm ihn zurück, und laß mich sündigen.

Aus: »Freigeisterei der Leidenschaft«.

49. Sophie Albrecht.
Kupferstich von Daniel
Berger nach Joseph
Darbes, 1784.

50. Karolina Ziegler.
Radierung von Heinrich
Sintzenich nach einem
Gemälde von Rudolph
von Oefele.

sich nicht gescheut, seiner Zuneigung und Sehnsucht Ausdruck zu verleihen, seine Werbung dann aber im selben Brief als »närrischen Einfall« abgetan. Schiller war in Liebesdingen nicht nur scheu und unerfahren, er brachte vor allem noch nicht den Mut auf, seinen eigenen Gefühlen zu vertrauen, sie ernst zu nehmen und sie auszuleben. Zu lange hatte er jede Sinnlichkeit in sich ersticken müssen. Es ist sicher nicht untypisch für ihn, daß er seine überschwenglichen Gefühle eher in die Form eines Briefes kleidete, als daß er ihnen konkreten sinnlichen Ausdruck verlieh.

Eine ähnliche Erfahrung mußte auch die junge Mannheimer Schauspielerin Katharina Baumann machen, die 1785 mit großem Erfolg die Luise in »Kabale und Liebe« spielte. Er verliebte sich so heftig in sie, daß er ihr ein von Scharffenstein gefertigtes Miniaturbild von sich schenkte, dann aber mit seinen Empfindungen nicht umgehen konnte und die junge Frau in die Flucht trieb, weil er eher ein Gefühl von Peinlichkeit als von Liebe erzeugte. Auch in eine der besten Schauspielerinnen des Mannheimer Ensembles, die 17jährige Karolina Ziegler, verliebte er sich sowie in die charaktervolle Sophie Albrecht, die in Frankfurt ebenfalls die Luise Miller spielte. Schiller sah sie später wieder, als sie in Dresden engagiert war, und gewann sie sogar als Mitarbeiterin seiner »Thalia«. Eine tiefe Verehrung brachte er der Schriftstellerin Sophie von La Roche (1731–1807) entgegen. Sie hatte mit empfindsamen, in

der Seelensprache des Pietismus gehaltenen Briefromanen und Erzählungen ein hohes Ansehen als schreibende Frau erlangt und sich mit ihrem 1771 veröffentlichten Roman »Geschichte des Fräuleins von Sternheim« eine feste Position auf dem deutschen Buchmarkt gesichert. Mit ihrer Zeitschrift »Pomona, für Deutschlands Töchter« richtete sie sich besonders an das lesende weibliche Publikum. Schiller war ihr Gast bei abendlichen Essen und brachte in illustrer Runde seine profunde Bildung zur Geltung. Eine ernsthafte emotionale Beziehung entwickelte er zu der 18jährigen Anna Margaretha Schwan (1767–1796), der ältesten Tochter seines Mannheimer Verlegers, als er in dessen Haus ein und aus ging. Doch wieder scheute er den unmittelbaren Ausdruck seiner Gefühle und hielt erst nach seinem Weggang aus Mannheim, im April 1785, um ihre Hand an. Die Verbindung kam nicht zustande, da der Vater, auch mit Blick auf die wirtschaftliche Zukunft seines Verlages, dem armen Dichter einen Schwiegersohn in gesicherten finanziellen Verhältnissen vorzog.

Noch am Tag seiner Vertragsschließung mit Dalberg, am 1. September 1783, erkrankte Schiller am »kalten Fieber«, der Malaria. Nach einem extrem heißen Sommer hatte sich diese Krankheit seuchenartig in der ganzen Stadt ausgebreitet und ihre Opfer gefordert. Unter ihnen befand sich auch der Regisseur Christian Dietrich Meyer, dessen Tod am 2. September Schiller tief bewegte. Daß er selbst diese Krankheit überlebte, grenzte angesichts seiner drakonischen Selbstmedikation an ein Wunder. Über Wochen kämpfte er mit den typischen Fieberanfällen, infolge der selbstverordneten Diät aus Wassersuppen, gelben Rüben und sauren Kartoffeln magerte er ab und litt unter völliger Kraftlosigkeit. Sobald sich sein Zustand etwas gebessert hatte, zwang er sich zu harter Arbeit. Nach Absprachen mit Dalberg ging er erneut an eine Bearbeitung des »Fiesko« für die Mannheimer Bühne, die er Ende November abschloß. Allein die Abschrift des Manuskripts, die er weitgehend selbst vornahm, kostete ihn nächtelange Arbeit. So überwand er die Erkrankung nur langsam und hatte noch Wochen mit den Nachwirkungen zu kämpfen. Zum Jahreswechsel schrieb er an Frau von Wolzogen, er fürchte, daß ihm »dieser Winter vielleicht auf Zeitlebens einen Stoß versetzt« habe.

Zu Beginn des Jahres 1784 sagte er eine Reise in die Heimat zu seiner erkrankten Mutter ab, weil er sich vor dem Herzog noch immer nicht sicher fühlte. Die Mannheimer Erstaufführung des »Fiesko« am 11. Januar 1784 wurde lediglich ein Achtungserfolg, Dalberg setzte das Stück bereits nach zwei weiteren Aufführungen wieder vom Spielplan ab. Die Uraufführung von »Kabale und Liebe« hingegen erzielte einen glänzenden Erfolg; die Reaktionen waren ausnahmslos positiv. Und noch einen weiteren Erfolg bescherte ihm das neue Jahr: er wurde in die Kurfürstliche Deutsche Gesellschaft aufgenommen. Der Zugang zu diesem Honoratiorenkreis blieb allerdings weitgehend folgenlos. Seine Antrittsrede »Vom Wirken der Schaubühne auf das Volk« hielt Schiller während einer Sitzung am 26. Juni 1784, an der auch Dalberg teilnahm. Obwohl ihm ein brillanter Auftritt gelang und er sogar Zustimmung für seine der Aufklärung verpflichtete Theatertheorie fand, wurde der Vortrag nicht in die Schriftenreihe der Deutschen Gesellschaft aufgenommen. Schiller veröffentlichte ihn dann in seiner »Rheinischen Thalia« unter dem Titel »Was kann eine gute stehende Schaubühne eigentlich wirken?«. Eine später überarbeitete Fassung, »Die Schaubühne als eine moralische Anstalt betrachtet«, nahm er in die »Kleineren prosaischen Schriften« auf.

Immer wieder mußte Schiller erleben, daß ihm Dalberg Hoffnungen machte, die er dann nicht erfüllte. Seiner Anregung folgend, hatte er dem Intendanten im Juli das aufwendige Konzept eines Theaterjournals mit dem Titel »Mannheimer Dramaturgie« vorgelegt. Nach dem Vorbild von Lessings »Hamburgischer Dramaturgie« wollte er den laufenden Spielplan erläutern, Theorie und Praxis der Theaterarbeit reflektieren, die aktuelle Schauspielkunst öffentlich zur Diskussion stellen sowie guten Aufführungskritiken ein öffentliches Forum bieten. Sein Ziel war es, mit dieser Monatsschrift das intellektuelle Niveau und damit das Ansehen des Mannheimer Theaters zu heben.

Doch Dalberg lehnte ab, da ihm der wirtschaftliche Erfolg eines solchen Periodikums zu unsicher erschien. An diesen Mißerfolg schlossen sich für Schiller weitere Unannehmlichkeiten an, die sich bedrohlich addierten. Im August stand seine Vertragsverlängerung bevor, der er mit gemischten Gefühlen entgegensah. Von den vertraglich festgelegten drei Dramen hatte er bisher nur zwei geliefert, von denen die Aufführung des »Fiesko« zudem gescheitert war. Sein als drittes Stück vorgesehener »Don Karlos« war nicht mehr als ein erster Entwurf. An das Einhalten verabredeter Termine war insofern kaum mehr zu denken. Der Karlos-Stoff hatte ihn schon seit Herbst 1782 beschäftigt; bereits in Bauerbach hatte er die spanische Geschichte des 16. Jahrhunderts studiert, er brauchte aber fast fünf Jahre, bis er sein politisches Konzept und die psychologische Zeichnung der Figuren zu einer Tragödie der Macht bündeln konnte. Auch seine dramaturgische Arbeit in dem von Dalberg eingerichteten Theaterausschuß war von Konflikten begleitet, es mangelte ihm an Vertrautheit mit dem Theatermilieu, sein Verhältnis zu den Schauspielern war von Spannungen gekennzeichnet. Wenn Dalberg »Die Räuber« um ihre Aktualität brachte, indem er sie in das 16. Jahrhundert verlegte, wenn er in »Kabale und Liebe« die brisante Kammerdiener-Szene (II/2) strich, wird zudem deutlich, daß ihm Schiller politisch unbequem war. Dieser wollte das Theater als moralische Institution etablieren, das dem Bürgertum gegenüber Hof und Kirche ein eigenes Forum der Auseinandersetzung bot. Allein mit dieser Intention, dem Theater einen Erziehungsauftrag zuzubilligen, konnte er sich nicht durchsetzen. Statt dessen sah er sich mit dem Vorwurf der Theorielastigkeit konfrontiert.

Die Diskrepanz zwischen Theorie und Praxis wurde immer offenkundiger. Schauspieler und Publikum wollten ein anderes Theater, sie bevorzugten das bürgerliche Familienstück. Als Verfasser wirkungsvoller und einträglicher Stücke war ihm Iffland auf dieser Ebene ein harter Konkurrent. Anfang August wurde Schiller auf der Mannheimer Bühne in seiner und Dalbergs Abwesenheit in einem Possenstück karikiert und sein Ansehen damit weiter unterhöhlt. Ende des Monats bat Schiller Dalberg brieflich in aller gebotenen Zurückhaltung um Verlängerung seines Vertrages. Er stellte ihm vor allem den Abschluß des »Don Karlos« in Aussicht, an dem er seit längerem intensiv arbeitete, er skizzierte einige weitere Projekte wie einen zweiten Teil der »Räuber« oder Bühnenbearbeitungen französischer Klassiker und Shakespeares. Und er deutete die Rückkehr in seinen medizinischen Beruf an, die er damals aufgrund seiner schwierigen Lage ernstlich erwog. Dalberg verlängerte den Vertrag nicht, und auch dieser Brief blieb unbeantwortet. Damit war Schiller als Theaterdichter des Mannheimer Nationaltheaters entlassen. Mittlerweile war er geübt, aus schwierigen Situationen produktive Wendepunkte zu machen, wobei ihm gerade in extremen Lagen manchmal auch das Glück zu Hilfe kam.

Nach seiner Entlassung im Herbst 1784 geriet Schiller in eine bedrohliche finanzielle Notlage. Da er über keine geregelten Einkünfte mehr verfügte, blieb ihm nichts anderes übrig, als seine Schuldner um Nachsicht zu bitten. Bereits im Juli hätte er seine Stuttgarter Schulden in Höhe von 200 Gulden zurückzahlen müssen. Damals war ihm sein Vermieter, Anton Hölzel, zu Hilfe gekommen und hatte seine Ersparnisse in der geforderten Höhe zur Verfügung gestellt. Jetzt bat auch Henriette von Wolzogen um Rückzahlung des in Bauerbach geliehenen Geldes. Sogar an seinen Vater hatte er sich mit einem Hilferuf gewandt, erhielt von ihm aber nur den Bescheid, daß er keinerlei finanzielle Unterstützung leisten könne. Er bot ihm aber eine kleine Geldmenge für den äußersten Notfall an. Schiller versuchte der drückenden Schuldenlast mit verschiedenen publizistischen Projekten zu begegnen, die aber die Probleme eher verschärften als lösten. Von weitreichender Bedeutung für seinen weiteren Lebensweg hingegen erwies sich ein Überraschungspäckchen, das ihm im Sommer 1784 vier unbekannte Verehrerinnen und Verehrer aus Sachsen schickten. Es enthielt neben den Porträts der vier Freunde Geschenke und einen Brief, der zum Ausgangspunkt einer lebenslangen Freundschaft mit Christian Gottfried Körner wurde. In ihm lud er den verehrten

Dichter nach Leipzig ein, doch erst zum Jahreswechsel kam Schiller auf diese Einladung zurück.

Im Mai 1784 hatte Schiller die aus der Gegend von Meiningen stammende Charlotte Sophia von Kalb (1761–1843) kennengelernt. Sie begleitete ihren Mann, den Hauptmann Heinrich von Kalb, auf einer Reise in seine pfälzische Garnisonsstadt Landau. Die Ehe war eher aus Gründen der Konvention als aus tiefer Herzensneigung geschlossen worden. Man machte in Mannheim halt und überbrachte Schiller Briefe von Frau von Wolzogen und auch von Rein-

51. Charlotte Sophia Juliane von Kalb, geb. Marschalk von Ostheim. Gemälde von Johann Heinrich Schmidt, 1785.

wald. Die Begegnung mit der 23jährigen Charlotte von Kalb bedeutete einen Wendepunkt in seinem Leben und ist mit keiner der bisherigen Beziehungen vergleichbar. Zum erstenmal näherte sich Schiller einer Frau von intellektuellem Format. Wie Henriette von Wolzogen entstammte sie als geborene Marschalk von Ostheim einer traditionsreichen Familie und hatte, früh verwaist, ihre Erziehung in unmittelbarer Nähe des thüringischen Fürstenhofs erhalten. Seit ihrer Kindheit hatte sie gelernt, sich mittels Lektüre über schwierige Lebenskonstellationen hinwegzutrösten. Besonders berührte sie die Lektüre der französischen Klassiker Corneille und Racine, deren große Heldinnen ihr zu Vorbildern der eigenen inneren Orientierung wurden. Von da war es nicht mehr weit zu den Gestalten in Schillers Dramen.

Ihre sensible Ausstrahlung und Attraktivität nahmen Schiller sogleich gefangen. Er spürte rasch, daß ihm in dieser kultivierten, literarisch und kunstgeschichtlich hochgebildeten Person eine eigenständig denkende Frau und gleichrangige Gesprächspartnerin gegenüberstand. Den Gedankenaustausch mit ihr empfand er als Bereicherung an Feinsinnigkeit und Menschenkenntnis. Charlotte von Kalb nutzte den Mannheimer Aufenthalt, um sich gemeinsam mit ihrem Mann und dem Autor die zweite Aufführung von »Kabale und Liebe« anzusehen. Zuvor hatte Schiller eiligst dafür gesorgt, daß der Name des Hofmarschalls für diesen Abend gestrichen wurde. Am folgenden Tag besichtigten sie neben anderen Sehenswürdigkeiten der Stadt auch den über die Landesgrenzen hinaus berühmten Antikensaal der Residenz. Schiller, den die bildende Kunst bisher wenig interessiert hatte, hielt diesen Besuch später in dem Aufsatz »Brief eines reisenden Deutschen. Der Antikensaal zu Mannheim« fest. Der Text ist knapp und verdeutlicht doch, daß Schiller nicht nur beeindruckt war von dem, was er sah, nämlich daß die Griechen »an Wahrheit und Schönheit« glauben konnten, weil ihre Künstler »Wahrheit und Schönheit« gefühlt haben, »daß dieses Volk edel gewesen, weil Tugend und Schönheit nur Schwestern der nämlichen Mutter sind«. Die Skulpturen, vor allem »die kolossalische Figur des farnesischen Herkules«, »die unnachahmliche Gruppe des Laokoon« und »der vatikanische Apoll« veränderten in ihrer Vollkommenheit seine Kunstwahrnehmung. »Warum zielen alle redenden und zeichnenden Künste des Altertums so sehr nach *Veredelung*?« fragt er und antwortet selbst: »Der Mensch brachte hier etwas zustande, das mehr ist, als er selbst war, das an etwas Größeres erinnert als seine Gattung […]. Die Griechen malten ihre Götter nur als edlere Menschen und näherten ihre Menschen den Göttern. Es waren Kinder *einer* Familie.«

Von der kulturell anregenden Atmosphäre der vornehm-eleganten Stadt war die im fünften Monat schwangere Charlotte von Kalb so angetan, daß sie im August nach

Mannheim übersiedelte und sich rasch in das gesellschaftliche Leben der Stadt integrierte. Auch die Geburt des Sohnes, der den Namen Friedrich erhielt, hinderte sie nicht daran, ihre Beziehung zu Schiller zu intensivieren. Die folgenden Monate sahen ihn häufig bei ihr zu Gast, während der Ehemann die Gesellschaft seiner Garnisonskameraden vorzog. Bei den Festlichkeiten im Hause von Kalb waren Schauspielerinnen und Maler ebenso anwesend wie Sophie von La Roche und Andreas Streicher. Hier eröffnete ihm Charlotte von Kalb, die vertraute Gesprächspartnerin und Muse, die seine Dichtung inspirierte, den Weg in die große Gesellschaft – eine Rolle, die sie in Weimar in gleicher Weise übernehmen wird. Auch sie wird diese Entwicklung als großen Gewinn empfunden haben, selbst wenn sie ihrer übersensiblen und depressiv gestimmten Natur nicht nur gutgetan hat. Später mußte sie gerade in Momenten großer Schwermut erfahren, daß Schiller es vorzog, das Weite zu suchen, statt ihr zur Seite zu stehen.

Die so euphorisch begonnene Beziehung verdunkelte sich in dem Maße, wie Charlotte von Kalb versuchte, Schiller als Lebenspartner dauerhaft an sich zu binden. Zu einer solchen Entscheidung sah er sich in dieser Phase seiner Entwicklung nicht in der Lage, ja, ihre Erwartungen belasteten ihn so, daß er sich ihnen durch Flucht entzog. Doch hat er ihre Rolle als Förderin stets dankbar anerkannt. Viel später kam er aus Anlaß ihrer enthusiastischen Würdigung seines »Wallenstein« auf »die ersten schönen Zeiten« zurück, als er ihr am 20. April 1799 schrieb: »Damals trugen Sie das Schicksal meines Geistes an Ihrem freundschaftlichen Herzen und ehrten in mir ein unentwickeltes, noch mit dem Stoffe unsicher kämpfendes Talent. Nicht durch das was ich war und was ich wirklich geleistet hatte, sondern durch das, was ich vielleicht noch werden und leisten konnte, war ich Ihnen werth. Ist es mir jetzt gelungen, Ihre damaligen Hoffnungen von mir wirklich zu machen, und Ihren Antheil an mir zu rechtfertigen, so werde ich nie vergessen, wie viel ich davon jenem schönen und reinen Verhältnisse schuldig bin.«

Das Jahr 1784 endete mit einem Ereignis, das seinem strapazierten Selbstwertgefühl die dringend notwendige Aufwertung brachte. Ein Empfehlungsschreiben Charlotte von Kalbs hatte die Verbindung zum Darmstädter Hof hergestellt, wo Schiller am 26. Dezember in Anwesenheit des gerade zu Besuch weilenden Herzogs Carl August von Sachsen-Weimar-Eisenach den 1. Akt des »Don Karlos« las. Tags darauf wurde er vom Herzog empfangen, der als gebildet und musisch interessiert galt und ein Freund und Förderer Goethes war. Am 14. Januar 1785 ernannte ihn der Herzog zum Weimarischen Rat. Diese Titulierung wird Schiller angesichts seines Vorsatzes, sich vor »keinem Thron« mehr zu beugen, gewiß auch nachdenklich gestimmt haben, doch wußte er nur zu gut, daß er als freier

52. Carl August, Großherzog von Sachsen-Weimar-Eisenach. Kupferstich mit gestochener Umrandung von Johann Heinrich Lips, 1780.

53. Christian Gottfried Körner. Porträtminiatur von Johanna Dorothea Stock, Öl auf Kupfer, um 1795.

Schriftsteller auf einem noch kaum entwickelten Markt nicht nur auf das Wohlwollen, sondern auch auf die Unterstützung durch die Hofkreise angewiesen war. Das Publikum, dem er sich ganz überantwortet hatte, hatte seine Arbeit bisher nur bedingt honoriert. Auf den ihm 1789 vom Herzog angebotenen Jenaer Lehrstuhl mußte er noch etliche Jahre warten. Für den Weg nach Weimar war diese Ernennung eine entscheidende Voraussetzung.

Zu Beginn des Jahres 1785 eröffnete die einsetzende Korrespondenz mit Christian Gottfried Körner eine weitere glückliche Wende auf seinem Weg. Ganz uneigennützig, geleitet von einem tiefen Interesse für den Dichter, war es Körners Anliegen, Schillers »eigentliche Bestimmung« zu fördern. Sein Brief vom 11. Januar gab diesem die Gewißheit, daß es Menschen gab, die ihn verstanden, auch wenn sie ihn persönlich gar nicht kannten. Aus seiner prekären Situation in Mannheim, die zukunftsweisende Erwartungen nicht mehr zuließ und zudem durch die problematische Beziehung zu Charlotte von Kalb belastet war, befreite ihn die Einladung der vier neuen Freunde nach Leipzig. Körner, Ludwig Ferdinand Huber, Dora Stock und deren Schwester Minna baten ihn, die nächsten Monate bei ihnen zu verbringen, und Schiller setzte ganz auf diese Freundschaftsgeste. Körner nahm sich nicht nur mit größtem Takt der Schul-

den des Dichters an, sondern regelte auch dessen geschäftliche Beziehungen. Über Göschen ließ er ihm 300 Taler seines Privatvermögens zukommen, kaschiert als Vorauszahlung des Verlegers für das Zeitschriftenprojekt »Thalia« und bestimmt zur Deckung der Reise- und ersten Alltagskosten. So sah sich Schiller der »Nothwendigkeit des Brodverdienens« enthoben, wie er am 8. Juli 1785 an Körner schrieb.

Anfang April verabschiedete er sich von seinen Mannheimer Freunden. Den letzten Abend, es war der 8. April 1785, verbrachte er mit Andreas Streicher. Die beiden schworen, einander nicht eher zu schreiben, bis der eine Minister und der andere Kapellmeister geworden sei. Diesmal war es ein Abschied für immer. Schiller verließ Mannheim mit dem Entschluß, in Leipzig Jura oder Medizin zu studieren, zu promovieren und an einem der sächsischen Höfe ein Amt zu erlangen. Wenige Tage später kam er in Leipzig an und wurde von Huber begrüßt, der ihm in der Hainstraße in Joachimsthal ein Zimmer besorgte. Ein wichtiger Treffpunkt jener Zeit war das Richtersche Kaffeehaus in Leipzig, wo sich die Dichter und Künstler der Stadt trafen. Auch Schiller war hier häufig zu Gast und begegnete Persönlichkeiten wie Göschen, dem Schriftsteller und Dramatiker Christian Felix Weiße, dem Schauspieler Johann Friedrich Reinecke, dem Kapellmeister und Komponisten Johann Adam Hiller. Auch der Maler und Bildhauer Adam Friedrich Oeser, Direktor

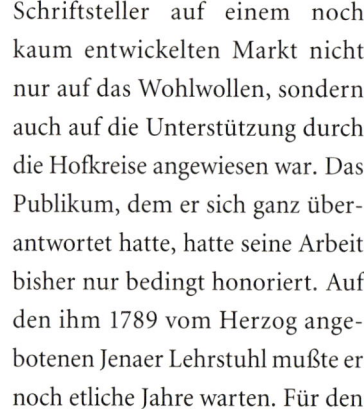

der Leipziger Kunstakademie, und der Maler Johann Christian Reinhart gehörten zu diesem Kreis, in dem Schiller nicht nur als Dichter der »Räuber« hoch angesehen war. Zu Ludwig Ferdinand Huber entwickelte sich ein intensiv-vertrauensvolles Verhältnis, das allerdings nicht an die Tiefe der Beziehung zu Körner heranreichte. Zu seiner Freude traf er hier auch die Mannheimer Schauspielerin Sophie Albrecht wieder.

Anfang Mai siedelte er in das nördlich von Leipzig gelegene Gohlis über, wo er ein kleines Mansardenzimmer mietete. Hier wohnte Schiller zusammen mit Huber, Göschen und dem Maler Reinhart von Mai bis August 1785. Sophie Albrecht hat über seinen damaligen Lebensstil berichtet: »Schillers gewöhnliche Kleidung bestand in einem dürftigen grauen Rock, und der Zubehör entsprach in Stoff und Anordnung keineswegs auch nur den bescheidensten Anforderungen des Schönheitssinnes. Neben diesen Mängeln der Toilette machten seine reizlose Gestalt und der häufige Gebrauch des Spanioltabaks einen ungünstigen Eindruck.«* Aus einem an Körner gerichteten Brief aus Gohlis vom 3. Juli 1785 geht hervor, wie sehr der 26jährige Schiller diese Zeit als eine Phase der Entwicklung und des Übergangs betrachtete: »Ich fühlte die kühne Anlage meiner Kräfte, das mißlungene (vielleicht große) Vorhaben der Natur mit mir. *Eine* Hälfte wurde durch die wahnsinnige Methode meiner Erziehung und die Mißlaune meines Schicksals, die *zweite* und

größere aber durch mich selber zernichtet. Tief, bester Freund, habe ich das empfunden, und in der allgemeinen feurigen Gährung meiner Gefühle haben sich Kopf und Herz zu einem herkulischen Gelübte vereinigt, – die Vergangenheit nachzuholen und den edlen Wettlauf zum höchsten Ziele von vorn anzufangen.« Mit tiefer Dankbarkeit reagierte Schiller auf die Befreiung aus einer ihn äußerst bedrückenden Situation. »Leipzig erscheint meinen Träumen und Ahndungen wie der rosige Morgen jenseits den waldigen Hügeln. [...] Es braucht nichts als eine solche Revolution meines Schicksals, daß ich ein ganz anderer Mensch – daß ich *anfange*, Dichter zu werden«, hatte er Körner bereits in seinem ersten Brief vom 22. Februar 1785 verkündet.

Anfang Juli 1785 kam es zu einer für Schiller charakteristischen Begegnung mit Karl Philipp Moritz, dem Autor des autobiographischen Romans »Anton Reiser«. Moritz hatte am 20. Juli 1784 in der »Berlinischen Staats- und gelehrten Zeitung« das gerade erschienene Trauerspiel »Kabale und Liebe« scharf kritisiert und diese Kritik wenige Wochen später in derselben Zeitung mit weiteren Argumenten erhärtet. Schiller fand Gelegenheit, Moritz darauf anzusprechen, seine offen-freundliche Haltung war die Vorraussetzung dafür, daß es zu einem intensiven, verständnisvollen Austausch kam. Schon am nächsten Tag las Schiller dem neugewonnenen Freund aus dem »Don Karlos« vor.

54. Anna Maria Jakobine Körner. Porträtminiatur von Johanna Dorothea Stock, Öl auf Kupfer, um 1795.

* Schillers Gespräche. Hrsg. von Flodoard Freiherr von Biedermann. München 1961, S. 133.

55. Das Haus in Leipzig-Gohlis, Lithographie von Ludwig Schulz, 1859. Schiller bewohnte gemeinsam mit Huber und gelegentlich auch mit seinem Verleger Göschen von Mai bis August 1785 zwei Zimmer im oberen Stockwerk des Hauses.

Zwei Jahre lang konnte Schiller in freundschaftlicher Atmosphäre und in fruchtbarem geistigem Austausch mit den Freunden leben und arbeiten. Zeitweilig zog er sich in die Stille eines Weinberghauses in Loschwitz zurück, das hinter Körners Wohnhaus an einem rebenbewachsenen Hang mit Blick auf die Elbe lag. Im November übersiedelte er nach Dresden, wohin Körner versetzt worden war, und lebte hier als dessen Gast bis zum Sommer 1787. Diese Zeit wird zu der glücklichsten seines Lebens zählen. Die Freundschaft mit dem hochgebildeten Juristen, der sich den Künsten und der Philosophie verschrieben hatte, gehörte für den drei Jahre jüngeren Dichter zu den herausragenden Erfahrungen seines Lebens. In Körners Dresdner Haus traf sich die intellektuelle Elite der Zeit, Goethe, Wilhelm und Alexander von Humboldt, Schlegel, Novalis, Tieck, Kleist. Das Hochgefühl der Freundschaft hielt in dieser ganzen Zeit auch dem Einerlei des Alltags stand. »Ich habe sein Herz noch nie auf einem falschen Klang überrascht; sein Verstand ist richtig, uneingenommen und kühn; in seinem ganzen Wesen ist eine schöne Mischung von Feuer und Kälte«, schrieb Schiller über Körner am 20. November 1788 an Charlotte von Lengefeld und ihre Schwester Caroline. Ausdruck dieser der Tradition der Empfindsamkeit verpflichteten Freundschaftsbeziehungen ist nicht nur die in dieser Zeit entstandene Ode »An die Freude«, sondern auch das dichterische Konzept der tiefen Zuneigung zwischen Marquis Posa und Don Karlos. Als Körner 1785 Minna Stock heiratete, feierte Schiller das Ereignis in einem vielstrophigen Gedicht. In ihm erscheint Minna als anmutige junge Frau, die durch Herzensgüte und Frohsinn bezaubert. Hubers Verbindung mit Dora Stock hatte keinen Bestand; sie war zwar nicht so attraktiv wie ihre Schwester, zeichnete sich aber durch Geist und Humor aus, war musikalisch begabt und bewies mit ihren Bildern ein hohes künstlerisches Talent.

Schiller nutzte die neue Freiheit zu intensiver Arbeit. Er schrieb am »Don Karlos«, beschäftigte sich mit seinen publizistischen Projekten und begann 1786 ein intensives Geschichtsstudium. Vor allem die Zeit des Dreißigjährigen Krieges faszinierte ihn. »Täglich wird mir die *Geschichte* teurer. Ich habe diese Woche eine Geschichte des Dreißigjährigen Krieges gelesen, und mein

Kopf ist mir noch ganz warm davon. Daß doch die Epoche des höchsten Nationenelends auch zugleich die glänzendste Epoche menschlicher Kraft ist! Wie viele große Männer gingen aus dieser Nacht hervor! Ich wollte, daß ich zehn Jahre hintereinander nichts als Geschichte studiert hätte. […] Meinst Du, daß ich es noch werde nachholen können?« fragte er am 15. April 1786 Körner. In unmittelbarem Zusammenhang mit »Don Karlos« entstand die historische Abhandlung »Geschichte des Abfalls der Vereinigten Niederlande von der Spanischen Regierung«, die 1788 erschien.

Schillers Alltag war vor allem auf seine Arbeit zugeschnitten. Er lebte weitgehend zurückgezogen und hatte außerhalb des gesellschaftlichen Lebens im Körnerschen Haus kaum andere Kontakte. Da er ungebunden war, verlief sein Leben in anderen Zeitstrukturen als das der vier Freunde. Seine enge Bindung an Körner und dessen Frau gestaltete sich insofern gewiß nicht nur ungetrübt. Takt und Feingefühl auf beiden Seiten sorgten dennoch für ein harmonisches, von Krisen freies Zusammenleben. Schiller erlebte durch sie das Glück einer gesicherten bürgerlichen Existenz. Er entwickelte ein untrügliches Gespür für die Gewichtung in der Lebensgestaltung des Paares. Körner seinerseits konnte sich auf die Anteilnahme des Freundes auch in schwierigen Lebenssituationen verlassen. Ein Ereignis traf Schiller zutiefst. Der im Juli 1786 geborene erste Sohn der Körners, der

sein Patenkind war, erkrankte an Scharlach und starb Ende des Jahres. Als Arzt wußte er um die hohe Kindersterblichkeit seiner Zeit. Bei seinen eigenen Kindern hat er später alle im Rahmen der damaligen Medizin vorhandenen Schutzmöglichkeiten ausgeschöpft. Im Gegensatz beispielsweise zu Goethe blieb ihm die Erfahrung des Todes eines oder mehrerer Kinder erspart.

Zu Beginn des Jahres 1787 nahm Schiller gemeinsam mit den Körners, Huber und Dora Stock an einem Dresdner Maskenball teil, auf dem er die auffallend schöne Henriette von Arnim kennenlernte. Er hatte lange allein gelebt und verliebte sich entsprechend heftig in sie. Besorgt um den Seelenzustand des Freundes, versuchten Körner und seine Frau, ihn in behutsamer Weise von seiner Leidenschaft abzubringen. Ihnen waren nicht nur weitere Bewerber um die Hand der Schönen, sondern auch ihre kapri-

56. Das oberhalb der Elbe gelegene Weinberghaus Körners in Loschwitz bei Dresden, in das sich Schiller zum Arbeiten zurückzog. Zeitgenössische Sepiazeichnung.

ziöse Art bekannt. Zudem wußte man von den Standesinteressen der Familie. Um ihn abzulenken, überredeten sie ihn zu einem Ausflug in das südlich von Dresden gelegene Tharandt. Nach einer langen Wanderung durch das verschneite Land konnten die Körners ihn dazu bewegen, sich für einige Zeit im dortigen »Gasthof zum Hirsch« einzuquartieren. Hier arbeitete er in den folgenden sechs Wochen in weitgehender Zurückgezogenheit an den letzten Szenen des »Don Karlos«.

Bei seiner Rückkehr nach Dresden erreichte ihn eine Einladung von Charlotte von Kalb, die inzwischen nach Weimar umgezogen war. Die Residenz des Herzogtums Sachsen-Weimar war damals ein Landstädtchen von 6 000 Einwohnern und doch der kulturelle Mittelpunkt der Zeit. Frau von Kalb hatte ihre Einladung mehrmals wiederholen müssen, bis sich Schiller zu der Reise entschloß. Am 20. Juli 1787 verließ er Dresden, besuchte in Leipzig Göschen und fuhr über Naumburg nach Weimar weiter, wo er am 21. Juli eintraf. Auf Charlotte von Kalb vertrauend, wollte er hier neue Verbindungen knüpfen, ohne dabei schon an eine Trennung von seinen Leipziger Freunden zu denken. Dem mittlerweile 28jährigen Dichter war allerdings bewußt, wie abhängig sein Leben von dem ihrigen war. Da sein »Don Karlos« abgeschlossen war, erschien ihm der Zeitpunkt für eine Neuorientierung günstig, fühlte er doch in sich die Kraft zu neuen Anstrengun-

gen. Am 28. August 1787 schrieb er aus Weimar an Huber: »Ich habe viel Arbeit vor mir, um zu meinem Ziele zu gelangen, aber ich scheue sie nicht mehr. Mich dahin zu führen, soll kein Weg zu außerordentlich, zu seltsam für mich sein. Überlege einmal, mein Lieber, ob es nicht unbegreiflich lächerlich wäre, aus einer feigen Furcht vor dem Ungewöhnlichen und einer verzagten Unentschlossenheit sich um den höchsten Genuß eines denkenden Geists: Größe, Hervorragung, Einfluß auf die Welt und Unsterblichkeit des Namens, zu bringen. In welcher armseligen Proportion stehen die Befriedigungen irgendeiner kleinen Begierde oder Leidenschaft gegen dieses richtig eingesehene und erreichbare Ziel? Das gestehe ich Dir, daß ich in dieser Idee so befestigt, so vollständig durch meinen Verstand davon überzeugt bin, daß ich mit Gelassenheit mein Leben an ihre Ausführung zu setzen bereit wäre […]. Jahre schon hab ich mich mit diesem Gedanken getragen. […] Glaube mir, es steht unendlich viel in unserer Gewalt, wir haben unser Vermögen nicht gekannt, – dieses Vermögen ist die Zeit. Eine gewissenhafte, sorgfältige Anwendung dieser kann viel aus uns machen. […] Mit welchem Rechte können wir das Schicksal oder den Himmel darüber belangen, daß er uns weniger als andre begünstigte! Er gab uns Zeit, und wir haben alles, sobald wir Verstand und ernstlichen Willen haben, mit diesem Kapitale zu wuchern.«

Porträt

Für das Gespräch geboren – die großen Freundschaften

Ein jeder konnte dem anderen etwas geben,
was ihm fehlte, und dafür etwas empfangen.
An Gottfried Körner, 20. Juli 1794

57. Charlotte von
Lengefeld.
Zeitgenössische Miniatur,
Aquarell und Deckfarben
auf Elfenbein in ornamen-
tierter Goldfassung.

** Der Briefwechsel ist in
der Schiller-National-
ausgabe in originaler
Rechtschreibung und
Zeichensetzung abge-
druckt. Die von Schiller
geschriebenen Briefe
– 2200 sind erhalten –
finden sich in den
Bänden 23–32, die an
Schiller gerichteten in
den Bänden 33–40.*

Schiller war keineswegs der einsam-isolierte Schreibstubengelehrte, als der er lange galt. Man kann sich ihn vielmehr als einen außerordentlich mitteilsamen, gesprächs- und freundschaftsbereiten Menschen vorstellen, der ebenso gerne sprach wie er schrieb. Im 18. Jahrhundert entwickelte sich die private Korrespondenz zu einer unentbehrlichen Lebensäußerung der schreiberfahrenen Gesellschaft. Und gerade in Schillers spezieller, durch Krankheit bedrohter Lebenssituation wurde der Brief zum wichtigsten Medium der Kommunikation; er entsprach seiner dialogischer Natur.*

Nirgends zeigt sich Schiller als Dichter und Mensch so deutlich wie in seinen Briefen. Es sind Dokumente sowohl seiner Freundschaftsfähigkeit als auch seiner Gedankenarbeit, seiner »Selbstvergewisserung« und seiner »angestrengten Selbsttätigkeit«. Die in der Rhetorik deutlich werdende Hinwendung zum anderen versetzte diesen in den Rang eines Dialogpartners, gemeinsame Reflexion und Erkenntnisfortschritte wurden gesucht. Mancher Brief geriet ihm zum Essay oder zur philosophischen Abhandlung von geschliffener Intellektualität und glanzvollem Stil. Wilhelm von Humboldt sah Schillers Genie »auf das engste an das Denken in allen seinen Tiefen und Höhen geknüpft«, womit das Besondere auch seiner Briefe angesprochen ist. Sie dienten zuallererst dem Gedankenaustausch, sind Dokumente seiner »Geistesentwicklung« und erst

dann Zeugnisse des persönlichen Austausches.

Die Korrespondenz begann während der Carlsschulzeit, als die Jugendfreunde seine ersten Briefpartner waren. Während der Flucht- und Wanderjahre waren die Adressaten vielfältig, die Briefe spiegeln Schillers dramatische Lebenssituation. Ein erster Briefwechsel entstand aus dem Kontakt zu dem Mannheimer Intendanten Wolfgang Heribert von Dalberg, ein reger Briefverkehr ergab sich mit dem Freund und späteren Schwager Wilhelm Friedrich Hermann Reinwald, mit der Familie, auch mit Henriette von Wolzogen und dann vor allem mit seiner späteren Frau Charlotte von Lengefeld und deren Schwester Caroline von Beulwitz. Der Briefwechsel mit Charlotte gibt Einblick in einen eher behutsamen Prozeß der Annäherung an die künftige Lebenspartnerin; leidenschaftliche Sinnlichkeit, emphatische Bekenntnisse oder Spuren von Liebeslust und Liebesleid finden sich kaum. In die Reihe der großen Liebenden wäre Schiller schwerlich zu stellen, gewiß aber in die der harmonisch und glücklich Verheirateten.

Schillers Briefverkehr konzentrierte sich vorrangig auf drei ihm sehr nahe stehende Menschen. Die sein Leben am längsten begleitende Korrespondenz führte er mit Christian Gottfried Körner. Das große, vom 3. Mai 1792 bis zum 2. April 1805 dauernde Briefgespräch mit Wilhelm von Humboldt zeichnet sich weniger durch seinen Umfang als durch seine Intensität aus. Eine bedeutende und für die deutsche Literaturgeschichte einzigartige Brieffreundschaft entwickelte sich mit Goethe.

Der 1847 veröffentlichte Briefwechsel mit dem drei Jahre älteren Gottfried Körner weist diesen als den engsten Freund Schillers aus. Reizvoll und sinnbildlich ist bereits die kleine Geschichte des Beginns ihrer Beziehung. Anfang Juni 1784 widerfuhr Schiller »die herrlichste Ueberraschung von der Welt«: »Ich bekomme Paquete aus Leipzig, und finde von 4 ganz fremden Personen Briefe, voll Wärme und Leidenschaft für mich und meine Schriften.« Die Absender, die ungenannt bleiben wollten, schickten neben zwei enthusiastischen Verehrungsschreiben vier kleine, von Dora Stock auf Gips gezeichnete Porträts, eine bestickte Brieftasche und eine Vertonung des Liedes der Amalia aus den »Räubern«. Es war die Geste von vier begeisterten Lesern, die Schiller ihre Bewunderung bekunden wollten und deren Namen er erst später erfuhr: dem 28jährigen Dresdner Oberkonsistorialrat Christian Gottfried Körner, seiner späteren Frau Anna Maria Jakobine (Minna) Stock, deren Schwester Johanna Dorothea (Dora) Stock und ihrem Verlobten, dem Schriftsteller und Übersetzer Ludwig Ferdinand Huber.

Schiller reagierte erst ein halbes Jahr später. Seine Antwort war zurückhaltend, doch entwickelte sich mit Beginn des neuen Jahres nicht nur ein reger Briefwechsel, der Auf-

schluß über diese instabile Lebensphase gibt, sondern auch eine intensive Freundschaft mit Körner. Der war allerdings bei der ersten Begegnung im April 1785 noch nicht dabei, ihn lernt Schiller erst am 1. Juli kennen. Minna Stock hat von ihrem Eindruck am 18. April berichtet: »Wie sehr waren wir überrascht, als uns Huber einen blonden, blauäugigen, schüchternen jungen Mann vorstellte, dem die Tränen in den Augen standen, und der kaum wagte uns anzureden. Doch schon bei diesem ersten

58. Caroline von Beulwitz, geb. von Lengefeld. Pastellgemälde. Die Schwester Charlotte von Lengefelds, Schillers späterer Frau, war in zweiter Ehe mit Schillers Freund Wilhelm von Wolzogen verheiratet.

59./60. Christian
Gottfried Körner und
Anna Maria Jakobine
(Minna) Stock.

* NA 42, S. 93.

Besuche legte sich die Befangenheit, und er konnte uns nicht oft genug wiederholen, wie dankbar er es anerkenne, daß wir ihn zum glücklichsten Menschen unter der Sonne gemacht hätten.«* Während Schiller gegenüber Humboldt und Goethe zeit seines Lebens die Anrede »Sie« beibehielt, tauchte in den Briefen an Körner rasch das vertraute »Du« auf. Als enger Freund war Körner Berater und Kritiker zugleich, zwischen beiden herrschten Offenheit und die Kraft zum Widerspruch.

Die großzügige finanzielle Unterstützung vor allem von seiten Körners, der ein ansehnliches Vermögen geerbt hatte, ermöglichte es Schiller, seine krisenhafte Mannheimer Zeit zu beenden und sich nach Leipzig und Gohlis zu orientieren. Als Körner beschloß, nach Loschwitz bei Dresden umzuziehen, waren gegenseitige Zuneigung

und Bindung bereits so gefestigt, daß auch Schiller dorthin umsiedelte. Ende Oktober, Anfang November 1785 entstand die Ode »An die Freude« als Ausdruck tiefempfundener Freundschaft. Eine zentrale Bedeutung kam dem Briefwechsel ab 1787 zu, als Schiller nach Weimar zog. Körner stand ihm inzwischen so nahe, daß er zum Adressaten auch von Persönlichem wurde. Schillers Anteil an der Korrespondenz kann durchaus den Rang einer Autobiographie beanspruchen.

In seiner Erzählung »Schwere Stunde« hat Thomas Mann Körner eine kleine Passage gewidmet. Er läßt Schiller in der Einsamkeit der nächtlichen Schreibtischarbeit, in seiner inneren Not an Körner denken, Schiller will ihm schreiben, »dem guten Körner, der an ihn glaubte, der in kindischem Vertrauen seinem Genius anhing«. Diese

61./62. Ludwig Ferdinand Huber und Johanna Dorothea (Dora) Stock. Alle vier Abbildungen sind Silberstiftzeichnungen von Dora Stock, 1784.

ironisch übertreibende Formulierung wird dem inneren Band, das beide verknüpfte, nicht gerecht. Nicht nur seine sensible Anteilnahme und Fürsorge waren ein Glücksfall für Schiller. Körner, ein aufgeklärter, kritischer Kopf und hochgebildet, war vorrangig an Philosophie, Literatur und Kunsttheorie interessiert und insofern der ideale Gesprächspartner für Schiller. Sein Bildungsweg war nicht ohne Spannungen und Brüche verlaufen. Entgegen seiner musischen Neigung studierte er in Leipzig und Göttingen Jurisprudenz, promovierte 1779 über ein naturrechtliches Thema und lehrte als Privatdozent an der Leipziger Universität. Bald schon entfloh er dem Gelehrtendasein und begab sich für anderthalb Jahre auf eine Bildungsreise durch Holland, England, Frankreich und die Schweiz. Seit 1781 ging er einem juristischen Brotberuf nach

und gelangte in ansehnliche Ämter mit hoher Verantwortung. Er wurde Konsistorialadvokat bei der evangelischen Kirche in Leipzig, wo bereits sein Vater Johann Gottfried Körner als Superintendent und Theologieprofessor gewirkt hatte. 1784 wurde er an das Oberkonsistorium nach Dresden versetzt, und zwar als Assessor bei der Landesökonomie-, Manufaktur- und Kommerziendeputation – im heutigen Sprachgebrauch als Ministerialreferent für wirtschafts- und finanzpolitische Fragen der Stadt Dresden. Zehn Jahre nach Schillers Tod gab er diese Ämter auf und trat in die preußische Staatsverwaltung ein.

In seinen Briefen aus Weimar zeichnete Schiller ein aufschlußreiches Bild des intellektuellen Klimas der kleinen Residenzstadt, er schilderte die Weimarer Gesellschaft, berichtete Körner in aller Offenheit von

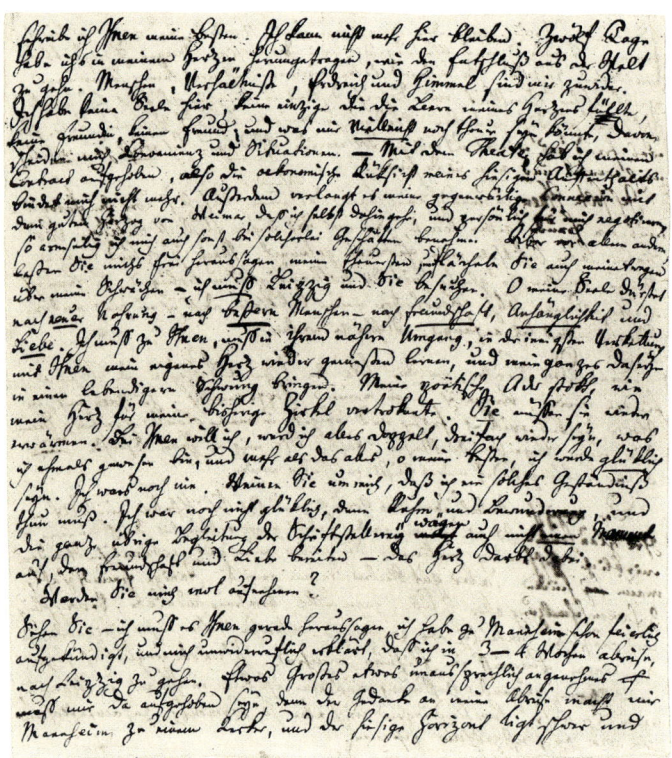

63. Schillers erster Brief an Christian Gottfried Körner vom 19./22. Februar 1785. Der spätere Freund befreite Schiller aus einer außerordentlich schwierigen Lage: »Leipzig erscheint meinen Träumen und Ahndungen, wie der rosige Morgen jenseits von waldigen Hügeln [...].«

Kenntnisse Schiller auf Kant hinwies. Der Briefwechsel ist zudem ein Dokument für die Genauigkeit, mit der Körner Schiller gelesen und dessen theoretische Überlegungen durchdacht und kommentiert hat. Seine selbstlose Fürsorge und die tiefe Verbundenheit mit dem Freund können auch damit erklärt werden, daß er in ihm die eigenen literarisch-theoretischen Ambitionen auf vollkommene Weise verwirklicht sah. Den in den Briefen entwickelten Gedankenaustausch über Kants Schriften, vor allem über die »Kritik der Urteilskraft«, führte Schiller in dem »Kallias-Fragment« von 1793 fort. In ihm kündigte sich bereits seine klassische Ästhetik an. Der Plan, diese Überlegungen in Gesprächsform unter dem Titel »Kallias, oder über die Schönheit« zu veröffentlichen, blieb unausgeführt.

Eine erstaunliche Sicherheit zeigte Körner in der Beurteilung der Psyche des Freundes, insbesondere auch in Zeiten schwerer Erkrankung. Phasen, in denen sich Schiller völlig auf sich selbst zurückzog, konnten ihn nicht irritieren. »Ich kenne die aussetzenden Pulse Deiner Freundschaft«, heißt es am 26. Januar 1790, »aber ich begreife sie, und sie entfernen mich nicht von Dir. Sie sind in Deinem Charakter nothwendig und mit anderen Dingen verbunden, die ich nicht anders wünschte.« Auf dieses Bekenntnis antwortete Schiller wenige Tage später in sehr persönlicher Weise: »Meine Freundschaft hat *nie* gegen dich ausgesetzt, das Wandelbare in meinem Wesen kann und

seiner Liebesbeziehung zu der verheirateten Charlotte von Kalb, beschrieb die Begegnungen mit Wieland und Herder sowie den Vertretern des Weimarer Hofs und stellte seine zunächst komplizierte Beziehung zu Goethe dar.

Die Freundschaft der beiden beruhte auf wechselseitiger Entsprechung und Ergänzung. Der weltgewandte und einflußreiche Körner nahm stets die Rolle des mitdenkenden, kritisch reflektierenden Freundes ein, er begleitete Schillers dichterische Arbeit und interessierte sich für dessen ästhetisch-philosophische Reflexionen. Körner war es auch, der aufgrund seiner profunden

wird meine Freundschaft *zu Dir* nicht treffen, sie, die selbst davon, wie Du auch immer gegen mich handeln möchtest, unabhängig ist. Ich könnte mich überreden, daß ich Dir aufgehört hätte, etwas zu seyn, daß Deine Vorstellungsart und Deine Empfindungsart einen Gang genommen hätten, auf dem sie der meinigen nicht leicht mehr begegneten, aber Du hättest es in der Gewalt, in jedem Augenblicke mein Vertrauen zu Dir und die ganze Harmonie unter uns wieder her zu stellen. Unterbrechungen, welche meine innre Thätigkeit in unserer Freundschaft zu machen schien oder ferner scheinen möchte, […] schaden ihr nichts, vielmehr bringen sie mich mit einem größern Reichthum und mit einem geübteren Gefühl zu unsrer Freundschaft zurück. Laß es immer als eine feste Wahrheit bey Dir gelten, was Du Dir selbst in Deinem letzten Brief sagtest, daß der *Dichter* dem *Freund* keinen Abbruch thut, und sey versichert, daß an der genialischen Flamme, an welcher ein Ideal reifen kann, die Freundschaft niemals verdorret.«

Ein optimistisch-freudvolles Lebensgefühl, wunschlose Zufriedenheit oder gar einen Zustand von Glück erreichte Schiller selten, seine psychische Verfassung war schwankend. Er könne von sich nicht sagen, daß er glücklich sei, hatte Schiller dem Freund am 20. August 1788 geschrieben, »daß ich mich meines Lebens freue. Einsamkeit, Abgeschiedenheit von Menschen, äußre Ruhe um mich her und innre Beschäf-tigung sind der einzige Zustand, in dem ich noch gedeyhe.« Doch kann man davon ausgehen, daß ihm Phasen konzentrierter dichterischer Arbeit, die intensive Begegnung im Gespräch und nicht zuletzt eine harmonische familiäre Situation durchaus Glück bedeuteten.

Auch wenn Schiller in der Auseinandersetzung über Philosophie, Literatur, Musik und Ästhetik zu dominieren schien, so hatte er in Körner gefunden, was er bisher entbehrt und gesucht hatte, den echten Freund.

Parallel zu der Beziehung mit Körner und Goethe entwickelte Schiller in der Geistesfreundschaft mit dem acht Jahre jüngeren Wilhelm von Humboldt einen Austausch von größter Intensität. In seinem letzten Brief, den Schiller am 2. April 1805, kurz vor seinem Tod, an Humboldt schrieb, ging er auf das hohe Maß an Übereinstimmung ein, das sie ohne jede Einschränkung verband: »Für unser Einverständnis sind keine Jahre und keine Räume.« Humboldt seinerseits hat diese Einschätzung vielfältig bestätigt, am eindringlichsten im Vorwort zu dem von ihm 1830 edierten Briefwechsel. Beide hatten sich im Dezember 1789 im Umkreis ihrer späteren Lebenspartner kennengelernt: Caroline von Dacheröden war mit den Schwestern Lengefeld eng befreundet. Humboldt, der als Gelehrter und Staatsmann bereits zu den herausragenden Persönlichkeiten seiner Zeit gehörte, weckte aufgrund seines distanzgebietenden Habitus bei Schiller anfänglich kaum Interesse an einer Vertiefung der Bekanntschaft. Weitere Begegnungen erwiesen ihn dann rasch als hochinteressanten Gesprächspartner, dessen profunde Kenntnisse der Antike Schiller besonders schätzte. »Humboldt ist mir eine unendlich angenehme und zugleich nützliche Bekanntschaft; denn im Gespräch mit ihm entwickeln sich alle meine Ideen glücklicher und schneller. Es ist eine Totalität in seinem Wesen, die man äußerst selten sieht, und die ich außer ihm nur in Dir gefunden habe«, wußte ihn Schiller gegenüber Körner zu rühmen. Der Kontakt vertiefte sich in einer Weise, daß Schiller Humboldt 1794 dazu bewegen konnte, nach Jena zu ziehen, wo er sich mit einigen Unterbrechungen bis April 1797 aufhielt. Die Wohnung der Humboldts lag der Schillerschen gegenüber, so daß ein täglicher Austausch möglich war. Es entwickelte sich eine intensive Freundschaft, in die auch Goethe einbezogen wurde.

Was Humboldt an Schiller hervorhob, daß er für das Gespräch »ganz eigentlich geboren schien«, galt zweifellos auch für ihn selbst. Hier fanden sich zwei kongeniale Gesprächspartner, die einander für »gemeinsame Geistesarbeit« bedurften. Wie kaum ein anderer hat Humboldt Schillers »Dichtergenie«, seine »hohe, reine, nach Totalität strebende Ansicht der menschlichen Natur« erfaßt und dessen »rastlose Geistestätigkeit« und sein »schöpferisches Genie« bewundert.* Beide verband ein humanistisches

Bildungs- und Entwicklungsideal und ein idealistischer Ansatz des Denkens. »[…] und am Ende sind wir ja beide Idealisten und würden uns schämen, uns nachsagen zu lassen, daß die Dinge uns formten und nicht wir die Dinge«, heißt es in dem oben zitierten Brief vom 2. April 1805 an den Freund. Es gab keinen Bereich in Schillers geistigem Horizont, der Humboldt nicht interessierte. Er bewunderte die Genauigkeit und Sorgfalt sowohl der intellektuellen Argumentation und Auseinandersetzung als auch der Aneignung neuer Quellen und Fakten und war fasziniert von der »Beharrlichkeit der Ausdauer« bei jeder Arbeit.

Die beiderseitige Übereinstimmung trat vor allem in ästhetischen, dichtungs- und bildungstheoretischen Fragen zutage. Humboldt setzte sich mit den Gedichten der klassischen Zeit auseinander, er war Schiller ein kritischer Ratgeber in den Belangen poetischer Arbeit, etwa für die 1795 verfaßten Lehrgedichte oder die Balladen des Jahres 1797. Der Briefwechsel nahm gerade hier einen ausgesprochenen Arbeitscharakter an. Weitere Schwerpunkte waren Schillers kritische Auseinandersetzung mit der Romantik sowie die Planung und Realisierung des »Horen«-Projekts, das zwischen 1795 und 1797 breiten Raum beanspruchte. Humboldt selbst veröffentlichte in dieser Zeitschrift 1795 eigene Aufsätze, zum Beispiel »Über den Geschlechtsunterschied und dessen Einfluß auf die organische Natur« und »Über die männliche und weibliche

Form«. Sowohl seine politischen als auch seine bildungstheoretischen Ansichten waren wesentlich geprägt durch die Auseinandersetzung mit Schiller, vor allem mit den Briefen »Über die ästhetische Erziehung des Menschen«. Auch später, als Humboldt in Berlin-Tegel (1795/96), Paris (1797–1801) und Rom (1802–1808) lebte, blieb die enge geistige Verbundenheit ohne jede Irritation erhalten. Gerade die unterschiedlichen Lebensbereiche und Arbeitsgebiete und vor allem die andersgearteten Begabungen und Fähigkeiten gewährleisteten eine harmonisch-produktive, konkurrenzfreie Freundschaft von erstaunlicher Stabilität. Humboldt schätzte in Schiller den Dichter und Denker, den intellektuell und künstlerisch Kreativen, während dieser in dem Freund den weltgewandten Staatsmann und profunden Gelehrten bewunderte. Humboldt hat die Dominanz Schillers stets uneingeschränkt akzeptiert und ihm gegenüber die Haltung des kritischen Ratgebers eingenommen, wobei er den »Gang seiner Geistesentwicklung« nie aus den Augen verlor.

Vorurteile, Mißverständnisse, ja manifester Haß standen am Beginn der Beziehung zwischen Schiller und Goethe, einer Beziehung, die sich aus heutiger Sicht nicht nur zu einer der tiefsten Dichterfreundschaften entwickelte, die es je gab, sondern darüber hinaus eine Kunsttheorie begründete, die als Programm beziehungsweise Dokumentation der Weimarer Klassik betrachtet werden kann. Fast anderthalb Jahrzehnte dauerte der komplizierte Annäherungsprozeß der durch zehn Lebensjahre und unterschiedliche soziale Erfahrungen getrennten Autoren. »Dieser Mensch, dieser Göthe ist mir einmal im Wege, und er erinnert mich so oft, daß das Schicksal mich hart behandelt hat. Wie leicht ward sein Genie von seinem Schicksal getragen, und wie muß ich biss auf diese Minute noch kämpfen«, haderte Schiller in einem an Körner gerichteten Brief vom 9. März 1789. Während Schiller Anfang der neunziger Jahre als renommierter Bühnenautor öffentlich anerkannt war, sah sich Goethe 1794, nach seinem Italienaufenthalt, eher isoliert. Er hatte die Sturm-und-Drang-Phase überwunden und sich dem Programm der klassischen Ästhetik zugewandt und sah nun in Schiller wie in einem Spiegel die eigene vergangene Lebensphase. »Ich komme aus Italien zurück und finde Dichterwerke in großem Ansehen, die mich äußerst anwidern. Zum Beispiel die ›Räuber‹. Das Rumoren, das sie erregt haben, der Beifall, der gezollt wurde, erschreckt mich, weil ein kraftvolles, aber unreifes Talent gerade die ethischen und theatralischen Paradoxen von denen ich mich zu reinigen gestrebt, recht im vollen hinreißenden Strom über das Vaterland ausgegossen hatte.«*

Bevor es zu einem fruchtbaren Austausch kam, hatten sich etliche Personen um die Annäherung der Kontrahenten bemüht. Vor allem Körner kam das Verdienst zu,

64. Wilhelm von Humboldt. Gipsrelief von Gottlieb Martin Klauer, 1796.

* Goethe, Sämtliche Werke. Hrsg. von Ernst Beutler. Artemis-Gedenkausgabe. Zürich 1977, Band XII, S. 620.

65. Johann Wolfgang
Goethe. Kreidezeichnung
von Friedrich Bury,
1800.

men werden, und sein ganzes Wesen ist schon von anfang her anders angelegt als das meinige, seine Welt ist nicht die meinige, unsere Vorstellungsarten scheinen wesentlich verschieden.« Schillers hochdifferenziertes Wahrnehmungsvermögen wird hier genauso deutlich wie sein Talent, den anderen in wenigen Strichen klar zu umreißen. Kurze Zeit später wurde er sehr viel deutlicher, indem er, wiederum in einem Brief an Körner, auf Goethes extreme Selbstbezogenheit einging: »Ein solches Wesen sollten die Menschen nicht um sich herum aufkommen lassen. Mir ist er dadurch verhaßt, ob ich gleich seinen Geist von ganzem Herzen liebe und groß von ihm denke. Ich betrachte ihn wie eine stolze Prüde, der man ein Kind machen muß, um sie vor der Welt zu demüthigen.«

Schillers Vorbehalte saßen tief, während Goethe, der Begünstigte, trotz seiner Reserve über genügend Spielraum verfügte und sich beim Herzog für die Berufung Schillers an die Jenaer Universität einsetzte. Am 2. Februar 1789 hatte Schiller Körner gestanden: »Oefters um Goethe zu seyn, würde mich unglücklich machen: er hat auch gegen seine nächsten Freunde kein Moment der Ergießung, er ist an nichts zu fassen; ich glaube in der That, er ist ein Egoist in ungewöhnlichem Grade. Er besitzt das Talent, die Menschen zu fesseln, und durch kleine sowohl als große Attentionen sich verbindlich zu machen; aber sich selbst weiß er immer frei zu behalten.«

dem gegenseitigen Mißtrauen zum Trotz Brücken gebaut zu haben. Die tiefe Skepsis, die Schiller gegenüber Goethe hegte, ist nicht nur aus seiner finanziell ungesicherten Existenz zu erklären und den bis in die Carlsschulzeit zurückreichenden erfolglosen Bemühungen, Goethes Interesse zu gewinnen, sondern auch aus den Unterschieden der Persönlichkeitsstruktur, des literarischen Temperaments und der dichterischen Orientierung. Bereits 1788 hatte er konstatiert: »[…] ich zweifle, ob wir einander je sehr nahe rücken werden. Vieles was mir jetzt noch interessant ist, was ich noch zu wünschen und zu hoffen habe, hat seine Epoche bei ihm durchlebt, er ist mir, (an Jahren weniger als an Lebenserfahrungen und Selbstentwicklung) so weit voraus, daß wir unterwegs nie mehr zusammen kom-

Das Eis brach erst am 20. Juli 1794, als Goethe und Schiller anläßlich einer Tagung der »Naturforschenden Gesellschaft« in Jena in ein Gespräch über Goethes Modell der Urpflanze gerieten. Dieses denkwürdige Gespräch war die Geburtsstunde einer Dichterfreundschaft, die erst mit Schillers Tod ihr Ende fand. In einer autobiographischen Schrift mit dem Titel »Erste Begegnung mit Schiller« hat Goethe 1817 die Bedeutung dieses »glücklichen Ereignisses« umrissen: »Schillers Anziehungskraft war groß, er hielt alle fest, die sich ihm näherten; [...] und so besiegelten wir, durch den größten, vielleicht nie zu schlichtenden Wettkampf zwischen Object und Subject, einen Bund, der ununterbrochen gedauert, und für uns und andere manches Gute gewirkt hat. Für mich insbesondere war es ein neuer Frühling, in welchem alles froh neben einander keimte und aus aufgeschlossenen Samen und Zweigen hervorging. Unsere beiderseitigen Briefe geben davon das unmittelbarste, reinste und vollständigste Zeugniß.« Und Humboldt konstatierte in seiner »Vorerinnerung«: »In jene Periode der Rückkehr Schillers zur dramatischen Dichtung fällt auch der Anfang seines vertrauteren Umgangs mit Goethe [...]. Der gegenseitige Einfluß dieser beiden großen Männer auf einander war der mächtigste und würdigste. Jeder fühlte sich dadurch angeregt, gestärkt und ermuthigt auf seiner eigenen Bahn [...]. Keiner zog den Andern in seinen Pfad herüber.«

66. Friedrich Schiller. Silberstiftzeichnung von Dora Stock, 1787.

In den folgenden elf Jahren der Korrespondenz wurden rund tausend Briefe gewechselt, die Goethe fast vollständig und ohne nennenswerte Eingriffe 1828/29 bei Cotta veröffentlichte. Daneben suchten beide immer wieder auch die unmittelbare Begegnung. Ihre gegenseitigen Besuche bis 1799, als Schiller nach Weimar umzog, lassen sich auf mehr als sechzig Wochen addieren.

Den Höhepunkt der Korrespondenz setzte Schiller gleich zu Beginn mit zwei Briefen, die ihresgleichen suchen. Der erste, datiert vom 23. August 1794, beschreibt und deutet Goethes Existenz und Entwicklung. Schiller formulierte den »Total-Eindruck« der Goetheschen Ideen auf sich selbst. In einem zweiten Brief ließ er, acht Tage später, ein Selbstporträt folgen, in dem er beider polare Naturen, nunmehr bezogen auf die eigene Geisteshaltung, erörterte. Während er Goethes tiefgehende Intuition erkannte, das Vermögen, im konkreten Einzelobjekt die Idee der organischen Ganzheit zu erfassen, sah er sich, nicht ohne selbstkritischen Unterton, als den analytisch verfahrenden, spekulativen Geist, der das Abstrakt-Allgemeine im spezifischen Sonderfall erkennt. »Mein Verstand wirkt eigentlich mehr symbolisierend, und so schwebe ich als eine Zwitter-Art, zwischen dem Begriff und der Anschauung, zwischen der Regel und der Empfindung, zwischen dem technischen Kopf und dem Genie. Dieß ist es, was mir, besonders in frühern Jahren, sowohl auf dem Felde der Speculation als der Dichtkunst ein ziemlich linkisches Ansehen gegeben; denn gewöhnlich übereilt mich der Poet, wo ich philosophieren sollte, und der philosophische Geist, wo ich dichten wollte.« Mit großer Klarheit markierte Schiller Gegensätze und teilte Rollen zu, vielleicht auch, um von vornherein eine mögliche Konkurrenz einzudämmen. »Sie bestreben Sich, Ihre große Ideenwelt zu simplifizieren, ich suche Varietät für meine kleinen Besitzungen. Sie haben ein Königreich zu regieren, ich nur eine etwas zahlreiche Familie von Begriffen, die ich herzlich gern zu einer kleinen Welt erweitern möchte.«

Ganz offensichtlich warb er um Goethe als Gesprächspartner, er wollte vor ihm als Dichter bestehen und ihn als Mitarbeiter für seine neugegründete Zeitschrift »Die Horen« gewinnen. Ihre große Übereinstim-mung in der geistigen Orientierung stellten beide rasch fest; schon am 1. Oktober 1794 schrieb Goethe: »Wir wissen nun, mein Wertester […], daß wir in Prinzipien einig sind und daß die Kreise unsers Empfindens, Denkens und Wirkens teils koinzidieren, teils sich berühren; daraus wird sich für beide gar mancherlei Gutes ergeben.« Im Fortgang der Korrespondenz wurde das von Schiller entwickelte Bild der antipodischen Künstlernaturen weiter vertieft und differenziert; es blieb eine bis heute gültige Typologie. In seiner 1795 in den »Horen« publizierten Abhandlung »Über naive und sentimentalische Dichtung« wird Schiller diese Antithese noch einmal wiederholen.

Gegenseitige Hochachtung und Toleranz waren nunmehr die Basis für einen unvergleichlichen geistigen Austausch. Beide Autoren äußerten sich zu den Konzepten und den Bedingungen ihrer literarischen, philosophischen, kunsttheoretischen und historischen Produktion, sie reflektierten ihre Lektüre sowie die Werke des anderen. Und mit dem gegenseitigen Verstehen vertieften sich Freundschaft und geistige Nähe. »Viel Glück zum neuen Jahr«, schrieb Goethe am 3. Januar 1795, »lassen Sie uns dieses zubringen, wie wir das vorige geendigt haben, mit wechselseitiger Teilnahme an dem, was wir lieben und treiben.« Beide waren sich der Einzigartigkeit der Begegnung bewußt. »Lassen Sie uns, solange wir beisammen bleiben, auch unsere Zweiheit immermehr in Einklang bringen, damit selbst eine längere Entfernung unserm Verhältnis nichts anhaben könne«, wünschte sich Goethe am 17. Mai 1797. »Ich kann nie von Ihnen gehen, ohne daß etwas in mir gepflanzt worden wäre, und es freut mich, wenn ich für das viele, was Sie mir geben, Sie und Ihren innern Reichtum in Bewegung setzen kann«, bekannte Schiller am 21. Juli 1797. Rasch erkannte Goethe die Bedeutung, die Schiller für sein Schaffen gewann; allein die Grußformeln der Briefe zeigen sein Werben um Schillers Zuwendung. Keinen anderen hat Goethe in seinem ganzen Leben so bewundert und geliebt wie ihn. Er empfand dessen Briefe »als Stimmen aus einer anderen Welt, auf die ich nur horchen kann« (5. Juni 1796), und wünschte sich, oft von ihm erquickt und aufgemuntert zu werden. Am 6. Januar 1798 resümierte er erneut die Wirkung ihrer bisherigen Verbindung: »Das günstige Zusammentreffen unserer beiden Naturen hat uns schon manchen Vorteil verschafft und ich hoffe, dieses Verhältnis wird immer gleich fortwirken. Wenn ich Ihnen zum Repräsentanten mancher Objekte diente, so haben Sie mich von der allzu strengen Beobachtung der äußern Dinge und ihrer Verhältnisse auf mich selbst zurückgeführt, Sie haben mich die Vielseitigkeit des innern Menschen mit mehr Billigkeit anzuschauen gelehrt, Sie haben mir eine zweite Jugend verschafft und mich wieder zum Dichter gemacht, welches zu sein ich so gut als aufgehört hatte.« Umgekehrt erweckte Goethe auch in Schiller wieder den Dichter, der,

absorbiert durch philosophische Spekulation, »zu sein so gut als aufgehört hatte«.

Auch Schiller bedurfte des Zuspruchs, schon wegen seines elenden Gesundheitszustandes, den Goethe mit tiefgehender Anteilnahme verfolgte. Zum Abschluß der gewaltigen Arbeit am »Wallenstein« wünschte er sich den Beistand des Freundes: »Und so lege ich das Stück in Ihre Hände. Ich habe jetzt schlechterdings kein Urteil mehr darüber, ja manchmal möchte ich an der theatralischen Tauglichkeit ganz verzweifeln. Möchte es eine solche Wirkung auf Sie tun, daß Sie mir Mut und Hoffnung geben können, denn die brauche ich« (31. Dezember 1798). Tiefes Mitgefühl äußerte Goethe auch, als Schillers Frau im Oktober 1799 so schwer an einem Nervenfieber erkrankte, daß ihr Leben bedroht war: »Unsere Zustände sind so innig verwebt, daß ich das, was Ihnen begegnet, an mir selbst fühle.«

Das strenge »Sie«, beibehalten bis zum letzten Brief, schloß tiefste Verbundenheit keineswegs aus. Als »das wohltätigste Ereignis meines ganzen Lebens« pries Schiller den Bund mit Goethe. Gefühlsausbrüche waren seine Sache ohnehin nicht, er schrieb stets wohlformuliert, die Sprache war trotz aller intellektuellen Brillanz eher nüchtern und entsprach dem Hauptanliegen der Briefe, dem der zielgerichteten Reflexion.

Schiller war ein unermüdlicher Briefschreiber. Der Brief als »Hälfte eines Dialogs« (Aristoteles) erlaubte es ihm, strenger

»Was ich Gutes haben mag, ist durch einige wenige Vortrefliche Menschen in mir gepflanzt worden, ein günstiges Schicksal führte mir dieselben in den entscheidenden Perioden meines Lebens entgegen, meine Bekanntschaften sind auch die Geschichte meines Lebens.«
An Charlotte Gräfin von Schimmelmann, 23. November 1800.

als im Gespräch das eigene Denken zu über-prüfen. Stimuliert durch den Bezug auf den Adressaten, konnte er Gedachtes und For-muliertes erwägen und weiterführen. Der Brief vermochte ein Gespräch fortzusetzen, was interessanterweise auch geschah, nach-dem Schiller 1799 nach Weimar gezogen war und in unmittelbarer Nähe Goethes lebte. Beider Briefe zeigen einen deutlichen Bezug zu den in Arbeit befindlichen Werken, im Vordergrund steht die Entwicklung der eige-nen literarischen oder literaturästhetischen Produktion.

Liest man die Korrespondenz unter dem Aspekt, inwieweit Schiller in der Lage war, sich vorbehaltlos auf den Standpunkt des anderen einzulassen, so wird deutlich, daß seine Dialogfähigkeit durch die zunehmen-de Bedrohung durch Krankheit und die dadurch erzwungene Konzentration der Kräfte, nicht aber durch mangelndes Ver-mögen begrenzt war. Schillers Lebens- und Arbeitsweise unterschied sich grundlegend von der Goethes. Er führte kein großes Haus, sondern lebte und arbeitete zurück-gezogen und weitgehend auf sich konzen-triert. Goethe hingegen setzte sich dem vollen Leben aus, auch wenn er sich immer wieder Phasen der Arbeitsruhe zu verschaf-fen wußte.

In seiner Erzählung »Schwere Stunde« geht Thomas Mann aus der Perspektive Schillers auf die unterschiedlichen Dichter-persönlichkeiten ein. Im Mittelpunkt steht der kranke, sich verzehrende, für eine nächt-liche Stunde von seiner Selbstdisziplin befreite Schiller, der sich ein verzagtes, auch kontroverses Denken über seine Beziehung zu Goethe gestattet: »[…] der andere, der dort, in Weimar, den er mit einer sehnsüch-tigen Feindschaft liebte. Der war weise. Der wußte zu leben, zu schaffen; mißhandelte sich nicht; war voller Rücksicht gegen sich selbst […].« Einmal darf Schiller hier un-verstellt leiden, Selbstzweifel dürfen ihn quälen gegenüber seinem Werk. Er denkt an »den anderen, den Hellen, Tastseligen, Sinn-lichen, Göttlich-Unbewußten«. Offensicht-lich braucht er die Reibung, in ihm ordnet sich nun wieder alles zu der heilig-nüchter-nen Aufgabe, zum Werk, das es zu erfüllen gilt. Die Aufgabe besteht darin, »das eigene Wesen und Künstlertum gegen das des anderen zu behaupten und abzugrenzen«. Einmal nimmt Thomas Mann Schiller, der Wehleidigkeit nicht kennt, die Klage ab: »Der Wille zum Schweren … Ahnte man, wie viel Zucht und Selbstüberwindung ein Satz, ein strenger Gedanke ihn kostete? […] Vom ersten rhythmischen Drange innerer Kunst nach Stoff, Materie, Möglichkeit des Ergusses – bis zum Gedanken, zum Bilde, zum Worte, zur Zeile: welch Ringen! Welch Leidensweg! Wunder der Sehnsucht waren seine Werke, der Sehnsucht nach Form, Gestalt, Begrenzung, Körperlichkeit, der Sehnsucht hinüber in die klare Welt des anderen.«

Eine deutliche Befangenheit läßt sich gegenüber der häuslichen Situation Goethes erkennen. Die schwierige soziale Stellung von Christiane Vulpius, die »wilde Ehe«, die Goethe mit ihr führte (er heiratete sie erst 1806), ignorierte Schiller im wesentlichen. Die von der Weimarer Gesellschaft transportierten Gerüchte über Christiane samt Häme und Spott kannte er vorrangig aus den Erzählungen seiner Frau oder durch Charlotte von Stein, deren Patenkind Charlotte war. Als ob ihm Standesdünkel zustände, übernahm er deren negative Sicht auf Goethes Gefährtin, übersah sie und sprach nicht ohne Hochmut von ihr. War er bei Goethe zu Gast, überging er Christiane oder behandelte sie wie eine Hausangestellte, Dank für empfangene Fürsorge blieb aus.

Auch wenn der Briefwechsel mit Schillers Umzug nach Weimar an Intensität verlor und 1805 abbrach, stellt er doch ein in sich geschlossenes literarisches Werk dar. »Seine Briefe sind das schönste Andenken, das ich von ihm besitze, und sie gehören mit zu dem Vortefflichsten, was er geschrieben. Seinen letzten Brief bewahre ich als ein Heiligtum unter meinen Schätzen«, befand Goethe gegenüber Eckermann am 18. Januar 1825.

Was Schiller an realer Erfahrung versagt blieb – er ist kaum gereist, kannte weder die großen Metropolen noch Länder wie Italien oder Frankreich, er hat in seinem Leben nie das Meer erlebt, war kein begeisterter Spa-

ziergänger usw. –, das realisierte er in kaum vergleichbarer Intensität im Gespräch. Vor allem das klassische Œuvre ist ohne die anspruchsvolle Gesprächskultur in Weimar nicht denkbar. Schiller brauchte das Gespräch wie kaum ein anderer, im Gedankenaustausch steigerte er seine Kreativität, jegliche Form von Stagnation war ihm unerträglich. Die großen Freundschaften prägten nicht nur sein Leben, sondern auch seine Arbeit. Durch sie fand er immer wieder die Kraft, die er durch seinen unerbittlichen Arbeitseinsatz – gegen alle körperliche Disposition – verlor.

67. Friedrich Schiller mit Wilhelm und Alexander von Humboldt und Goethe in Jena. Holzstich von W. Aarland nach einer Zeichnung von Andreas Müller.

Drittes Kapitel
Weimar – Professor in Jena – Geschichtsdenken und philosophische Ästhetik – Rückkehr zur Dichtung 1787–1799

Wie verschieden auch die Bestimmung sei, die in der bürgerlichen Gesellschaft Sie erwartet – etwas dazusteuern können Sie alle! Jedem Verdienst ist eine Bahn zur Unsterblichkeit aufgetan, zu der wahren Unsterblichkeit meine ich, wo die Tat lebt und weitereilt, auch wenn der Name ihres Urhebers hinter ihr zurückbleiben sollte.

Aus der Jenaer Antrittsvorlesung
26. Mai 1789

68. Friedrich Schiller. Kupferstich von Johann Gotthard von Müller nach einem Gemälde von Anton Graff, 1793.

Auch diese Lebensphase forderte von Schiller außergewöhnliche Kraftanstrengungen, doch gelangte er in ihr zu jener Lebenshöhe, die er sich zum Ziel gesetzt hatte. Am 21. Juli 1787 war er in Weimar eingetroffen, wo er im Gasthof »Zum Erbprinzen« ein vorläufiges Quartier fand. Vorgesehen war ein Aufenthalt von einigen Wochen, in denen er einflußreiche Autoritäten der Stadt aufsuchen wollte. Im Anschluß plante er, nach Hamburg weiterzureisen, wohin ihn Friedrich Ludwig Schröder (1744–1816) eingeladen hatte. Als Theaterdirektor, Dramatiker und hochgeachteter Schauspieler hatte Schröder nicht nur Shakespeare auf den deutschen Bühnen durchgesetzt, ihm gelang am 29. August 1787 auch die Uraufführung des »Don Karlos« in Hamburg, in der er selbst die Titelrolle spielte. Das letzte, was Schiller am 1. Mai 1805 im Theater sah, war Schröders Stück »Die unglückliche Ehe aus Delikatesse«. Dieser hatte den Dichter schon mehrfach nach Hamburg eingeladen, um ihn als Dramaturgen für sein Theater zu gewinnen. Schiller hatte diese Möglichkeit durchaus erwogen, doch auch diesmal erwiesen sich angesichts der magnetischen Kraft Weimars alle Planungen als vergeblich. Die Weiterreise wurde mehrfach verschoben und schließlich ganz aufgegeben.

Durch Vermittlung Charlotte von Kalbs fand Schiller Ende Juli eine Wohnung an der Esplanade, nahe dem Wittumspalais. Für wenig Geld stellte er einen Bediensteten ein, der sich um die Haushaltung kümmerte und ihm bei seiner Korrespondenz und den Abschriften der Stücke half. »Nunmehrhabe ich das Logis in Beschlag genommen, das Charlotte vorher gehabt hat. Es kostet mir das Vierteljahr mit den Moeubles 17 und 1/2 Thaler. Viel Geld für 2 Zimmer und eine Kammer. Einen Bedienten der zur Noth schreiben kann, habe ich für 6 Thaler angenommen«, teilte er Körner am 28. Juli mit. Drei Monate später zog er in eine weniger teure Wohnung am Frauentor. Hier blieb er bis Mai 1789, bis zu seinem Umzug nach Jena.

Da Charlotte von Kalb die einzige ihm vertraute Person in Weimar war, wurde sie rasch zur wichtigsten Kommunikationspartnerin. Schon am zweiten Tag schrieb er den Dresdner Freunden von seinen Empfindungen bei der Wiederbegegnung mit ihr: »Unser erstes Wiedersehen hatte soviel gepreßtes, betäubendes, daß mirs unmöglich fällt, es euch zu beschreiben. Charlotte ist sich ganz gleich geblieben, biß auf wenige Spuren von Kränklichkeit, die der Paroxysmus der Erwartung und des Wiedersehens für diesen Abend aber verlöschte und die ich erst heute bemerken kann. Sonderbar war es, daß ich mich schon in der ersten Stunde unsers Beisammenseins nicht anders fühlte als hätt ich sie erst gestern verlassen.«

Goethe hielt sich noch in Italien auf, der Herzog in Potsdam, und auch andere einflußreiche Persönlichkeiten aus ihrem Umfeld wie der Übersetzer Johann Christoph Bode, ein führendes Mitglied des Illuminatenordens, und der Weimarer Publizist und Großunternehmer Friedrich Justin Bertuch waren abwesend. Doch kam es gleich am vierten Tag nach Schillers Ankunft in Weimar zu einer folgenreichen Begegnung mit dem Schriftsteller, Generalsuperintendenten und Geheimen Kirchenrat Johann Gottfried Herder (1744–1803), der seit 1776 Oberpfarrer an der aus dem 13. Jahrhundert stammenden Kirche St. Peter und Paul war, in der schon Luther gepredigt und Johann Sebastian Bach Orgel gespielt hatte. Obwohl Herder Schiller nicht kannte und noch nichts von ihm gelesen hatte, nahm der fünfzehn Jahre ältere Theologe den Besucher freundlich auf. In der Folgezeit kam es hin und wieder zu intensiven Gesprächen, die aber aufgrund von Herders verschlossenem Wesen zu keiner engeren Verbindung führten. Am 14. September 1787 schrieb Schiller an Huber: »Herder würde mir von allen der liebste seyn, wenn Herder aus sich heraustreten könnte um der Freund eines Freundes zu seyn. Beim ersten Anblicke und vollends bei einem warmen Gespräch ist er der liebenswürdigste Mensch unter dem Himmel.« Herders Kritik an der Philosophie Kants und ihren Folgen, die »Metakritik zur Kritik der reinen Vernunft« von 1799, führte später zu einer deutlichen Distanz zwischen ihm und Schiller.

Zuvor schon, am zweiten Tag nach seiner Ankunft in Weimar, hatte er Christoph Martin Wieland (1733–1813) besucht, dessen 1768 erschienenen »Agathon« er Ende

69. Christoph Martin Wieland. Kupferstich von Johann Friedrich Lortzing.

1782 gelesen hatte. Obwohl Wieland 26 Jahre älter als Schiller war, fanden beide vom ersten Augenblick an im Gespräch zueinander und vertieften im Laufe der Zeit ihr intellektuelles Einverständnis zu einer vertrauensvollen Freundschaft. Wieland lebte seit 1772 in Weimar. Bereits 1773 hatte er nach dem Vorbild des renommierten »Mercure de France« seine Monatsschrift »Der Teutsche Merkur« gegründet, die zum wichtigsten intellektuellen Publikationsorgan der Weimarer Klassik wurde. Auch Schiller lieferte für diese Zeitschrift wirkungsvolle Beiträge, wodurch er nicht zuletzt seine finanzielle Situation verbessern konnte. Wielands Präsenz in der Stadt war der Ausgangspunkt einer folgenreichen Entwicklung. Er holte den Schriftsteller und Übersetzer Karl Ludwig von Knebel (1744–1834)

70. Johann Gottfried Herder. Zeitgenössisches Pastell von Friedrich Bury.

sorgenfrei leben können. Mit dem ihm Ende 1784 zuerkannten Titel eines Weimarischen Rats verband er durchaus die Hoffnung auf eine Anstellung beim Herzog. Für eine gesicherte Stellung, die regelmäßige Einkünfte garantierte, mußte er allerdings noch einige Zeit lang ein hohes Maß an Einsatz, Arbeit und Geduld aufbringen.

Während der ersten Weimarer Monate war Schiller fast täglich mit Charlotte von Kalb zusammen, die seit Juni 1787 mit ihrem zweieinhalbjährigen Sohn in der Stadt lebte. »Wir haben uns vorgesetzt, kein Geheimnis aus unserem Verhältniß zu machen«, vertraute er Körner am 25. Juli an. Da sie öffentlich als Paar auftraten, wurden sie auch als solches wahrgenommen und akzeptiert. »Mein Verhältnis mit Charlotten fängt an, hier ziemlich laut zu werden und wird mit sehr viel Achtung für uns beide behandelt. Selbst die Herzogin hat die Galanterie, uns heute zusammen zu bitten«, ließ er den Freund in den letzten Julitagen wissen. Der ungeliebte Ehemann war als Offizier häufig abwesend, so daß Freiräume entstanden. Schiller wußte sie zu nutzen und stellte doch immer wieder die für ihn nötige Distanz her. Charlotte von Kalb unterstützte ihn nicht nur in Dingen des Alltags, sie war ihm vor allem eine reizvolle und inspirierende Gesprächspartnerin. »Charlotte ist eine große sonderbare weibliche Seele, ein wirkliches Studium für mich [...]. Mit jedem Fortschritt unsers Umgangs entdecke ich neue Erscheinungen in ihr, die mich, wie

als Erzieher des Prinzen Constantin an den Weimarischen Hof. Knebel seinerseits knüpfte die Verbindung zu Carl August von Sachsen-Weimar-Eisenach, auf dessen Einladung Goethe nach Weimar kam, der wiederum 1776 Herder gewinnen konnte und mit ihm jene Trias zusammenrief, die die geistige Basis der Weimarer Klassik darstellte und ohne die Schiller sicher nicht den Weg in die Stadt gefunden hätte. Die seit 1794 sich anbahnende Freundschaft und Zusammenarbeit zwischen Goethe und Schiller intensivierte sich bis zu Schillers Tod 1805 und galt fortan als Inbegriff der deutschen Klassik.

In dem Maße, in dem sich Schiller definitiv für Weimar entschied, wurde ihm klar, daß er sich eine neue Existenzgrundlage schaffen mußte. Die letzten zwei Jahre hatte er in Dresden durch Körners Großzügigkeit

schöne Parthien in einer weiten Landschaft überraschen, und entzücken«, schrieb er am 23. Juli an Körner.

Faszinierend und reizvoll war sie für ihn allerdings nur, wenn sie unbeschwert und heiter ihre Rolle als Muse erfüllte. In ihrer seelischen Not blieb sie allein. Beide haben ihre Beziehung gewiß ganz unterschiedlich wahrgenommen. Schiller wird sich darüber im klaren gewesen sein, daß sie trotz ihrer künstlerischen Begabung und ihrer profunden Bildung zu keiner eigenen schöpferischen Rolle finden würde. Und da auch ihre persönliche Lebenssituation kaum Erfüllung versprach, waren ihre Krisen, ihre Schwermut, die Trauer und der Zorn nicht zu beheben. Verfiel sie in Depressionen, ging er auf Distanz und konnte und wollte ihr nicht helfen. Eine ähnliche Erfahrung machte sie wenige Jahre später im Umgang mit dem zwei Jahre jüngeren Jean Paul (1763 bis 1825), als sich dieser für einige Monate in Weimar aufhielt. 1804 zog sie in die preußische Hauptstadt, wo sie ihren Weg als Schriftstellerin fand. Hier starb sie, erblindet und verarmt, im Jahre 1843.

Charlotte von Kalb war es, die Schiller in die Gesellschaft des Hofes einführte und ihn mit den entsprechenden Verhaltensnormen vertraut machte. Am 27. Juli 1787, also schon kurz nach seinem Eintreffen in der Stadt, wurde er von der Herzogin Anna Amalia in das östlich von Weimar gelegene Sommerpalais Tiefurt eingeladen, und zwar gemeinsam mit Wieland. Rasch hatte er zu dem aus dem württembergischen Biberach stammenden Landsmann Vertrauen gefaßt, der ihn auf der Hinfahrt mit allen notwendigen Informationen über die Gastgeberin versorgte. Auf den zweistündigen ersten Besuch folgte schon am nächsten Tag eine erneute Einladung zu Tee, Konzert und Abendessen, diesmal gemeinsam mit Charlotte von Kalb. Tags darauf, am 29. Juli, berichtete er Körner von diesem zweiten Besuch: »Gestern Abend also war ich mit Charlotten in Tiefurth. Unsre dortige Geselschaft war Wieland, Graf Solmes der hier durch seine ausgezeichnete Verstandes Gaben und Kenntnisse sehr viel Aufsehen macht, und ein preußischer Offizier. Schlick und seine Frau, die Du vermuthlich dem Rufe nach kennst, spielten meisterhaft, er das Violonzello und sie die Violine. Charlotte fuhr nach dem Concert nach Hause, weil sie sich nicht wohl fühlte ich mußte aber auf ihr Verlangen zurückbleiben. Das Soupee war im Geschmack des ganzen, einfach und ländlich aber auch ganz ohne Zwang. Charlotte will behaupten, daß ich mich diesen Abend zu frey betragen habe, sie zog mich auch auf die Seite und gab mir einen Wink. Ich habe, sagte sie, auf einige Fragen die die Herzogin an mich gethan, nicht dieser sondern ihr geantwortet und die Herzogin stehen lassen. Es kann mir begegnet seyn, denn ich besann mich niemals, daß ich Rücksichten zu beobachten hätte. Vielleicht habe ich der Herzogin dadurch mißfallen.« Der erste Eindruck, den sie auf Schiller gemacht hatte, war überwiegend

treflich zu nutze machte.« (An Körner, 28. Juli 1787)

Anna Amalia (1739–1807), Prinzessin von Braunschweig, war 1756 als Sechzehnjährige aus Anlaß ihrer Heirat mit Ernst August II. Constantin nach Weimar gekommen. Als Herzogin von Sachsen-Weimar-Eisenach brachte sie am 3. September 1757 den ersehnten Stammhalter Carl August zur Welt und sicherte damit den Fortbestand der Weimarer Dynastie. Schon wenige Monate später, kurz vor der Geburt ihres zweiten Kindes, des Prinzen Constantin, starb ihr Gemahl an der Schwindsucht, so daß sie fortan als Witwe fast zwei Jahrzehnte lang bis 1775 für ihren Sohn Carl August die Regentschaft führte. Am damals macht- und bedeutungsvollen Braunschweiger Hof hatte sie als Tochter einer Schwester Friedrichs des Großen in unmittelbarer Nähe der »Herzog August Bibliothek« in Wolfenbüttel eine umfassende Ausbildung genossen. Sie sprach nicht nur Französisch und hatte perfekt Latein und Griechisch gelernt, sondern bewegte sich auch souverän auf den Gebieten der Kunst, der Literatur, der Wissenschaften und der Musik. Dank ihrer vielfältigen Talente war sie in der Lage, aktiven Anteil am künstlerischen und literarischen Leben ihrer Zeit zu nehmen. Sie spielte Klavier, komponierte und entwarf, da sie gut zeichnen konnte, eigene Bühnendekorationen. Angeregt durch die Wolfenbütteler Bibliothek, ließ sie das malerisch am Ufer der Ilm gelegene Weimarer Grüne Schloß zu

negativ, sie war ihm oberflächlich und beschränkt erschienen: »Sie selbst hat *mich* nicht erobert. Ihre Physiognomie will mir nicht gefallen. Ihr Geist ist äußerst borniert, nichts interessiert sie als was mit Sinnlichkeit zusammenhängt, diese gibt ihr den Geschmack den sie für Musik und Mahlerei und dgl. hat oder haben will. Sie ist selbst Componistin, Göthens Erwin und Elmire ist von ihr gesetzt. Sie spricht wenig, doch hat sie das Gute, keine Steifigkeit des Ceremoniells zu verlangen, welches ich mir auch

einer Bibliothek für den umfangreichen und wertvollen Bücherbestand der Weimarer Herzöge umbauen. Der prachtvolle Rokoko-Saal gilt als Herzstück der Weimarer Klassik. Schiller hat die Hofbibliothek, die den drittgrößten Bestand Deutschlands aufwies, regelmäßig konsultiert und sich Bücher aus allen Wissensbereichen ausgeliehen. Goethe war von 1797 bis zu seinem Tod 1832 Direktor der nach ihrer Gründerin benannten Bibliothek, deren Bestand unter seiner Leitung verdoppelt wurde.

Die Entwicklung Weimars zu einem Zentrum des deutschen Geisteslebens ist wesentlich dem Einsatz Anna Amalias zu verdanken. Sie regierte mit Umsicht und Geschick und wurde rasch zum Mittelpunkt des »Weimarer Musenhofes«. Hohe Schulden drückten das Land, das durch den Siebenjährigen Krieg vor allem finanziell gelitten hatte. Trotz ihres schmalen Budgets förderte sie die Künste umfassend und zielstrebig. Schon 1761 engagierte sie bedeutende Persönlichkeiten wie die Komponisten Ernst Wilhelm Wolf und Franz Benda. Sie holte Friedrich von Seckendorff und Friedrich von Einsiedel als auch literarisch ambitionierte Musiker an den Hof und den Schriftsteller und Übersetzer Karl Ludwig von Knebel in den Weimarer Staatsdienst. Sie machte den durch seine »Volksmärchen« bekannt gewordenen Gymnasialprofessor Johann Carl Musäus zum Bühnenautor und ernannte Johann Ernst Heinsius und Georg Melchior Kraus zu Hofmalern. Sie verpflich-

tete den Verleger Friedrich Justin Bertuch, sie holte Charlotte von Stein als Hofdame. Als im August 1772 Christoph Martin Wielands in der Tradition des philosophischen Staatsromans stehender »Goldener Spiegel« erschien, war sie zutiefst beeindruckt von diesem Werk und engagierte den Autor als Erzieher für ihren ältesten Sohn, den fünfzehnjährigen Erbprinzen Carl August. Für die Ausbildung des Prinzen Constantin gewann sie Knebel, der, mit Goethe eng befreundet, zu den einflußreichsten Persönlichkeiten der Weimarer Gesellschaft gehörte. Es gelang ihr, gegen den Widerstand einiger Minister, die Berufung Goethes zum Geheimen Legationsrat durchzusetzen. Auch Goethe und Herder gehörten zu den Gästen ihrer regelmäßigen Lese-, Diskussions- und Tafelrunden, die im Wittumspalais, dem Stadtpalast oder in einem der drei Sommerpaläste stattfanden, dem nördlich von Weimar gelegenen Schloß Ettersburg, dem im Süden gelegenen Belvedere oder dem im Osten gelegenen Tiefurt. Anna Amalia »gefiel sich im Umgang mit geistreichen Personen«, wie Goethe 1807 in seinem Nachruf auf die Herzogin hervorhob. Immerhin war das Herzogtum bei Amtsantritt des Erbprinzen fast schuldenfrei, als aufgeklärte Regentin ihrer Untertanen

72. Schiller in Hoftracht. Zeitgenössischer Scherenschnitt, um 1790.

hatte Anna Amalia streng geherrscht und diszipliniert gewirtschaftet.

Den Eindruck einer gewissen Oberflächlichkeit, den Schiller bei seiner ersten Begegnung gewonnen hatte, konnte die Herzogin nie ganz zerstreuen. Ein Grund dafür war ihre bei dem ersten Abendessen bekundete Reserviertheit gegenüber seinem »Don Karlos«. Der Schriftsteller Friedrich Wilhelm Gotter, der Schiller bereits 1784 in Mannheim mit seinem Possenspiel »Der schwarze Mann« übel mitgespielt hatte, trug Teile aus dem Stück vor und provozierte durch die Art seines Vortrags geradezu den ungünstigen Eindruck. Schiller argwöhnte in einem Brief an Körner vom 8. August 1787, daß dies in bewußter Absicht geschehen sei, und befürchtete, daß auch Wieland dadurch negativ beeinflußt werden könnte. Sein ganzes Herz hing an diesem in jahrelanger Arbeit entstandenen Stück, entsprechend groß wird seine Enttäuschung gewesen sein. Schiller wurde von Anna Amalia nicht wieder zur Lektüre seiner Stücke eingeladen.

Wielands Reaktion auf »Don Karlos« war freundlich zurückhaltend. Trotz anfänglicher Vorbehalte verfaßte er im Herbst 1787 für seinen »Teutschen Merkur« eine weitgehend positive Rezension. Er riet Schiller energisch, seine »Geschichte des Abfalls der vereinigten Niederlande von der Spanischen Regierung« zum Abschluß zu bringen, und sorgte 1788 dafür, daß dieses von ihm hochgeschätzte Geschichtswerk in seinem »Merkur« vorabgedruckt wurde. Als

Buch erschien die inzwischen überarbeitete Abhandlung im Oktober 1788 bei Siegfried Lebrecht Crusius in Leipzig.

Über Wieland fand Schiller Zugang zu dem renommierten Weimarer Club. Hier traf sich die geistige Elite der Stadt, um über die Politik des Hofes zu diskutieren und daneben intensiv Karten zu spielen, eine Beschäftigung, die Schiller zeit seines Lebens schätzte. Auch in die neugegründete Mittwochsgesellschaft wurde er aufgenommen. Hier hatten sogar Frauen gleichrangigen Zugang. In beiden Zirkeln lernte er Persönlichkeiten der aristokratischen wie der bürgerlichen Elite kennen und begegnete Künstlern wie der Weimarer Schauspielerin und Sängerin Corona Schröter. »Mit der Schrödern bin ich auf dem charmantesten Fuß«, ließ er Körner am 6. Oktober 1787 wissen, »Sie hat mir neulich ihre Lieder zum Präsent gemacht, und ich ihr den Carlos. Sie hat für mich das Gute, daß sie natürlich ist.« Auch Wielands siebzehnjährige Tochter Amalie schien ihn zu beeindrucken. Offensichtlich aber war ihm die Freundschaft zum Vater wichtiger als ein engeres Einvernehmen mit der Tochter.

Wielands Einfluß auf Schiller, dessen Dichtungen und historische Arbeiten er aufmerksam verfolgte, war in den ersten Weimarer Jahren erheblich. Schiller profitierte sowohl von Wielands profunder klassischer Bildung als auch von dessen sprachlicher und stilistischer Perfektion. Der Impuls, am Werk Homers die eigene

73. Rokoko-Saal der Anna-Amalia-Bibliothek in Weimar, deren langjähriger Direktor Goethe war. Schiller hat hier kontinuierlich ausgeliehen.

»Classicität« zu schulen, ging ebenso auf eine Anregung Wielands zurück wie die Arbeit an den philosophischen Gedichten »Die Götter Griechenlands« (1788) und »Die Künstler« (1789), die er sogleich in seinem »Teutschen Merkur« druckte. Sie zeigen den erneuerten, am Klassischen orientierten Formwillen Schillers und kündigen bereits die ästhetischen Abhandlungen der Jahre 1793–1796 an. Erst als er 1789 nach Jena ging, entstand eine Distanz zu Wieland, die in den späteren Begegnungen nicht mehr aufgehoben werden konnte. Die durch Körner initiierte Phase seiner Kant-Studien konnte Wieland nicht mitvollziehen, vor allem aber blieb neben der Freundschaft zu Goethe kaum mehr Raum für andere Kontakte.

Bei einer Reise nach Jena, die Schiller im August 1787 mit Charlotte von Kalb unternahm, machte er die Bekanntschaft von Wielands Schwiegersohn, dem Jenaer Philosophieprofessor Karl Leonhard Reinhold. Wie Körner empfahl auch er ihm voller Elan das Studium Kants, als Einstieg schlug er die geschichtsphilosophischen Aufsätze aus der »Berliner Monatsschrift« vor. Die erneute Anregung beeindruckte Schiller, er teilte sie Körner am 29. August 1787 sogleich mit: »Gegen Reinhold bist Du ein Verächter Kants, denn er behauptet, daß dieser nach 100 Jahren die Reputation von Jesus Christus haben müsse. Aber ich muß gestehen, daß er mit Verstand davon sprach, und mich schon dahin gebracht hat, mit Kants kleinen

Aufsätzen in der Berliner Monatsschrift anzufangen, unter denen mich die Idee über eine allgemeine Geschichte außerordentlich befriedigt hat. Daß ich Kanten noch lesen und vielleicht studieren werde scheint mir ziemlich ausgemacht.« Reinhold kündigte ihm das baldige Erscheinen der »Kritik der praktischen Vernunft« sowie eine »Critik des Geschmacks« an und bereitete damit den Weg für Schillers Kant-Studien.

Im Laufe seines Jena-Aufenthalts lernte er weitere namhafte Professoren kennen: den Theologen Johann Christoph Döderlein, den Juristen Gottlieb Hufeland, den Philologen Christian Gottfried Schütz. Er ließ sich von dem aufgeklärten wissenschaftlichen Geist der Landesuniversität inspirieren und entwickelte zum erstenmal eine ernsthafte Neigung für das akademische Fach. Auch als Stadt war ihm Jena sympathisch: »Jena ist, oder scheint, ansehnlicher als Weimar; längere Gassen und höhere Häuser erinnern einen, daß man doch wenigstens in einer Stadt ist« (an Körner, 29. August 1787).

Über Reinhold und mehr noch über Bode kam Schiller mit dem Geheimbund der Illuminaten in Berührung. Anders als Goethe, der Mitglied einer Loge wurde, konnte sich Schiller zu einem solchen Schritt nicht entschließen. Über die inneren Strukturen der Organisation gut informiert, scheinen ihn Berichte über Fehlentwicklungen, Illiberalität bis hin zum Verbrechen abgestoßen zu haben. Im »Don Karlos« hat seine zeitkritische Auseinandersetzung mit den Illuminaten in der Figur des Marquis Posa ihren literarischen Niederschlag gefunden und in den »Briefen über Don Karlos« sogar zu einem Bekenntnis deutlicher Distanz geführt: »Ich bin weder Illuminat noch Maurer, aber wenn beide Verbrüderungen einen moralischen Zweck miteinander gemein haben, und wenn dieser Zweck für die menschliche Gesellschaft der wichtigste ist, so muß er mit demjenigen, den Marquis Posa sich vorsetzte, wenigstens sehr nahe verwandt sein« (10. Brief).

Schon als Carlsschüler hatte Schiller sein außerordentliches Interesse an historischen Themen bewiesen. Bei den Vorarbeiten zu »Fiesko« und »Don Karlos« hatte er historische Quellen benutzt und sich immer weiter in sie hineingelesen. Die Auseinandersetzung mit dem Dreißigjährigen Krieg hatte 1786 zu einer systematischen Beschäftigung mit der Geschichte und damit zu immer umfangreicheren Quellenstudien geführt und zu dem Vorsatz, »zehen Jahre hintereinander nichts als Geschichte« zu studieren. Mit der »Geschichte des Abfalls der Niederlande« war Schiller zum erstenmal als Historiker an die Öffentlichkeit getreten. »[…] ich muß Ihnen gestehen, daß ich mich durch diesen Schritt dem neuen Fach der Geschichte, dem ich mich angefangen habe zu bestimmen, beim Publikum etwas gut ankündigen möchte«, hatte er seinem Verleger Crusius bei Erscheinen der Abhandlung im Oktober 1788 geschrieben. Der

erwünschte Erfolg stellte sich ein, und das Publikum reagierte mit großem Interesse. Doch noch immer war er auf der Suche nach einer festen Anstellung, die ihm ein regelmäßiges Einkommen sicherte. Seine publizistischen Projekte, vor allem die »Thalia«, waren weit davon entfernt, Gewinne zu erzielen. Auch die Veröffentlichungen dieser Jahre, wie die Erzählung »Verbrecher aus Infamie«, die »Briefe über Don Karlos«, der Fragment gebliebene Roman »Der Geisterseher« oder die beiden großen Gedichte, hatten seine finanzielle Lage kaum verbessert. Seine Hoffnung, daß ihm die »Schriftstellerei ein angenehmes Daseyn verschaffen« könnte, hatte sich nicht erfüllt. Die Unsicherheit der Existenz eines freien Schriftstellers stand ihm deutlich vor Augen und beförderte die Suche nach Alternativen. Als eine solche bot sich ihm die akademische Laufbahn an: »Für meine späteren Jahre muß mir freilich immer irgend eine Zuflucht in einer academischen Wissenschaft bleiben«, verkündete er Körner am 29. August 1787.

Obwohl Schiller auf verschiedenen Gebieten intensiv tätig war, gelang es ihm nicht, sein Leben angemessen zu finanzieren oder gar seine Schulden zurückzuzahlen. Dem Dresdener Freund vertraute er seine Sorgen an: »Was ich bin, bin ich durch eine, oft unnatürliche Spannung meiner Kraft. Täglich arbeite ich schwerer – weil ich viel schreibe: Was ich von mir gebe steht nicht in proportion mit dem, was ich empfange. Ich bin in Gefahr mich auf diesem Weg auszu-schreiben« (18. Januar 1788).

Eine Perspektive eröffnete sich, als der Weimarer Geheime Regierungsrat Christian Gottlob Voigt aufgrund des Erfolges der »Geschichte des Abfalls der Vereinigten Niederlande von der spanischen Regierung« dafür plädierte, daß Schiller eine Professur für Geschichte an der Jenaer Universität erhielt. Die Stelle war zwar unbesoldet, doch hoffte er auf diesem Wege, bald in eine bezahlte Position übernommen zu werden. Goethe, der im Sommer 1788 aus Italien zurückgekehrt war und zunächst Distanz zu dem Dichter der »Räuber« hielt, weil er ihn – im Gegensatz zur eigenen Neuorientierung am Klassischen – noch ganz im Sturm und Drang befangen glaubte, unterstützte die Berufung zum außerordentlichen Professor für Geschichte. Am 9. Dezember 1788 setzte er sich im Geheimen Consilium, dem Kabinett des Hofes, für Schiller ein. Seine Fürsprache hatte Erfolg, nicht nur der Weimarer Hof, sondern auch die drei Landesregierungen von Gotha, Coburg und Meiningen stimmten dem Vorschlag zu. Am 21. Januar 1789 erhielt Schiller seine Ernennungsurkunde – ein einschneidendes Datum, denn mit seinem Eintritt »in die Quellkammern von Philosophie und Geschichte«* verstummte er für fast zehn Jahre. Es folgten Monate intensiver Arbeit, in denen er seine Antrittsvorlesung vorbereitete, die sich mit dem Unterschied zwischen dem »Brotgelehrten« und dem »philosophischen

Kopf« beschäftigte. Sein Ziel war es, Grundsätze für den Umgang mit der Geschichtswissenschaft herzuleiten. Sowohl Körner als auch Wieland unterstützten ihn dabei mit Hinweisen auf die Standardwerke der Geschichtswissenschaften.

Im Mai 1789 zog Schiller nach Jena, wo er bis zu seiner endgültigen Rückkehr nach Weimar im Dezember 1799 lebte. Sein erstes Domizil fand er in der Jenaer Gasse 26, der sogenannten Schrammei, einem Haus der Jungfern Schramm, in dem fast ausschließlich Studenten logierten und wo er bis 1793 wohnte. Am 26. Mai 1789 hielt der neu ernannte Professor im größten Hörsaal der Universität, im Griesbachschen Haus, seine Antrittsvorlesung: »Was heißt und zu welchem Ende studiert man Universalgeschichte?« Der Raum war mit mehr als der Hälfte aller Jenaer Studenten völlig überfüllt. Ein Echo des außerordentlichen Erfolgs seines Vortrags finden wir in einem Brief an Körner, dem er unmittelbar nach dem Ereignis schrieb: »Grießbachs Auditorium ist das größte und kann, wenn es voll gedrängt ist zwischen 3 und 400 Menschen fassen. [...] Meine Vorlesung machte Eindruck. Den ganzen Abend hörte man in der Stadt davon reden und mir widerfuhr eine Aufmerksamkeit von den Studenten, die bey einem neuen Professor das erste Beispiel war. Ich bekam eine Nachtmusik und Vivat wurde 3 mal gerufen.« Schillers Vorstellung der Universalgeschichte kommt dem heutigen fachübergreifenden Verständnis von

Geschichte entgegen. »Eigentlich sollten Kirchengeschichte, Geschichte der Philosophie, Geschichte der Kunst, der Sitten, und Geschichte des Handels mit der politischen in Eins zusammen gefaßt werden und dieß erst kann Universalhistorie seyn.« Die Begeisterung der Studenten entzündete sich an seinem aufklärerischen Optimismus, Geschichte als einen zielgerichteten Prozeß der Entfaltung des Menschen in all seinen Fähigkeiten zu verstehen. Dieser von einem hohen Bildungsanspruch geleitete Entwicklungsprozeß wird vorrangig durch die Kunst befördert. Gefragt ist der »philosophische Geist«, nicht der an Zweckdienlichkeit und Reputation orientierte »Brotgelehrte«. Schillers Vorlesung erschien in überarbeiteter Form in der Novemberausgabe des »Teutschen Merkur«.

Zentrum der Jenaer Universität war die theologische Fakultät, zu der auch die Philosophie gehörte. Obwohl sich Schiller als »Professor der Geschichte« sah, war er als Extraordinarius für Philosophie dieser Fakultät zuzurechnen. Hohes Ansehen hatte sich die theologisch-philosophische Fakultät durch ihre Auseinandersetzung mit Kant erworben. Bedeutende Professoren der Stadt, wie die Theologen Heinrich Eberhard Gottlob Paulus und Johann Jakob Griesbach, der Jurist Gottlieb Hufeland und der Philosoph Karl Leonhard Reinhold, hatten sich durch die Beschäftigung mit dem großen Aufklärer und Freiheitstheoretiker exponiert. Auch Schiller kam diese Ausrich-

tung sehr entgegen. Im Frühjahr 1791 nahm er seine Kant-Lektüre wieder auf und beschäftigte sich von jetzt an intensiv mit dem Königsberger Philosophen, vor allem mit dessen »Kritik der Urteilskraft«. Ab Mai 1789 hielt er fast zwei Jahre lang wöchentlich eine mehrstündige Vorlesung über einzelne Epochen der Geschichte und über Ästhetik sowie ein einstündiges Kolleg zu speziellen Themen, zum Beispiel über die Gesetzgebung der Athener Solon und Lykurg, über die Geschichte Roms oder die Geschichte der Kreuzzüge. 1790 gab er eine »Allgemeine Sammlung Historischer Mémoires« heraus, deren bedeutendste Schrift »Die Geschichte des Dreißigjährigen Kriegs« war, Schillers zweite große historische Abhandlung. Einige seiner Vorlesungen erschienen in überarbeiteter Form in seiner »Thalia«.

Hin und wieder mußte er seine Vorlesungen ausfallen lassen, weil er krank oder vollkommen mit Arbeit überbürdet war. Das Gefühl der Überanstrengung verließ ihn selten und belastete mit der Zeit das Verhältnis zu seiner Lehrtätigkeit erheblich. Seine Ambivalenzen verstärkten sich, als sich abzeichnete, daß keine Aussicht auf angemessene Besoldung bestand, was ja der eigentliche Zweck seiner Tätigkeit war. Die Vorstellung eigener Lehrtätigkeit hatte ihm zunächst gutgetan, es hatte ihn gefreut, sein »isolirtes Daseyn« aufgeben zu können und einer namhaften Universität anzugehören, die neben Göttingen und Leipzig zu den bedeutendsten Deutschlands gehörte. Ja, er empfand sogar einen gewissen Stolz, »weil ich dort bin was ich noch nie war, ein Glied eines Ganzen, das mehr oder weniger zusammenhält. Ich bin in Jena zum erstenmale eigentlicher bürgerlicher Mensch, der gewisse Verhältnisse außer sich zu beobachten hat.« So klang es in einem Brief an Körner vom 9. März 1789; aber noch im selben Jahr, am 12. Dezember, war der Ton schon ein deutlich anderer: »Es ist mir gar lieb zu hören, daß auch Dir vor dem Universitäts Wesen eckelt; ich wollte es in meinen letzten Briefen an Dich nur nicht gerade heraussagen, daß mir diese Existenz, verbunden mit der ganzen Begleitung von fatalen Umständen, die von dem Profeßorleben unzertrennlich sind, daß sie mir herzlich entleidet ist; Wäre sie mit, nur ein wenig erheblicher, oeconomischen Vortheilen verknüpft, so wollte ich mich darein ergeben wie jeder andre in sein Amt und wie Du selbst in Deine collegialischen Geschäffte.« Er ging davon aus, daß sich dies auch in den »nächsten 3, 4 Jahren« nicht ändern und der Herzog die geringe Entschädigung, die er halbjährlich für seine Vorlesungen erhielt, nicht erhöhen würde, daß er »den ganzen nächsten Sommer auf die Ausarbeitung eines zweyten Collegiums verwenden« müsse, daß er mithin »diesen Fleiß nach dem mäßigsten Anschlag noch einmal so hoch in schriftstellerischen Arbeiten ausbringen kann. Es ist also von Seiten meiner Oeconomie gar nichts, was mich in Jena halten kann.« Dennoch ließ er, was die Intensität

und Ernsthaftigkeit seiner Lehrtätigkeit betraf, nicht nach. Ein Grund dafür war sicher auch das hohe Ansehen, das er bei den Studenten genoß. Ihre Zahl hatte zwar mit der Zeit abgenommen, das Vertrauen aber, das in ihn gesetzt wurde, wollte er nicht enttäuschen.

In dem Maße, wie sich Schiller in das universitäre Umfeld integrierte, festigte sich seine gesellschaftliche Stellung. Längst hatte er einen angesehenen Freundeskreis gefunden. Eine enge Beziehung pflegte er nicht nur zu Reinhold und dem Theologen Christian Gottfried Schütz, dessen Haus der intellektuelle Mittelpunkt des gesellschaftlichen Lebens in Jena war. Auch zwei Absolventen des Tübinger Stifts gehörten zu diesem Kreis, der Theologe Heinrich Eberhard Gottlob Paulus, der mit seiner musikalisch begabten und literarisch gebildeten Frau seit 1789 in Jena lebte, und der junge Theologe Friedrich Immanuel Niethammer, der seit 1793 wie Schiller eine unbesoldete Professur innehatte.

Viele Jahre schon hegte Schiller den Wunsch, sich persönlich zu binden und eine Familie zu gründen, was unter anderem ein geregeltes Einkommen voraussetzte: »[…] ich muß eine Frau dabei ernähren können, denn noch einmal, mein Lieber, dabei bleibt es, daß ich heirate. Könntest Du in meiner Seele so lesen wie ich selbst, Du würdest keine Minute darüber unentschieden sein. Alle meine Triebe zu Leben und Tätigkeit sind in mir abgenützt; diesen einzigen habe ich noch nicht versucht. Ich führe eine elende Existenz, elend durch den inneren Zustand meines Wesens. Ich muß ein Geschöpf um mich haben, das *mir* gehört, das ich glücklich machen *kann* und *muß*, an dessen Dasein mein eigenes sich erfrischen kann. Ich bin bis jezt ein isolierter fremder Mensch in der Natur herumgeirrt, und habe nichts als Eigentum besessen. Alle Wesen, an die ich mich fesselte, haben etwas gehabt, das ihnen theurer war als ich, und damit kann sich mein Herz nicht behelfen. Ich sehne mich nach einer bürgerlichen und häuslichen Existenz, und das ist das Einzige, was ich jezt noch hoffe« (an Körner, 7. Januar 1784). Kurze Zeit später, am 6. Juni 1784, kam es in Mannheim zu einer flüchtigen Begegnung mit seiner späteren Frau, Charlotte Louise Antoinette von Lengefeld, deren Bedeutung beiden erst im nachhinein aufging. Auf der Rückreise aus der Schweiz hatte Louise von Lengefeld mit ihren Töchtern Charlotte und Caroline und deren Verlobtem Friedrich von Beulwitz einen Besuch bei ihrer Verwandten Henriette von Wolzogen gemacht. Erst zum Zeitpunkt der Abreise war Schiller hinzugekommen, so daß nicht einmal mehr ein Gespräch zustande kam. Am 6. Dezember 1787 nahm ihn Wilhelm von Wolzogen von Weimar aus mit nach Rudolstadt, wo Louise von Lengefeld, geb. von Wurmb (1743–1823), mit ihren beiden Töchtern lebte. Ihr um 28 Jahre älterer Mann, der Oberforstmeister Carl Christoph von Lengefeld, war bereits 1775 an den

74. Louise von Lengefeld, geb. von Wurmb. Zeitgenössische Kreidezeichnung.

Folgen eines Schlaganfalls gestorben. Fast fünf Jahre nach seiner Bauerbacher Zeit hielt sich Schiller zum erstenmal wieder in dieser ihm vertrauten Gegend auf. Körner erfuhr am 8. Dezember über seine Eindrücke: »Eine Frau von Lengefeld lebt da mit einer verheuratheten und einer noch ledigen Tochter. Beide Geschöpfe sind, ohne schön zu seyn, anziehend und gefallen mir sehr. Man findet hier viel Bekanntschaft mit der neuen Litteratur, Feinheit, Empfindung und Geist. Das Clavier spielen sie gut, welches mir einen recht schönen Abend machte.«

Der frühe Tod Carl Christoph von Lengefelds (1715–1775) bedeutete für die Familie schon bald auch finanzielle Sorgen. Da er kein Vermögen hinterlassen hatte, sah sich Louise von Lengefeld genötigt, die Töchter standesbewußt zu verheiraten. Dafür bedurfte es einer guten Erziehung und Ausbildung. Mit der ihr eigenen Kraft

freundschaftlich zugetan, mit ihm verband die geistvolle und gebildete Frau eine gemeinsame Lebensorientierung. Nach seiner Ernennung zum Leutnant hatte er für Herzog Carl Eugen und dessen Frau die Bauten in Hohenheim beaufsichtigt. Im Oktober 1788 ging er im Auftrag des Herzogs für einige Monate nach Paris, studierte die Architektur der französischen Metropole und lieferte nebenher differenzierte Berichte über die Lage der Stadt während und nach der Französischen Revolution, die Schiller zum Teil in seiner »Thalia« veröffentlichte. 1797 trat er als Oberhofmeister in weimarische Dienste. Nach seinem frühen Tod 1809 zog sich Caroline von Wolzogen vom öffentlichen Leben zurück und widmete sich ganz der Lektüre und dem Schreiben. Als Schriftstellerin trat sie 1796/97 mit ihrem ersten Roman »Agnes von Lilien« hervor, den Schiller in seinen »Horen« anonym veröffentlichte und der von vielen zunächst für ein Werk Goethes gehalten wurde. Neben einer zweibändigen Sammlung von Erzählungen (1826/27) erschien 1830 bei Cotta ihr Hauptwerk, die zweibändige Biographie »Schillers Leben«, und 1840 der zweite, stark autobiographische Roman »Cordelia«. Sie starb im Alter von 84 Jahren als Frau, der es gelungen war, die mit ihrem adligen Stand verbundenen gesellschaftlichen Konventionen zu sprengen und sich als Schriftstellerin breite Anerkennung zu verschaffen.

lebte die Witwe nach fünfzehn glücklichen Ehejahren nun ganz für ihre Töchter, die sie respektvoll »chère mère« nannten; die traditionsorientierte französische Formel paßte gut zu ihr und wurde auch von ihrer Umgebung übernommen. 1789 trat sie die Stelle einer Oberhofmeisterin und Erzieherin der Töchter des Erbprinzen von Rudolstadt an. Mehr aus finanziellen Erwägungen als aus Neigung hatte die 21jährige Caroline von Lengefeld (1763–1847) 1785 den wohlhabenden Geheimen Legationsrat Friedrich von Beulwitz geheiratet. Die Beziehung scheiterte schon nach wenigen Jahren, 1790 trennte sich das Paar, 1793 wurden die Ehe geschieden. Im Jahr darauf heiratete sie ihren Vetter Wilhelm Friedrich Freiherr von Wolzogen (1762–1809). Schillers Carlsschulfreund war der Familie seit langem

Für die eher verschlossene Charlotte hatte die Mutter eine Anstellung als Hofdame vorgesehen und sie schon früh für den Weimarer Hof erzogen. Charlotte von Stein, ihre Patentante, hatte den Kontakt zur herzoglichen Familie hergestellt, ihr sechs Jahre jüngerer Sohn Fritz wurde bereits von Charlotte von Lengefeld betreut. Um die Tochter auf ihre künftige Rolle angemessen vorzubereiten, wurde sie für mehrere Monate in die französische Schweiz, nach Vevey am Genfer See, geschickt, wo sie durch einen eigens dafür ausgewählten Hauslehrer Französischunterricht und eine Einführung in die Hauptwerke der französischen Literatur erhielt. Zu ihrer Lektüre gehörten die französischen Klassiker und die Werke Voltaires, Diderots und Rousseaus. Da sie gern und viel las, verfügte sie über die von Schiller rasch erkannte gute literarische Bildung. Charlotte war gewiß froh, hin und wieder das dörfliche Rudolstadt gegen das 30 Kilometer entfernte Weimar vertauschen zu können. Sie besuchte die Teegesellschaften der Herzogin, ging auf Bälle und zu Empfängen. Zu Beginn des Jahres 1788 weilte sie wieder für mehrere Monate in Weimar, um am gesellschaftlichen Leben des Hofes teilzunehmen.

Schiller setzte hohe Erwartungen in die Ehe. Er war davon überzeugt, daß ihn nur noch diese Lebensform in die Lage versetzen könnte, sein seelisches Gleichgewicht zu finden und seine inneren Turbulenzen zu besänftigen. Auch Huber gegenüber beklagte er seinen derzeitigen »Zustand« als eine »fortgesetzte Kette von Spannung und Er-

76. Friedrich Schiller. Pastellbild von Ludovike Simanowiz, 1793.

mattung, Opiumsschlummer und Champagnerrausch« (20. Januar 1788). Ganz offensichtlich wollte er der häuslichen Einsamkeit entfliehen, während die Nähe zu einer Frau dem untergeordnet war. Weit mehr als Huber vertraute sich Schiller in diesem Punkt dem erfahreneren Freund Körner an, der ihm gerade in dieser Lebensphase ein kluger Berater war. Schiller wußte ziemlich genau, was er wollte, und er hatte das Glück, daß sich das Leben seinen Vorstellungen

77. Schillers Wohnung in Volkstedt. Zeichnung von R. Schinzel. Schiller wohnte hier von Mai bis November 1788.

ler für sich zu gewinnen, noch im Herbst 1789 eine Lösung ihrer Ehe herbeigesehnt. Nicht nur ihre Neigung zu Depressionen war der Grund für den Zwiespalt, den er ihr gegenüber empfand. Auch ihre familiäre Bindung an Mann und Kind mag für Schiller eine Barriere gewesen sein. Als er ihr später in einem für ihn außerordentlich glücklichen Lebensmoment seine Heiratspläne mitteilte, war sie sehr getroffen. Die Kälte, mit der er die einst so enthusiastisch begonnene Beziehung beendete, mußte sie zutiefst verletzen.

Bedenkt man seine schwärmerisch-schwankende Haltung zu Frauen, verwundert es nicht, daß die Beziehung zu Charlotte von Lengefeld Zeit brauchte, um sich entfalten zu können. Dabei spielte auch ihre adlige Herkunft eine Rolle. Schließlich präsentierte sich Schiller der Familie Lengefeld als armer, verschuldeter Dichter ohne gesicherte Stellung. Anfang 1788 trafen sie sich auf einem Weimarer Maskenball wieder, am 18. Februar erhielt sie ein erstes »Billett« von ihm, es war der Beginn eines intensiven Briefwechsels. In den folgenden Monaten war er fast täglich Gast bei den Lengefelds. Am 22. April 1788 mietete Charlotte für Schiller eine Wohnung in dem landschaftlich reizvollen Volkstedt, das nur eine halbe Wegstunde von Rudolstadt entfernt lag. Am 20. Mai zog er ein und fand hier nach einer Phase gesellschaftlichen Lebens in Weimar zu intensiver Arbeitsruhe zurück. Die Abende waren der Geselligkeit im Kreis

fügte. Die Begegnung mit Charlotte von Lengefeld vermittelte ihm schon bald das Gefühl, in ihr gefunden zu haben, was er suchte. Bis zur Eheschließung mußten allerdings noch einige Verwirrungen überstanden werden; die Anfänge ihrer Beziehung ließen eine dauerhafte Bindung kaum vermuten.

Aufgrund seiner bisher eher schwärmerischen Kontakte zu Frauen waren seine Überlegungen über die Ehe weitgehend hypothetischer Natur. Vor allem hatte er bisher kaum den Mut aufgebracht, an eine Realisierung seiner idealen Vorstellung von einem Ehe- und Familienleben zu glauben. Selbst in der Beziehung zu Charlotte von Kalb hatte er trotz der erfahrenen Intensität nie eine feste Bindung erwogen. Während er weiter auf der Suche nach einer Lebenspartnerin war, hatte sie, in der Hoffnung, Schilder Familie Lengefeld vorbehalten, die in unmittelbarer Nähe wohnte. »In unserm Hause begann für Schiller ein neues Leben«, berichtet Caroline von Wolzogen in ihrer Biographie, und in der Tat genoß Schiller in dieser Umgebung die harmonisch-familiäre Geborgenheit, nach der er sich gesehnt hatte. Nach drei Monaten zog man aufgrund des anhaltend schlechten Wetters wieder nach Rudolstadt, wo er erneut ein Quartier in der Nähe der Lengefelds fand. In dieser Zeit rezensierte er Goethes »Egmont« für die »Allgemeine Literaturzeitung«, beschäftigte sich mit antiker Dichtung, las vor allem die griechischen Tragiker; im Spätherbst übersetzte er »Iphigenie in Aulis« und »Die Phönizierinnen« von Euripides. Dieses Eintauchen in die Dichtung anderer erzeugte den Wunsch, zu eigener dramatischer Arbeit zurückzukehren.

Am 12. November, zwei Tage nach seinem 29. Geburtstag, kehrte er nach Weimar zurück. Diesmal suchte er Ruhe und Einsamkeit, um sich über seine widersprüchlichen Gefühle Klarheit zu verschaffen. Die nächsten Monate blieb der Kontakt mit Charlotte und Caroline ausschließlich auf Briefe beschränkt. Er hatte die Schwestern fast täglich gesehen und bald schon bemerkt, daß er beide liebte. Auch wenn seine Wahl auf die sanfte Charlotte, die hübschere und ausgeglichenere, gefallen war, so fesselte ihn die klügere Caroline durch die intensive Art ihrer Gespräche und ihre Unterhaltsamkeit. Mit ihr ließen sich die differenzierten Probleme seiner Arbeit besser erörtern. Caroline war vier Jahre, Charlotte sieben Jahre jünger als er. Eine Zeitlang lebten sie zu dritt, er war schwankend und zu keiner Entscheidung fähig. Dann aber entschied er sich doch wieder für Charlotte; sie war es, die ihm Halt versprach und eine tiefe Lebensfreude in ihm auslöste, was er vor allem dann empfand, wenn er von ihr getrennt war. Caroline mag ihm zu fordernd erschienen sein. Ihre Intensität hätte sich zu einer Bedrohung entwickeln können. Es kam zu einer offen geführten Aussprache, und Caroline akzeptierte seine Entscheidung, ja, sie ermutigte ihn, um Charlottes Hand anzuhalten, die bereits sehnsüchtig darauf wartete. Schiller war mittlerweile Professor in Jena. Auch nach der Verlobung im August 1789 brauchte er noch Monate, bis er emotional die Dreierkonstellation aufgab, um sich ganz seiner Braut zuzuwenden. Der Mutter wurde die Nachricht über die Verlobung einige Monate vorenthalten, man fürchtete offensichtlich, daß die nicht standesgemäße Entscheidung sie mit Sorge erfüllen könnte. Als die Töchter ihr dann am 15. Dezember 1789 Charlottes Heiratsabsichten gestanden, war sie angesichts der ungewöhnlichen Wahl zutiefst bewegt, stimmte aber nach einigem Zögern zu. Nie hätte sie der über alles geliebten Tochter einen solchen Wunsch abschlagen können.

Seinen 30. Geburtstag verbrachte Schiller allein. Er brauchte diesen erneuten Rückzug, um Zweifel an seiner Entscheidung zu überwinden. Die Briefe, die er in dieser Zeit an Caroline schrieb, zeigen die große Übereinstimmung und die noch immer vorhandene Zuneigung zu ihr. Charlotte ihrerseits zweifelte gerade in dieser Zeit an der Glaubwürdigkeit seiner Gefühle, sie litt unter der noch nicht bewältigten Konkurrenzsituation. Ende des Jahres schien die Krise überwunden. Charlotte gegenüber hatte er sich abermals erklärt, und so fand sie in dem Maße zu ihrer Ruhe und Zuversicht zurück, in dem sie erlebte, wie Schiller die Freunde und seine Eltern in die neue Situation einweihte und die bevorstehende Eheschließung vorbereitete.

Schiller versuchte mit allen Mitteln, seine finanzielle Existenz zu sichern. Am 23. Dezember bat er Herzog Carl August um ein festes Gehalt, der parallel dazu von Charlotte von Stein über Schillers Heiratspläne und dessen ungesicherte Lage informiert worden war. Tatsächlich gewährte ihm der Herzog ab 1. Januar 1790 ein jährliches Gehalt von 200 Talern. Louise von Lengefeld reagierte auf diese frohe Botschaft, indem sie dieselbe Summe dazugab. Ein Brief an Körner vom 24. Dezember 1789 zeigt, wie bescheiden die ihm jährlich zur Verfügung stehende Summe war: »Mit 800 rth. kann ich hier recht artig leben. Gäbe mir der Herzog 200 und ich erwürbe durch 4 Vorlesungen des Jahrs nur 200, das wenigste was ich rechnen kann, so wären es schon 600 mit den 200, die mir die Mutter jährlich zuschießen kann. Durch Schriftstellerey will

ich mir wenigstens eben soviel als bisher erwerben, da mir in jeder Woche 2 Tage ganz frey, und zusammen gerechnet 2 Monate Ferien im Jahre bleiben. […] Ich hoffe also auch schon im ersten Jahre mit Abzahlungen der Schulden einigen Anfang machen zu können. […] Ich sehe der Zukunft ziemlich ruhig entgegen; fleißiger werde ich seyn als in meiner bisherigen Lage, weil ich ruhiger und glücklicher in mir selbst bin.«

Sorgen bereitete ihm offensichtlich der durch die Heirat bedingte Verlust von Charlottes Adelstitel, der die Voraussetzung für jede Art von Empfang bei Hofe war. Am 16. Dezember 1789 richtete er an den Erbprinzen von Sachsen-Coburg die Bitte, ihn in den Rang eines Hofrates zu erheben, und am 22. Dezember trug er dasselbe Anliegen auch dem Herzog von Meiningen vor: »Ich bin auf dem Wege, eine Heurath zu thun, die das ganze Glück meines Lebens ausmacht; mit einem Fräulein von Lengefeld, einer Tochter der Oberhofmeisterin in Rudolstädter Diensten. Da mir die Güte der Mutter und die Liebe der Tochter das Opfer des Adels bringt, und ich ihr sonst gar keine äußerlichen Vortheile dafür anzubieten habe, so wünsche ich, ihr dieses Opfer durch einen anständigen Rang in etwas zu ersetzen oder weniger fühlbar zu machen.« Am 13. Januar 1790 erhielt Schiller das entsprechende Diplom vom Meininger Hof. Der Flüchtling aus Württemberg war nunmehr Hofrat und konnte die adlige Charlotte von Lengefeld heiraten.

In bescheidenem Rahmen fand am 22. Februar 1790 die Hochzeit statt. In der unweit von Jena gelegenen Dorfkirche von Wenigenjena wurden der »öffentliche Lehrer der Weltweisheit in Jena« Friedrich Schiller und Fräulein Charlotte von Lengefeld nachmittags halb sechs von dem an Kant geschulten Theologen Christian Ehrhardt Schmidt getraut, wie das noch heute vorhandene Kirchenbuch der Pfarrei belegt. Zugegen waren nur Mutter und Schwester.

Die erste gemeinsame Wohnung fand das junge Paar in der Schrammei, wo Schiller bisher gewohnt hatte und wo er einige Zimmer hinzumietete. Neben dem Bediensteten von Schiller wurde eine Kammerjungfer für Charlotte eingestellt, die sich rasch an den äußerst bescheidenen Lebensstil zu gewöhnen schien. In den nächsten Jahren verließen sie Jena nur selten, allenfalls fuhren sie in das unweit gelegene Rudolstadt, nach Erfurt oder Weimar. Schiller schien genau in dem Leben angekommen zu sein, das er sich gewünscht hatte. Am 1. März, acht Tage nach der Hochzeit, ließ er Körner an seinen Gefühlen teilnehmen: »Was für ein schönes Leben führe ich jetzt. Ich sehe mit fröhlichem Geist um mich her, und mein Herz findet eine immerwährende sanfte Befriedigung außer sich, mein Geist eine so schöne Nahrung und Erhohlung. Mein Daseyn ist in eine harmonische Gleichheit gerückt; nicht leidenschaftlich gespannt aber ruhig und hell giengen mir diese Tage dahin. Ich habe meiner Geschäfte gewartet wie

Schillers Traukirche in Wenigenjena

zuvor, und mit mehr Zufriedenheit mit mir selbst.«

Nur ein Projekt harrte jetzt noch der Erfüllung, die akademische Perspektive einer bezahlten Stelle. Schiller hoffte sie an der Mainzer Universität zu finden. Als designierter Nachfolger des Fürstbischofs von Mainz hatte ihm Carl Theodor Anton Maria Freiherr von Dalberg (1744–1817), der Bruder des Mannheimer Intendanten, seine Unterstützung zugesichert. Seit 1789 stand Dalberg mit dem von ihm verehrten Dichter in Verbindung. Zur Hochzeit hatte er dem Brautpaar ein selbstgemaltes Bild geschenkt, später unterstützte er Schiller mit beachtlichen Geldsummen.

Das Jahr 1791 begann mit einem schweren gesundheitlichen Zusammenbruch. Am 3. Januar veranstaltete die »Kurfürstliche

78. Kirche in Wenigenjena. Aquarell von G. Tägebart, 1792. In dieser Kirche wurden Schiller und Charlotte von Lengefeld am 22. Februar 1790 getraut.

schon immer zugesetzt, diesmal aber erlitt er einen schweren Rückfall. Ihn befiel ein heftiges Katarrhfieber, er erkrankte an einer Rippenfell-, einer Lungen- und einer Bauchfellentzündung, die im weiteren Verlauf zu einer Darmverschlingung führte. Die Schädigung der Lunge war so schwerwiegend, daß er sich bis zu seinem Tod davon nicht mehr erholte. Auch die Darmfunktion, das Herz und die Nieren waren seitdem chronisch gestört. An eine geregelte Arbeit war zunächst nicht mehr zu denken. Schiller mußte für Wochen das Bett hüten, immer wieder hatte er schwerste Fieberanfälle. Die Heftigkeit der Leiden läßt sich nicht nur als Spätfolge der schweren Malariaerkrankung und Schillers riskanter Selbsttherapie erklären, sondern auch mit der ständigen physischen Überforderung, der er sich gerade bei den Vorbereitungen für seine Vorlesungen unterwarf. Seine Studenten waren über die Heftigkeit der Erkrankung erschüttert und wachten in den schlimmsten Phasen an seinem Lager. Zu ihnen gehörte der junge Novalis (1772–1801), der sich während seines Studiums besonders eng an Schiller angeschlossen hatte und ihn tief verehrte.

Ein Schreiben an Körner, das sich Schiller am 22. Februar 1791, seinem ersten Hochzeitstag, abrang, macht seinen geschwächten Zustand deutlich: »Meine Brust, die noch immer nicht ganz hergestellt ist, erlaubt es nicht, daß ich viel schreibe, sonst hättest Du schon früher einen Brief von mir erhalten. Dieser noch fortdauernde Schmerz auf einer

79. Carl Theodor Anton Maria Freiherr von Dalberg, Allegorie auf Schillers Hochzeit. Ölgemälde von 1790 in originalem Holzrahmen mit Blattgoldfassung. Auf der Rückseite des Gemäldes befindet sich der Glückwunschbrief des Bruders des Mannheimer Intendanten vom 7. April 1790.

Akademie nützlicher Wissenschaften« eine feierliche Sitzung zu Ehren des Mainzer Kurfürsten, in deren Verlauf Schiller als Mitglied aufgenommen wurde. Während eines Konzerts, das sich an den Festakt anschloß, wurde er von so heftigen Fieberanfällen geschüttelt, daß man ihn in einer Sänfte nach Hause tragen und er einige Tage in Mainz bleiben mußte. Am 9. Januar trat er die Rückreise an, um seine Vorlesungen wiederaufzunehmen. Winterliche Kälte und Nässe hatten seiner schwachen Konstitution

bestimmten Stelle auf meiner Brust, den ich bei starkem Einathmen, Husten oder Gähnen empfinde und der von einem Gefühl der Spannung begleitet ist, beunruhigt mich in manchen Stunden, da er durchaus nicht weichen will, und läßt mich zweifeln, ob meine Krankheit durch eine vollkommene Crise gehoben ist.« Am 2. März bat er den Herzog, ihn vorerst von allen Vorlesungsverpflichtungen zu befreien. Carl August gab dem Gesuch nach und erhöhte Schillers Jahresgehalt einmalig von 50 auf 250 Taler.

Der Arzt in ihm sollte recht behalten; in den folgenden Monaten ereilten Schiller noch weitere schwere Krankheitsattacken. Im Mai erlitt er in Rudolstadt, wo er sich erholen wollte, erneut einen schweren Anfall mit Atemnot, Schüttelfrost und krampfartigen Erstickungsanfällen. Er litt qualvolle Schmerzen. Im Mai schrieb er seinem Verleger Göschen, die Anfälle seien so schwer gewesen, »daß ich von all den meinigen schon Abschied nahm und jeden Augenblick hinzusinken glaubte«. Es kam das Gerücht von seinem Tod auf, am 8. Juni meldete die »Oberdeutsche Allgemeine Literaturzeitung«: »Jena. Der Liebling der deutschen Musen, Herr Hofrath Schiller, ist hier gestorben.« Die Nachricht wurde vielfach nachgedruckt.

In dieser schweren Zeit erfuhr Schiller erneut unerwartete Hilfe. Im August 1790 hatte er durch Vermittlung Reinholds den dänischen Schriftsteller Jens Immanuel Baggesen (1764–1826) kennengelernt. Als im Sommer 1791 die fälschliche Nachricht von seinem Tod Kopenhagen erreichte, veranstaltete Baggesen auf dem am Strand der Ostsee gelegenen Landsitz des dänischen Finanzministers Ernst Heinrich Graf von Schimmelmann (1747–1831) eine Trauerfeier. Als Förderer von Kunst und Wissenschaft war er auch ein Verehrer Schillers. Im Mittelpunkt der Feier stand die Ode »An die Freude«, von Baggesen zu einem Trauerlied umgedichtet. Bald darauf erfuhr er von Reinhold, daß Schiller zwar am Leben, aber doch so schwer erkrankt sei, daß an Weiterarbeit nicht zu denken sei. Die dringend notwendige Erholung und Schonung könne er sich aber aus finanziellen Gründen nicht leisten. Daraufhin wandte sich Baggesen an den dänischen Hof, um Hilfe zu organisieren. Zunächst informierte er Schimmelmann, der seinerseits den einflußreichen Prinzen Friedrich Christian Herzog von Schleswig-Holstein-Sonderburg-Augustenburg (1765–1814) in Kenntnis setzte. Auch dieser kannte und schätzte den Dichter; Baggesen hatte ihm »Don Karlos« vorgelesen und ihn mit der Gedankenwelt Schillers vertraut gemacht. Gemeinsam gingen sie daran, einen Unterstützungsplan für den deutschen Dichter zu entwickeln. Schon im August hatte Schiller mit großer Rührung die Berichte Reinholds über die dänische Totenfeier aufgenommen. Doch das in zeittypischem Pathos gehaltene Schreiben des 26jährigen Prinzen vom 27. November 1791 berührte ihn ungleich tiefer: »Zwey Freunde,

80. Novalis (Friedrich Leopold Freiherr von Hardenberg). Stahlstich von August Weger.

81. Ernst Heinrich Graf von Schimmelmann.

82. Jens Immanuel Baggesen. Lithographie von Edvard Lehmann.

über den Titel Hofrath, vereinigen Ihre für die Menschheit brennenden Herzen, Sie um Erlaubniß zu bitten, Ihr oeconomisches Schicksal Ihren Verdiensten, unserm Jahrhundert und der veredelten Menschheit um etwas gemäßer machen zu dürfen.« Der Prinz von Augustenburg gewährte Schiller über drei Jahre lang eine Pension von 1 000 Talern. Dieser großzügigen Unterstützung, die später um zwei weitere Jahre verlängert wurde, verdankte Schiller zum erstenmal in seinem Leben finanzielle Unabhängigkeit und damit eine neue Basis für seine dichterische Arbeit. Diese mäzenatische Geste und mehr noch Schillers Reaktion auf sie kann zu den schönsten Ereignissen der Literaturgeschichte gezählt werden. Mit einer Reihe von 27 Briefen, in denen er über mehrere Jahre seine ästhetischen Anschauungen reflektierte, stattete er dem Prinzen von Augustenburg seinen Dank ab. In mehrfach überarbeiteter und erweiterter Form bilden sie die große Abhandlung »Über die ästhetische Erziehung des Menschen«.

Die Großzügigkeit des Prinzen gestattete Schiller die systematische Ausarbeitung seiner Ästhetik. Im Rahmen seiner Auseinandersetzung mit Kants kritischer Philosophie und Ästhetik unternahm er in drei großen Schriften den Versuch einer Bestimmung des Schönen. Ein erstes Zeugnis seiner Beschäftigung mit Kants Ästhetik ist die Korrespondenz mit Körner im Januar und Februar 1793. Schiller hat die Briefe unter dem Titel »Kallias, oder Über die Schönheit«

durch Weltbürgersinn mit einander verbunden, erlassen dieses Schreiben an Sie, edler Mann! Beyde sind Ihnen unbekant, aber beyde verehren und lieben Sie. Beyde bewundern den hohen Flug Ihres Genius der verschiedene Ihrer neuern Werke zu den erhabensten unter allen menschlichen Zwecken stempeln konte. Sie finden in diesen Werken die Denkart, den Sinn, den Enthusiasmus, der das Band der Freundschaft knüpfte, und gewöhnten sich bey ihrer Lesung an die Idee den Verfasser derselben als Mitglied ihres freundschaftlichen Bundes anzusehen.« Weitreichende Konsequenzen barg vor allem Baggesens Zusatz: »Zwei Ihnen ganz unbekannte Weltbürger, die der Schuzengel meines Vaterlandes in Coppenhagen zusammengebracht hat, deren Geister-Rang über ihren Titeln: Prinz und Graf ebenso erhaben ist als der Ihrige

zusammengefaßt und bearbeitet, doch blieb das Projekt aufgrund seiner Krankheit Fragment. Es bildete aber die Basis für einen Eröffnungsbrief an den Prinzen von Augustenburg, in dem er ihn um die Erlaubnis bat, seine Gedanken über die objektiven Gesetze der Schönheit in einer Folge von Briefen darlegen zu dürfen. Am 25. Januar 1793 berichtete Schiller dem Dresdener Freund von den Schwierigkeiten, den Begriff der Schönheit objektiv, das heißt unabhängig von aller Erfahrung zu bestimmen: »Die Untersuchung über das Schöne, wovon beynahe kein Theil der aesthetik zu trennen ist, führen mich in ein sehr weites Feld, wo für mich noch ganz fremde Länder liegen. Und doch muss ich mich schlechterdings des Ganzen bemächtigt haben, wenn ich etwas befriedigendes leisten soll. Die Schwürigkeit einen Begriff der Schönheit objectiv aufzustellen und ihn aus der Natur der Vernunft völlig a priori zu legitimiren so daß die Erfahrung ihn zwar durchaus bestätigt, aber daß er diesen Ausspruch der Erfahrung zu seiner Gültigkeit gar nicht nöthig hat, diese Schwierigkeit ist fast unübersehbar. Ich habe wirklich eine Deduction meines Begriffs vom Schönen versucht, aber es ist ohne das Zeugniß der Erfahrung nicht auszukommen.« Auch Kant hatte bereits festgestellt, daß die Auseinandersetzung mit der Schönheit immer auf der Basis von Sinneswahrnehmung und damit als Erfahrungsurteil stattfinde. Schillers Vorhaben erwies sich damit als vergeblich.

83. Friedrich Christian Herzog von Schleswig-Holstein-Sonderburg-Augustenburg. Kupferstich von Gerhard Ludwig Lahde nach dem Gemälde von Anton Graff, 1791.

Noch im selben Jahr 1793 vertiefte Schiller seine Auseinandersetzung mit Kants »Kritik der Urteilskraft« (1790) zu der ästhetisch-philosophischen Abhandlung »Über Anmuth und Würde«. Sie trug ihm höchstes Lob von seiten des Königsberger Philosophen ein, es sei eine »mit Meisterhand« verfaßte Schrift. Er selbst sah in ihr »eine Art von Vorläufer meiner Theorie des Schönen« (an Körner, 20. Juni 1793).

Die Auseinandersetzung mit Kant war auch die Voraussetzung für die dritte und bedeutendste Schrift. Der Versuch einer Bestimmung des Schönen führte Schiller zu der Frage nach der Funktion der Kunst für die »Ausbildung der Menschheit« (10. Brief), mithin für die Kulturentwicklung der Menschheit. Diese Frage stand im Mittelpunkt der an den Prinzen von Augustenburg gerichteten Briefe »Über die ästhetische Erziehung des Menschen«, die Schiller 1793 verfaßte und 1795 überarbeitete und erweiterte, um sie in den »Horen« zu veröffentlichen. Die Originale sind nicht mehr erhalten, sie wurden bei einem Brand des Schlosses Christiansborg in Kopenhagen am 26. Februar 1794 vernichtet. Die ästhetische Erziehung des Menschen sieht er als eine Trias von physischer, ästhetischer und moralischer Vervollkommnung. Von den Erfahrungen mit der Französischen Revolution ausgehend, fragt er nach der Rolle der Kunst nach diesem historischen Einschnitt. Während Kant die Französische Revolution trotz ihres manifesten Terrors als das signum prognosticum des stets möglichen Fortschritts interpretierte und den Terror als nicht vermeidbare Perversion hinnahm, zog Schiller spätestens mit der ihn zutiefst empörenden Ermordung des französischen Königs eine Trennlinie. »Die ›Ästhetische Erziehung des Menschen‹ ist seine vielleicht umfassendste theoretische Antwort auf die Französische Revolution: gegen Frankreich gedacht und doch Frankreich verpflichtet [...]. Der Grundgedanke: innere Wandlung statt des äußeren Umsturzes, ist schon die Moral der ›Räuber‹ und alte schwäbische Haltung. [...] Das Neue bei Schiller ist der Übergang von religiöser und moralischer

Erziehung zu ästhetischer« (Robert Minder). Eine politische, eine staatsphilosophische Perspektive wird Schiller bis an das Ende der Briefe beibehalten. Schlüsselbegriff ist die Erziehung, verstanden als Streben nach dem Ideal der Vollkommenheit. Die Kunst und nur sie erscheint als Weg der Erziehung und zugleich als Werkzeug der Vervollkommnung des Menschen. In der immer fortschreitenden Aufklärung des Verstandes sieht Schiller eine Vereinseitigung, zur Einheit des Menschen gehöre die Ausbildung des Empfindungsvermögens gleichwertig dazu. Autonomie und Würde bestehen in der »inneren Freiheit« des Willens zu einer zielgerichteten Entwicklung; damit ist die Verantwortung des Menschen für eine vernunftgeleitete Erziehung und Selbsterziehung vorgezeichnet. Das Kriterium der Schönheit sieht er in der harmonischen Einheit von Rationalität und Sensualität erfüllt.

Die auf der Auseinandersetzung mit Kant basierende Phase der philosophisch-ästhetischen Reflexion war damit noch nicht abgeschlossen. Sie fand ihr Ende erst mit der Abhandlung »Über naive und sentimentalische Dichtung«, die 1795/96 in drei Folgen in den »Horen« erschien. In dieser philosophischen Schrift beschäftigt sich Schiller mit den Voraussetzungen und der Besonderheit der modernen Kunst, er grenzt sie sowohl gegen die Kunst der Antike als auch gegen das Werk Goethes ab, der als intuitiv verfahrendes, dem Geist der Griechen verwandtes

»Denn, um es endlich auf einmal herauszusagen, der Mensch spielt nur, wo er in voller Bedeutung des Worts Mensch ist, und er ist nur da ganz Mensch, wo er spielt.«
Über die ästhetische Erziehung des Menschen, 15. Brief.

Genie gesehen wird. Sich selbst begreift er als »modernen« Dichter, der über die Reflexion in der Lage ist, die problematische Beziehung zwischen der Realität und dem Ideal herzustellen. Parallel zu den philosophischen Abhandlungen entstanden mehrere dichtungstheoretische Aufsätze, die Schiller in der »Neuen Thalia« veröffentlichte, so 1792 »Über das Vergnügen an tragischen Gegenständen« und »Über die tragische Kunst« sowie 1793 »Über das Pathetische« und »Über das Erhabene«.

Schiller überlebte zwar seine schweren Erkrankungen, doch gesund wurde er in den ihm bleibenden vierzehn Jahren nicht mehr. Er muß fortan in sehr geschwächtem Zustand weiterleben. Die Angst vor Ansteckung und sein instabiler Gesundheitszustand beherrschten fortan sein Leben und das seiner Familie. Ein normaler Alltag mit geregeltem Tagesablauf und ausreichendem Schlaf gehörte für ihn zu den Luxusgütern. Dokumentiert ist all dies in der Korrespondenz mit Goethe, der ihn zu Beginn ihrer Freundschaft im Spätsommer 1794 nach Weimar einlud: »Nächste Woche geht der Hof nach Eisenach, und ich werde vierzehn Tage so allein und unabhängig sein, als ich so bald nicht wieder vor mir sehe. Wollten Sie mich nicht in dieser Zeit besuchen? Bei mir wohnen und bleiben? Sie würden jede Art von Arbeit ruhig vornehmen können. Wir besprächen uns in bequemen Stunden, sähen Freunde, die uns am ähnlichsten gesinnt wären, und würden nicht ohne Nut-

84. Immanuel Kant. Gemälde von Becker.

zen scheiden. Sie sollten ganz nach Ihrer Art und Weise leben und sich wie zu Hause möglichst einrichten.« Schiller antwortete am 7. September 1794: »Mit Freuden nehme ich Ihre gütige Einladung nach W. an, doch mit der ernstlichen Bitte, daß Sie in keinem einzigen Stück Ihrer häuslichen Ordnung auf mich rechnen mögen, denn leider nötigen mich meine Krämpfe gewöhnlich, den ganzen Morgen dem Schlaf zu widmen, weil sie mir des Nachts keine Ruhe lassen, und überhaupt wird es mir nie so gut, auch den Tag über auf eine *bestimmte* Stunde sicher zählen zu dürfen. Sie werden mir also erlauben, mich in Ihrem Haus als einen völlig Fremden zu betrachten, auf den nicht geachtet wird, und dadurch, daß ich mich ganz isoliere, der Verlegenheit zu entgehen, jemand andres von meinem Befinden abhängen zu lassen. Die Ordnung, die jedem andern Menschen wohl macht, ist mein gefährlichster Feind, denn ich darf nur in einer bestimmten Zeit etwas Bestimmtes vornehmen *müssen*, so bin ich sicher, daß es mir nicht möglich sein wird. [...] Ich bitte bloß um die leidige Freiheit, bei Ihnen krank sein zu dürfen.«

Vor dem Hintergrund seines medizinischen Wissens ahnte Schiller, daß seine Lebenszeit begrenzt war. In dem Maße, wie er zu Goethe Vertrauen faßte, weihte er ihn in den Ernst der Situation ein. In einem Brief vom 31. August 1794 schilderte er ihm, daß eine Krankheit drohe, seine Kraft zu untergraben: »Eine große und allgemeine Geistesrevolution werde ich schwerlich Zeit haben, in mir zu vollenden aber ich werde thun was ich kann, und wenn endlich das Gebäude zusammenfällt, so habe ich doch vielleicht das Erhaltungswerthe aus dem Brande geflüchtet.« Allen physischen Krisen zum Trotz konzentrierte er sich auf seine dichterischen Vorhaben, zu denen immer auch die Reflexion über Dichtung gehörte. In einem Brief an Wieland vom 4. März 1791 klingt die ungeheure Anstrengung an, die er für jedes neue Arbeitsvorhaben aufbringen mußte: »So gerne, wünschte ich, das noch zu erreichen, wozu eine dunkle Ahndung von Kräften mich zuweilen ermuntert und wovon Ihr freundlicher Sehergeist mir das Ideal vorhält; wenigstens fühle ich, daß ich auf dem Weg dazu bin, und daß, wenn mein böses Schicksal mich jetzt schon abberufen hätte, der Nachruf der Welt mir sehr Un-

recht gethan haben könnte. Ich gestehe, daß der Gedanke daran mich in den kritischen Augenblicken meiner Krankheit peinigte, und daß es mir künftig eine große Angelegenheit seyn wird, den Weg zu jenem Ziele zu beschleunigen.«

Ein Dokument der Selbstwahrnehmung nach der schweren Erkrankung Anfang 1791 ist der Brief, den Schiller am 16. Dezember dieses Jahres an Baggesen schrieb. Die Krankheit hatte ihn zu einer erneuten Auseinandersetzung mit seiner Identität als Schriftsteller gezwungen: »[...] Von der Wiege meines Geistes an bis jetzt, da ich dieses schreibe, habe ich mit dem Schicksal gekämpft, und seitdem ich die Freiheit des Geistes zu schätzen weiß, war ich dazu verurteilt, sie zu entbehren. Ein rascher Schritt vor zehn Jahren schnitt mir auf immer die Mittel ab, durch etwas anders als schriftstellerische Wirksamkeit zu existieren. Ich hatte mir diesen Beruf gegeben, eh ich seine Forderungen geprüft, seine Schwierigkeiten übersehen hatte. Die Notwendigkeit, ihn zu treiben, überfiel mich, ehe ich ihm durch Kenntnisse und Reife des Geistes gewachsen war. Daß ich dieses fühlte, daß ich meinem Ideale von schriftstellerischen Pflichten nicht diejenigen engen Grenzen setzte, in welche ich selbst eingeschlossen war, erkenne ich für eine Gunst des Himmels, der mir dadurch die Möglichkeit des höhern Fortschritts offen hält, aber in meinen Umständen vermehrte sie nur mein Unglück. Unreif und tief unter dem Ideale, das in mir lebendig war, sah ich jetzt alles, was ich zur Welt brachte; bei aller geahndeten möglichen Vollkommenheit mußte ich mit der unzeitigen Frucht vor die Augen des Publikums eilen, der Lehre selbst so bedürftig, mich wider meinen Willen zum Lehrer der Menschen aufwerfen. […] Traurig machten mich die Meisterstücke anderer Schriftsteller, weil ich die Hoffnung aufgab, ihrer glücklichen Muße teilhaftig zu werden, an der allein die Werke des Genius reifen. Was hätte ich nicht um zwei oder drei stille Jahre gegeben, die ich frei von schriftstellerischer Arbeit bloß allein dem Studieren, bloß der Ausbildung meiner Begriffe, der Zeitigung meiner Ideale hätte widmen können! Zugleich die strengen Forderungen der Kunst zu befriedigen und seinem schriftstellerischen Fleiß auch nur die notwendige Unterstützung zu verschaffen, ist in unsrer deutschen literarischen Welt, wie ich endlich weiß, unvereinbar. Zehen Jahre habe ich mich angestrengt, beides zu vereinigen; aber es nur einigermaßen möglich zu machen, kostete mir meine Gesundheit. Das Interesse an meiner Wirksamkeit, einige schöne Blüten des Lebens, die das Schicksal mir in die Wiege streute, verbargen mir diesen Verlust, bis ich zu Anfang dieses Jahres – Sie wissen, wie – aus meinem Traume geweckt wurde. Zu einer Zeit, wo das Leben anfing, mir seinen ganzen Wert zu zeigen, wo ich nahe dabei war, zwischen Vernunft und Phantasie in mir ein zartes und ewiges Band zu knüpfen, wo ich mich zu einem neuen Unternehmen im Gebiete der Kunst gürtete, nahte sich mir der Tod. Diese Gefahr ging zwar vorüber, aber ich erwachte nur zum neuen Leben, um mit geschwächten Kräften und verminderten Hoffnungen den Kampf mit dem Schicksal zu wiederholen.«

Nur mit äußerster Härte gegen sich selbst konnte Schiller fortan arbeiten. Ärztlichen Beistand fand er vor allem bei dem Jenaer Professor der Medizin, Johann Christian Stark (1753–1811), der auch Goethe und Herder betreute. Auf sein Anraten hielt er sich vom 9. Juli bis Anfang August 1791 gemeinsam mit seiner Frau und Caroline von Beulwitz zur Kur in Karlsbad und anschließend zur Nachkur in Erfurt auf. Dr. Stark hatte zu einer Fortsetzung der Heilwasserkur geraten, die Schillers Körper entgiften und seinen Verdauungsapparat wieder normalisieren sollte. Sobald sich Erholung einstellte, nutzte er die neue Kraft zur Arbeit. Bei einem Ausflug nach Eger besichtigte er das Rathaus und das Haus, in dem Wallenstein ermordet wurde. Seit Anfang des Jahres 1791 beschäftigte ihn die Idee zu einem Wallenstein-Drama. Vorausgegangen war die Arbeit an der »Geschichte des Dreyßigjährigen Kriegs«, die zwischen 1791 und 1793 entstand und ihm nicht nur die historischen Grundlagen, sondern die Motivation für eine Beschäftigung mit dem Wallenstein-Stoff lieferte. Erst Ende Januar 1794 griff er dieses Thema wieder auf.

Am 1. August 1793 war Schillers gesundheitliche Situation so stabil, daß er gemeinsam mit seiner Frau die langersehnte Reise in seine schwäbische Heimat antreten konnte. Geplant war ein mehrmonatiger Aufenthalt, in dessen Verlauf er die Eltern und Schwestern sowie einige Jugendfreunde und Lehrer besuchen wollte. Abgesehen von einem kurzen Besuch seiner Mutter und seiner jüngsten Schwester Nanette im Herbst 1792 in Jena, hatte er die Familie seit seiner Flucht im September 1782 nicht mehr gesehen. Schon mehrfach war die Reise verschoben worden; jetzt trat man sie an, obwohl Charlotte hochschwanger war. Beide hatten die Bedenken gegenüber den Risiken einer tagelangen Fahrt in der Kutsche beiseite geschoben. Schiller vertraute auf seinen alten Freund Wilhelm von Hoven, der sich als praktischer Arzt in Ludwigsburg niedergelassen hatte. Der Ende September erwarteten Geburt seines ersten Kindes sah er mit großer Freude entgegen. »Es ist mir, als wenn ich die auslöschende Fakel meines Lebens in einem andern wieder angezündet sähe, und ich bin ausgesöhnt mit dem Schicksal«, hatte er Körner am 3. Juli 1793 geschrieben. Am 27. Oktober stand zudem der 70. Geburtstag seines Vaters bevor. Die Vorfreude auf beide Ereignisse und auf seine Heimat ließen ihn die Anstrengungen der Reise vergessen. Charlotte hatte ihren Mann schon lange nicht mehr so heiter erlebt.

Am 8. August trafen beide in der Freien Reichsstadt Heilbronn ein. Gemeinsam mit Kammerjungfer und Diener fanden sie ein Quartier im Gasthof »Zur Sonne«. Schon wenige Tage später traf sich Schiller mit seinen Angehörigen. Am 27. August schilderte er Körner seine Eindrücke: »Die Meinigen fand ich wohl auf, und wie Du denken kannst, sehr vergnügt über unsre Wiedervereinigung. Mein Vater ist in seinem 70gsten Jahr das Bild eines gesunden Alters, und wer sein Alter nicht weiß, wird ihm nicht 60 Jahre geben. Er ist in ewiger Thätigkeit und diese ist es was ihn gesund und jugendlich erhält. Meine Mutter ist auch von ihren Zufällen frey geblieben und wird wahrscheinlich ein hohes Alter erreichen. Meine jüngste Schwester (Nanette) ist ein hübsches Mädchen geworden und zeigt viel Talent. Die zweite Schwester (Luise) versteht die Wirtschaft sehr gut, und führt jetzt in Heilbronn meine Oeconomie.« Obwohl Heilbronn teuer war, nahm man eine Wohnung und richtete einen eigenen Haushalt ein.

Nach einem Monat zog das Ehepaar nach Ludwigsburg um. Auch hier fanden sie eine bezahlbare Wohnung im Haus Leiss in der Wilhelmstraße 17, wo sie bis in den März hinein blieben. Schiller sah regelmäßig seine Eltern, traf sich mit dem Dichter Carl Philipp Conz (1762–1811), dem Jugendfreund aus der Lorcher Zeit, und dem Stuttgarter Bildhauer Johann Heinrich von Dannecker (1758–1841). Fast täglich war er mit seinem einstigen Schulfreund Wilhelm von Hoven zusammen, der ihn ärztlich betreute. Beide fanden schnell zu der von früher gewohnten Nähe zurück. Sehr genau hatte von Hoven die Wandlung in der Persönlich-

keitsentwicklung Schillers wahrgenommen:
»Er war ein ganz anderer Mann geworden;
sein jugendliches Feuer war gemildert, er
hatte weit mehr Anstand in seinem Betragen,
an die Stelle seiner ehemaligen Nachlässig-
keit in seinem Anzuge war eine anständige
Eleganz getreten, und seine hagere Gestalt,
sein blasses kränkliches Aussehen vollendeten das Interesse seines Anblicks bei mir und
Allen, die ihn vorher näher gekannt hatten.
[…] er war ein vollendeter Mann geworden«
(Freiherr von Biedermann, S. 218 f.).

Am 14. September 1793 brachte die
siebenundzwanzigjährige Charlotte in der
Ludwigsburger Wohnung ihr erstes Kind,
einen Sohn, zur Welt, die Eltern gaben ihm
den Namen Karl Friedrich Ludwig. Von
Hoven hatte die Entbindung betreut, sie war
ohne Komplikationen verlaufen. Da sie sich
bis spät in die Nacht hinzog, hielt Schiller
den Jungen erst am Morgen in seinen
Armen, was den Dreiunddreißigjährigen
mit einem tiefen Glücksgefühl erfüllte. Am
23. September wurde das Kind in der Ludwigsburger Wohnung getauft. Als Paten
wurden ihm Schillers Eltern und das Ehepaar
von Hoven zur Seite gestellt sowie Louise von
Lengefeld, die Herzogin Louise von Sachsen-Weimar und der Freiherr Carl von Dalberg, die allerdings bei der Taufe nicht zugegen waren. Schillers jüngste Schwester
Nanette und Caroline von Beulwitz unterstützten die Familie in den ersten Wochen.

In Ludwigsburg lernte Schiller Ende
September 1793 Friedrich Hölderlin (1770

bis 1843) kennen, der ein glühender Verehrer des Dichters war. Dieser vermittelte
ihm eine Anstellung als Hauslehrer bei
Charlotte von Kalb. Doch gelang es Hölderlin nicht, zu deren aufsässigem Sohn ein
angemessenes Lehrverhältnis aufrechtzu-
erhalten. Er floh die Hofmeisterstelle und
kehrte Anfang 1795 nach Jena zurück, wo
ihn Schiller zur Mitarbeit an den »Horen«
anregte und sich öfter zu Gesprächen mit
ihm traf. Im März konnte er den Kontakt zu
Cotta herstellen, der Hölderlins »Hyperion«
herausgab. Ende Mai 1795 verließ Hölderlin

85. Charlotte Schiller.
Gemälde von Ludovike
Simanowiz, 1794.

abrupt Jena; die Ursache für diesen Schritt waren mehrere unbewältigte Konflikte, ein wesentlicher bestand darin, daß er die als übermächtig empfundene Größe Schillers nicht mehr ertrug.

Am 24. Oktober 1793, als Schiller in Württemberg weilte, starb der Herzog in Hohenheim; Schiller erlebte als Augenzeuge die Überführung des Sarges nach Ludwigsburg. Daß er an dem Trauergottesdienst teilgenommen hat, läßt sich zwar nicht belegen, aber doch vermuten. Anfang November besuchte er die Carlsschule und wurde nicht nur von dem noch amtierenden Intendanten von Seeger, sonder auch von den Eleven begeistert begrüßt. Zu diesem Zeitpunkt war es für Schiller wohl undenkbar, daß die mit so großem ideellem und finanziellem Aufwand entwickelte Schule schon wenige Monate später von dem nachfolgenden Herzog Ludwig Eugen aufgrund der Finanzmisere des Landes geschlossen werden würden.

Der herannahende Winter stimmte Schiller verdrießlich; er hatte sich eingestehen müssen, daß er mittlerweile über viele der alten Freunde hinausgewachsen und der schwäbischen Heimat entfremdet war. Auch machte ihm eine erneute Krankheit zu schaffen, wie er am 10. Dezember Körner mitteilte. »Eine Krankheit meines Kleinen [...], meine eigene Krankheit [...], die Unbestimmtheit meiner Aussichten in die Zukunft [...], der Zweifel an meinem eigenen Genius, der durch keine wohltätige Berührung von aussen gestärkt und ermun-

tert wird, der gänzliche Mangel einer geistreichen Konversazion, wie sie mir jetzt Bedürfnis ist!«, deprimierten ihn. »Bey dieser hinfälligen Gesundheit muss ich alle Erweckungs Mittel zur Thätigkeit aus mir selbst nehmen, und anstatt einige Nachhülfe von aussen zu empfangen, muss ich vielmehr mit aller Macht dem widrigen Eindruck entgegenstreben, den der Umgang mit so heterogenen Menschen auf mich macht. Meine Gefühle sind durch meine Nervenleiden reizbarer und für alle Schiefheiten, Härten, Unfeinheiten und Geschmacklosigkeiten empfindlicher geworden. Ich fodre mehr als sonst von Menschen, und habe das Unglück mit solchen in Verbindung zu kommen, die in diesem Stück ganz verwahrlost sind.«

Erst zu Beginn des neuen Jahres besserte sich sein gesundheitlicher Zustand, im März zog die Familie nach Stuttgart, der letzten Etappe der Reise. Hier kam es zu einigen wichtigen Begegnungen, vor allem mit dem Verleger Johann Friedrich Cotta und mit Dannecker, der bereits in der Carlsschulzeit zu Schillers engerem Kreis gehört hatte. Studienreisen nach Paris und Rom hatten seine künstlerische Entwicklung beflügelt. Der Herzog holte ihn als Professor der Bildhauerei an die Carlsschule, später wurde er Direktor der Stuttgarter Kunstakademie. 1794 fertigte er von Schiller eine Gipsbüste an, die dessen höchste Anerkennung fand; nach Schillers Tod übertrug er sie in Marmor. Durch Dannecker lernte er den Kaufmann Gottlob Heinrich Rapp kennen, dessen Haus ein Anziehungspunkt für Künstler und Gelehrte war. 1797 wird Goethe hier »Hermann und Dorothea« lesen, den Kontakt hatte Schiller in dieser Zeit seines Stuttgarter Aufenthalts hergestellt. Zudem machte er die Bekanntschaft mit Johann Gottlieb Fichte (1762–1814), der Ende 1793 als Nachfolger Reinholds an die Universität Jena berufen wurde, an der er einst Theologie studiert hatte. Zusammen mit Niethammer gab Fichte das »Philosophische Journal« heraus, Schiller studierte ihn, hörte seine Vorlesungen und setzte sich kritisch mit ihm auseinander.

Neben der Büste Danneckers entstand während seines Aufenthalts in der Heimat eines der rund zwölf zu Lebzeiten angefertigten Porträts. Nach vielen Monaten Vorarbeit präsentierte Ludovike Simanowiz (1759–1827) Schiller im Juni 1794 ein Ölgemälde, das ihm außerordentlich gefiel. Die hochbegabte Malerin war die Tochter des herzoglichen Leibarztes Johann Friedrich Reichenbach, mit dessen Familie die Schillers in der ersten Ludwigsburger Zeit zusammen gewohnt hatten. In ihrer Schiller-Biographie von 1830 weist Caroline von Wolzogen darauf hin, daß Danneckers Büste sowie die Ölgemälde von Anton Graff und Ludovike Simanowiz den Bruder lebensecht getroffen hätten. Dieser war von seinem Abbild so angetan, daß er Ludovike Simanowiz bat, auch seine Frau zu malen. Das Ölgemälde Charlottes entstand noch im sel-

86. Johann Friedrich Cotta. Zeitgenössische Lithographie.

ben Jahr. Simanowiz malte auch Schillers Eltern und die Schwestern Christophine und Nanette.

Im Frühjahr 1794 zog es Schiller mit aller Macht zurück in die intellektuell ungleich anregendere Atmosphäre von Jena und Weimar. Als er sich am 6. Mai 1794 von seinen Eltern und Geschwistern verabschiedete, ahnte er nicht, daß er den Vater und Nanette nicht wiedersehen würde. Auch die Heimat sollte er nicht mehr besuchen. Nach monatelangem qualvollem Leiden, das heute als Krebserkrankung zu bezeichnen wäre, starb Johann Caspar Schiller im September 1796. Im März desselben Jahres waren die Schwestern Louise und Nanette an Typhus erkrankt, die 18jährige Nanette so schwer, daß sie die Krankheit nicht überlebte.

Nach neunmonatiger Abwesenheit traf
Schiller am 14. Mai 1794 gemeinsam mit
Charlotte und seinem Sohn wieder in Jena
ein, und zwar in der bereits zuvor ins Auge
gefaßten neuen Wohnung Unterm Markt 1
in unmittelbarer Nähe von Caroline und
Wilhelm von Humboldt, der auf Schillers
ausdrücklichen Wunsch für einige Zeit nach
Jena gezogen war. Während Schiller Humboldt erst 1789 bei den Lengefelds kennengelernt hatte, waren Charlotte und Humboldts Frau Caroline von Dacheröden
(1766–1829) schon seit ihrer Jugend eng
befreundet. In Humboldts Jenaer Zeit vertiefte sich die Beziehung zu Schiller, der in
ihm nicht nur einen idealen Gesprächspartner, sondern auch einen wichtigen Ratgeber
in dichterischen Fragen fand. Eine schwere
Erkrankung seiner Mutter nötigte Humboldt im Juli 1795 zur Rückkehr nach Berlin.

Nach ihrem Tod kehrte er im November
1796 noch einmal für ein halbes Jahr zurück,
bevor er über Dresden und Wien nach Paris
ging. Die enge geistige Verbundenheit zwischen beiden blieb auch in den späteren Jahren erhalten.

Nach knapp einem Jahr, am 14. April
1795, bezog Schiller mit seiner Familie noch
einmal eine neue Wohnung, und zwar in
dem vornehmen Haus des befreundeten
Jenaer Theologen Johann Jakob Griesbach
in der Schloßgasse 17. »Wir ziehen zu Gries-
bachs und erhalten eine der schönsten Wohnungen, die in Jena zu finden sind«, kündigte er am 16. Februar 1795 Charlotte von Kalb
an. Hier wohnte er bis zu seiner endgültigen
Übersiedlung nach Weimar Anfang Dezember 1799.

Schillers Rückkehr nach Jena fiel mit
dem Beginn der Annäherung an Goethe
zusammen. Am 13. Juni 1794 lud er den
Dichter zur Mitarbeit an den »Horen« ein,
und am 20. Juli gerieten beide im Anschluß
an eine Tagung der »Naturforschenden
Gesellschaft« in Jena in ein Gespräch über
die Urpflanze, das eine neue Epoche in
ihrem Leben und Schaffen einleitete. Schillers derzeitige Lebenssituation läßt sich
selbst vor dem Hintergrund seiner Krankheit als durchaus erfolgreich bezeichnen.
Seine Stücke, allen voran »Don Karlos«,
wurden mit großer Resonanz aufgeführt,
der »Geisterseher« und seine historischen
Arbeiten erzielten hohe Auflagen, und auch
die publizistische Tätigkeit steigerte sein

Ansehen. Er hatte eine Familie gegründet und seine finanziellen Verhältnisse vorerst konsolidiert. Während der Reise nach Württemberg hatte er neue Kontakte geknüpft, vor allem mit Johann Friedrich Cotta, der von diesem Zeitpunkt an fast alle seine Werke verlegte.

Die Begegnung mit Goethe führte Schiller zur Dichtung zurück. Angeregt durch Schillers profunde Kommentare zur Entstehung des »Wilhelm Meister«, bewog ihn Goethe zur Wiederaufnahme literarischer Vorhaben wie der »Malteser« oder des Wallenstein-Projekts. Nach Abschluß der letzten philosophischen Abhandlung im Juni 1795 setzte seine lyrische Produktion wieder ein. Nach fast siebenjähriger Unterbrechung schrieb er das Gedicht »Poesie des Lebens«. »Der Tanz«, »Die Macht des Gesanges« und weitere für den Musenalmanach bestimmte Gedichte folgten. Bis 1798 entstand die philosophisch orientierte und für Schiller charakteristische Gedankenlyrik. Parallel zu den drei Jahrgängen der »Horen« wird Schiller noch fünfmal den jährlich erscheinenden Musenalmanach herausgeben. Eine starke Sehnsucht nach poetischer Arbeit durchzieht seine Briefe aus dieser Zeit. Am 17. Dezember 1795 vertraute er Goethe an: »Wie beneide ich Sie um Ihre jetzige poetische Stimmung, die Ihnen erlaubt, recht in Ihrem Roman zu leben. Ich habe mich lang nicht so prosaisch gefühlt als in diesen Tagen, und es ist hohe Zeit, daß ich für eine Weile die philosophische Bude schließe. Das

Herz schmachtet nach einem betastlichen Objekt.« Die Jahre, in denen er sich auf seine historischen, philosophischen und kunsttheoretischen Studien konzentriert hatte, hatten ihn von der Dichtung entfernt. Nun kehrte er zu ihr zurück. In den Gedichten dieser Zeit vollzog er einen tiefgreifenden Wandel, was die Stoffwahl wie auch die poetische Gestalt betraf. Es sei erstaunlich, schrieb er am 21. März 1796 an Wilhelm von Humboldt, »wieviel realistisches schon die zunehmenden Jahre mit sich bringen, wieviel der anhaltende Umgang mit Göthen und das Studium der Alten […] bey mir nach und nach entwickelt hat«.

Goethe war es, der ihn während eines Weimar-Aufenthaltes im Frühjahr 1796 zu einer Bearbeitung seines Trauerspiels »Egmont« anregte und ihn damit unmittelbar zur dramatischen Arbeit motivierte. Die vor allem im Schlußteil geänderte Bühnenfassung wurde 1796 uraufgeführt und dann erst wieder nach Schillers Tod 1805 gespielt. Erst nach Beethovens 1810 uraufgeführter Schauspielmusik zu »Egmont« kehrten die Bühnen wieder zu Goethes Original zurück. Andere Bühnenbearbeitungen betrafen Shakespeares »Macbeth« (1800), Lessings »Nathan« (1801), Gozzis »Turandot« und Goethes »Iphigenie« (1802) sowie dessen »Stella« und Shakespeares »Othello« (1805).

Unter den lyrischen Jahrbüchern sind zwei von besonderer Bedeutung. Am 29. September 1796 erschien der »Musen-

almanach für das Jahr 1797«, der sogenann-
te »Xenienalmanach«, der außer einer Reihe
von Gedichten Goethes und Schillers deren
Xenien enthielt. Die Produktion solcher
Spottverse hatte Goethe bereits ein Jahr
zuvor angeregt: »Den Einfall, auf alle Zeitschriften Epigramme, jedes in einem einzigen Disticho, zu machen, wie die Xenia
des Martials sind, der mir dieser Tage
gekommen ist, müssen wir kultivieren und
eine solche Sammlung in Ihren Musenalmanach des nächsten Jahres bringen. Wir
müssen nur viele machen und die besten aus-
suchen« (an Schiller, 23. Dezember 1795).
Die nach den Epigrammen des römischen
Satirikers Martial (40–102 n. Chr.) konzi-
pierten Xenien waren die Antwort auf die
zum Teil heftige Kritik an der »Horen«. Sie
polemisierten zunächst gegen verschiedene
Zeitschriften und dann gegen die literarische Konkurrenz, vor allem die mittel-
mäßige. Körner gegenüber charakterisierte
er die Verse als »wilde gottlose Satyre, besonders auf Schriftsteller und Schriftstellerische
Produkte, untermischt mit einzelnen poetischen, auch philosophischen Gedanken-
blitzen« (1. Februar 1796). Bis August 1796
entstanden mehr als 900 von Goethe und
Schiller gemeinsam verfaßten Xenien, die
wenigsten lassen einen Rückschluß auf die
individuelle Autorschaft zu. Sie erregten so
großes Aufsehen, daß Goethe in einem Brief
vom 15. November 1796 zur Einkehr mahn-
te: »Nach dem tollen Wagestück mit den
Xenien müssen wir uns bloß großer und

würdiger Kunstwerke befleißigen und unsere proteische Natur, zu Beschämung aller
Gegner, in die Gestalten des Edlen und Guten
umwandeln.« Beide wurden gerade durch
diese Arbeit enger miteinander verbunden.
Die 2 000 Exemplare der Erstausgabe des
Almanachs waren schnell vergriffen, ebenso
die zweite Auflage mit 500 Stück. Der Schärfe der Angriffe entsprach die Heftigkeit der
Reaktionen. Waren einige Zeitgenossen zutiefst empört und auch persönlich getroffen,
wie Friedrich Nicolai, Friedrich Schlegel,
Johann Friedrich Reichardt und Johann
Kaspar Friedrich Manso, so gaben sich andere befremdet oder gar angewidert von
dem persönlichen Charakter der Invektiven.
Zu ihnen gehörten Baggesen und der Prinz
von Augustenburg, der sogar über Sanktio-
nen gegen seinen Stipendiaten nachdachte.
  Außerordentliche Popularität erlangte
Schiller mit seinen Balladen, von denen er
viele im »Musenalmanach für das Jahr 1798«
veröffentlichte, dem »Balladenalmanach«.
In enger Zusammenarbeit mit Goethe waren
sie vor allem 1797 entstanden, dem »Balladenjahr«, wie Schiller es in einem Brief an
Goethe vom 22. September formulierte:
»Auch ist dieses einmal das Balladenjahr,
und das nächste hat schon ziemlich den
Anschein, das Liederjahr zu werden, zu welcher Klasse auch die Glocke gehört.«
  Für Schiller enttäuschend fiel die Begegnung mit Friedrich Schlegel (1772–1829)
aus. Im August 1796 war dieser seinem Bruder August Wilhelm Schlegel (1767–1845),

Gewissensskrupel

Gerne dien ich den
Freunden, doch tu ich
es leider mit Neigung, /
Und so wurmt es mir
oft, daß ich nicht
tugendhaft bin.
Xenie 388.

Decisum

Da ist kein anderer Rat,
du mußt suchen, sie zu
verachten, / Und mit
Abscheu alsdann tun,
wie die Pflicht dir
gebeut.
Xenie 389.

dem Shakespeare-Übersetzer, nach Jena gefolgt, was Schiller begrüßt hatte. Zum Bruch kam es durch die äußerst scharfen Kritiken der Schlegel-Brüder am »Musenalmanach für das Jahr 1800«, die sich vor allem gegen das »Lied von der Glocke« richteten. Friedrich Schlegel hatte bereits den »Musenalmanach für das Jahr 1796« und die in diesem Jahrgang erschienenen Ausgaben der »Horen« kritisiert und Schillers lyrische Begabung in anmaßendem und kränkendem Ton in Zweifel gezogen. Deutlich distanziert stand Schiller auch den anderen Mitgliedern des Jenaer Kreises um die Schlegel-Brüder gegenüber, zu dem Ludwig Tieck (1773–1853) und später Friedrich Wilhelm Joseph von Schelling (1775–1854) gehörten, der 1798 mit Unterstützung Schillers an die Universität Jena berufen wurde. Von deutlicher persönlicher Abneigung war das Verhältnis zu der sehr couragiert und emanzipiert auftretenden Caroline Schlegel gekennzeichnet. Die Ablehnung ihrer Person entsprach dem konventionellen Frauenbild, das Schiller in seinem Gedicht »Würde der Frauen« und im »Lied von der Glocke« entwickelt hatte.

Eine ähnlich schwierige Beziehung wie mit Hölderlin verband Schiller mit Jean Paul (1763–1825). In seinen voluminösen Erziehungs- und Gesellschaftsroman »Titan« (1800–1803), in dem Jean Paul auch ein Bild der Weimarer Dichtergrößen gezeichnet hat, äußerte er sein Befremden über deren Selbststilisierung und setzte sich kritisch mit ihren ästhetischen und philosophischen Entwürfen auseinander. So, wie sich in Weimar eine Humboldt einschließende Zusammenarbeit zwischen Schiller und Goethe entwickelt hatte, die andere ausschloß, so formierten sich jüngere Literaten wie die Brüder Schlegel, Schelling, Tieck und eben auch Jean Paul zu einem Arbeitsbündnis. Schiller schien es an Geschick gefehlt zu haben, zwischen Goethe, ihm und der damaligen intellektuellen Avantgarde zu vermitteln. Als Jean Paul während eines Weimar-Aufenthalts im Juni 1796 auch Schiller in Jena besuchte, nahm er ihn vor allem als distanziert und kalt wahr. Schiller hatte versucht, ihn zur Mitarbeit an den »Horen« zu gewinnen, die aber nicht zustande kam; zu unterschiedlich war die literarische und dichtungstheoretische Ausrichtung.

Immer dringlicher wurde Schillers Wunsch, sich wieder der dramatischen Arbeit zuwenden zu können. Am 21. März 1796 teilte er Körner den Entschluß mit, an seinem Wallenstein-Projekt weiterarbeiten zu wollen. Keines seiner Dramen hatte eine so lange Entstehungszeit, keines war unter größeren Mühen und gesundheitlichen und kreativen Krisen entstanden, keines ist von solcher Komplexität und keines mit größerer Genauigkeit recherchiert, ausgearbeitet und mit kompetenten Gesprächspartnern ausführlich besprochen worden wie sein Opus magnum, die 1798/99 erschienene Wallenstein-Trilogie. In diesen Jahren bewältigte Schiller ein unglaubliches Arbeits-

»Da quengeln und streiten sie jetzt über verschiedene Distichen, die sich bei Schiller gedruckt finden und auch bei mir, und sie meinen, es wäre von Wichtigkeit, entschieden herauszubringen, welche denn wirklich Schillern gehören und welche mir. Als ob etwas darauf ankäme, als ob etwas damit gewonnen würde, und als ob es nicht genug wäre, daß die Sachen da sind!«
Goethe im Gespräch mit Eckermann,
16. Dezember 1828.

pensum. Die Wallenstein-Trilogie leitete die klassische Phase seiner Dichtung ein, die mit einer Distanz zu den Jugenddramen einhergeht, denen Schiller selbst noch »Don Karlos« zurechnete.

Immer wieder zwang ihn seine körperliche Schwäche nieder, oft konnte er für Wochen das Haus nicht verlassen. Auch von Herbst 1795 bis zum Frühjahr 1796 war sein Zustand so miserabel, daß er sich fast nur im Zimmer aufhielt. Im März 1796 lud ihn Goethe zu einem Iffland-Gastspiel nach Weimar ein, hoffend, es würde ihn aufheitern und ihm zudem Anregungen für sein Wallenstein-Projekt vermitteln. Um ihm den Theaterbesuch zu erleichtern, ließ er für ihn eine eigene Loge einrichten, die ihm zukünftig die Teilnahme ohne Rücksicht auf andere ermöglichte.

Seine chronisch schonungsbedürftige Verfassung zwang Schiller dazu, über eine gesundheitsfördernde Organisation seines Alltags nachzudenken. Gerade wenn er für mehrere Wochen Gefangener seines Zimmers war, wenn er mit Schmerzen oder zermürbender Schlaflosigkeit kämpfte, wenn er sich nach einer schweren Infektion, einer Atemwegserkrankung oder den immer wiederkehrenden Zahnentzündungen körperlich wieder stabilisieren mußte, seine ohnehin schwachen Widerstandskräfte aufbauen, seinen »wüsten Kopf« klären und seine Arbeitskraft wiederherstellen wollte, dann entbehrte er die Natur, das Erleben der Jahreszeiten, und vor allem brauchte er frische

Luft. Überlegungen dieser Art führten zu dem Plan, ein Haus mit einem Gartengrundstück zu erwerben. »Ich mußte dieses Mittel ergreifen ein eigen Haus und Garten zu kaufen, weil ich sonst gar keine Möglichkeit sehe, mich an die freie Luft zu gewöhnen, die mir so nöthig ist«, schrieb er Reinwald am 17. Februar 1797. Was er brauchte, war ein Aufenthaltsort, an dem er in Ruhe arbeiten und zugleich ohne großen Aufwand und fremde Hilfe ins Freie gelangen konnte. Am 16. März fand er, wonach er gesucht hatte. Für 1 150 Taler – einen Vorschuß seines Verlegers Cotta – kaufte er ein außerhalb von Jena gelegenes Grundstück aus dem Besitz des verstorbenen Professors der Rechte Johann Ludwig Schmidt. Unterhalb des Gartens, zu dem ein kleines Wohnhaus, ein Gartenhaus und eine Laube gehörten, floß die Leutra vorbei. Am 2. Mai war das neue Domizil so weit renoviert, daß es bezogen werden konnte: »Ich begrüße Sie aus meinem Garten, in den ich heute eingezogen bin. Eine schöne Landschaft umgibt mich, die Sonne geht freundlich unter, und die Nachtigallen schlagen. Alles um mich herum erheitert mich, und mein erster Abend auf dem eigenen Grund und Boden ist von der fröhlichsten Vorbedeutung«, schrieb er nach Weimar und fügte am 5. Mai hinzu: »Ich habe mich an die neue Lebens-Art schon ganz gewöhnt und bringe, in Wind und Regen, manche Stunde mit Spazierengehen im Garten zu, und befinde mich sehr wohl dabei.«

Damit auch die Familie hier angemessen unterkommen konnte, waren in den folgenden Jahren etliche Umbaumaßnahmen erforderlich. Am 11. Juli 1796 war Schillers zweiter Sohn, Ernst Friedrich Wilhelm, geboren worden, am 11. Oktober 1799 folgte als drittes Kind die Tochter Karoline Henriette Louise. Da Schiller vor allem in Krankheitszeiten auf Rückzugsmöglichkeiten angewiesen war, wurde das zweite Stockwerk zu einem Turm ausgebaut, der ihm die nötige Ruhe und Abgeschiedenheit gewährte. 1798 waren die Umbauten abgeschlossen: »Wir können uns in drey Stockwerke vertheilen, die Kinder und das Gesinde bewohnen den untern Stock, meine Frau den mittlern und ich bewohne die Mansarden, wo ich ein großes Zimmer und zwei kleine Piecen habe. Die Küche ist vom Hause abgesondert. Auch habe ich diesen Sommer einen Pavillon am Ende des Gartens bauen lassen, von zwei Stockwerken, woraus man eine recht schöne Aussicht hat« (an Reinwald, 19. Juli 1798). Vor allem die Sommermonate der Jahre 1797 bis 1799 verbrachte er in seinem Gartenhaus. Hier schloß er die Wallenstein-Trilogie ab, verfaßte viele Balladen und schrieb große Teile der »Maria Stuart«. Hier beendete er 1801, als er schon in Weimar wohnte, die Arbeit an der »Jungfrau von Orleans«.

Am 1. März 1798, zu einem Zeitpunkt, als sein äußeres Leben in eher ruhigen Bahnen verlief, erreichte Schiller eine Urkunde aus Paris, die ihn zum Bürger Frankreichs ernannte. Das französisches Bürgerdiplom war bereits sechs Jahre zuvor, am 10. Oktober 1792, ausgestellt worden und erinnerte ihn an bewegte Zeiten. Im Sommer 1792 hatten einige Intellektuelle in der französischen Nationalversammlung dazu aufgerufen, den Ausländern, die mit ihren Werken die Ziele der Französischen Revolution unterstützt hatten, das Bürgerrecht zu verleihen. Der Dichter der »Räuber«, der im revolutionären Frankreich populär geworden war, gehörte dazu. Es muß Schiller merkwürdig berührt haben, daß die politischen Köpfe der Revolution, Clavière, Danton, Roland und Custine, die das Dokument auf den Weg gebracht hatten, der eigenen Geschichte inzwischen längst zum Opfer gefallen waren. In einem Brief an Körner vom 16. März 1798 hat er die Ehrenbürgerwürde dann auch als eine »aus dem Reich der Toten« abgetan. Diese Einschätzung hielt ihn allerdings nicht davon ab, im Weimarer Prominentenkalender von 1803 neben seinen Namen den Titel »citoyen français« zu setzen, als Ausgleich für das 1802 verliehene Adelsdiplom, das für den im Umfeld des Weimarer Hofes Lebenden unverzichtbar war. Bereits »Don Karlos« waren die Ideale der Französischen Revolution eingeschrieben, in den Briefen »Zur ästhetischen Erziehung des Menschen« hatte er unmißverständlich klargestellt, daß er den gewaltsamen revolutionären Prozeß zugunsten des gewaltlosen evolutionären Prozesses ablehnte. Nicht von den Zielen der Französischen Revolution hatte sich Schiller entfernt, sondern von den durch Gewalt pervertierten nachrevolutionären Herrschaftsverhältnissen.

89. Friedrich Schiller.
Zeitgenössische Elfenbeinminiatur. Sie wurde von Charlotte Schiller als Brosche getragen.

Porträt

Theaterdichter und Publizist

Alle Kunst ist der Freude gewidmet, und es gibt
keine höhere und keine ernsthaftere Aufgabe,
als die Menschen zu beglücken. Die rechte Kunst
ist nur diese, welche den höchsten Genuß verschafft.
Der höchste Genuß aber ist die Freiheit des Gemütes
in dem lebendigen Spiel aller seiner Kräfte.
Vorrede zu dem Trauerspiel »Die Braut von Messina«

ie Freiheit blieb das Grundmotiv seines Denkens und Dichtens«, sagte Thomas Mann 1955 in seiner »Ansprache im Schillerjahr« und ging damit nicht nur auf das zentrale Thema in Schillers Theaterkonzept ein, sondern auch auf dessen Doppelbegabung als Dichter und Denker. Gerade sie spiegelte sich in seiner Laufbahn als Theaterdichter und Publizist. Schiller hat seine Dichtung stets auch theoretisch begründet, er hat sein dichterisches Konzept in den philosophischen und den theatertheoretischen Schriften, in den Briefen »Zur ästhetischen Erziehung des Menschen« und nicht zuletzt in seinen publizistischen Projekten reflektiert. Die Schaubühne war für ihn der symbolische Ort der Reflexion, seine Theaterstücke zeigen, wie die bürgerliche Gesellschaft sich selber darstellte und begriff, sich selber träumte oder richtete. Das Theater war für ihn auch ein Kraftwerk der Gefühle, der Ort einer umfassenden Auseinandersetzung über den Zustand sowohl der Gesellschaft als auch des Individuums. Schiller sah das Theater als Streitraum, als Debattierforum, es hatte die Aura der Universalität, der Zuständigkeit für das Ganze: die Erziehung des Menschengeschlechtes.

Vor ihm hatte es nur einen gegeben, der dem Theater so viel zutraute wie er: Gotthold Ephraim Lessing. Beide verband ein hoher Kunstbegriff, und beide waren fest verankert in der bürgerlichen Tradition. Der große Aufklärer und der große Ästhet – beide forderten vom Theater sehr viel. Es sei

die vornehmste Institution zur Selbsterforschung der menschlichen Gattung, der Ort ihrer Niederlagen und ihrer Triumphe. Hier gewann sie ihr Bild und das Schreckbild ihrer selbst. Noch im 20. Jahrhundert, dem Jahrhundert der Katastrophen, hielt das Konzept stand, ist der Anspruch auf das Universelle nicht aufgegeben worden, hat Schiller die Antipoden Max Reinhardt und Erwin Piscator geeint.

Beispiellos bis heute ist Schillers Sprache. Der große Sprachvirtuose des 20. Jahrhunderts, Thomas Mann, charakterisierte ihre Besonderheit, ihre Kraft: »Er hat sich ein persönliches Theater-Idiom erfunden, unverwechselbar nach Tonfall, Gebärde und Melodie, sofort als das seine zu erkennen, – das glänzendste, rhetorisch packendste, das im Deutschen und vielleicht in der Welt je erfunden worden, eine Mischung von Reflexion und Affekt, des dramatischen Geistes so voll, daß es schwer ist seither, von der Bühne zu reden, ohne zu schillerisieren.«

Die Produktion der Theaterstücke und deren theoretische Reflexion in Abhandlungen greifen bis Anfang 1800 unmittelbar ineinander, erst die letzten Lebensjahre bleiben ausschließlich der Dichtung vorbehalten.

Die Anfänge von Schillers publizistischer Tätigkeit reichen zurück in die Zeit, in der er als Regimentsarzt seine dürftige Besoldung aufzubessern versuchte. Zunächst noch ohne eigene Vorstellungen und Strategien, arbeitete der Zweiundzwanzigjährige für die »Mäntlerische Zeitung«, ein regionales Wochenblatt, das vor allem aus größeren Zeitungen nachdruckte. Als sie Ende 1781 ihr Erscheinen einstellte, war Schiller gezwungen, neue finanzielle Quellen zu erschließen. Er wollte jetzt publizistisch selbst aktiv werden. Als Zeitungsautor und Herausgeber entwickelte er verschiedene Projekte mit eigenen inhaltlichen Ambitionen.

Mit seiner »Anthologie auf das Jahr 1782« polemisierte Schiller gegen den »Schwäbischen Musenalmanach« von Gotthold Friedrich Stäudlin, eine zwischen 1781 und 1786 erscheinende ehrgeizige Sammlung neuer Literatur. Mit dem Erscheinen der Anthologie, die 83 überwiegend eigene Gedichte und eine Vorrede enthielt, begann eine heftige Kontroverse, deren Ursache in der Konkurrenz der beiden Autoren zu sehen ist. In ihrem Ziel, jungen Schriftstellern ein Forum zu bieten, standen sie sich gegenseitig im Wege. Beide kämpften sowohl mit künstlerischen als auch mit publizistischen Mitteln auf einem noch kaum entwickelten literarischen Markt, wobei es vor allem Schiller an den für solche Aktivitäten notwendigen finanziellen Mitteln fehlte; seine Schulden wuchsen mit jedem neuen Projekt. Der auf beiden Seiten interessengeleitete Konflikt hielt Monate an, Spott und literarische Polemik wechselten hin und her. Als Schiller der unergiebige Charakter der Auseinandersetzung zunehmend deutlicher wurde, stellte er seine Angriffe Ende 1782 ein. Jahre später kam es sogar zu einem ver-

90. Gotthold Friedrich Stäudlin. Gemälde von Philipp Friedrich Hetsch.

söhnlichen Ausklang. Stäudlin hatte den dichterischen Rang Schillers nie ernsthaft in Frage gestellt, er bewies dies mit seiner 1791 veröffentlichten Elegie »An Schiller«.

Ende 1781 hatte Schiller gemeinsam mit Abel, Johann Wilhelm Petersen und Johann Jakob Atzel ein weitgefaßtes Zeitschriftenkonzept entwickelt, das die Gebiete Literatur, Philosophie und populäre Wissenschaften umfassen sollte. Bereits ein Vierteljahr später erschien, herausgegeben von Schiller, Abel und Petersen, das »Wirtembergische Repertorium der Litteratur« in Form einer Vierteljahresschrift. Der Titel betonte die regionale Orientierung, geplant war ein anspruchsvolles Forum für junge Literatur in Schwaben. Insgesamt erschienen drei Hefte, das erste im März 1782 mit einem

Umfang von 216 Seiten, fast die Hälfte der anonymen literarischen Beiträge stammte von Schiller. Ein weiterer Schwerpunkt waren Rezensionen literarischer Neuerscheinungen, darunter auch Lyrik, die wiederum vor allem von Schiller bestritten wurden. Das zweite, im Umfang reduzierte Heft erschien im Oktober 1782. Im ersten Heft hatte er zwei Erzählungen veröffentlicht, »Der Spaziergang unter den Linden« und »Der Jüngling und der Greis«; im zweiten erschienen die Erzählung »Eine großmütige Handlung aus der neuesten Geschichte« und einige Essays. Das dritte und letzte Heft kam im Frühjahr 1783 heraus, und zwar unter der Federführung von Petersen, der der Zeitschrift eine gelehrte Orientierung gab. Schiller war aufgrund seiner Flucht nicht mehr vertreten. Eine Fortsetzung gelang nicht mehr, zum einen, da Schiller als der eigentliche Initiator fehlte, zum anderen konnte sich die Zeitschrift auf dem hart umkämpften Markt nicht länger halten.

Schiller ließ sich durch diese Negativerfahrung keineswegs entmutigen. Als freier Schriftsteller auf Gelderwerb dringend angewiesen, setzte er seine publizistische Tätigkeit, nunmehr mit geschärften Zielvorstellungen, fort. 1782 hatte er in Tübingen noch eine Prosaübersetzung von MacPhersons Ossian-Sammlung sowie eine kleine Schrift zur »Geschichte der teutschen National-Neigung zur Trunksucht« herausgegeben.

Vor dem Hintergrund seiner Mannheimer Theatererfahrungen und erst recht nach

seiner Entlassung als Theaterdichter entwickelte Schiller Ende 1784 den Plan einer unabhängigen Theaterzeitschrift, die er zunächst »Rheinisches Museum« und dann »Rheinische Thalia« nannte. Von dem Projekt erhoffte er sich die dringend benötigten regelmäßigen Einnahmen, um unter anderem seine hohen Schulden begleichen zu können. Er warb um Abonnenten und versuchte bekannte Schriftsteller und Zeitschriftenherausgeber zu gewinnen. Sein plötzlicher Ruhm als Dichter der »Räuber« erwies sich dabei als ebenso hilfreich wie die Ernennung zum Weimarischen Rat durch den Herzog Carl August von Weimar. Beides beflügelte seinen Mut und stärkte sein Selbstbewußtsein. Zudem war ihm das Glück gewogen. Von dem neugewonnenen Freund Ludwig Ferdinand Huber erbat sich Schiller einen Vorschuß von 300 Talern auf die »Rheinische Thalia«, um seine Mannheimer und seine Stuttgarter Schulden zurückzahlen zu können. Doch diese Bitte erübrigte sich durch einen sensiblen Freundschaftsdienst Körners, der den Leipziger Verleger Georg Joachim Göschen dazu bewegen konnte, die »Rheinische Thalia« anzukaufen. Mit seinem Vermögen, das zu Teilen bei Göschen angelegt war, bürgte Körner für das Unternehmen. Zudem schickte er Schiller 300 Taler als Vorschuß.

Das erste von Schiller herausgegebene Heft erschien noch im März 1785 und enthielt ausschließlich Beiträge von ihm. In seiner Ankündigung der »Rheinischen Thalia«

vom 11. November 1784 hatte er seine neue Rolle als »freier Schriftsteller« umrissen: »Ich schreibe als Weltbürger, der keinem Fürsten dient. […] Die Räuber kosteten mich Familie und Vaterland. […] Nunmehr sind alle meine Verbindungen aufgelöst. Das Publikum ist mir jetzt alles, mein Studium, mein Souverain, mein Vertrauter.« Die Öffentlichkeit war nunmehr die Instanz, vor der er bestehen möchte. Thalia, der Muse der heiteren Dichtkunst, wollte er künftig dienen, die zugleich die Schutzpatronin seines Projekts war. Er distanzierte sich öffentlich von den »Räubern« und bereitete damit seiner Wende zur Klassik den Weg. Zwischen 1785 und 1791 erschienen zwölf Hefte der »Thalia«, wobei das erste noch den ursprünglichen Titel »Rheinische Thalia« trug. Bei ihm hatte Schiller ohne Verleger gearbeitet, hatte persönlich die finanzielle Verantwortung übernommen und zum Selbstkostenpreis gedruckt, der Vertrieb erfolgte über die Mannheimer Post und durch die Buchhandlung Schwan. Da er nur wenige Abonnenten fand, mußten die Hefte als Einzelexemplare verkauft werden. Im März 1785 übernahm dann Göschen die Rechte und damit Druck, Werbung und Vertrieb.

In seiner Dresdner Zeit war Schiller in besonderem Maße auf das Verständnis seiner Freunde und des Verlegers Göschen angewiesen, für den er wahrlich kein bequemer Autor war. Ohnehin mittellos, war Schiller zudem kaum in der Lage, sich an

verabredete Termine oder finanzielle Absprachen zu halten. Einen regelmäßigen Publikationsrhythmus der Zeitschrift erreichte er trotz aller Bemühungen nie. Weder konnte er seine Mitarbeiter angemessen bezahlen, noch gelang es ihm, seine anspruchsvollen Konzepte überschaubar umzusetzen. Sein dichterisches Programm war ständigem Wechsel und dauernder Veränderung unterworfen. Sowohl Körner als Geldgeber als auch Göschen als Verleger begleiteten dieses unzuverlässig-schwankende Verhalten mit geduldigem Verständnis und boten dem Freund und Autor in dieser extrem instabilen Lebensphase einen der wenigen Ruhepunkte seines unsteten Lebens. In den folgenden Jahren erschienen bei Göschen die meisten seiner Werke.

Das erste »Thalia«-Heft, Herzog Carl August von Weimar gewidmet, enthielt unter anderem den ersten Akt von »Dom Karlos«, den »Brief eines reisenden Dänen. Der Antikensaal zu Mannheim« sowie einige Kritiken von Aufführungen des Mannheimer Nationaltheaters, die heftige Reaktionen, auch von seiten Dalbergs, hervorriefen. Das zweite Heft vom Februar 1786 bot zum erstenmal auch Arbeiten anderer Autoren, so einen Essay Hubers und Gedichte der Schauspielerin Sophie Albrecht. Von Schiller brachte es das Lied »An die Freude« in einer Vertonung Körners, die Erzählung »Verbrecher aus Infamie« (später »Der Verbrecher aus verlorener Ehre«), die Gedichte »Freigeisterei der Leidenschaft« (später »Der

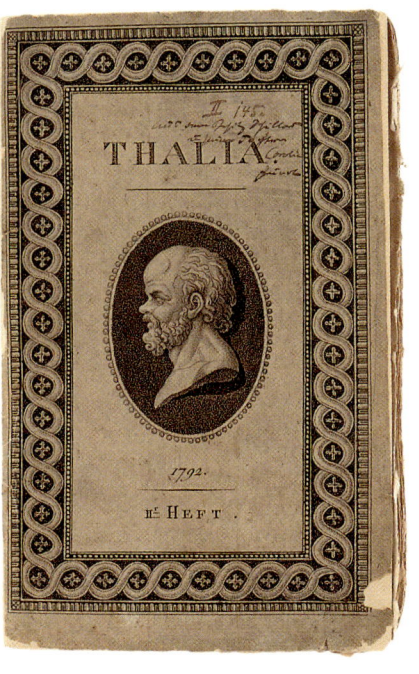

91. »Thalia / Neue
Thalia«, Zeitschrift,
hrsg. von Friedrich
Schiller, Leipzig:
Göschen 1786–1791,
1792–1795. Homer
als Titelvignette des
1. Heftes, Jg. 1793,
Stich von Johann
Heinrich Lips.

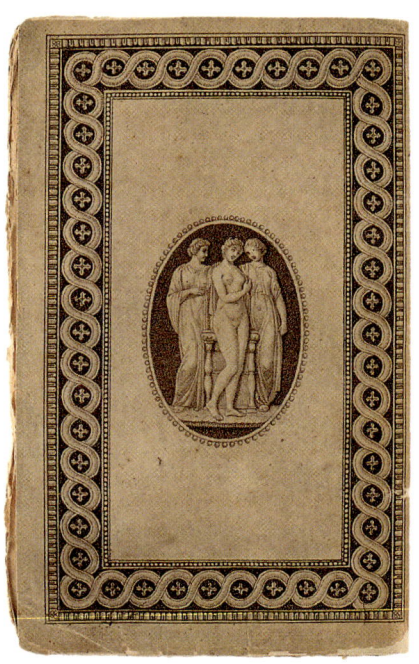

92. »Thalia / Neue
Thalia«. Die drei Grazien
Anmut, Schönheit und
Freundschaft auf der
Rückseite des 1. Heftes,
Jg. 1793, Stich von
Johann Heinrich Lips.

Kampf«) und »Resignation« sowie Teile des zweiten Aktes von »Dom Karlos«. Eine vergleichbare literarische Qualität und thematische Vielfalt wies keines der folgenden Hefte mehr auf. In der dritten Ausgabe publizierte Schiller Anfang Mai 1786 die zweite Hälfte des zweiten Aktes von »Dom Karlos« und seine »Philosophischen Briefe«. Nach langer Pause erschien das vierte Heft im Januar 1787 mit dem dritten Akt sowie dem ersten Stück des »Geistersehers«, der im fünften und sechsten Heft vom Mai 1788 und März 1789 fortgesetzt wurde. Mit dem sechsten Heft erweiterte Schiller das Spektrum. Es enthielt seine Übertragung der ersten drei Akte der »Iphigenie in Aulis« des Euripides.

Da er aufgrund des hohen Niveaus weder Breitenwirkung noch finanziellen Erfolg erzielte, mußte er inhaltliche Kompromisse eingehen und den Zeitgeschmack breiterer Leserkreise berücksichtigen. Das Publikum wolle Unterhaltung, schrieb er Körner, es wünsche »geheime Chroniken, Reiseberichte, allenfalls pikante Erzählungen, flüchtige Wanderungen durch die jetzige politische und in die alte Geschichtswelt«. Diese realistische Einsicht entfernte Schiller immer weiter von seinem ursprünglichen Konzept. Den »Geisterseher« setzte er im siebenten Heft vom Mai und im achten vom Oktober 1789 fort, in dem auch seine Übertragung der »Phönizierinnen« des Euripides sowie der Aufsatz »Des Grafen Lamoral von Egmont Leben und Tod« enthalten waren. Als das zehnte Heft Anfang

September 1790 erschien, war er durch seine Jenaer Professur stark in Anspruch genommen und konnte nur »Die Sendung Moses« beisteuern. Das elfte Heft von Ende November 1790 brachte als Resultat seiner Jenaer Lehrtätigkeit die historischen Aufsätze »Etwas über die erste Menschengesellschaft nach dem Leitfaden der Mosaischen Urkunde«, »Die Gesetzgebung des Lykurgus und Solon« sowie das Fragment »Der versöhnte Menschenfeind«. Da sich sein Gesundheitszustand bedrohlich verschlechterte und seine Arbeitsfähigkeit immer wieder durch schwere Erkrankungen eingeschränkt wurde, konnte er das zwölfte und letzte Heft – wie schon das neunte von 1790 – nicht selbst herausgeben, es wurde von Huber, seinem treuesten Mitarbeiter, betreut. An eine Fortsetzung des Projekts war schon aus finanziellen Gründen in absehbarer Zeit nicht zu denken.

Die Zeitschrift sah sich auf dem literarischen Markt des 18. Jahrhunderts einer stark anwachsenden Konkurrenz ausgesetzt. Diesem Druck begegnete Schiller mit genau durchdachten Werbemaßnahmen. Er hatte sein Vorhaben öffentlich angekündigt, gezielt bekannte Autoren, Verleger und Publizisten informiert und, unterstützt von seinen Freunden, Abonnenten geworben. »Die Rheinische Thalia«, so hieß es in der Schiller schon damals kennzeichnenden Diktion, »wird jedem Gegenstand offen stehen, der den Menschen im allgemeinen interessiert und unmittelbar mit seiner Glück-

seligkeit zusammenhängt. Also alles, was fähig ist, den sittlichen Sinn zu verfeinern, was im Gebiete des Schönen liegt, alles, was Herz und Geschmack veredeln, Leidenschaften reinigen und allgemeine Volksbildung wirken kann, ist in ihrem Plan begriffen.«* Und er hat die Ausrichtung seiner Zeitschrift immer wieder in Frage gestellt, verändert und neu bestimmt. Das Hauptmotiv für den Herausgeber Schiller war, mit Publizistik Geld zu verdienen; er wollte sich als freier Schriftsteller, ohne feste Anstellung und Verpflichtung, behaupten. Darüber hinaus wollte er Themen und Inhalte, die normalerweise einem engen Fachpublikum vorbehalten waren, einer breiteren Öffentlichkeit zugänglich machen. Das ökonomische und inhaltliche Vorbild war die außerordentlich erfolgreiche Jenaer »Allgemeine Literatur-Zeitung« (ALZ), das angesehenste Forum für Literatur und literarische Rezensionen. Ihr Konzept hatte Schiller sorgfältig analysiert, er hatte die Jenaer Redaktionsräume besichtigt und die Struktur des mächtigen Unternehmens studiert. Herausgegeben wurde die »Allgemeine Literatur-Zeitung« von dem 1747 in Weimar geborenen Unternehmer, Verleger und Publizisten Friedrich Justin Bertuch, der neben dem Hof der wichtigste Arbeitgeber des Herzogtums Weimar war. Als Mitherausgeber stand ihm der Jenaer Rhetorikprofessor Christian Gottfried Schütz zur Seite. Bertuchs marktbeherrschende, modern organisierte Unternehmen – neben der renommierten ALZ,

* *NA 22, S. 95.*

dem einflußreichen »Journal des Luxus und der Moden« sowie der angesehenen Zeitschrift »London und Paris« vor allem das 1791 gegründete Landes-Industrie-Comptoir, das mit Textilien, Genußmitteln und physikalischen Geräten handelte – waren im Gegensatz zum Weimarer Hof finanziell handlungsfähig und ohne Schulden. Die genannten Zeitschriften hatten hohe Auflagen und bildeten die ökonomische Basis für die gesamte Publizistik der Weimarer Klassik. Bertuchs Einfluß war gewaltig, seine wirtschaftlichen Beziehungen reichten nicht nur bis nach London und Paris, sondern auch nach St. Petersburg und New York.*

* Vgl. Gerhard R. Kaiser und Siegfried Seifert (Hrsg.), Friedrich Justin Bertuch (1747–1822), Verleger, Schriftsteller und Unternehmer im klassischen Weimar. Tübingen 2000.

Auch Schiller profitierte von diesem Erfolg und Bertuchs finanziellem Handlungsspielraum, vor allem als ihn dieser durch einen großzügigen Kredit von seinen Schulden befreite. Von dem professionellen Niveau der Herstellung, dem hohen Umsatz und dem ökonomischen Gewinn der Bertuchschen Zeitungen war Schillers Zeitschrift weit entfernt. Der Enthusiasmus, mit dem er sein Projekt geplant und die ersten Hefte herausgegeben hatte, wurde rasch unterhöhlt durch den editorischen Alltag und die ernüchternde Erfahrung mit den Marktmechanismen und dem sie bestimmenden Publikumsgeschmack. Vor allem sah er seine Kreativität und Phantasie bedroht durch Monotonie und Routine, die die Herausgeberpflichten mit sich brachten, seine dichterische Energie war blockiert. Der

Widerspruch zwischen höchstem inhaltlichem Anspruch und den Niederungen des publizistischen Tagesgeschäfts stellte für ihn einen kaum lösbaren Konflikt dar. Er schlug sich in einem zunehmend unregelmäßigen Erscheinungsrhythmus nieder und wurde vertieft durch sinkende Absatzzahlen. Aber noch wurde Schiller getragen durch seine ausgeprägte Fähigkeit, neu beginnen zu können und kreative Lösungen selbst für die schwierigsten Situationen zu finden.

Keines der weiteren Zeitschriftenprojekte hat Schiller über einen so langen Zeitraum beansprucht wie das »Thalia«-Projekt, weder die »Neue Thalia« (1792–1795) noch »Die Horen« (1795–1797). Gerade in einer Phase schwerer gesundheitlicher Beeinträchtigung entwickelte er den Plan, seine 1785 gegründete »Thalia« in neuem Gewand, aber weitgehend mit den alten Mitarbeitern wiederzubeleben, wobei er durchaus auch seine finanziellen Interessen im Auge hatte. Inhaltlich ging es ihm vor allem darum, das Verständnis für die klassische Antike zu fördern und ein öffentliches Forum für seine Dramentheorie zu schaffen. Wieder waren es die ersten Hefte, die sich durch ein herausragendes literarisches und theoretisches Niveau wie durch stilistische Vielfalt auszeichneten. Das erste Stück der »Neuen Thalia« erschien im Januar 1792 bei Göschen in Leipzig, es enthielt Schillers Vergil-Übersetzung »Die Zerstörung von Troja. Zweites Buch und drittes Buch der Aeneis«, eingeleitet durch eine »Vorerinnerung des

Verfassers«, und den Aufsatz »Über den Grund des Vergnügens an tragischen Gegenständen«. Das zweite Stück vom März 1792 enthielt die Fortsetzung seiner Vergil-Übersetzung »Dido. Viertes Buch der Aeneis« und den Aufsatz »Über die tragische Kunst«. Im Juni 1792 brachte das dritte Stück den Schluß der Vergil-Übersetzung, »Didos Tod«. Das vierte, fünfte und sechste Heft erschien ohne einen Beitrag Schillers, dessen schwindendes Interesse mit einem deutlichen Niveauverlust der Zeitschrift einherging.

Bis Januar 1795 folgten weitere sechs Hefte in unregelmäßigen Abständen; den ursprünglich geplanten zweimonatigen Erscheinungsrhythmus hielt Schiller nicht durch, zumal er die gesamte redaktionelle Arbeit weitgehend allein leistete. Dabei mußte er sich nicht nur gegen eine harte Konkurrenz auf dem Markt der literarischen Zeitschriften behaupten. Unter den infolge der Französischen Revolution nicht nur in Deutschland verschärften Zensurmaßnahmen geriet jede republikanische Orientierung schnell unter Verdacht. Dem konnte Schiller aufgrund seiner literarisch-ästhetischen Zielsetzung fast immer entgehen, zumal er aktuelle politische Themen vermied. Im Juni 1793 erschien seine Abhandlung »Über Anmut und Würde«; sie wurde von Kant als das »Werk einer Meisterhand« mit allerhöchstem Lob bedacht. Das Septemberheft erhielt »Vom Erhabenen. Zur weiter Ausführung einiger Kantischen

Ideen«. Fast ein Jahr später, im August 1794, publizierte Schiller die »Fortgesetzte Entwicklung des Erhabenen«, im Oktober folgte sein letzter Beitrag, »Zerstreute Betrachtungen über verschiedene ästhetische Gegenstände«. Das letzte Heft vom Februar 1795 erhielt keinen eigenen Beitrag mehr. Angesichts des geringen Absatzes hatte Schiller schon lange resigniert.

Beherrscht von einer einzigen großen Passion, der Literatur, beschäftigte ihn seit geraumer Zeit schon wieder eine ganz neue Idee, die alle Mängel und Fehlentwicklungen der »Thalia« überwinden sollte. Von all seinen Zeitschriftenprojekten waren »Die Horen« das hochfliegendste, auch wenn ihnen aufgrund anhaltender Geldnot, des Mangels an geeigneten Manuskripten und einer Überforderung der Leser nur eine kurze und mühevolle Lebensdauer beschieden war. Obwohl ihm der spektakuläre »Räuber«-Erfolg einen Platz im deutschen Dichterhimmel zugewiesen hatte, obwohl er von der Pariser Nationalversammlung zum »Citoyen français« ernannt und von Herzog Carl August zum »Weimarischen Hofrat« gemacht worden war, mithin eine beachtliche Reputation und einen hohen Bekanntheitsgrad besaß, plagten ihn heftige Geldsorgen, denen er abhelfen wollte. Vor allem aber wollte er die Öffentlichkeit erreichen, ein Forum schaffen für seine Ideale einer »veredelten Menschheit«, die er in den Briefen »Über die ästhetische Erziehung des Menschen« formuliert hatte.

93. Friedrich Justin
Bertuch. Terrakottabüste
von Martin Gottlieb
Klauer, um 1784.

94. Georg Joachim
Göschen. Lithographie
von Johann Samuel
Graenicher.

Bis in den Herbst 1792 reichten die entsprechenden Pläne zurück. Am 14. Oktober 1792 hatte Schiller mit dem für ihn charakteristischen Enthusiasmus Göschen seine Lieblingsidee unterbreitet: »Ich meine immer, daß Sie bei meiner alten Idee, ein großes vierzehntägiges Journal, an dem dreißig oder vierzig der beßten Schriftsteller Deutschlands arbeiten, herauszugeben, am besten fahren und ein Werk für Ihr Lebenlang daran haben würden. Sie würden und müßten dadurch der Erste und Respectirteste Buchhändler in Deutschland werden. […] Sie würden und müßten schon in den ersten Jahren nicht unter 1 000 Reichsthaler reine Revenue davon haben, die bei fortdauernder Accuratesse drei- und vierfach werden müssen.« Doch der finanziell angeschlagene Göschen vertraute lieber seiner Kalkulation als Schillers ideenreichem Konzept – eine Entscheidung, die sich als fatal erwies, denn er sollte tatsächlich seinen verheißungsvollen Autor an den Konkurrenten verlieren. Zunächst aber ruhte das Vorhaben erst einmal.

Als sich Schiller von August 1793 bis Mai 1794 in seiner württembergischen Heimat aufhielt, lernte er im Mai 1794 den jungen und einflußreichen Tübinger Verleger Johann Friedrich Cotta (1764–1832) kennen, es sollte eine folgenreiche Begegnung werden. Die von beiden gewünschte engere Zusammenarbeit konkretisierte sich rasch. Noch im Mai suchte Cotta Schiller auf, um mit ihm seinen ehrgeizigen Plan einer politischen Tageszeitung zu besprechen, die Schiller leiten sollte. Dieser war beeindruckt von der allseits gerühmten Dynamik seines schwäbischen Landsmannes. Auch sein »Horen«-Plan wurde eingehend besprochen und fand Cottas Interesse. Beide Projekte wurden am 28. Mai vertraglich vereinbart. Dem von Cotta favorisierten Tageszeitungsplan stimmte Schiller allerdings nur zu, um ihn für seine »Horen« einzunehmen. Nicht ohne List schrieb er Cotta am 14. Juni 1794: »Was mich betrifft, so ist dieß der einzig mögliche Weg, daß Sie der Verleger aller meiner künftigen Schriften werden, denn sobald ich für ein Journal schreibe, heben sich alle andern Verbindungen auf. Ließe ich aber meine Schriften einzeln drucken, so hätte H. Göschen immer das erste Recht an meinen neuesten Arbeiten, indem ich sie ihm schon versprochen habe.« Bald schon nahm er Abstand von dem Zeitungsangebot, und Cotta ließ ihn gewähren. Mit um so größerer Energie verfolgte er die geplanten »Horen«. Die Zeitschrift sollte monatlich erscheinen und Beiträge über philosophische, historische und ästhetische Themen enthalten. Der Vertrag sah ausdrücklich vor, daß auch »Nichtgelehrte« die Texte verstehen sollten.

Die emphatische Hinwendung zu Cotta mußte Göschen empfindlich verletzen, zumal sich Schiller auch jetzt noch mit finanziellen Rückforderungen an ihn wandte. Göschen war bis zu diesem Zeitpunkt davon ausgegangen, die alleinigen Rechte an Schil-

lers Werken zu besitzen, und mußte nunmehr in Cotta einen nicht ungefährlichen Konkurrenten erkennen. Für ihn stellte sich jetzt die Frage, ob er in einer sich anbahnenden Phase des Erfolgs Schillers Geldforderungen abschlagen sollte, die er ihm in schwierigen Zeiten stets großzügig gewährt hatte. Ein Brief Cottas an Schiller vom 8. Mai 1795 gibt Einblick in einen aufsehenerregenden Konflikt zwischen dem aufbrausenden Göschen und seinem verlegerischen Kontrahenten, in dem beide um die Rechte an dem Dichter stritten. Wenngleich Cotta »disen Auftritt unter die härtesten seines Lebens« zählte, so wußte er doch schon damals Schillers Marktwert einzuschätzen. Mit der Übernahme der »Horen« konnte er ihn für sich gewinnen. Göschen hatte das Nachsehen und mußte seinen großen Autor ziehen lassen. Er war über dieses Vorgehen so gekränkt, daß er den Briefkontakt zu Schiller abbrach. Es war allerdings nicht das letzte Wort zwischen beiden, als Verleger der großen Stücke hatte er mit seinem Dichter noch einiges zu regeln.

Schiller hatte günstige Bedingungen bei Cotta ausgehandelt; die Honorare waren vergleichsweise hoch. Als Herausgeber hatte er für sich 300 Reichstaler pro Jahr vorgesehen. Daß Schiller mit seinem ersten Brief, den er an Goethe schrieb, diesen für eine Mitarbeit an den »Horen« gewinnen konnte, kann als Gründungsakt der ersten Zeitschrift der Weimarer Klassik gelten. Da er Goethe fest an das Projekt binden wollte, erreichte er für ihn Sonderkonditionen. »[…] eine zu kostbare Acquisition, als daß man ihn nicht, um welchen Preis es auch sey, erkaufen sollte«, hatte er Cotta signalisiert. Goethe wurde zum wichtigsten Gesprächspartner und Mitarbeiter an dem Projekt. Beide waren sich einig, an der Spitze einer neuen, »klassischen« Literatur zu stehen, für die ein Publikum gefunden und ein literarischer Markt erst noch geschaffen werden mußte. Die »Horen« sollten dafür das programmatische Forum sein.

Die fünfköpfige Gründungsredaktion, zu der u. a. Schillers Jenaer Professorenkollegen Johann Gottlieb Fichte und der Historiker Karl Ludwig von Woltmann und später auch Goethe gehörten, löste sich bald auf, da Schiller die Entscheidung über die eingegangenen Manuskripte weitgehend allein traf oder im Briefwechsel mit Körner besprach. An mehr als 30 der namhaftesten Schriftsteller war seine »Einladung zur Mitarbeit« ergangen, 26 von ihnen, nahmen an. Sowohl die älteren unter ihnen, wie Johann Jakob Engel, Christian Garve, Johann Wilhelm Gleim und Gottlieb Konrad Pfeffel, als auch jüngere Autoren wie Fichte, Wilhelm und Alexander von Humboldt, Friedrich von Matthisson und August Wilhelm Schlegel hatten bekannte Namen. Ebenso trugen die literarischen Vertreter der Spätaufklärung wie Friedrich Heinrich Jacobi und Alois Ludwig Hirt sowie einige Historiker und Publizisten zum Ansehen der Zeitschrift bei. Einige wenige entzogen sich dem Angebot, was

Schiller schmerzte. Zu ihnen gehörten Kant, Klopstock, der Schiller nicht sehr schätzte, sowie Jean Paul, der einfach untätig blieb.

In der fulminanten »Ankündigung« seiner Monatsschrift vom 10. Dezember 1794 präsentierte Schiller der Öffentlichkeit seine Ziele. Als Fundament seiner Programmatik formulierte er den Vorsatz politischer Zurückhaltung, mit der er sich in historisch schwieriger Zeit den Weg für seine Ideen frei halten wollte. Doch er begriff sein Vorhaben keineswegs als apolitisch. Mit kritischem Blick auf das vom Terror geschüttelte Frankreich und in unmittelbarer Auseinandersetzung mit den Folgen der Französischen Revolution lehnte er Gewalt als Mittel der Politik ab und entwarf eine Reform des Staates mittels ästhetischer Erziehung, Charakterveredelung, Humanisierung. Nur so sei politische Freiheit möglich. »Zu einer Zeit, wo das nahe Geräusch des Kriegs das Vaterland ängstiget, wo der Kampf politischer Meinungen und Interessen diesen Krieg beinahe in jedem Zirkel erneuert und nur allzuoft Musen und Grazien daraus verscheucht, wo weder in den Gesprächen noch in den Schriften des Tages vor diesem allverfolgenden Dämon der Staatskritik Rettung ist, möchte es ebenso gewagt als verdienstlich sein, den so sehr zerstreuten Leser zu einer Unterhaltung von ganz entgegengesetzter Art einzuladen. In der Tat scheinen die Zeitumstände einer Schrift wenig Glück zu versprechen, die sich über das Lieblingsthema des Tages ein strenges Stillschweigen auferlegen und ihren Ruhm darin suchen wird, durch etwas anderes zu gefallen, als wodurch jetzt alles gefällt. Aber je mehr das beschränkte Interesse der Gegenwart die Gemüter in Spannung setzt, einengt und unterjocht, desto dringender wird das Bedürfnis, durch ein allgemeines und höheres Interesse an dem, was *rein menschlich* und über allen Einfluß der Zeiten erhaben ist, sie wieder in Freiheit zu setzen und die politisch geteilte Welt unter der Fahne der Wahrheit und Schönheit wieder zu vereinigen.«*

»Wahrheit und Schönheit«, die Basis einer umfassenden Erziehung des Menschen, wie sie Schiller in seinen Briefen »Über die ästhetische Erziehung des Menschen« entwarf, sollten auch das Herzstück seiner Zeitschrift sein. »Dem Ideale veredelter Menschheit« verpflichtet, wollte er »dem stillen Bau beßrer Begriffe, reinerer Grundsätze und edlerer Sitten, von dem zuletzt alle wahre Verbesserung des gesellschaftlichen Zustandes abhängt, nach Vermögen geschäftig sein«.

Den ambitionierten Charakter der Zeitschrift, ihr hohes literarisches und theoretisches Niveau spiegeln viele Beiträge wider. Goethe veröffentlichte hier seine »Unterhaltungen deutscher Ausgewanderten«, seine Polemik über den »Literarischen Sansculottismus«, das »Märchen«, die »Elegien« und weitere Gedichte. Da er anderweitig vertraglich gebunden war, konnten einige Beiträge von ihm, die Schiller gerne gebracht hätte, in den »Horen« nicht erscheinen. Hauptstücke

waren Fichtes Aufsatz »Über Belebung und Erhöhung des reinen Interesses für Wahrheit«, Herders Schrift »Das eigene Schicksal« und einige seiner Gedichte, Jacobis »Zufällige Ergießungen eines einsamen Denkers«, Wilhelm von Humboldts Analysen »Über den Geschlechtsunterschied und dessen Einfluß auf die organische Natur« und »Über die männliche und weibliche Form«, Johann Benjamin Erhards Studie über »Die Idee der Gerechtigkeit«, Woltmanns Schrift über den französischen Nationalcharakter sowie der Beitrag von Friedrich Schlegel »Über Poesie, Sylbenmaß und Sprache«. Sie standen neben Übersetzungen aus der Antike und von Stücken Shakespeares. Schiller selbst veröffentlichte neben seinen Briefen die Abhandlungen »Über naive und sentimentalische Dichtung«, »Über den moralischen Nutzen ästhetischer Sitten« sowie einige Gedichte. Im letzten Jahrgang dominierten die literarischen Texte jüngerer zeitgenössischer Autorinnen und Autoren.

Schon im Titel seiner neuen Zeitschrift drückte sich der Wunsch nach einer seine Ideen beschützenden Macht aus. Die Horen sind die drei Töchter des Zeus und der Themis, schwesterlich verbundene Göttinnen, die in der Deutung des Hesiod über die menschliche Rechtsordnung wachen: Dike als Gerechtigkeit, Eunomia als Ordnung und Gesetzlichkeit und Eirene als friedenstiftende Kraft. »Hora« bedeutet im Griechischen »Zeit«, die Zeit, die etwas reifen läßt, aber auch die volle Reife und Schönheit selbst. In

* NA 22, S. 106.

einer frühen Auffassung waren die Horen Naturgottheiten, Naturkräfte, die sich im Reifen der Früchte oder im Vollzug der Jahreszeiten kundtun. Auch an diese Bedeutungen wird Schiller gedacht haben.

Mit Begeisterung konnte er dem Dresdner Freund Christian Gottfried Körner am 12. Juni 1794 mitteilen: »Unser Journal soll ein Epoche machendes Werk seyn«, und in einem Brief an Cotta vom 1. September 1794 triumphieren: »Schon jetzt ist eine Societät von Schriftstellern beysammen, wie noch kein Journal (ich darf es wohl sagen) aufzuweisen gehabt hat.« Für den ersten Jahrgang 1795 konnte er dann auch die für damalige Verhältnisse beachtliche Zahl von 1 743 Abonnenten vorweisen sowie am Ende des Jahres eine Druckauflage von 2 300 Exemplaren.

Obwohl Schiller sein großes Geistes-Schiff so perfekt geplant und ausgestattet, obwohl er über den gesamten Zeitraum bis zur Erschöpfung gearbeitet hatte, war es dennoch zum Sinken verurteilt. Der Geisteshimmel über Deutschland vor der Jahrhundertwende um 1800 war trübe. Dafür sorgten nicht nur die Napoleonischen Kriege, Zensur und Alltagsnot, sondern auch ein schwaches Interesse der lesenden Öffentlichkeit an dem Ideal einer ästhetischen Erziehung. Von seinem Publikum, dem er sich einst als souveräner Instanz anvertraut hatte, war Schiller zunehmend enttäuscht. Und als ähnlich träge wie seine Leser erwiesen sich auch die meisten seiner Mitarbeiter. Schon

bald mußte er Körner gestehen, daß Goethe und er die Arbeit fast allein machten. Dabei liefere »leyder Goethe nicht die exquisitesten Sachen, und ich nicht die allgemeinverständlichsten«, heißt es in einem Brief vom 29. Dezember 1794. Und weiter: »Goethens Erzählungen und meine Briefe machen in den ersten Stücken die Maße aus […]. Wir müssen also für eine größere Mannichfaltigkeit an guten Sachen, wenn sie auch gleich gerade nicht zu den popularen gehören, Rath schaffen und darinn erwarte ich Hülfe von Dir. Goethe will seine Elegien nicht gleich in den ersten Stücken eingerückt, Herder will auch einige Stücke erst abwarten, Fichte ist von Vorlesungen überhäuft, Garve krank, Engel faul, die anderen lassen nichts von sich hören. Ich rufe also: Herr hilf mir, oder ich sinke!« Es fehlte an Manuskripten, die Absprachen klappten nicht. Und Schiller mangelte es an Diplomatie und Führungsgeschick, die durchaus disparate intellektuelle Avantgarde seiner Zeit um das Projekt zu versammeln. Aus Mangel an geeigneten Manuskripten mußte er später auch auf zweit- und drittklassige Autoren zurückgreifen.

Das neue Periodikum wurde überdies zum Gegenstand öffentlicher Auseinandersetzung und Kritik. Die Konkurrenz schlug zurück, die »Horen« waren das Ziel teils heftiger Attacken, die vor allem der elitären Programmatik und dem schwierigen Stil galten. Wilhelm von Humboldt, der treue Freund und Mitbegründer der »Horen«, faßte am 17. Juli 1795 die Leserreaktionen zusammen: »Man klagt im Ganzen über einen Mangel an Leichtigkeit.« Die Auflagenentwicklung war bedrohlich. Die Auflage der Zeitschrift sank von durchschnittlich 2 000 Exemplaren im ersten Jahrgang auf 1 500 im zweiten und auf rund 1 000 im dritten und letzten Jahrgang 1797. Schillers Motivation ließ nach, weil der außerordentliche Einsatz in keinem Verhältnis zum Erfolg stand. Es war ihm gelungen, die wichtigsten Köpfe seiner Zeit zu gewinnen und ein exzeptionelles Dokument klassischen Denkens zu schaffen, in dem die Ideale einer harmonischen Menschheitsentwicklung, auch als Ergänzung zur rationalitätsorientierten Philosophie der Aufklärung, formuliert wurden. Mit seiner publizistischen wie mit seiner theoretischen Arbeit war es Schiller stets darum gegangen, die Bildungskluft in seinem Land zu überwinden. Aufgabe des Schriftstellers sei es, die Distanz »zwischen der Auswahl einer Nation und der Masse derselben«* zu überwinden. Auch für die »Horen« hatte er in der »Einladung zur Mitarbeit« alles ausgeschlossen, »was entweder bloß den gelehrten Leser interessieren oder was bloß den nichtgelehrten befriedigen kann«. Insofern reagierte er auf die zum Teil scharfe öffentliche Kritik an dem hermetischen Charakter seiner »Horen«, die ihm auch aus unterschiedlichen Zeitschriften entgegenschlug, mit großer Betroffenheit, auch wenn er sich selten dazu äußerte. Erst seine scharfzüngigen Xenien, die im Bünd-

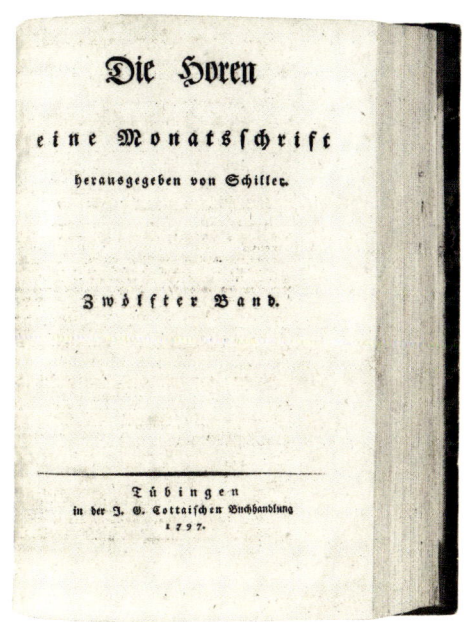

nis mit Goethe 1797 gezielt als öffentliche Abrechnung mit den giftigen Urteilen über die »Horen« publizierten Spottverse, zeigten seine hohe Streitkultur in der Auseinandersetzung mit der unliebsamen Konkurrenz. Schiller veröffentlichte sie gemeinsam mit 103 »Tabulae votivae«, den »zahmen« Denksprüchen, im »Musenalmanach für das Jahr 1797« – zu einem Zeitpunkt, als er bereits resigniert hatte.

Der hohe Anspruch hatte sich, wenn überhaupt, nur zu Beginn realisieren lassen; er entsprach keinem breiten Leserinteresse. Trotz angestrebter thematischer Vielfalt war Schiller zu Kompromissen im Hinblick auf reine Unterhaltung nicht bereit. Er hatte genug negative Erfahrung als Herausgeber gesammelt, um seine Grenzen nicht zu

* NA 22, S. 247.

erkennen. Bereits 1795 hatte er Cotta am 3. September mitgeteilt, daß thematische Vielfalt sein Hauptanliegen sei, daß aber, wenn »aller dieser Bestrebungen ungeachtet die öffentliche Stimme gegen uns ist, so muß die Unternehmung aufgegeben werden«. Ein solcher Punkt war 1797 mit dem letzten Heft erreicht. Die Leser hatten entschieden, Schiller war im Hinblick auf den Publikationsmarkt desillusioniert, die Zeitschrift war nicht mehr existenzfähig und – auch aufgrund der teuren Ausstattung und der hohen Honorare – zu einem Verlustgeschäft geworden.

Schiller gestand sich sein Scheitern ein und konzentrierte sich künftig ganz auf seine Dichtung; die Arbeit am »Wallenstein« war längst schon begonnen. Nicht ohne Verbitterung übermittelte er Friedrich Hölderlin in einem Brief vom 24. August 1799 das negative Resümee seiner publizistischen Arbeit: »Die Erfahrungen, die ich als Herausgeber von periodischen Schriften seit 16 Jahren gemacht, da ich nicht weniger als 5 verschiedene Fahrzeuge auf das klippenvolle Meer der Literatur geführt habe, sind so wenig tröstlich, daß ich Ihnen als ein aufrichtiger Freund nicht rathen kann, ein Aehnliches zu thun.« Auch wenn er selbst nie wieder »ein Aehnliches« unternahm, wurde, was er geleistet hatte, zum Maßstab und Vorbild, zum Beispiel für die von Goethe 1798–1800 bei Cotta herausgegebene Kunstzeitschrift »Propyläen«, die in Anlehnung an das »Horen«-Konzept die Kunstanschauung der Weimarer Klassik dokumentierte. Auch für das von Friedrich und August Wilhelm Schlegel 1798 in Berlin gegründete »Athenäum«, bis 1800 die führende Zeitschrift der Frühromantik, waren die »Horen« das prägende Vorbild.

Schillers publizistische Tätigkeit endete mit der Herausgabe des »Musenalmanachs«, einer jährlich erscheinenden Anthologie zumeist unveröffentlichter Lyrik und anderer poetischer Kleinformen, ergänzt durch Illustrationen und ein Kalendarium. Mit diesem zwischen 1796 und 1800 in fünf Folgen publizierten Almanach knüpfte er an seine »Anthologie auf das Jahr 1782« an und veröffentlichte in ihm einen Großteil seiner Gedichte. Als Mitarbeiter hatte er diesmal so bedeutende Autoren wie Goethe, Herder, A. W. Schlegel, Ludwig Tieck und Friedrich Hölderlin gewinnen können. In der Tradition des Musenalmanachs gelten die fünf von Schiller herausgegebenen als die bedeutendsten.

Parallel zu seiner publizistischen Arbeit schrieb Schiller seine Stücke und war als Theaterdichter – seiner schlechten Gesundheit zum Trotz – von einer kaum faßbaren Kreativität und einer seinem strengen Willen abgerungenen Leistungsfähigkeit. Dabei interessierten ihn Organisation und Alltag des Theaterbetriebs und der Bühnenarbeit nicht in dem Maße wie die Realisierung seiner Stücke auf der Bühne.

Zwei das Theater reflektierende Schriften aus der vorklassischen Zeit spiegeln wie auch seine frühen Stücke noch Elemente des Sturm-und-Drang-Stils: »Ueber das gegenwärtige teutsche Theater« aus dem »Wirtembergischen Repertorium der Litteratur« von 1782 und die am 26. Juni 1784 vor der Kurfürstlichen Deutschen Gesellschaft in Mannheim gehaltene Rede »Was kann eine gute stehende Schaubühne eigentlich wirken?«. Letztere erschien als Erstdruck in der »Rheinischen Thalia« von 1785 und 1802 in überarbeiteter Fassung unter dem seither üblichen Titel »Die Schaubühne als eine moralische Anstalt betrachtet«. Beide Abhandlungen haben programmatischen Charakter. In aufklärerischer Tradition steht die Idee der Natürlichkeit, die »Wahrheit der Darstellung«, im Vordergrund. Schillers Ideal war die »Kopie der Natur«. Insofern lehnte er das für das französische Theater typische Deklamieren mit seiner Künstlichkeit und Affektiertheit ab und plädierte für eine natürliche Sprache und die gesamte Skala der Gefühle von der zarten Empfindung bis zu einer ins Extrem gesteigerten Leidenschaft. Vorbild und theoretische Orientierung dafür fand er in Lessings »Hamburgischer Dramaturgie« (1767–1769), in Johann Georg Sulzers »Allgemeiner Theorie der Schönen Künste« (1771–1774), in dessen »Betrachtungen über die Nützlichkeit der dramatischen Dichtkunst« (1760), den »Vermischten philosophischen Schriften« (1773) sowie in Louis-Sébastien Merciers »Neuem Versuch über die Schauspielkunst« (1776). Ein allen gemeinsamer Gedanke war der »moralische Wert« der Bühne. Schiller forderte, daß die künstlich geschaffene Welt des Theaters ein Höchstmaß an Natürlichkeit aufbieten müsse; nur so gelinge die Identifikation des Zuschauers mit dem Bühnengeschehen, entstehen Wirkung und Vergnügen am Theater. Selbst im höchsten Konflikt solle die »Harmonie des Großen« und die »Symmetrie […] des Ganzen« erhalten bleiben. Leere Unterhaltung lehnte Schiller ab. Seine Vorstellung von der Schaubühne als einer »moralischen Anstalt« forderte den mitdenkenden, mitempfindenden und mitleidenden Zuschauer.

Schiller verstand das Theater als einen vitalen Ort in der Gesellschaft, als eine allen zugängliche »öffentliche Anstalt«, einen »offenen Spiegel des menschlichen Lebens«. Die Bühne war für ihn der ideale Raum für die Analyse des menschlichen Verhaltens, sie macht den »Menschen mit dem Menschen bekannt«, der Zuschauer bekommt seine »Tugenden«, seine »Thorheiten«, seine »Laster« und deren verhängnisvolle Folgen exemplarisch vorgeführt. Das Bühnengeschehen offeriert einen »unfehlbaren Schlüssel zu den geheimsten Zugängen der menschlichen Seele«, es konfrontiert das Individuum mit Konfliktsituationen und fordert deren Bewältigung. »Herz« und »Verstand« werden gerüstet und Gelassenheit, »Muth« und »Klugheit« gelehrt.

In der Abhandlung von 1784 wird deutlich, wie hoch seine Erwartungen waren. Wenn er dem Theater eine der Religion oder dem Recht vergleichbare Bedeutung zuerkennt, wenn er die Bühne als »res publica«, als ein Forum der Menschenbildung und Aufklärung sieht, spricht hier auch der Arzt, der Psychologe, und seine Stücke, vorrangig die der Spätphase, lösen diesen Anspruch ein. Bereits der Titel formuliert Schillers Ziel der moralischen Kultivierung des Menschen. Diese vollzieht sich sowohl über die Analyse des menschlichen Verhaltens als auch über die affektive Wirkung, die von großem Theater ausgeht. Im Schlußwort entwirft er es noch einmal: »Und dann endlich – welch ein Triumph für dich, Natur – so oft zu Boden getretene, so oft wieder auferstehende Natur – wenn Menschen aus allen Kreisen und Zonen und Ständen, abgeworfen jede Fessel der Künstelei und der Mode, herausgerissen aus jedem Drange des Schicksals, durch *eine* allwebende Sympathie verbrüdert, in *ein* Geschlecht wieder aufgelöst, ihrer selbst und der Welt vergessen und ihrem himmlischen Ursprung sich nähern. Jeder einzelne genießt die Entzückungen aller, die verstärkt und verschönert aus hundert Augen auf ihn zurückfallen, und seine Brust gibt jetzt nur *einer* Empfindung Raum – es ist diese: ein Mensch zu sein.« Von hier aus sind es nur noch wenige Schritte zu seiner Tragödientheorie.

Seit Beginn der neunziger Jahre setzte sich Schiller in einer Reihe von Schriften mit verschiedenen Aspekten der Tragödie auseinander. Parallel dazu beschäftigte er sich intensiv mit der Philosophie Kants, vor

* NA 26, S. 191.

allem mit dessen Ästhetik, und integrierte grundlegende Elemente des Kantschen Denkens in das seinige. »Es ist gewiß von keinem Sterblichen Menschen kein größeres Wort noch gesprochen worden, als dieses Kantische, was zugleich der Inhalt seiner ganzen Philosophie ist: Bestimme dich aus dir selbst.« Und Schiller fährt fort: »Diese große Idee der Selbstbestimmung strahlt uns aus gewissen Erscheinungen der Natur zurück, und diese nennen wir Schönheit.«*

Über Kant hinausgehend, erhält das Schöne den Rang einer autonomen Instanz, das Schöne und die Sittlichkeit erscheinen als Einheit. Im ersten Heft der »Neuen Thalia« war 1792 der Aufsatz »Über das Vergnügen an tragischen Gegenständen« erschienen, im zweiten »Über die tragische Kunst«. 1793 folgten zwei weitere Abhandlungen, »Über das Pathetische« und »Über das Erhabene«, die Schiller erst 1801 im dritten Teil seiner »Kleineren prosaischen Schriften« veröffentlichte. Sie bilden den Kern seiner Theorie der Tragödie. 1793 beendete er die theatertheoretische Auseinandersetzung mit dem Aufsatz »Vom Erhabenen. Zur weitern Ausführung einiger Kantischen Ideen«.

In enger Anlehnung an Lessings »Hamburgische Dramaturgie« definierte er die Tragödie als eine »dichterische Nachahmung einer zusammenhängenden Reihe von Begebenheiten (einer vollständigen Handlung), welche uns Menschen in einem Zustand des Leidens zeigt, und zur Absicht hat, unser Mitleid zu erregen«. Den für die Aufklärung typischen Erziehungsoptimismus erweiterte er um eine nuancierte Psychologie des tragischen Mitleids, auf der Grundlage seiner Anthropologie, die auf der körperlich-seelischen Doppelnatur des Menschen basierte. Entsprechend seiner Sicht auf den Menschen – dieser ist bestimmt sowohl durch seine Sinne als auch durch die Vernunft, durch die Natur wie durch die Sittlichkeit – erkannte Schiller in diesem Mitleid eine hohe erzieherische Qualität. Das Ziel der Tragödie ist ihre moralische Wirkung. In dem Maße, wie der Mensch zur Einsicht in seine Natur bereit ist, ist er in der Lage, sich der Idee der Sittlichkeit zu stellen. Die Erfahrung des Leidens soll beim Zuschauer/Leser eine innere Auseinandersetzung mit der Idee der Freiheit auslösen. Insofern darf das Leiden nicht Selbstzweck des dramatischen Geschehens sein, Leiden an sich sei der Darstellung nicht würdig. Entscheidend sei die »Darstellung der moralischen Selbständigkeit im Leiden« und das Aufzeigen des vernunftgeleiteten Widerstandes gegen das Leiden. Das auf der Bühne gezeigte Leid des Helden (das Pathetische) hat für den Zuschauer etwas Aufbauendes, insofern es die Erkenntnis sittlicher Freiheit ermöglicht. Es befähigt ihn zur Einsicht in die Notwendigkeit sittlichen Verhaltens. Die Kraft der sittlichen Freiheit erweist sich in der Fähigkeit zum Widerstand gegen äußeren und inneren Druck. Sittliches Verhalten zeichnet sich aus durch Übereinstimmung mit ethischen Gesetzen, es befähigt das Individuum, in Würde und in Freiheit über sich selbst zu verfügen.

Schillers Theaterstücke lassen sich literarhistorisch zwei Perioden zuordnen, der vorklassischen und der klassischen. Aufgrund ihres breiten stilistischen Spektrums ist es allerdings kaum möglich, sie jeweils einem konkreten Stiltypus zuzuweisen. Schiller selbst verweigerte eine solche strenge Klassifizierung. Er wolle »sich durch keinen allgemeinen Begriff fesseln«, schrieb er am 26. Juli 1800 an Goethe, »sondern es wagen, bei einem neuen Stoff die Form neu zu erfinden, und sich den Gattungsbegriff immer beweglich erhalten«.

Die Räuber
Ein Schauspiel in fünf Akten
Anonym erschienen März 1781
Selbstverlag
Uraufführung 13. Januar 1782
Nationaltheater Mannheim

1780, als er die »Räuber« schrieb, war Schiller gerade zwanzig Jahre alt. Es sei das »große Vorrecht der dramatischen Manier«, heißt es in der Vorrede seines Erstlings, »die Seele gleichsam bei ihren verstohlensten Operationen zu ertappen«. Nicht auf der Handlungsebene liegt das Zentrum all seiner Stücke, sondern in der psychologisch orientierten Zeichnung der Charaktere, für die der Dialog das entscheidende Medium ist. Schiller zog die dramatische Form stets den anderen Gattungen vor, weil »der echte

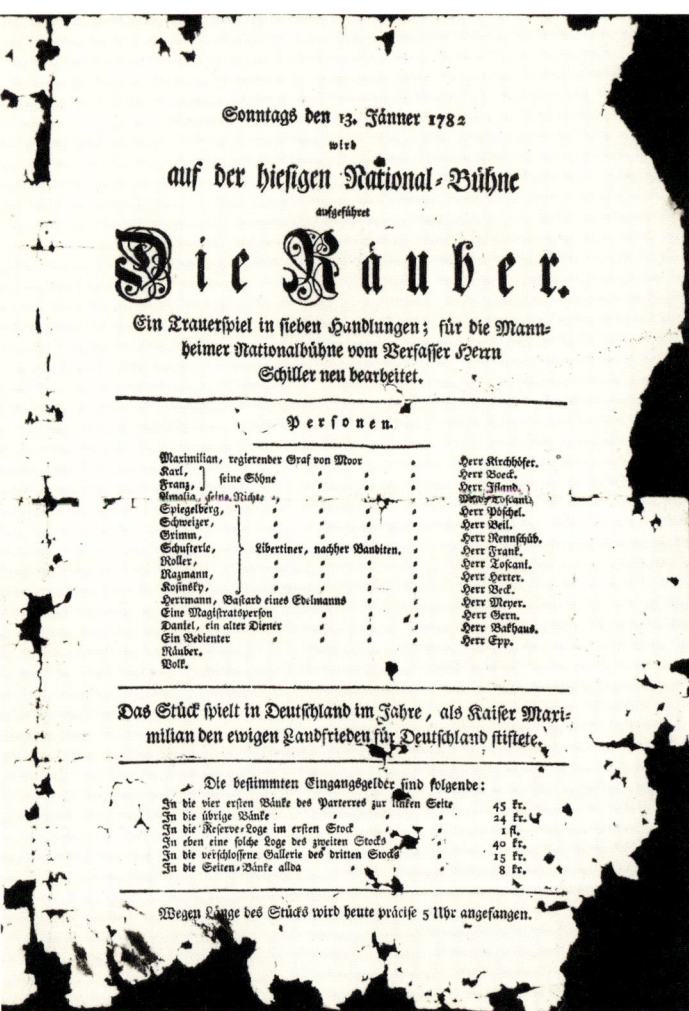

Sonntags den 13. Jänner 1782
wird
auf der hiesigen National-Bühne
aufgeführt
Die Räuber.

Ein Trauerspiel in sieben Handlungen; für die Mannheimer Nationalbühne vom Verfasser Herrn Schiller neu bearbeitet.

Personen.

Maximilian, regierender Graf von Moor	•	Herr Kirchhöfer.
Karl, ⎱ seine Söhne	•	Herr Boeck.
Franz, ⎰	•	Herr Jfland.
Amalia, seine Nichte	•	Madm. Toscani.
Spiegelberg, ⎫	•	Herr Pöschel.
Schweizer,	•	Herr Beil.
Grimm,	•	Herr Rennschüb.
Schufterle, ⎬ Libertiner, nachher Banditen.	•	Herr Frank.
Roller,	•	Herr Toscani.
Razmann,	•	Herr Herter.
Kosinsky, ⎭	•	Herr Beck.
Herrmann, Bastard eines Edelmanns	•	Herr Meyer.
Eine Magistratsperson	•	Herr Gern.
Daniel, ein alter Diener	•	Herr Bakhaus.
Ein Bedienter	•	Herr Epp.
Räuber.		
Volk.		

Das Stück spielt in Deutschland im Jahre, als Kaiser Maximilian den ewigen Landfrieden für Deutschland stiftete.

Die bestimmten Eingangsgelder sind folgende:
In die vier ersten Bänke des Parterres zur linken Seite	45 kr.
In die übrige Bänke	24 kr.
In die Reserve-Loge im ersten Stock	1 fl.
In eben eine solche Loge des zweiten Stocks	40 kr.
In die verschlossene Gallerie des dritten Stocks	15 kr.
In die Seiten-Bänke allda	8 kr.

Wegen Länge des Stücks wird heute präcise 5 Uhr angefangen.

96. Besetzungszettel der Uraufführung der »Räuber« am Mannheimer Nationaltheater. Mannheim, den 13. Jänner 1782.

Genius des Dramas«, wie es weiter in der ersten Vorrede heißt, »der wahre Geist des Schauspiels tiefer in die Seele gräbt, schärfer ins Herz schneidet und lebendiger belehrt als Roman und Epopöe«.

Schiller hat sich zu fast allen seinen Stücken mehr oder weniger ausführlich geäußert. In seinem »Avertissement zur ersten Aufführung der Räuber 1782« kündigte er sein Stück als »das Gemälde einer verirrten großen Seele« an. Diese sei »ausgerüstet mit allen Gaben zum Fürtrefflichen, und mit allen Gaben verloren. Zügelloses Feuer und schlechte Kameradschaft verdarben sein Herz – rissen ihn von Laster zu Laster – bis er zuletzt an der Spitze einer Mordbrennerbande stand, Greuel auf Greuel häufte, von Abgrund zu Abgrund stürzte, in alle Tiefen der Verzweiflung. – Groß und majestätisch im Unglück, und durch Unglück gebessert, rückgeführt zum Fürtrefflichen.« Einen solchen Menschen könne man in der Figur des Karl Moor »beweinen und hassen, verabscheuen und lieben«. Noch ausführlicher beschreibt Schiller »die Fabel des Stückes« in seiner im »Wirtembergischen Repertorium« abgedruckten »Selbstbesprechung«. Gegenfigur zu Karl ist sein Bruder Franz, der ihm »an Charakter sehr unähnlich« ist: »Ich habe große Rechte, über die Natur ungehalten zu sein, und bei meiner Ehre! Ich will sie geltend machen. – Warum bin ich nicht der erste aus Mutterleib gekrochen? Warum nicht der einzige? Warum mußte sie mir diese Bürde von Häßlichkeit aufladen? Gerade mir? [...] Wirklich, ich glaube, sie hat von allen Menschensorten das Scheußliche auf einen Haufen geworfen und mich daraus gebacken« (I/1). Von Geburt aus benachteiligt und von der Erbfolge des gräflichen Elternhauses ausgeschlossen, zerstört Franz Moor, von Haß und Machthunger getrieben, alle Beziehungen zu seiner Familie und

verfolgt nur noch ein Ziel, Herr im väter-
lichen Hause zu sein. Neun junge Leute läßt
Schiller gegen Staat, Ständegesellschaft und
sittliche Ordnung rasen, er läßt sie Morde
begehen, Städte niederbrennen, Nonnen
vergewaltigen, Jungfrauen schänden, er zeigt
sie alle als Ausgestoßene aus verletzter Liebe.
Ihr Anführer ist Karl Moor, den sein Bruder
Franz durch eine Intrige kaltgestellt hat. Der
alte Vater stirbt vor Gram; Franz tötet sich
mit eigener Hand, ohne zu Einsicht und
Reue zu gelangen. Karl, der durch einen Eid
an seine Räuberbande gekettet ist, tötet
Amalia, seine Geliebte, und liefert sich am
Ende der Justiz, also geltendem Recht, aus.
Der Furor des Endes der »Räuber« hat seine
sozialgeschichtliche Aktualität bis heute
nicht verloren – Schiller wird diese Spur wei-
terverfolgen bis zum »Wilhelm Tell«, der
den Tyrannen töten wird, töten darf.

97. »Die Räuber«.
Titelblatt der ersten,
anonym erschienenen
Ausgabe. Schiller hatte
sein erstes Stück mit
Hilfe eines Darlehens
von 150 Gulden auf
eigene Kosten bei
Metzler in Stuttgart
drucken lassen; die
angegebenen Verlags-
orte waren fingiert.

DIE VERSCHWÖRUNG DES FIESKO
ZU GENUA
Tragödie in fünf Akten
Erschienen April 1783 in Mannheim
Schwanische Hofbuchhandlung
Uraufführung 20. Juli 1783
Kurfürstliches Theater Bonn

Auch in seinem zweiten Stück, »Die Verschwörung des Fiesko zu Genua«, lotet
Schiller die Negativenergie eines kräfte-
steigernden und verheerenden Machttriebes
aus. Wieder geht es darum, die Seele des
Helden »bey ihren verstohlensten Operationen« zu beobachten, wieder erkennen wir
den Blick des Psychologen auf seinen Helden, auf Herrschsucht und Machthunger
einer Figur, die ihr Leben verspielt und ver-
liert. Es ist die »Tragödie« eines starken
Helden, dem es an Größe nicht fehlt. Es ist
Schillers erster, historisch verbürgter Stoff,
seine Quellen nennt er in der »Vorrede«. Im
Nachwort, der »Erinnerung an das Publikum«, macht er deutlich, daß er sich gegenüber der historischen Figur nicht als »Ge-
schichtsschreiber« verhalte, vielmehr wolle
er die »strengste historische Genauigkeit«
aufwiegen gegen »eine einzige große Auf-
wallung« im Zuschauer. Erzählt wird die

Geschichte Fieskos im Genua des 16. Jahrhunderts, seine Verschwörung gegen den 81 Jahre alten, von Schiller als »Doge« bezeichneten Potentaten Andrea Doria, in deren Verlauf dieser von einer Schiffsplanke ins Meer gestürzt wird und in den Wellen versinkt. Es entspricht dem Grundinteresse seines Frühwerks, die Motive und Strategien des Helden freizulegen und dessen Charakter in seiner ganzen inneren Widersprüchlichkeit zu veranschaulichen. Dramaturgische Höhepunkte sind die beiden Reflexionsmonologe (II/19 und III/2). Gezeigt wird die durch Machtorientierung bedingte innere Vereinsamung: die Einsamkeit des Handelnden. »Schiller ist der Klassiker dieser Einsamkeit« (Max Kommerell).

KABALE UND LIEBE
Ein bürgerliches Trauerspiel
Erschienen März 1784 in Mannheim
Schwanische Hofbuchhandlung
Uraufführung 13. April 1784
Großmannsche Schauspielergesellschaft
Frankfurt am Main

Schillers drittes Stück, »Kabale und Liebe«, trägt – in Abgrenzung zur hohen Tragödie und orientiert an Lessings Dramen – den Untertitel »Ein bürgerliches Trauerspiel in fünf Aufzügen«. Das Genre war in Mode; es entsprach dem bürgerlichen Selbstbewußtsein dieses Jahrhunderts. Die Thematik der durch aristokratische Willkür und Skrupellosigkeit bedrohten bürgerlichen Familie bot

sich Schiller nach seiner Flucht aus dem Machtbereich des württembergischen Herzogs auch als Folie eigener Erfahrungen an. Dem Ständekonflikt entsprechen die nach Standeszugehörigkeit gruppierten Figuren und der Sprachstil. Bereits im ersten Auftritt der bibellesenden sechzehnjährigen Luise Miller zeichnen sich zwei weitere zentrale Themen ab, der Glaube und die Liebe. »Mein Kopf ist so wüste […]. Ich […]fühle das Messer, das Er in mein Gewissen stößt; aber es kommt zu spät. – Ich habe keine Andacht mehr, Vater,   der Himmel und Ferdinand reißen an meiner blutenden Seele« (I/3). Ihre seelische Ruhe ist zutiefst gestört durch den unlösbaren Konflikt zwischen dem an ihr nagenden »Gewissenswurm« (V/1), das heißt ihrer Standeszugehörigkeit und der Pflicht gegenüber dem Vater und der Kirche, und ihrer Herzensneigung. Die Liebe zwischen dem Bürgermädchen und Ferdinand von Walter, dem Sohn eines hohen Adligen »am Hof eines deutschen Fürsten«, muß an den als gottgewollt empfundenen Standesgrenzen und Konventionen scheitern. Über eine Intrige, die der Präsident von Walter und sein windiger Sekretär Wurm spinnen (»Das Geweb ist satanisch fein«; III/1), spitzt sich die Kabale zum tödlichen Ausgang zu. Unbedingte Liebe scheint unter den gegebenen Verhältnissen nur im Tod möglich.

Wilst du dein Maul halten? wilst das Violoncello am Hirnkasten wissen? Kabale und Liebe.
I. Aufz. 2. Auftr.

Zum Glück war mir noch nie für die Ausführung eines Entwurfs bange.
I. Aufz. 5. Auftr.

Ohrfeig um Ohrfeig ——— das ist so Tax bey uns ——— Halten zu Gnäden.
II. Aufz. 6. Auftr.

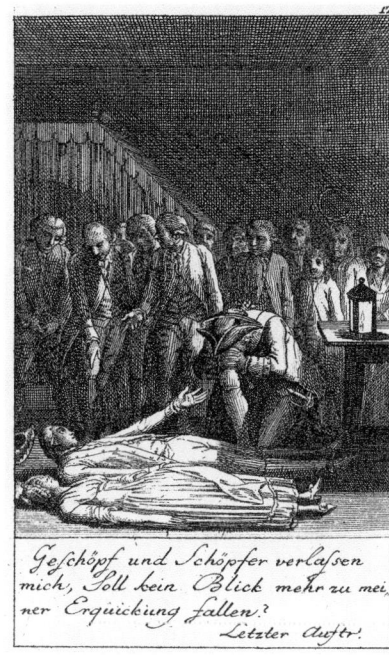

Geschöpf und Schöpfer verlassen mich, soll kein Blick mehr zu meiner Erquickung fallen?
Letzter Auftr!

98–101: Daniel Nikolaus Chodowiecki, Vier Kupferstiche zu »Kabale und Liebe«. Aus: Königlich-britischer genealogischer Kalender auf das Jahr 1786. Lauenburg, Johann Georg Berenberg.

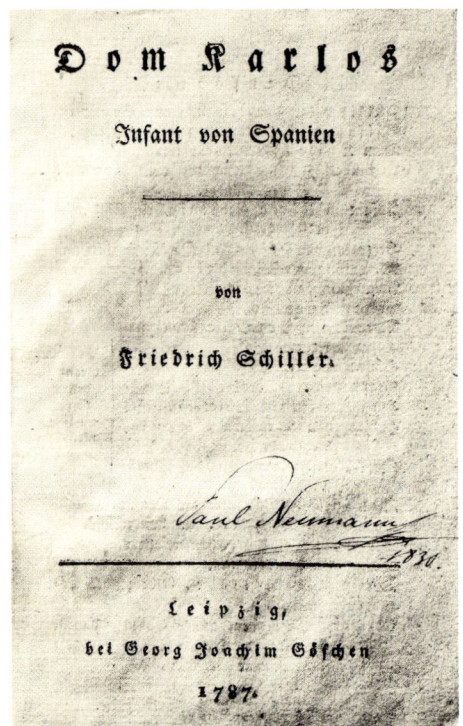

DON KARLOS. INFANT VON SPANIEN
Ein dramatisches Gedicht
Überarbeitet erschienen 1801
bei Göschen in Leipzig
Uraufführung 19. Juni 1802
Hoftheater Weimar
Nochmals überarbeitet 1805

»Sie wollen pflanzen
für die Ewigkeit, / Und
säen Tod? Ein so erzwun-
gnes Werk / Wird seines
Schöpfers Geist nicht
überdauern.«
Don Karlos, III/10

»Der Mensch scheint mir mehr dazu organisiert und bestimmt zu sein, durch augen-
blickliche und einfache Empfindnisse als
durch zusammengesetzte Vernunftideen bei
seinem moralischen Wohlgeschäfte gelenkt
zu werden«, formulierte Schiller in den
»Briefen über Don Karlos« (1788) und teilt

damit einen zentralen Gedanken seines vierten Stücks mit. Keines seiner Dramen hat er
so ausführlich erläutert wie dieses. Er hat es
mehrfach überarbeitet und entsprechend
dem inhaltlichen Konzept auch die Struktur
verändert. Dabei entfernte er sich immer
mehr von einem ersten Entwurf, dessen
Schwerpunkt die auf Ergriffenheit und
Bewunderung zielende Darstellung der Charaktere war. Schiller lenkte den Blick zunehmend auf Handlungsmotive und Entschei-
dungsprozesse der einzelnen Figuren und
exponierte so den Ideengehalt des Dramas.
Sein zentrales Thema ist der »enthusiastische Entwurf« einer humanen Gesellschaft,
es geht ihm darum, »einen Fürsten aufzustellen, der das höchste mögliche Ideal bürgerlicher Glückseligkeit für sein Zeitalter
wirklichmachen sollte« (Achter Brief). Dieser »enthusiastische Entwurf« erweist das
Drama als ein eminent politisches. Er wird
zum Kristallisationspunkt für die Entwicklung der Hauptcharaktere Don Karlos und
Marquis Posa, dessen republikanische Gesinnung sich in der zentralen Audienzszene
offenbart, wenn er Karlos' Vater, den spanischen König Philipp II., ersucht, die Niederlande von der spanischen Gewaltherrschaft
zu befreien: »Gehen Sie Europens Königen
voran. / Ein Federzug von dieser Hand, und
neu / Erschaffen wird die Erde. Geben Sie /
Gedankenfreiheit« (III/10). Posa scheitert
mit seinen Plänen und büßt sein Scheitern
mit dem Tod. Karlos, der gemütskranke, von
Leidenschaft überwältigte Prinz, entwickelt

sich von einem Träumer und Schwärmer zum verantwortungsbereiten Kämpfer. »Ich eile, mein bedrängtes Volk / Zu retten von Tyrannenhand. Madrid / Sieht nur als König oder nie mich wieder« (V/11). Auch er scheitert, sein despotischer, von Intrigen zersetzter Vater duldet keinen Liberalismus und übergibt ihn der Inquisition.

Alle Stücke der Jugendphase wurden schon bald nach ihrem Erscheinen uraufgeführt und fanden eine außergewöhnliche öffentliche Resonanz. Großes Interesse wurde auch den folgenden Stücken entgegengebracht, die häufig schon vor ihrer Drucklegung aufgeführt wurden.

WALLENSTEIN
Tragödie in drei Teilen und einem Prolog
Erschienen Juni 1800
bei Cotta in Tübingen
Uraufführungen am Hoftheater Weimar:
· Wallensteins Lager
  am 12. Oktober 1798
· Die Piccolomini
  am 30. Januar 1799
· Wallenstein Tod
  am 20. April 1799

Mit seiner Wallenstein-Trilogie bezog Schiller einen neuen literaturgeschichtlichen Standort, sie leitete die klassische Phase seiner Dichtung ein. Der »Wallenstein« wird als Schillers Opus magnum angesehen, in seinem Rang ist er mit Goethes »Faust« vergleichbar. Er gilt zurecht als die bedeutendste politisch-historische Tragödie der deutschen Literatur.* Elf Jahre lagen zwischen dem 1787 veröffentlichten »Don Karlos« und der Uraufführung von »Wallensteins Lager« im Jahre 1798. Kein anderes Werk hat eine so lange Entstehungsgeschichte. Ein erster Plan reichte bis 1791 zurück, als Schiller an der »Geschichte des Dreyßigjährigen Kriegs« arbeitete. Nach einem monatelangen intensiven und systematischen Studium der Geschichtswissenschaft hatte er im Dezember 1788 Bilanz gezogen und die Wahrheit der Geschichte derjenigen der Dichtung konfrontiert, deren »innerer Wahrheit« er den Vorzug gab. »Ich werde immer eine schlechte Quelle für einen künftigen Geschichtsforscher seyn, der das Unglück hat, sich an mich zu wenden. […] Die Geschichte ist überhaupt nur ein Magazin für meine Phantasie, und die Gegenstände müssen sich gefallen laßen, was sie unter meinen Händen werden.« Als Historiker veröffentlichte Schiller dennoch mehrere Abhandlungen, als deren bedeutendste die »Geschichte des Dreyßigjährigen Kriegs« gilt. Diese Phase war im September 1792 abgeschlossen.

Der Dramatiker hatte sich eine lange Arbeitspause verordnet, in der er sich vor allem dem Studium der Philosophie widmete, sich intensiv mit Kant auseinandersetzte und sein Denken und damit auch sein dichterisches Selbstverständnis grundlegend

* Vgl. Dieter Borchmeyer, Macht und Melancholie. Schillers Wallenstein. Frankfurt a. M. 1988.

veränderte. Die Folge war eine kritische
Distanz gegenüber dem bisher Erreichten.
So schrieb er in einer ersten Phase der Sich-
tung des Wallenstein-Stoffs im September
1794 an Körner: »Was ich je im Dramatischen zur Welt gebracht, ist nicht sehr
geschickt mir Muth zu machen, und ein
Machwerk wie der Carlos eckelte mich nunmehr an, wie sehr gern ich es auch jener
Epoche meines Geistes zu verzeyhen geneigt
bin.« Für seine Arbeit am Wallenstein-Stoff
könne er von seiner »alten Art und Kunst
recht wenig dabey brauchen«. Das neue
dichtungstheoretische Konzept zielte nicht
mehr auf unmittelbare affektiv-identifika-
torische Wirkung, sondern auf ästhetische
Erfahrung und Reflexion. Der Zuschauer
sollte seinen geistig-sittlichen Standort finden; im Zentrum stand nicht mehr primär
der Charakter, sondern die von einer Idee
getragene Handlung. Das Mittel der idealistischen Überhöhung lehnte Schiller ab;
in einem Brief vom 21. März 1796 argumen-
tierte er gegenüber Humboldt: »Wallenstein
ist ein Character, der – als ächt realistisch –
nur im Ganzen, aber nie im Einzelnen interessieren kann […]. Er hat nichts Edles, er
erscheint in keinem einzelnen LebensAkt
groß; er hat wenig Würde u. dgl., ich hoffe
aber nichtsdestoweniger auf rein realistischem Wege einen dramatisch großen Charakter in ihm aufzustellen, der ein ächtes
Lebensprincip in sich hat. Vordem habe ich
wie im Posa und Carlos die fehlende Wahrheit durch schöne Idealität zu ersetzen

gesucht, hier im Wallenstein will ich es probieren, und durch die bloße Wahrheit für
die fehlende Idealität […]entschädigen.«

Die Rückkehr zur dramatischen Arbeit
war nach so langer Unterbrechung ein mühe-
voller Prozeß. Schillers außerordentliche
Fähigkeit zu genauem Quellenstudium und
sein unerhörtes dichterisches Vermögen,
geschichtliche Zusammenhänge darzustellen, erwiesen sich gerade bei der Ausarbeitung des Wallenstein-Stoffs. Extrem waren
die physischen Bedingungen, unter denen er
das klassische dramatische Werk schuf. Was
er Goethe am 8. Dezember 1797 über seine
Arbeit am »Wallenstein« mitgeteilt hatte,
galt auch weiterhin: Er schrieb seine Werke
als Schwerkranker. »An den Wallenstein
werde ich mich so sehr halten als ich kann,
aber das pathologische Interesse der Natur
an einer solchen Dichterarbeit hat viel An-
greifendes für mich […]. Gewöhnlich muß
ich daher Einen Tag der glücklichen Stimmung mit fünf oder sechs Tagen des Drucks
und des Leidens büßen.«

Schiller zeigt in seinem weitgehend zwischen 1796 und 1798 entstandenen dreitei-
ligen Monumentaldrama über den Dreißigjährigen Krieg Wallenstein als charismatischen Feldherrn und Zauderer, als kühlen
Strategen und bedenkenlosen Machtmen-
schen, als grüblerischen Melancholiker, der
bis an den Rand der Selbsttäuschung an die
Sterne glaubt und bis zuletzt vor dem Verrat
am Kaiser zurückschreckt, der ihm die
böhmische Krone bringen soll und ihn statt

dessen den Kopf kostet. Der historische Stoff ist für Schiller »Magazin für seine Phantasie«, mit dem er frei umgeht; die Figur des Max Piccolomini erfindet er hinzu. Wallenstein, »des Glückes abenteuerlicher Sohn«, ist sein dunkelster Charakter und in seiner ganzen Ambivalenz eine sehr moderne Figur.

Trotz ihrer elf Aufzüge und siebeneinhalbtausend jambischen Verse läßt sich die Trilogie, für die Schiller die Nemesis als Titelvignette vorsah, als ein titanischer Einakter über die letzte Stunde des charismatischen Heerführers lesen. Der Friedländer fällt vom Kaiser ab und schlägt sich auf die Seite der Schweden. Ob der Heerführer jedoch nur scheinbar zum Feind überläuft oder ob umgekehrt seine Vision einer europäischen Friedensordnung nur ein propagandistisches Alibi ist für Ehr- und Rachsucht (so Schillers Resümee in der »Geschichte des Dreyßigjährigen Kriegs«), all dies bleibt für Wallenstein selbst offen. Auch die ideelle Legitimität ist bereits in so hohem Maße fragwürdig geworden, daß sie den Verrat nicht rechtfertigen kann. Das Opfer ist Max Piccolomini, Schillers Identifikationfigur, der an »der Väter Doppelschuld« zugrunde geht.

Wallensteins Glaube an die Gestaltungsmöglichkeit der Geschichte zerbricht. In inhaltlichem Bezug zu Theklas Klage über den Verlust der durch Max verkörperten Liebe (Wallensteins Tod, IV/12) beklagt auch er in seinem großen Erinnerungs-

monolog (V/3) im Bewußtsein seiner Schuld den Verlust des Schönen: »Das Schöne ist doch weg, das kommt nicht wieder, / Denn über alles Glück geht doch der Freund, / Ders fühlend erst erschafft, ders teilend mehrt.« Angesichts des Todes von Max blickt Wallenstein noch einmal auf die Idee des Schönen zurück. Seine durchaus selbstkritischen Reflexionen erweisen sich indessen als so brüchig, daß das alte hybride Selbstbild schnell wieder die Oberhand gewinnt. Es wird endgültig zum Schweigen gebracht, als ihn die Schergen Buttlers – des Kaisers Befehl vollstreckend – ermorden.

MARIA STUART
Ein Trauerspiel in fünf Akten
Erschienen April 1801
bei Cotta in Tübingen
Uraufführung 14. Juni 1800
Hoftheater Weimar

Sowohl der große Erfolg des »Wallenstein« als auch seine intensive Zusammenarbeit mit Goethe beflügelten Schiller in seiner dichterischen Entwicklung. Er verfolgte ein neues Ziel und befaßte sich mit dem historischen Stoff der »Maria Stuart« und dessen umfangreicher Bearbeitungstradition. Das gründliche Quellenstudium führte schon bald zu einem Dramenentwurf, in dem er sich dem historischen Personal in der ihm eigenen Freiheit näherte. In einem Brief vom 18. Juni 1799 berichtete er Goethe über die Konzeption: »Ich fange schon jetzt an, bei

Nicht was lebendig, kraftvoll sich verkündigt, / Ist das gefährlich Furchtbare. Das ganz / Gemeine ists, das ewig Gestrige, / Was immer war und immer wiederkehrt, / Und morgen gilt, weil's heute hat gegolten!«
Wallensteins Tod, I/4

der Ausführung, mich von der eigentlich *tragischen* Qualität meines Stoffes immer mehr zu überzeugen, und darunter gehört besonders, daß man die Katastrophe gleich in den ersten Szenen sieht und, indem die Handlung des Stücks sich davon wegzubewegen scheint, ihr immer näher und näher geführt wird. An der Furcht des Aristoteles fehlt es also nicht, und das Mitleid wird sich auch schon finden.« Das Drama diagnostiziert die Beschädigung des Individuums durch die Zwänge der Politik, es zeigt das Mißlingen einer Balancc zwischen der persönlich-individuellen und der repräsentierenden Herrscherrolle. Elisabeth, die Protestantin, kann weder als Königin von England noch als Liebende überzeugen, da sie beide Rollen weder wirklich trennen noch reflektieren kann und ständig von der Angst zu scheitern verfolgt wird. Souveränität bleibt ihr versagt. Maria Stuart, die aus Schottland stammende Katholikin und Thronrivalin, scheitert, weil sie die Staatsräson einer Leidenschaft opfert; als Gefangene ist ihr jede weitere Entwicklung versagt. In ihrer Selbstsicht definiert sie sich dennoch stets als Herrscherin. Schiller konzipierte beide Figuren als tragische. Wie unausweichlich die politische Rolle zur persönlichen Selbstverleugnung führt, zeigt Elisabeths Monolog (IV/10), in dem sie ihre Strategie offenbart, die Gegenspielerin auszuschalten. Auch wenn der Kampf um die Thronrechte von erotischer Konkurrenz überlagert ist, zeigt Schiller diese Rivalität dennoch kompro-

mißlos als politische Tragödie. Höhepunkt der Anklage Maria Stuarts ist nicht ihre Mitschuld an der Ermordung ihres Gatten Darnley, sondern der Vorwurf einer Verschwörung gegen Elisabeth. Der Prozeß hat eine ausschließlich politische Dimension, wobei Schiller den Blick auf das menschliche, das psychologische Moment richtet. Beide Rivalinnen verfehlen in tragischer Weise ihr Lebensziel und damit ihr Glück, was vor allem in der im Zentrum des Dramas stehenden Begegnungsszene (III/4) zutage tritt.

Auch nach Marias Hinrichtung fehlt es Elisabeth an persönlicher Autorität. Obwohl Talbot sie ermutigt: »Lebe, herrsche glücklich! / Die Gegnerin ist tot. Du hast von nun an / Nichts mehr zu fürchten, brauchst nichts mehr zu achten« (V/15), wird sie von Gewissensqualen verfolgt, es gelingt ihr nicht, ihre Rolle, die sich objektiv als absolute Macht darstellt, zu finden. Maria Stuart bleibt die Heldin das Dramas, weil es ihr in dem Konflikt zwischen Leidenschaft und moralischer Selbstdisziplinierung in einem mühevollen Prozeß gelingt, ihre Leidenschaft zu beherrschen. Am Ende hat sie persönliche Souveränität und innere Würde gewonnen. In der Beichtszene, die sich zu einem Lebensrückblick entwickelt, geht sie zu dem Ehrgeiz, der sie einst überwältigt hat, auf Distanz: »Der Königin von England/ Bringt meinen schwesterlichen Gruß – Sagt ihr, / Daß ich ihr meinen Tod von ganzem Herzen / Vergebe, meine Heftigkeit von gestern / Ihr reuevoll abbitte – Gott erhalte sie, / Und schenke ihr eine glückliche Regierung!« (V / 8) Angesichts ihrer Glaubenssicherheit und im Bewußtsein der Bedeutung ihrer politischen Ziele kann sie gelassen den Tod erwarten.

DIE JUNGFRAU VON ORLEANS
Eine romantische Tragödie
Erschienen Oktober 1801
bei Unger Berlin
Uraufführung 11. September 1801
Theater Leipzig

Auch dem historischen Stoff der »Jungfrau von Orleans« wandte sich Schiller im September 1799 unter seinen dramentheoretischen Prämissen zu. Am 20. August hatte er an den Dichterfreund – Schiller wohnte erst seit Ende 1799 in Goethes unmittelbarer Nähe in Weimar – geschrieben: »Überhaupt glaube ich, daß man wohl tun würde, immer nur die allgemeine Situation, die Zeit und die Personen aus der Geschichte zu nehmen und alles übrige poetisch frei zu erfinden.« So könne man »die Vorteile des historischen Dramas mit dem erdichteten vereinigen«. Schiller fühlte seine dichterische Phantasie durch das rein Historische eingeschränkt, das nunmehr nur noch den Rahmen für die »reine Tragödie« lieferte, die er als »romantische Tragödie« kennzeichnete. Er begann die Arbeit an der »Jungfrau« Mitte Juni 1800; am 26. Juli 1800 bekannte er Goethe: »Man muß, wie ich bei diesem Stück sehe, sich durch keinen allgemeinen Begriff fes-

seln, sondern es wagen, bei einem neuen Stoff die Form neu zu erfinden, und sich den Gattungsbegriff immer beweglich erhalten.« Im April 1801 war das Manuskript druckfertig.

Zugrunde liegt die Geschichte des aus Domremy in Lothringen stammenden Bauernmädchens Johanna Thibaut, das im Hundertjährigen Krieg zwischen Frankreich und England (1339–1453) die französischen Truppen zum Sieg geführt hat, in die Hände der Engländer geriet und 1431 in Rouen als Gotteslästerin auf dem Scheiterhaufen verbrannt wurde. Basis der »romantischen« Dimension des Stückes ist die der Geschichte enthobene innere Welt Johannas, die Schiller im Prolog verdeutlicht. Die ländliche Idylle der Heimat Johannas, ihre Träume und ihre Gesichte, der an sie ergangene göttliche Auftrag schaffen einen poetischen Raum, in dem sich die dramatische Gestaltung mit Legendenhaftem und Phantastischem verbindet und das Übersinnliche sinnlich erfaßbar wird.

Johannas Entwicklung vollzieht sich in drei Phasen. Aus der naiven Einheit von Ich und Welt wird sie herausgerissen, der Bruch aber wird überwunden und führt zu einer neuen, höheren Einheit und Übereinstimmung mit Gott. Schiller stellt Johanna als eine Gestalt dar, die ihm »aus dem Herzen« geflossen sei und »zu dem Herzen« wieder sprechen soll. So ist es nicht verwunderlich, daß diese theatralische Figur durch ihre reine Menschlichkeit eine starke emotionale

103. »Die Jungfrau von Orleans«. Titelkupfer der Erstausgabe, Haupt der Minerva, nach einer antiken Kamee aus Goethes Sammlung. Gezeichnet von Johann Heinrich Meyer, gestochen von Johann Friedrich Bolt, 1802.

kommener innerer Ruhe und mit der Vision des himmlischen Reiches vor Augen in den Tod. Ihr tiefer Fall (»Gebrochen hab ich mein Gelübte!«, III/10) ist die Voraussetzung für ihre Erhöhung. Im Hinblick auf den letzten Akt, der den ersten erkläre, schreibt Schiller am 3. April 1801 an Goethe: »Weil meine Heldin darin auf sich allein steht und im Unglück von den Göttern desertiert ist, so zeigt sich ihre Selbständigkeit und ihr Charakter-Anspruch auf die Prophetenrolle deutlicher.« Nicht um eine religiöse, sondern um eine ästhetische Erhöhung ging es Schiller, der sein idealistisches Konzept in der Form der romantischen Tragödie realisierte.

Schillers nächstes Stück bedurfte etlicher Anläufe. Sein Gesundheitszustand war phasenweise so schlecht, daß er zu eigener dichterischer Produktion nicht in der Lage war. Ende Oktober 1801 nahm er sich die Erzählung des venezianischen Komödiendichters Carlo Gozzi (1720–1806) in der deutschen Prosaübersetzung von August Clemens Werthes vor und arbeitete sie für die Bühne um. Als »Turandot, Prinzessin von China. Ein tragicomisches Märchen« wurde Schillers Gozzi-Bearbeitung zum Geburtstag der Herzogin am 30. Januar 1802 im Weimarer Hoftheater uraufgeführt; im September desselben Jahres erschien das Stück bei Cotta in Tübingen.

Wirkung erzielt. Die Tragik erwächst aus dem Konflikt zwischen der ihr eigenen Menschlichkeit und Nächstenliebe und dem von ihr akzeptierten Auftrag, den Feind zu vernichten und jeder irdischen Liebe zu entsagen. Durch ihre Liebe zu Lionel verstößt sie gegen beide Gebote.

Schiller läßt Johanna in einer – siegreichen – Schlacht an einer schweren Verwundung sterben. Da sie der Verwirklichung ihrer weltlichen Liebe widerstanden hat, ist dieser Tod eine Art Verklärung. Sie stirbt, einem Engel gleich, »des Himmels Friede spielt um ihre Züge«. Nachdem sie sich wieder unter ihrem Volk weiß, geht sie in voll-

DIE BRAUT VON MESSINA
Ein Trauerspiel mit Chören
Erschienen Juni 1803
bei Cotta in Tübingen
Uraufführung 19. März 1803
Hoftheater Weimar

Mit der »Braut von Messina« beschritt Schiller abermals neue Wege. Die ideale Form der griechischen Tragödie wollte er mit dem modernen Drama verbinden, mithin aktualisieren. Das zeigt sich vor allem in der Konzeption des Schicksals, es kommt nicht mehr wie in der Antike von außen, sondern liegt in den Charakteren selbst und läßt sich mit dem Reflexionsvermögen des modernen Menschen analysieren. In seiner großen, nicht nur dramentheoretisch bedeutsamen Abhandlung »Über den Gebrauch des Chors in der Tragödie« bekundete Schiller zunächst seine Wertschätzung des Publikums, es brauche »nichts als Empfänglichkeit, und diese besitzt es«, um dann auf die Bedeutung des Theaters einzugehen. Es sei »Spiel«, aber ein ernsthaftes, ein poetisches. Es diene dazu, den Menschen »wirklich und in der Tat frei zu machen, und dieses dadurch, daß sie eine Kraft in ihm erweckt, übt und ausbildet, die sinnliche Welt, die sonst nur als ein roher Stoff auf uns lastet, als eine blinde Macht auf uns drückt, in eine objektive Ferne zu rücken, in ein freies Werk unsers Geistes zu verwandeln und das Materielle durch Ideen zu beherrschen«. Und: »Der höchste Genuß aber ist die Freiheit des Gemüts in dem lebendigen Spiel aller Kräfte.«

Auch die Rolle des Chors bestimmte Schiller neu, er sieht ihn als »ein lebendiges Gefäß der Tradition« (an Körner, 10. März 1803) und setzt ihn wieder in einem modernen Drama ein. Der Chor hat die Aufgabe, gemeinsam mit den Dramenfiguren dem Zuschauer den Handlungszusammenhang zu erschließen; er teilt sich auf in die jeweilige Anhängerschaft der feindlichen Brüder und greift sogar in das Geschehen ein. Die antike Tragödie brauchte den Chor als Spiegel der Götter, hier ist er ein »natürliches Organ«. »In der neuen Tragödie wird er zu einem Kunstorgan, er hilft die Poesie hervorbringen.«

Schiller siedelte sein Stück im sizilianischen Messina des 12. Jahrhunderts an. Im Laufe ihrer Geschichte war die Hafenstadt vielfach besetzt gewesen; sie hatte griechischen, byzantinischen, sarazenischen und christlichen Eroberern gehört und war insofern für Schiller der Ort, wo sich »Christentum, griechische Mythologie und Mohamedanismus wirklich begegnet und vermischt haben«.

Vor diesem mehrdimensionalen Hintergrund wird die Geschichte der beiden »feindlichen Brüder« (so der ursprüngliche Titel) Don Manuel und Don Cesar erzählt. Es gelingt ihrer Mutter Donna Isabella, der Fürstin von Messina, sie nach einer langen Periode des Konflikts wieder miteinander zu versöhnen. Nach dem Tod des Fürsten hält sie die Zeit für gekommen, beiden die bis dahin verschwiegene Schwester Beatrice vorzustellen. Diese wurde auf Geheiß der Mutter in einem Kloster verborgen gehalten, da der Vater, der Fürst von Messina, sie hatte töten wollen. Der Grund dafür waren kaum zu durchschauende und deshalb extrem unterschiedlich gedeutete Träume der Eltern. In ihnen erscheint Beatrice als Ursache sowohl für den Untergang des Fürstengeschlechts als auch dafür, daß sich die Herzen der Brüder in Liebe vereinen. Dem antiken Drama vergleichbar, wird sich diese in die Form des Traums gehüllte Prophezeiung erfüllen.

Ohne Kenntnis, daß es seine Schwester ist, verliebt sich Don Cesar in Beatrice, als sie insgeheim am Begräbnis des Vaters teilnimmt. Auch Don Manuel hat sie als künftige Braut erwählt. Als Cesar Beatrice in den Armen des Bruders findet, tötet er ihn. Don Cesar scheidet freiwillig aus dem Leben, um seine doppelte Schuld – Inzest und Brudermord – zu sühnen.

WILLHELM TELL
Schauspiel in fünf Akten
Erschienen Oktober 1804
bei Cotta in Tübingen
Uraufführung 17. März 1804
Hoftheater Weimar

»Wilhelm Tell« war das letzte Werk, das Schiller vollenden konnte. Von diesem Stück, das zwischen dem 25. August 1803 und dem 18. Februar 1804 entstand, erhoffte

er sich Großes, mit ihm wollte er die Bühnen Deutschlands erschüttern. Und das gelang, »Wilhelm Tell« wurde sein größter Theatererfolg. Die Zeitgenossen hatten die Willkür der fürstlichen Alleinherrscher direkt vor Augen, und die Französische Revolution 1789 hatte auch in deutschen Landen Freiheitssehnsüchte geweckt. Die Erörterung des Konflikts von gewaltloser oder gewaltsamer Auflehnung gegen Tyrannei und Fremdherrschaft war aktuell.

Die Tell-Sage war im 18. Jahrhundert außerordentlich populär. Während sich die Frage, ob der Schweizer Wilhelm Tell als historische Figur gelten kann, nicht zweifelsfrei beantworten läßt, sind die Ereignisse, die den Hintergrund des Stücks bilden, historisch gesichert. Im Jahre 1291 erfolgte in der Schweiz der Zusammenschluß der drei »Urkantone« Schwyz, Unterwalden und Uri zum »Ewigen Bund«, was den Unabhängigkeitskampf gegen die Hausmachtpolitik der Habsburger auslöste, die sich zur Erweiterung ihrer territorialen Machtbasis das Gebiet der Innerschweiz sichern wollten. Diese kriegerischen Auseinandersetzungen zwischen den Schweizern und den österreichischen Besatzern sind der Kern der Tell-Handlung. Zentrale Szenen wie Apfelschuß, Geßlerhut und Rütlischwur sind allerdings historisch nicht verbürgt.

Die Rolle Tells und der Befreiungskampf der Schweizer erscheinen bei Schiller nicht als Modell der Französischen Revolution, sondern als deren politisch-ästhetischer

Gegenentwurf. »Wilhelm Tell« »ist das einzige ›historische‹ Drama Schillers, das ein politisches Ideal ungetrübt Wirklichkeit werden läßt« (Dieter Borchmeyer). Der Handlungsaufbau zeigt drei Phasen: Das Stück beginnt mit einer Idylle am Ufer des Vierwaldstätter Sees, mit der gezeigt wird, wie Mensch und Natur als Einheit und in Frieden leben. In diesen Frieden bricht unvermittelt politische Gewalt ein. Konrad Baumgarten aus Unterwalden ist auf der Flucht vor den kaiserlichen Reitern. Er hat den von den Habsburgern eingesetzten Burgvogt erschlagen, weil der seine Frau vergewaltigen wollte. Als sich der Fischer aufgrund eines Unwetters weigert, ihn überzusetzen, wagt Tell die gefährliche Überfahrt und rettet ihm so das Leben. Die Reiter des Landvogts rächen sich, indem sie die Hütten und Herden der Landleute zerstören – und damit auch den gewachsenen Frieden, in dem die Menschen bisher lebten.

Tells Aufgabe ist es nun, diese Ordnung auf einer neuen Stufe wiederherzustellen. Erst nach und nach wächst er in die Rolle des Helden hinein. Er ist ein Individualist und will es auch bleiben: »Der Starke ist am mächtigsten allein« (I/3). Willkür und Tyrannei zwingen ihn, seine Position zu überdenken. Beim Rütlischwur ist er noch nicht dabei (II/2). Die Tyrannei soll gemeinsam gebrochen werden, diesem Ziel hat sich jeder unterzuordnen. »Bezähme jeder die gerechte Wut / Und spare für das Ganze seine Rache, / Denn Raub begeht am allge-

H. Ramberg del.   *A.W. Böhm sc.*

meinen Gut, / Wer selbst sich hilft in seiner eignen Sache.« In der Nähe von Altdorf läßt der Reichsvogt Geßler eine Zwingburg errichten; das unterdrückte Volk wird zu Frondiensten an diesem Volksgefängnis herangezogen. Als Tell die schikanöse Aufforderung verweigert, den Hut Geßlers in der vorgeschriebenen Form zu grüßen – mit

104./105. »Wilhelm Tell«. Zwei Kupferstiche (Apfelschußszene und Rütlischwur) von Johann Heinrich Ramberg, 1815.

Laßt uns den Eid des
neuen Bundes
schwören. /– Wir wol-
len sein ein einzig Volk
von Brüdern, /In keiner
Not uns trennen und
Gefahr. /– Wir wollen
frei sein, wie die Väter
waren, / Eher den Tod,
als in der Knechtschaft
leben. /– Wir wollen
trauen auf den höchsten
Gott / Und uns nicht
fürchten vor der Macht
der Menschen.

Wilhelm Tell, II/2

H. Ramberg. del   A.W. Böhm. sc.

entblößtem Haupt und gebeugtem Knie –, wird er festgenommen und von Geßler gezwungen, seinem Kind einen Apfel vom Kopf zu schießen, um damit das eigene Leben zu retten. Es gelingt; den Anwesenden ist nun aber klar, daß der Rütlischwur hinfällig geworden ist. Aus Furcht vor Tells Rache läßt Geßler ihn trotz anderslautender Zusagen verhaften, Tell kann aber entfliehen.

Nach erfolgreicher Flucht beginnt für Tell eine neue Phase seiner Existenz. Von nun an ist es sein einziges Ziel, den Reichsvogt zu töten. In einem großen Reflexionsmonolog legt er sich Rechenschaft ab über seinen Entschluß zur Tat (IV/3). Hier erfährt Schillers großes Thema, die geschichtsphilosophische Analyse des handelnden Individuums, einen Höhepunkt der Darstellung. »Ich lebte still und harmlos – Das Geschoß / War auf des Waldes Tiere nur gerichtet, / […] / Du hast aus meinem Frieden mich heraus- / Geschreckt, in gärend Drachengift hast du / Die Milch der frommen Denkart mir verwandelt, / Zum Ungeheuren hast du mich gewöhnt – / Wer sich des Kindes Haupt zum Ziele setzte, / Der kann auch treffen in das Herz des Feinds.« Tell sieht seine Tat als »eine heilige Schuld«, der er sich stellen will. Er vertraut sich Gott an, als dessen Werkzeug er sich begreift. Er hat sich stets als friedvollen Menschen gesehen, das wird sich ändern. »Aber heute will ich / Den Meisterschuß tun und das Beste mir / Im ganzen Umkreis des Gebirgs gewinnen.« In einer hohlen Gasse erwartet und tötet Tell den Reichsvogt – in einer Situation, in der dieser erneut Gewalt ausübt. Eine Gruppe von Mönchen, die »Barmherzigen Brüder«, singt die Totenklage: »Rasch tritt der Tod den Menschen an, / Es ist ihm keine Frist gegeben, / […] / Bereitet oder nicht, zu gehen, / Er muß vor seinen Richter stehen!«

Der Kampf um die Freiheit ist bei Tell keineswegs nur Männersache. Mit Gertrud Stauffacher, Berta von Bruneck, Tells Frau Hedwig und Armgard treten vier Frauen auf, die alle auf ihre Weise Stärke zeigen und für die Entwicklung der Handlung »entscheidend« sind.*

Im Schlußbild sind Mensch und Natur wieder zu einem »malerischen Ganzen« vereint (V/1 und 3). Unter Schillers klassischen Dramen ist »Wilhelm Tell« das einzige nicht tragische Stück.

*Maria Carolina Foi, Schillers Wilhelm Tell. Menschenrechte, Menschenwürde und die Würde der Frauen. In: Jahrbuch der Deutschen Schillergesellschaft, 45. Jg., 2001, S. 193–223.

Viertes Kapitel

Höhe der Zeit – Weimar

Früher Abschied – Tod des Dichters

1799–1805

Alle acht Tage war er ein anderer und ein vollendeterer;
jedesmal wenn ich ihn wiedersah, erschien er mir
vorgeschritten in Belesenheit, Gelehrsamkeit und Urteil.
Goethe im Gespräch mit Eckermann
18. Januar 1825

106. Friedrich Schiller.
Gemälde von Johann
Friedrich August
Tischbein, vermutlich
1805.

Seine Sphäre ist immer das Ideenreich, und ins Unendliche weiß er alles, was er bearbeitet, hinüberzuführen. [...] Beinahe jeder Genuß, den seine Dichtungen gewähren, muß durch eine Übung der Denkkraft errungen werden; alle Gefühle, die er und zwar so innig und so mächtig, in uns zu erregen weiß, strömen aus übersinnlichen Quellen hervor.« Was Schiller in seiner Abhandlung »Über naive und sentimentalische Dichtung« über Klopstock sagt, kann weitgehend auch für ihn selbst gelten. Vor allem in der letzten Lebensphase ist er vollkommen eingetaucht in dieses Reich der Ideen, hat er fast nur im Geistigen gelebt und die Themen, die er behandelte, zu Geistigem gemacht.

Aber auch unabhängig von dieser durch die physische Disposition bedingten Ausnahmesituation läßt sich diese Orientierung als Konstante in Schillers Leben erkennen. Vergegenwärtigt man sich die Wohn- und Lebensräume in Schillers Kindheit in Marbach, Lorch und Ludwigsburg, die Unterkünfte in der Carlsschule, in Stuttgart, Oggersheim, Bauerbach und Mannheim, die späteren Räumlichkeiten in Leipzig-Gohlis, im Weinberghaus in Loschwitz, das Bauern- bzw. Gartenhaus in Volkstedt und Jena und die Wohnungen in Jena und Weimar, so zeichneten sie sich durch Bescheidenheit, Schlichtheit und Strenge aus. Daran änderte sich im Prinzip nichts, als er 1802 ein eigenes Haus bezog. Auch hier war die äußere Fassade streng und schlicht, ihr entsprach eine bescheidene Möblierung der Innenräume. Immer war die Lebenswelt karg, genügsam, immer war der eigentliche Lebensraum das Geistige. Schillers Dasein war wesentlich eine Existenz im Kreativen, eine Haltung, die in dem Gedicht »Die Künstler« von 1788/89 einen grandiosen Ausdruck fand. Bis zu seiner letzten Minute kennzeichnete ihn die eigentümliche Ruhelosigkeit eines ungewöhnlich kreativen Menschen.

Die Rastlosigkeit seines wechselvollen Lebens, entstanden aus dem Zwiespalt zwischen sozialer Lage und ausgeprägtem Unabhängigkeitswillen, war seit jeher Teil seines Lebensgefühls. Sie fand 1804 einen letzten Ausdruck in den Überlegungen, nach Berlin überzusiedeln. Sein Leben lang hat sich Schiller aus der großen oder kleinen Lebensnot durch eine starke Akzentuierung des Geistigen befreit, das ihm Unabhängigkeit gab. Dem Äußeren, etwa in Form eines repräsentativen Wohn- und Lebensstils oder einer Sammelleidenschaft, galt sein Interesse nicht. Es war die Idee, die philosophische, die ästhetische, die dichtungstheoretische, die ihn festhielt und sich zur Vision verdichten konnte.

In nur siebenundzwanzig Jahren gelang ihm ein Werk, »dessen ein bis ins biblische Alter reichendes Verbleiben sich nicht zu schämen hätte« (Thomas Mann). Daß er in einer Zeit, als sich seine Physis gleichsam von innen her auflöste, so vitale Figuren wie die englische Königin Maria Stuart oder den Schweizer Wilhelm Tell schuf, kann als

107. Weimar. Radierung
von Christian Müller
nach Georg Melchior
Kraus, um 1800.

Wunder gelten. Äußerlich ist dieser letzte Lebensabschnitt eine vergleichsweise ereignisarme Phase, innerlich ist er an kreativer Energie nicht zu überbieten.

Im Dezember 1799 zog der von Krankheit gezeichnete Dichter nach Weimar. Anstöße für diesen Schritt reichen zurück bis zum Beginn des Jahres 1797. Das Weimarer Theater, der Hof und vor allem Goethe, der Freund, waren es, die Faszination und Anziehung auf ihn ausübten. Ausschlaggebend war schließlich die außerordentlich erfolgreiche Uraufführung von »Wallensteins Tod« am 20. April 1799 im Weimarer Hoftheater. Das Ereignis geriet zum tagelangen Stadtgespräch, der Herzog sprach dem Autor persönlich seine höchste Anerken-

nung aus und empfahl ihm den Umzug. Da ihn die wiederholten Fahrten nach Weimar erschöpften und ihm andererseits der Aufenthalt in seinem Jenaer Gartenhaus guttat, beschloß er zunächst, die Sommermonate in Jena und den Winter in Weimar zu verbringen. Er war jetzt wieder ganz in die dramatische Arbeit eingetaucht und empfand die unmittelbare Nähe zum Weimarer Theater als produktive Anregung. Als Ende August die Wohnung von Charlotte von Kalb frei wurde, entschloß er sich zum Umzug in die Weimarer Innenstadt, Windischengasse A 71. Goethe trieb ihn förmlich zu diesem Schritt und regelte alle Formalitäten. Die Jenaer Stadtwohnung im Griesbachschen Haus wollte er vorerst ebenso

108. Schillers Wohnung in Weimar, Windischengasse A 71. Zeitgenössischer Stahlstich. Schiller wohnte hier von Dezember 1799 bis April 1802.

nach der Geburt der Tochter Caroline am 11. Oktober war sie selbst an einem »Nervenfieber« erkrankt, einer aus heutiger Sicht zweifellos psychosomatischen Reaktion auf ihren anstrengenden Alltag. Über sechs Wochen war sie pflegebedürftig, sie litt unter schwersten Fieberanfällen, die mit langen Bewußtseinstrübungen einhergingen und sie zeitweilig ihres Sprachvermögens und des Gedächtnisses beraubten. Schiller informierte Goethe über die einzelnen Phasen der lebensbedrohlichen Erkrankung, er schrieb von den Ängsten um seine Frau, den Nachtwachen an ihrem Krankenbett und der nur zögernd eintretenden Genesung, die sich bis Ende November hinzog. Aus diesem Grund zog er zunächst nur mit dem ältesten Sohn Ernst und den Dienstboten ein, während Charlotte mit dem jüngeren Sohn Karl und der neugeborenen Caroline bei Frau von Stein unterkam. Sie war noch nicht in der Lage, sich um Renovierung und Einrichtung der neuen Wohnung zu kümmern, und mußte diese Aufgaben weitgehend ihrem Mann überlassen. In dieser schwierigen Zeit gab ihm Goethe Halt und Unterstützung.

Obwohl sich die im zweiten Stock gelegene Wohnung in der Windischengasse schon bald als sehr laut herausstellte, verbrachte die Familie hier knapp zweieinhalb Jahre. In einem Brief an Körner vom 5. März 1801 beklagte sich Schiller über »eine sehr unruhige Straße worin wir wohnen und ein geräuschvolles Haus«, beides würde ihn »im

behalten wie das Gartenhaus, gedacht war an einen doppelten Wohnsitz.

Der Umzug fand am 3. Dezember 1799 statt. Charlotte Schiller fiel diese Entscheidung besonders schwer. Sie war Weimar keineswegs abgeneigt, doch war sie mittlerweile Mutter von drei Kindern und hatte einen schwerkranken Mann zu versorgen. Kurz

109. Das Weimarer Hoftheater zwischen 1798 und 1825. Zeitgenössische Zeichnung.

Arbeiten stören«, so daß er, um Ruhe zu finden, fliehen müsse. Im Hinblick auf die notwendige Arbeitsruhe waren sicher auch die ihre Rechte fordernden Kinder nicht unproblematisch. Karl war inzwischen acht Jahre alt, Ernst fünf und Caroline anderthalb. Um die Lage zu entspannen, mietete er eine Dachkammer hinzu und zog sich auch immer wieder in die ländliche Stille des Jenaer Gartenhauses zurück. Den fünften Akt von »Maria Stuart« schrieb er im Mai 1800 auf Schloß Ettersburg, in einem Refugium, das er nur mit einem Bediensteten teilte. Zu einer Rückkehr nach Jena kam es nicht mehr, die dortige Stadtwohnung wurde aufgegeben, und Weimar war von nun an ständiger Wohnsitz. In konzentriertem geistigem Austausch mit Goethe, in enger Verbundenheit mit dem Theater und seinen Schauspielerinnen und Schauspielern, bestärkt durch intensive Gespräche im Freundeskreis, fand Schiller zu einer bisher nicht gekannten Arbeitsintensität. Schaffenskrisen traten nicht mehr auf, er wußte nunmehr genau, was er wollte. Im Bewußtsein seiner gesundheitlichen Gefährdung unterzog er sein Leben und seine dichterischen Projekte einer sorgfältigen Planung. Als Familienvater verfolgte er das Ziel, Frau und Kinder finanziell abzusichern. Er glaubte bis zu seinem 50. Lebensjahr durchhalten zu können, weshalb die Planung seiner dramatischen Arbeiten bis ins Jahr 1809 reichte.

Die eigentliche Sensation dieser letzten Lebensphase waren die unmittelbar aufeinanderfolgenden großen Dramen. Sie entstanden im Abstand von jeweils einem knappen Jahr, begleitet von Bühnenbearbeitungen von Shakespeares »Macbeth«, Goethes »Iphigenie«, Lessings »Nathan der Weise« und Gozzis »Turandot«. Ein angesichts der Krankheit kaum faßbares Arbeitspensum. Schonung kannte er nicht. Darüber hinaus nahm Schiller regen Anteil an den Inszenierungen eigener wie fremder Stücke und arbeitete intensiv mit den Schauspielern zusammen. Als Goethe im Januar 1801 schwer erkrankte, vertrat er ihn als Theaterdirektor, leitete die Proben und blieb auch künftig in der Theaterleitung an seiner Seite, sozusagen als Dramaturg.

Die Wirkung, die Schiller in seiner Zeit erreichte, beruhte in erster Linie auf seinen historischen Dramen. Seine große Leistung war die Schärfung des Geschichtsbewußtseins des deutschen Bürgertums, die dichterische Vergegenwärtigung historisch bedeutsamer Figuren und Ereignisse: »Primär durch Schiller und nur sekundär durch andere Dichter, Romanschriftsteller und Historiker ist die Geschichte der Frühen Neuzeit dem Bürgertum vor Augen gestellt worden, sind Philipp II., Wallenstein, Maria Stuart, die englische Königin Elisabeth und die Jungfrau von Orleans historische Bekannte geworden, über die man reflektierte und sich nach Bedarf wissenschaftlich weiterorientierte.«[*] Seine Blickrichtung galt dabei nicht vorrangig der nationalen Geschichte, am allerwenigsten behandelte der deutsche Nationaldichter deutsche Themen, deutsche Geschichte. Seine Perspektive war

immer eine europäische. »Es ist ein armseliges, kleinliches Ideal, für eine Nation zu schreiben; einem philosophischen Geiste ist diese Grenze durchaus unerträglich. Dieser kann bei einer so wandelbaren, zufälligen und willkürlichen Form der Menschheit bei einem Fragmente (und was ist die wichtigste Nation anders?) nicht stille stehen. Er kann sich nicht weiter dafür erwärmen, als soweit ihm diese Nation oder Nationalbegebenheit als Bedingung für den Fortschritt der Gattung wichtig ist«, hatte er Körner am 13. Oktober 1789 aus Rudolstadt geschrieben.

Überblickt man die Reihe seiner Dramen, so fällt auf, daß historische Themen dominieren, daß antike und mythologische Stoffe fehlen, daß keines der fertiggestellten Stücke auf die unmittelbare Tagespolitik bezogen ist. Vom ersten bis zum letzten Drama werden politisches Machtstreben und Machtmißbrauch zur Diskussion gestellt, sind Verschwörung und Rebellion ein wiederkehrendes Thema. Max Kommerell sprach im Hinblick auf die frühen Dramen bis zu »Don Karlos« vom »Verschwörerdasein seiner Jugend«, womit er ihn selbst zum Verschwörer mit literarischen Mitteln machte. Auch die Dramen der klassischen Phase, also die der Weimarer Zeit ab 1800, handeln von den politisch-sozialen Konflikten der Zeit, gespiegelt im Bild der Geschichte. Die Rebellion, getragen von den Ideen der europäischen Aufklärung, gewinnt ihre Kraft aus dem Ziel, Menschen- und Freiheitsrechte zu verwirklichen. Die Dar-

* Ernst Schulin, Schillers Interesse an Aufstandsgeschichte. In: Schiller als Historiker. Hrsg. von Otto Dann. Stuttgart – Weimar 1995, S. 137

stellung der äußeren Welt korrespondiert mit der Erforschung der Innenwelt der handelnden Figuren, woraus die große Bedeutung des Monologs in Schillers Dramatik resultiert. Das Ziel der Umgestaltung absolutistischer Herrschafts- und Machtstrukturen wird nicht an einen revolutionären Weg gebunden, sondern an die Entwicklung des Bewußtseins. Schillers ästhetische Theorie ist auf Bildung und Erziehung des Menschen gerichtet. Reformen haben nur Bestand, wenn sie von dem entwickelten und weiterzuentwickelnden Bewußtsein ausgehen. Schiller ist Rebell der Freiheit, nie Revolutionär. Fast alle seine Dramen sind Tragödien, die zentralen Figuren und mit ihnen die Idee sind zum Scheitern verurteilt. Eine Ausnahme ist sein letztes Stück, »Wilhelm Tell«, in dem die Vernunft der Geschichte den Sieg davonträgt.

Der Entschluß, sich dauerhaft in Weimar niederzulassen, ging einher mit der Überlegung, ein eigenes Haus zu erwerben. Im November 1800 bot sich eine Chance, die ihn nicht wieder losließ, obwohl seine Einkommensverhältnisse derlei Erwägungen entgegenstanden. Weimar war teuer, seine Einnahmen deckten nur knapp alle notwendigen Ausgaben. Die drei Kinder wurden überdies nicht in die als niveaulos geltenden Elementarschulen geschickt, sondern durch private Lehrer unterrichtet. Wie einst sein Vater kümmerte sich Schiller um eine gute Ausbildung jedes Kindes, die er für unverzichtbar für den weiteren Lebensweg hielt.

Bei seiner bekannten Abneigung gegenüber »allem Mercantilischen« kostete es ihn gewiß einige Überwindung, allen Bedenken zum Trotz seinen Wert als Stückeschreiber zu steigern. Am 13. Oktober 1801 wandte er sich an seinen Verleger Johann Friedrich Cotta: »Endlich glaube ich mich, was die Schriftstellerei betrifft, auf dem Punkte zu befinden, wohin ich seit Jahren gestrebt habe. Der schnelle und entschiedene Erfolg, den meine neuesten Stücke, zu denen ich auch die Jungfrau von Orleans rechnen darf, bei dem Publicum gehabt haben, versichert auch den künftigen Entreprisen in diesem Fache einen ungezweifelten Succeß, und ich darf endlich hoffen, ohne Ihren Schaden, meine Arbeiten im Preiße steigern zu können. Sie kennen mich genug um zu wissen, daß Gewinnsucht nicht unter meine Fehler gehört, und eben so wenig ist es ein unanständiger Dünkel, wenn ich meine Produkte höher als sonst taxiere. Es hat eine edlere Ursache, deren ich mich keineswegs schämen darf, es entsteht aus der Begierde, meinen Arbeiten einen höheren innern Werth zu verschaffen. Zum Guten und Vollendeten aber gehört Musse, und ich kann, bei meiner abwechselnden Gesundheit, nur weniges unternehmen. Ein bedeutendes neues Stück ist alles, was ich in Einem Jahre liefern kann, und ich will also nicht meine *Lage* sondern meine *Werke* dadurch verbessern, wenn ich sie höher taxiere.« Schiller forderte für ein Stück 300 Dukaten, nach heutigem Wert rund 20 000 Euro, und Cotta, der sich auch

Der Antritt des neuen Jahrhunderts

Edler Freund! Wo öffnet sich dem Frieden, / Wo der Freiheit sich ein Zufluchtsort? / Das Jahrhundert ist im Sturm geschieden, / Und das neue öffnet sich mit Mord. [...]

Ach umsonst auf allen Länderkarten / Spähst du nach dem seligen Gebiet, / Wo der Freiheit ewig grüner Garten, / Wo der Menschheit schöne Jugend blüht.

Endlos liegt die Welt vor deinen Blicken, / Und die Schiffahrt selbst ermißt sie kaum, / Doch auf ihrem unermeßnen Rücken / Ist für zehen Glückliche nicht Raum.

In des Herzens heilig stille Räume / Mußt du fliehen aus des Lebens Drang, / Freiheit ist nur in dem Reich der Träume, / Und das Schöne blüht nur im Gesang.

In seiner Biographie »Friedrich Schiller«, Reclam Verlag, Stuttgart 2004, veröffentlicht Norbert Oellers unter der Anmerkung 38 eine Umrechnungstabelle, die es erlaubt, die zu Schillers Lebzeiten gültige Währung mit der heutigen ins Verhältnis zu setzen. Danach entsprechen 2,8 Reichstaler 1 Dukaten, 1 Taler etwa 22, 50 Euro, 1 Gulden etwa 15 Euro.

bisher großzügig gezeigt hatte, respektierte den Wunsch seines Autors nach deutlicher Erhöhung des Honorars.

Das Schiller angebotene Haus war 1777 erbaut worden und gehörte dem englischen Diplomaten, Übersetzer und Schriftsteller Charles Mellish, der nach England zurückkehren wollte; Schiller kannte ihn recht gut, da er seine »Maria Stuart« ins Englische übertragen hatte. An der Esplanade gelegen, unweit von Goethes Domizil, bot es der fünfköpfigen Familie und den drei Dienstboten ausreichend Platz. Die Kaufsumme sollte 4 200 Taler betragen – rund 100 000 Euro –, weitere 450 Taler (gut 10 000 Euro) waren für Renovierung und Umbauten zu veranschlagen. Das Haus gehörte zu den schönsten der Stadt, es umfaßte zwei Stockwerke und ein Dachgeschoß mit insgesamt zehn Zimmern. An der Rückfront schlossen sich ein Seitengebäude und Stallungen, in denen sich zwei Pferde unterbringen ließen, sowie ein Garten an. Um das Ganze erwerben zu können, stellte Schiller einen differenzierten Finanzierungsplan auf. Neben seinem bisherigen Jahreseinkommen und dem Erlös aus dem Verkauf des Jenaer Gartenhauses rechnete Schiller vor allem mit den Honoraren seiner Stücke, der bereits vorliegenden wie der geplanten. Cotta beabsichtigte die Publikation einer zehnbändigen Gesamtausgabe der Bühnenstücke, auf die Schiller genauso baute wie auf seine Übersetzungen und die Vergabe der Bühnen- und Aufführungsrechte. Da Cotta zudem ein

Darlehen in Aussicht stellte und bei Crusius noch Honorare für einen Gedichtband und für die »Prosaischen Schriften« ausstanden, entschloß sich Schiller zum Kauf. Am 11. Februar 1802 teilte er Goethe mit: »Ich habe mich nun zum Ankauf des Hauses von Mellish entschlossen, da er etwas davon herunterläßt. Obgleich ich noch immer nicht wohlfeil kaufe, so muß ich doch zugreifen, um einmal für allemal dieser Sorge überhoben zu sein. Unter diesen Umständen ist es mir aber nun doppelt daran gelegen, meinen kleinen Jenaischen Besitz los zu werden, und ich bitte Sie daher, Götzen diese Angelegenheit aufzutragen. Die Anzeige in das Wochenblatt lege ich bei, wie auch eine kurze Notiz, was für das Gartenhaus jährlich an Steuern etc. erlegt wird. Der Ankauf hat mich 1 150 Taler gekostet, und ich habe 500 Taler darein verbaut, wie ich mit den Rechnungen dokumentieren kann. Ich möchte nun freilich nicht gern dabei verlieren und möglich noch etwas gewinnen. Da ich aber jetzt gern bar Geld hätte, um mein hiesiges Haus bald von aller Hypothek zu befreien, so bin ich mit 1 500 Talern als dem *äußersten* Preis für Garten und Gartenhaus zufrieden.« Der Verkauf, der sich über Wochen hinzog, erbrachte nur 1 150 Reichstaler. Schiller verlor also die Summe, die er in die Renovierung des Hauses gesteckt hatte. Immerhin war die Finanzierung nun gesichert. Am 19. März 1802 kaufte er das Haus; am 29. April zog er mit seiner Familie ein. Der größte Raum, unter dem Dach

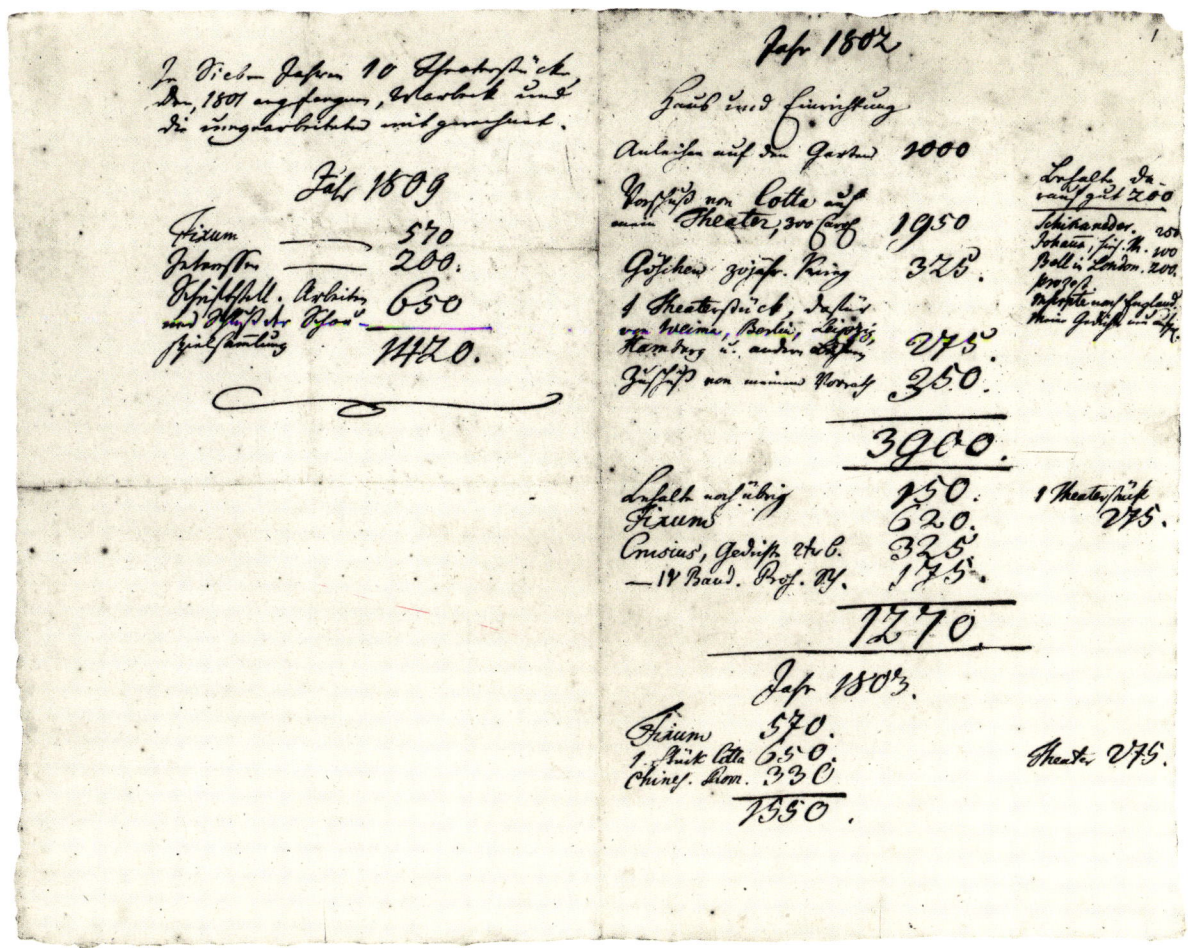

110. Schillers Arbeits-
und Finanzplan von
1801 für die Jahre
1802–1809.

gelegen, wurde sein Arbeitszimmer. Das heute im Stadtzentrum gelegene Haus stand damals am Rande der Stadt, der Blick ging über Wiesen und Felder.

Am 11. Mai 1802 erfuhr Schiller, daß seine seit einiger Zeit kranke Mutter am Tage des Umzugs in ihrem 69. Lebensjahr im schwäbischen Cleversulzbach gestorben war. Am 12. Mai teilte er dem in Jena weilenden Goethe den Verlust mit: »Die ersten

Zeiten meiner hiesigen Ortsveränderung sind mir durch manches verbittert worden, besonders aber durch die Nachricht von dem schweren Krankenlager und Tod meiner Mutter in Schwaben; aus einem Brief, den ich vor einigen Tagen erhielt, erfuhr ich, daß an demselben Tag, wo ich mein neues Haus bezog, die Mutter starb. Man kann sich nicht erwehren, von einer solchen Verflechtung der Schicksale schmerzlich

111. Schillers Haus an der Esplanade in Weimar. Zeitgenössischer Kupferstich von G. Brickmann. Schiller kaufte das Haus 1802.

angegriffen zu werden.« An ihrer Beisetzung konnte er nicht teilnehmen, weil sein Gesundheitszustand eine solche Reise nicht gestattete.

Nicht nur in der Weimarer Gesellschaft, sondern auch bei Hofe genoß Schiller höchstes Ansehen. Für den Kontakt mit der herzoglichen Familie erwies sich sein bürgerlicher Stand als hinderlich, auch seine Frau konnte bei Hofe nicht empfangen werden. So regten sich im engsten Freundes- und Lebenskreis Bestrebungen, die auf eine Nobilitierung gerichtet waren. Sowohl Charlotte von Stein als auch Caroline von Wolzogen unterhielten gute Beziehungen zu Carl

August und seiner Gemahlin, der Herzogin Louise von Sachsen-Weimar-Eisenach. Vor allem aber war es der Geheime Regierungsrat Christian Gottlob Voigt, der, unterstützt von Goethe und Wilhelm von Wolzogen, dem Herzog empfahl, den Kaiser um eine Erhebung Schillers in den erblichen Reichsadelsstand zu ersuchen. Der von Voigt formulierte Antrag würdigte vor allem Schillers dichterische Leistung, seine historischen Schriften und seinen Einsatz für die deutsche Sprache. Mit diplomatischem Geschick umging er die politisch brisanten Dramen und hob statt dessen die Leistung des Lyrikers hervor. Der Kaiser ging auf den Vor-

112. Goethes Haus am Frauenplan in Weimar. Zeitgenössischer Stahlstich von E. Brinckmann.

schlag ein und verlieh Schiller den erblichen Adelstitel des »Heiligen Römischen Reiches Deutscher Nation«. Für den Adelsbrief, der am 7. September 1802 in Wien unterzeichnet worden war und am 16. November in Weimar eintraf, mußte der Hof eine stattliche Summe entrichten. Zuallererst freute sich Schiller für seine Frau, die auf diese Weise zurückerhielt, was sie vor zwölf Jahren durch die Heirat verloren hatte. Im Gegensatz zu ihr hatte er unter der erfahrenen Zurücksetzung nicht gelitten. Auch die Zukunft seiner Kinder wird er bedacht haben. Nobilitiert und im Besitz eines Familienwappens, konnte er nunmehr an der Seite seiner Frau den wiederholt ausgesprochenen Einladungen des Herzogs, der Char-

lotte außerordentlich schätzte, Folge leisten. Auch daß die Schwestern jetzt gemeinsam bei Hofe erscheinen konnten, dürfte ihn erleichtert haben: »[…] es hatte etwas unschickliches, daß von 2 Schwestern die Eine einen vorzüglichen Rang am Hofe, die andre gar keinen Zutritt zu demselben hatte. […] Sie können übrigens leicht denken, daß mir, für meine eigene Person die Sache ziemlich gleichgültig ist«, ließ er Cotta am 27. November 1802 wissen.

Einschließlich der Pension des Herzogs, die 1804 von 400 auf 800 Taler verdoppelt wurde, kam Schiller in der Weimarer Zeit auf ein Jahresgehalt von rund 2 000 Talern, womit er zu den bestverdienenden Bürgern der Stadt gehörte. Doch wurde diese Summe

Carl August,
Großherzog von Sachsen.

113. Carl August,
Herzog von Sachsen-
Weimar-Eisenach.
Zeitgenössischer
Kupferstich von
M. Knäbig.

114. Adelsbrief aus Wien.
Auf Vorschlag des
Weimarer Hofes wurde
Schiller der erbliche
Adelstitel des »Heiligen
Römischen Reiches
Deutscher Nation«
verliehen.

durch die hohen Lebenskosten der großen Familie weitgehend aufgezehrt. Zusätzliche Einkünfte, erzielt vor allem durch Honorare für seine schriftstellerischen Arbeiten und durch Tantiemen, ermöglichten es ihm dennoch, die auf dem Haus liegenden Hypotheken so zurückzuzahlen, wie es in seinem Finanzierungsplan vorgesehen war. Den schuldenfreien Zustand des eigenen Hauses hat er selbst nicht mehr erlebt. Nur wenige Wochen nach seinem Tod konnte Charlotte Schiller mit dem von Cotta für den ersten Dramenband gezahlten Honorar den letzten großen Teil der Hypothek bezahlen.

Mit dem Einzug in das Haus an der Esplanade kehrte Ruhe in Schillers Alltag ein. Seine kühnsten Träume, für sich und die Seinen einen endgültigen Lebensort gefunden zu haben, hatten sich erfüllt. Die letzten drei Jahre verbrachte er überwiegend am Schreibtisch, soziale Kontakte oder kulturelle Angebote nahm er nur noch selten wahr. Hin und wieder drängte ihn die gesellige und tanzfreudige Charlotte zu Ballbesuchen, zu abendlichen Diners im Freundeskreis oder zu höfischen Festen. Für seine geistige Konzentration bezahlte er mit Einsamkeit. »Mein Leben ist so einförmig und leer an Begebenheiten«, schrieb er am 24. November 1803 an Wilhelm von Wolzogen. »Jeder Tag ist dem anderen gleich und die Resultate von meinen Arbeiten lassen sich erst nach Monaten angeben.« Auch Goethe gegenüber deutete er am 28. Januar 1804 seine Einsamkeit an: »In meiner Abgeschiedenheit, worin ich jetzt den ganzen Tag zubringe, ist mir so ein freundlicher Gruß zum Abend ein rechtes Labsal, und Sie werden mich ordentlich verwöhnen. [...] Ich habe Ihnen nichts ähnlicher Art zu berichten. Neben meinem Pensum, das langsam fort rückt und wenigstens nicht stockt, habe ich die Mémoires von einem tüchtigen Seemann gelesen, die mich im mittelländischen und indischen Meer herumgeführt haben [...].« Reisen solcher Art waren ihm auch weiterhin nur im Reich der Phantasie möglich. Sein unruhiger Geist aber brauchte Nahrung, seine Psyche bedurfte der Abwechslung. Allen Widrigkeiten zum Trotz unternahm er in seiner letzten Lebensphase doch noch zwei längere Reisen, nach Dresden und nach Berlin.

Am 6. August 1801 brach er gemeinsam mit Charlotte und der knapp zwei Jahre alten Caroline nach Dresden auf, um Körner zu besuchen, der ihn wiederholt eingeladen hatte. Über Naumburg und Leipzig erreichten sie am 9. August die Stadt, wo sie zunächst im Weinberghaus in Loschwitz logierten. Die gewohnte freundschaftliche Nähe zu den Körners stellte sich rasch wieder her. Charlottes Anwesenheit förderte das Aufleben der Erinnerung an eine unbeschwerte, produktive Zeit. Indem sie die Geschichte dieser Freundschaft erzählt bekam, wurde sie selbst Teil des Freundeskreises. Schiller nutzte die Chance, Körner in aller Ausführlichkeit seine dichterischen

Projekte vorzustellen. Sie erörterten die Konzeption der »Braut von Messina«, Schiller las den in Versen geschriebenen Anfang der »Malteser« vor. Wie in alten Zeiten nahmen sich die Freunde Zeit zu intensiven Gesprächen. Am 1. September wechselten die Schillers das Quartier und zogen von Loschwitz nach Dresden, um dem Leben im Körnerschen Haus näher zu sein. Höhepunkt des Aufenthalts war der gemeinsame Besuch der »Jungfrau von Orleans« am 17. September in Leipzig. Der Dichter wurde mit nicht enden wollenden Ovationen und Vivat-Rufen gefeiert. Nur wenige Tage zuvor, am 11. September 1801, war das Stück in Leipzig außergewöhnlich erfolgreich uraufgeführt worden, ohne daß Schiller zugegen sein konnte; seine Anwesenheit eine Woche später machte die Inszenierung vollends zur Legende. Schiller nutzte den Aufenthalt zu einigen Begegnungen, vor allem mit seinem Verleger Crusius, der gerade den zweiten Band der Gedichte herausgab und weitere Veröffentlichungen plante. Am 19. September 1801 nahm man in Leipzig wehmütig Abschied voneinander. Körner wußte zu gut Bescheid, um den Ernst der Situation zu unterschätzen. Es sollte die letzte Begegnung sein, die Freunde sahen sich nicht wieder. Am 20. September traf die Familie nach sechswöchiger Abwesenheit

115. Schillers Familienwappen aus dem Adelsdiplom.

in Weimar ein. Schillers Gesundheitszustand war relativ stabil, er schien die Reise erstaunlich gut überstanden zu haben.

Bis zu seiner Berlin-Reise im Frühjahr 1804 arbeitete er nahezu ununterbrochen an seinen Dramen. Daran änderte auch die Ankunft von Madame de Staël am 14. Dezember 1803 nicht viel. Die berühmte Schriftstellerin, die bis zum 29. Februar 1804 in der Stadt blieb, suchte sogleich den Kontakt zu Schiller und zog ihn anfangs in ihren Bann. 1796 hatte er in seinen »Horen« einen von ihr verfaßten und von Goethe übersetzten Aufsatz, »Versuch über die Dichtungen«, publiziert; 1810 wird sie ihn in ihrem Buch »De L'Allemagne« als bedeutenden, der Aufklärung verpflichteten Dramatiker porträtieren. Wie angetan Schiller zunächst von ihr war, geht aus einem umfangreichen Brief an Goethe vom 21. Dezember 1803 hervor: »[…] es ist alles aus Einem Stück und kein fremder, falscher und pathologischer Zug in ihr. Dies macht, daß man sich trotz des immensen Abstands der Naturen und Denkweisen vollkommen wohl bei ihr befindet, daß man alles von ihr hören und ihr alles sagen mag. Die *französische* Geistesbildung stellt sie rein und in einem höchst interessanten Lichte dar. In allem, was wir Philosophie nennen, folglich in allen letzten und höchsten Instanzen ist man mit ihr im Streit und bleibt es, trotz alles Redens. Aber ihr Naturell und Gefühl ist besser als ihre Metaphysik, und ihr schöner Verstand erhebt sich zu einem genialischen Vermögen [...]. Für

das, was wir *Poesie* nennen, ist kein Sinn in ihr, sie kann sich von solchen Werken nur das Leidenschaftliche, Rednerische und Allgemeine zueignen, aber sie wird nichts Falsches schätzen, nur das Rechte nicht immer erkennen. Sie ersehen aus diesen paar Worten, daß die Klarheit, Entschiedenheit und geistreiche Lebhaftigkeit ihrer Natur nicht anders als wohltätig wirken können; das einzig Lästige ist die ganz ungewöhnliche Fertigkeit ihrer Zunge, man muß sich ganz in ein Gehörorgan verwandeln um ihr folgen zu können.« Sie, die die Weimarer Gesellschaft durch ihren analytischen Verstand und ihre souveräne Selbständigkeit beeindruckte, fiel Schiller aber schon bald durch die Häufigkeit der Treffen und die ausufernden Konversationen lästig, fühlte er sich doch in seiner Arbeitskonzentration gestört. Als sie Ende Februar die Stadt verließ, war er erleichtert, sich wieder ohne Ablenkung seinem »Wilhelm Tell« widmen zu können. Goethe gestand er Anfang März unumwunden: »[…] auch ist mir nach der Abreise unsrer Freundin nicht anders zu Mut, als wenn ich eine große Krankheit ausgestanden.« Ende November 1802 hatte sich auch Heinrich von Kleist in Weimar aufgehalten; obwohl er Schiller hoch verehrte, ist eine Begegnung mit ihm nicht belegt.

Spontan und ohne jede Planung, getrieben von Unruhe und dem Unbehagen an der Enge der Weimar Gesellschaft und des Hofes, entschloß sich Schiller im Frühjahr 1804 zu einer Reise nach Berlin. Mehrfach schon war er von August Wilhelm Iffland eingeladen worden. Auf dessen Initiative hatte sich der Hof für den von Carl Gotthard Langhans geleiteten Neubau des Schauspielhauses auf dem Gendarmenmarkt entschieden und ihn als ersten Theaterleiter eingesetzt. Das 1801 fertiggestellte Haus wurde ab Januar 1802 bespielt und erwarb sich unter Ifflands Direktion auch über die Landesgrenzen hinaus Ansehen und Ruhm. Als Dramatiker war Schiller naturgemäß an dieser hochangesehenen Bühne interessiert. Trotz der unmittelbaren Nähe zum preußischen Hof hatte sich unter Ifflands Leitung ein Theater entwickelt, das Schillers Vorstellungen einer »moralischen Anstalt« entgegenkam. Natürlich war Iffland königstreu, schließlich war der Hof sein unmittelbarer Geldgeber, die Zensur wäre im Falle einer königskritischen Inszenierung sofort eingeschritten. Dennoch war das Bürgertum sein hauptsächliches Publikum, und die bürgerliche Intelligenz nahm das Schauspielhaus als *ihr* Theater in Besitz.

Schiller erwog sogar den Gedanken, mit seiner Familie nach Berlin überzusiedeln. Unzufrieden mit der Situation in Weimar, hatte er am 14. Februar 1803 an Wilhelm von Humboldt geschrieben: »[…] oft treibt es mich in der Welt nach einem andern Wohnort und Wirkungskreis umzusehen; wenn es nur irgendwo leidlich wäre, ich gienge fort.« Die preußische Hauptstadt hatte bereits einige seiner Freunde und Arbeitskollegen angelockt. So war nicht nur Iffland nach Berlin gegangen, auch Fichte und der ehemalige Weimarer Hofmedikus und Jenaer Professor der Medizin, Christoph Wilhelm Hufeland, waren an die Berliner Universität berufen worden; zudem lebten Friedrich Gottlieb Unger, der Verleger der »Jungfrau von Orleans«, und der Komponist Carl Friedrich Zelter in der Stadt, dem er am 16. Januar 1804 mitgeteilt hatte: »Gern möchte ich mich in diesen Monaten zu Ihnen nach Berlin versetzen. Hier leben wir in einem wahren Mangel alles Kunstgenußes. Goethe befindet sich seit mehrern Wochen unpaß, Herder hat uns gar verlassen, und manche andere traurige Umstände haben sich vereinigt uns diesen Winter zu verkümern!« Zu den »traurigen Umständen« zählten nicht nur der Tod Herders am 18. Dezember 1803, sondern auch die Konflikte am Weimarer Theater und das Unbehagen an der sozialen Enge des kleinstädtischen Lebens. Auch bereitete ihm die durch die Abwanderung bedeutender Professoren bedingte Nivellierung der Jenaer Universität seit einigen Monaten Sorgen. Ein weiterer Grund kam hinzu, um über eine Verbesserung seiner Arbeits- und Lebensbedingungen – möglicherweise in preußischen Diensten – nachzudenken. Charlotte erwartete ihr viertes Kind, und die finanzielle Absicherung der Familie mußte neu überdacht werden. Daß sich Schiller trotz der Schwangerschaft seiner Frau – die Geburt des Kindes war für Ende Juli zu erwarten – und ohne Rücksicht auf die eigene instabile

116. Iffland als Franz
Moor. Kupferstich von
Daniel Berger, 1807.

Gesundheit zu dieser Reise entschloß, zeigt die Bedeutung, die er diesem Vorhaben beimaß.

Gemeinsam mit Charlotte, dem zehnjährigen Karl und dem siebenjährigen Ernst trat er am 26. April 1804 die Reise an. Über Weißenfels erreichten sie am nächsten Tag Leipzig. Dort war gerade Messe, so daß er das Glück hatte, alle drei Verleger, Cotta, Crusius und Göschen, zu treffen und mit jedem von ihnen bestehende und künftige Verträge zu verhandeln. Am 29. April setzte die Familie die Reise über Wittenberg fort. Als sie am Abend des 30. April in Potsdam anlangte, wurde der Dichter schon am Stadttor von einem Wachoffizier erkannt und sogleich in einen Gedankenaustausch über seine Dichtung gezogen. Am 1. Mai trafen die Reisenden in der preußischen Hauptstadt ein, wo sie bis zum 17. Mai blieben. Unterkunft fanden sie zunächst im »Hôtel de Russie«, Unter den Linden 23. Einige Tage später stellte Iffland der Familie sein geräumiges Haus in der nahe gelegenen Friedrichstraße 130 zur Verfügung, ein Angebot, das die Schillers gern annahmen.

Wenn er in einem für ihn untypischen spontanen Aufbruch Weimar verließ, um Einsamkeit und Stillstand zu entfliehen, wenn er sich ein letztes Mal gegen Krankheit und Verfall aufbäumte und das Leben herausforderte, wenn er sein wachsendes Ansehen überprüfen, ja Ruhm erfahren wollte, so hat ihn die preußische Hauptstadt nicht enttäuscht. Wo er auftrat, wurde er enthu-

siastisch begrüßt, schlug ihm Begeisterung, ja Verehrung entgegen, auch wenn er von den unzähligen Einladungen nur wenige annehmen konnte. Iffland brachte ihm zu Ehren gleich drei seiner Stücke im Schauspielhaus am Gendarmenmarkt zur Aufführung: am 4. Mai »Die Braut von Messina«, am 6. und am 12. Mai »Die Jungfrau von Orleans« und am 14. Mai »Wallensteins Tod« mit sich selbst in der Titelrolle. Seit der legendären Mannheimer Uraufführung der »Räuber« im Januar 1782, als er den Franz Moor darstellte, hatte Iffland als Schauspieler und Regisseur Erfahrungen mit Schillers Stücken gesammelt und viele Inszenierungen zum Erfolg geführt. Einzig an der Inszenierung der »Jungfrau von Orleans« fand Schiller nicht nur Gefallen. Während er dem von Bartolomeo Verona geschaffenen Bühnenbild hohe Anerkennung zollte, mißfiel ihm der von Iffland prunkvoll gestaltete Königszug in der 6. Szene des 4. Aktes, der seiner Meinung nach das zarte Stück zu »erdrücken« drohte. Szenen wie diese entsprachen ganz dem Ifflandschen Stil, farbenprächtige Dekorationen und Kostüme und aufwendige Massenszenen bildeten einen deutlichen Kontrast zu der von Goethe am Weimarer Theater praktizierten Spielweise. Während hier die textorientierte Deklamation im Vordergrund stand, propagierte Iffland das durch lebhafte Gesten betonte Spiel. Er selbst hatte eine stattliche Reihe eigener effektsicherer Komödien, aber auch einige Trauerspiele verfaßt. Am 10. Mai sah

117. Opernhaus Unter den Linden. Kolorierter Kupferstich, um 1750.

Schiller im Schauspielhaus Ifflands Lustspiel »Die Aussteuer«, das ihm durchaus Vergnügen bereitete. Wann immer er mit seiner Familie die für ihn reservierte Loge betrat, wurde er von den Berlinern stürmisch begrüßt und mit Ovationen gefeiert. Eine Aufführung des »Wilhelm Tell« im Beisein des Autors kam nicht mehr zustande, da Schiller nicht bereit war, einige Stellen zu ändern, die Iffland politisch zu heikel erschienen. Erst am 4. Juli 1804 fand im Schauspielhaus die Berliner Erstaufführung statt mit Iffland als Wilhelm Tell. Auch diese Inszenierung wurde zu einem einhelligen Erfolg und das Stück in vierzehn Tagen sechsmal wiederholt.

Weiterhin standen Konzerte in Zelters Singakademie und zwei Opernaufführungen auf dem Programm. Am 2. Mai besuchte Schiller Mozarts »Zauberflöte« und am 11. Mai die von ihm über alles geliebte »Iphigenie auf Tauris« von Gluck, zwei damals vielgerühmte Inszenierungen am Schauspielhaus. Da der Streit zwischen deutscher und italienischer Oper zu dieser Zeit noch nicht entschieden war, wurde in getrennten Häusern gespielt: italienische Opern in der Hofoper Unter den Linden, deutsche Opern im Schauspielhaus, das einen versenkbaren Bühnenboden besaß und über ein glänzendes Orchester verfügte. Hatte Iffland den Theaterbetrieb des Hauses zu hohem Niveau entwickelt, so verdankte die deutsche Oper ihren nur noch mit Wien vergleichbaren Rang dem Wirken des Komponisten und Kapellmeisters Bernhard Anselm Weber.*

Auch wenn sich Schiller immer wieder für kürzere oder längere Zeit zurückziehen mußte, um sich von Erschöpfung, Unwohlsein oder Fieber zu erholen, erstaunt das

* Vgl. Ruth Freydank, Theater in Berlin. Berlin 1988, S. 54–157.

118.Ifflands Landhaus »Tranquillitas« in der Tiergartenstraße 29 in Berlin. Kolorierte Radierung von F. R. Naumann, um 1820.

119. Schiller. Lithographie von Gottfried Schadow, 1804.

umfangreiche Programm, das er in Berlin absolvierte. Schon in den ersten Tagen suchten ihn die Maler Johann Gottfried Schadow und Friedrich Georg Weitsch auf, um ihn zu porträtieren. Mehrfach war er Ifflands Gast in dessen Haus in der Tiergartenstraße 29. Freunde wie der Mediziner Hufeland, den Schiller von Jena her kannte, oder Zelter sowie Vertreter der Berliner Kulturprominenz baten ihn an ihre Mittagstafel. Auch Prinz Louis Ferdinand von Preußen, der musisch interessierte und künstlerisch begabte Neffe Friedrichs des Großen, gab am 5. Mai ihm zu Ehren ein Essen. Zwei Tage zuvor hatte Schiller im Schauspielhaus am Gendarmenmarkt zwei Cellokonzerte von Bernhard Romberg und ein Quartett des Prinzen Louis Ferdinand gehört.

Als gesellschaftlichen Höhepunkt seiner Berlin-Reise dürfte Schiller die zweimalige Begegnung mit dem preußischen Königspaar empfunden haben. Im Sommer 1799 hatte er Friedrich Wilhelm III. und dessen Gattin, die Königin Luise, kennengelernt. Beide waren nach Weimar gekommen, um »Wallensteins Tod« im dortigen Hoftheater zu sehen. Gerade der letzte Teil der Trilogie erfreute sich seit der erfolgreichen Uraufführung vom 20. April dieses Jahres eines großen Publikumsinteresses. Die Berliner Erstaufführung von »Wallensteins Tod« hatte am 17. Mai 1799 unter der Regie von Iffland stattgefunden; das Königspaar wollte auch diese Inszenierung kennenlernen, um sie mit der Weimarer Aufführung vergleichen zu können. Nach Schluß der Weimarer Vorstellung war Schiller in die königliche Loge gebeten worden. Schon damals hatten ihn der Charme und die unprätentiöse Offenheit der jungen Königin beeindruckt.

An Kunst und Literatur interessiert, war sie mit dem Werk Schillers bestens vertraut. Das damalige Zusammentreffen endete mit einer Einladung des Dichters nach Berlin. Als er dann tatsächlich in der preußischen Hauptstadt weilte, lud ihn die Königin am 13. Mai 1804 zu einer Audienz in das Charlottenburger Schloß ein. Am 17. Mai folgte eine Einladung nach Potsdam, nach Sanssouci, in das Sommerschloß der königlichen Familie. Nachdrücklich bemühte sich die Königin, den Dichter nach Berlin zu holen. Iffland hatte dem preußischen Kabinettsrat Karl Friedrich Beyme bereits Schillers Interesse an einem Wechsel nach Berlin signalisiert, und so kam es im Anschluß an das Frühstück in Schloß Sanssouci zu einem Treffen mit Beyme, bei dem der Plan einer Übersiedlung beraten wurde. In Absprache mit dem König bot das preußische Kabinett Schiller ein Jahresgehalt von 3 000 Reichstalern und war darüber hinaus zu weiteren Vergünstigungen bereit. Auch eine Mitgliedschaft in der Akademie der Wissenschaften wurde erwogen. Schiller behielt sich vor, das Angebot von Weimar aus zu bedenken.

Ihren Potsdam-Aufenthalt beendeten die Schillers mit einem Theaterabend, gegeben wurde »Fanchon oder das Leiermädchen«, eine Komödie von August von Kotzebue. Übernachten konnte die Familie bei einem ehemaligen Schulfreund Schillers, dem Offizier Christian von Massenbach. Ein letztes Treffen am Tag der Abreise galt der

Berliner Schriftstellerin Henriette Herz, die Schiller in Potsdam aufgesucht hatte.

Erfüllt von geistigen Anregungen und gesellschaftlichen Erfahrungen, deren er so dringend bedurft hatte, trat Schiller am 18. Mai 1804 die Heimreise an. Über Wittenberg, Leipzig und Naumburg erreichte die Familie am 21. Mai Weimar. Mit seiner Antwort an das preußische Kabinett ließ er sich Zeit. Obwohl feststand, daß er Weimar nicht verlassen konnte, fiel ihm die Entscheidung schwer. Die Rückkehr wurde ihm erleichtert durch ein großzügiges Geldgeschenk von Cotta, der seinem kranken Autor als Geste der Anerkennung 1 000 Gulden geschickt hatte. Im Juni folgte eine dritte Zuwendung des Freundes Carl von Dalberg in Höhe von 542 Reichstalern. Gleichzeitig hatte sich Schiller an Carl August gewandt, dem er in huldvollen Worten von den neuen Berliner Perspektiven berichtete und den er um eine Erhöhung seines Gehalts bat. Ein größerer finanzieller Spielraum sollte ihm die Möglichkeit geben, durch angemessene Rücklagen das Vermögen seiner Kinder zu steigern. »Ich bin 45 Jahr alt, meine Gesundheit ist schwach und ich muß auf die Zukunft denken.« Bereits vier Tage später, am 8. Juni, erhielt er die Zusage einer Verdoppelung seines Gehalts mit der Aussicht auf weitere Erhöhung.

Daß ihm sein Gesundheitszustand jeden ernsthaften Gedanken an eine Übersiedlung nach Berlin verbot, wußte keiner besser als er selbst. Wie tief allerdings die Bindung an

120. Königin Luise von Preußen. Pastell-Porträt von Nikolaus Lauer, 1799.

Auch das Schöne muß
sterben! Das Menschen
und Götter bezwinget, /
Nicht die eherne Brust
rührt es des stygischen
Zeus. / Einmal nur
erweichte die Liebe den
Schattenbeherrscher, /
Und an der Schwelle
noch, streng, rief er
zurück sein Geschenk. /
Nicht stillt Aphrodite
dem schönen Knaben
die Wunde, / Die in den
zierlichen Leib grausam
der Eber geritzt. / Nicht
errettet den göttlichen
Held die unsterbliche
Mutter, / Wann er, am
skäischen Tor fallend,
sein Schicksal erfüllt. /
Aber sie steigt aus dem
Meer mit allen Töchtern
des Nereus, / Und die
Klage hebt an um den
verherrlichten Sohn. /
Siehe! Da weinen die
Götter, es weinen die
Göttinnen alle, / Daß
das Schöne vergeht,
daß das Vollkommene
stirbt. / Auch ein Klag-
lied zu sein im Mund
der Geliebten, ist herr-
lich, / Denn das Gemei-
ne geht klanglos zum
Orkus hinab.

Weimar war, zeigt ein Brief, den er wenige
Tage nach seiner Rückkehr, am 28. Mai
1804, an Körner richtete: »Auf der andern
Seite zerreisse ich höchst ungern alte Ver-
hältniße, und in neue mich zu begeben
schreckt meine Bequemlichkeit. Hier in
Weimar bin ich freylich absolut frey und im
eigentlichen Sinn zu Hause. Ich habe gegen
den Herzog Verbindlichkeiten und ob ich
gleich mit ganz guter Art mich los zu
machen hoffen kann, so würde mirs doch
weh thun zu gehen.« Was er nicht ansprach,
sondern unter die »alten Verhältnisse« sub-
sumierte, dürfte der eigentliche Grund seiner Absage an Berlin gewesen sein. Es war
das Bündnis mit Goethe, dessen Tragfähig-
keit sich jetzt erwies. Auch Goethe versuchte
mit aller Kraft, den Freund zu halten. Schiller wurde sich bewußt, daß ihm die besten
Arbeitsbedingungen nicht das gesellschaftlich und kulturell fordernde Berlin, sondern
das ruhige Weimar bot, und auch Charlotte
war nicht bereit, ihre weitreichenden familiären und sozialen Bindungen an Thüringen aufzugeben. Er entschied sich also ganz
für Weimar, behielt sich allerdings vor, einige Monate im Jahr in Berlin zu leben und zu
arbeiten. Dem Freund Wilhelm von Wolzogen gestand er am 16. Juni 1804 noch einmal seine Sehnsucht nach dem kulturellen
Reichtum der preußischen Hauptstadt: »Ich
habe ein Bedürfnis gefühlt, mich in einer
fremden und größeren Stadt zu bewegen.
Einmal ist es ja meine Bestimmung, für eine
größere Welt zu schreiben, meine dramati-

schen Arbeiten sollen auf sie wirken, und ich
sehe mich hier in so engen kleinen Verhältnisse, daß es ein Wunder ist, wie ich nur
einiger maaßen etwas leisten kann, das für
die größere Welt ist.«

Sobald Schiller zur Ruhe gekommen
war, setzte er die im März wiederaufge-
nommene Arbeit am »Demetrius« fort, für
den zunächst der Titel »Die Bluthochzeit
zu Moskau« vorgesehen war. Im Juli verschlechterte sich sein Gesundheitszustand
allerdings dramatisch. Eine normalerweise
harmlose Erkältung löste schwere fieberhaf-
te Infektionen, Magenkrämpfe und Atem-
wegsentzündungen aus. Die Anfälle waren
so bedrohlich, daß Dr. Stark jede Hoffnung
für seinen Patienten aufgab. Wieder melde-
ten etliche Zeitungen Schillers Ableben.

Als Charlotte am 25. Juli 1804 ihre zweite Tochter, Emilie Henriette Louise, zur Welt
brachte, wußte sie nicht, ob ihr Mann das
Kind noch erleben würde. Die Familie war
für die Phase der Entbindung nach Jena
übergesiedelt; Quartier hatten sie im Hause
Niethammers gefunden. Charlotte wollte ihr
Kind unter der Obhut des ihr vertrauten
Arztes Dr. Stark entbinden, der sich auch
Schillers annahm. Dieser erholte sich rascher
als erwartet. Am 3. August 1804 teilte er
Goethe mit, er habe »einen harten Anfall
ausgestanden«. »Es hätte leicht schlimm
werden können, aber die Gefahr wurde
glücklich abgewendet, alles geht nun wieder
besser, wenn mich nur die unerträgliche
Hitze zu Kräften kommen ließe. Eine plötz-

liche große Nervenschwächung in solch einer Jahreszeit ist in der Tat fast ertötend, und ich spüre seit den 8 Tagen, daß mein Übel sich gelegt, kaum einen Zuwachs von Kräften, obgleich der Kopf ziemlich hell und der Appetit wieder ganz hergestellt ist.« Noch in Jena wurde das Kind am 7. August getauft. Erst am 19. August kehrte die Familie nach Weimar zurück.

Nach dieser schweren gesundheitlichen Attacke war Schiller monatelang geschwächt und kaum in der Lage zu arbeiten. Seine Briefe, mit zittriger Hand geschrieben, sprechen von Verzagtheit, ja Resignation. Vielleicht war es das neugeborene Kind, das ihm zum letztenmal die Kraft gab, dem kranken Körper Lebensmut und Arbeitsvermögen abzutrotzen. Auch wenn die Arbeitsphasen immer kürzer wurden, gelangen ihm doch noch zwei Vorhaben von höchster Qualität.

Während er am 4. September 1804 Körner anvertraut hatte, daß ihm selbst »nach der schwersten Krankheit nicht so übel zu Muthe gewesen« sei wie jetzt, besserte sich Anfang November sein Befinden, er kehrte an den Schreibtisch zurück und schrieb in nur wenigen Tagen, vom 4. bis zum 8. November, die »Huldigung der Künste«. Anlaß war der festliche Empfang für den Weimarischen Erbprinzen Carl Friedrich von Sachsen-Weimar-Eisenach, der Maria Pawlowna, die aus St. Petersburg stammende Tochter des ermordeten Zaren Paul I. und der Zarin Maria Feodorowna, geb. Prinzessin Sophie Dorothea von Württemberg, geheiratet

hatte. Weimar feierte den Einzug des Hochzeitspaares in die Stadt mit einem glanzvollen Fest; am Abend des 12. November wurde das Stück in Anwesenheit des Autors mit großem Erfolg aufgeführt. Von der Begegnung mit der künftigen Großherzogin war Schiller sehr angetan. Ihre Erscheinung, ihre profunde Bildung und ihre Liebenswürdigkeit wußte er sehr zu schätzen. Mitten in die Festlichkeiten, am 10. November, war Schillers 45. Geburtstag gefallen. Es sollte sein letzter sein, der Rahmen hätte festlicher nicht sein können. Am Vortag hatte er als Anerkennung für sein Werk und speziell für den »Don Karlos« von der russischen Kaiserin, der Mutter Maria Pawlownas, einen Brillantring erhalten. Überreicht wurde er von Wilhelm von Wolzogen, der als Gesandter des Herzogs die Hochzeitsfeierlichkeiten vorbereitet und betreut hatte. Schon am 20. Dezember verkaufte Schiller den Ring wieder, um von dem Erlös von 500 Reichs-

121. Schillers Arbeits- und Sterbezimmer in seinem Weimarer Haus. Zeitgenössische Lithographie von Eduard Lobe.

Ich hab nichts als mein
Gebet und Flehn, / Das
schöpf ich glühend aus
der tiefsten Seele, / Das
send ich gläubig in die
Himmelshöhen, / Wie
eine Heerschar send ich
Dirs entgegen, / Heer-
scharen send ich mächtig
Dir entgegen, / Der Mut-
ter Thränen und der
Mutter Sorge, / Das
send ich hinauf in alle
HimmelsHöhen. / Send
ich wie eine Heerschar
Dir entgegen! / Die
Thränen alle die ich
nächtlich weinte
Demetrius-Fragment, II/1

talern einen weiteren Teil der Grundschuld auf seinem Haus abzuzahlen.

Während »Die Huldigung der Künste« einer Verbeugung vor dem Hof gleichkam, war der Demetrius-Stoff auf die Themen Machtinteresse und Machtmißbrauch gerichtet. Der falsche Thronprätendent siegt zwar über Boris Godunow, den Usurpator des Zarenthrons, scheitert aber an dem Mörder des wahren Demetrius und stirbt bei einem Volksaufstand. Der tragische Gehalt der beiden ausgeführten Aufzüge und zweier Szenen läßt auf einen tragischen Ausgang schließen. Schiller war der historischen Figur des Demetrius zum erstenmal 1790 begegnet, als zwei Jenaer Studenten, Carl Georg Curtius und Karl Rechlin, ein Demetrius-Drama schrieben, das 1792 mit einer Widmung an ihn erschien. Unmittelbar nach Abschluß des »Wilhelm Tell« hielt Schiller am 10. März 1804 in seinem Kalender fest, daß er sich zur Ausführung des »Demetrius« entschlossen habe, der alles bisher Geschaffene übertreffen sollte. An seinem Todestag fand man auf seinem Schreibtisch ein Blatt aus der »Demetrius«-Handschrift, es war der Monolog der Marfa aus dem II. Akt, 1. Szene: »O warum bin ich hier geengt, gebunden, / Beschränkt mit dem unendlichen Gefühl!«

Das zweite Arbeitsvorhaben, das Schiller noch abschließen konnte, war die Übersetzung und Bühnenbearbeitung der »Phädra« von Racine, zu der ihn Ende des Jahres 1804 der Herzog angeregt hatte. Bereitwillig war

er auf den Vorschlag eingegangen, da er aufgrund seines hinfälligen Gesundheitszustandes zu eigenem dramatischem Schaffen nicht in der Lage war. Am 20. Januar, kurz nach Abschluß der Bühnenbearbeitung, gewährte er Körner Einblick in seine Lage: »So wie das Eis wieder anfängt aufzuthauen, geht auch mein Herz und mein Denkvermögen wieder auf, welches beides in den harten Wintertagen ganz erstarrt war. Solang der Winter nun dauert, bin ich unaufhörlich von einem Catarrh geplagt, der mich in der That sehr angreift und fast allen Lebensmuth ertödet. An eine glückliche freie Thätigkeit war bei solchen Umständen gar nicht zu denken. Um nur nicht ganz müßig zu seyn und doch durch einige Arbeit über die harte Periode mir hinüber zu helfen habe ich die Phedre von Racine übersetzt [...]. Ich hab es in den gewöhnlichen reimlosen Jamben übersetzt und mit gewissenhafter Treue, ohne mir eine Abänderung zu erlauben [...]. Auf den 30. dieses Monats, als d. Geburtstag der Herzogin werden wir es spielen lassen.« Die Uraufführung in Anwesenheit Schillers wurde ein großer Erfolg.

Schillers Briefe aus dieser Zeit zeigen, daß seine physische Widerstandskraft gebrochen war und er sich einer schwermütigen Stimmung kaum mehr erwehren konnte. Am 24. Dezember 1804 hatte er die Nachricht vom Tod des Freundes Ludwig Ferdinand Huber erhalten, die ihn tief getroffen hat. »Wer hätte das erwartet, daß Er uns zuerst verlaßen müßte! Denn ob wir gleich außer Verbindung mit ihm waren, so lebte er doch nur für uns und war an zu schöne Zeiten unsres Lebens gebunden, um uns je gleichgültig zu seyn«, schrieb er am 20. Januar 1805 an Körner. Im Februar erlitt Schiller mehrere schwere Fieberanfälle, die mit Ohnmachten und teilweisen Wahrnehmungsstörungen einhergingen. Dem zu dieser Zeit ebenfalls schwerkranken Goethe gewährte er Einblick in seine Verfassung: »Die zwei harten Stöße, die ich nun in einem Zeitraum von 7 Monaten auszustehen gehabt, haben mich bis auf die Wurzeln erschüttert, und ich werde Mühe haben, mich zu erholen. […] und besonders habe ich Mühe eine gewisse Mutlosigkeit zu bekämpfen, die das schlimmste Übel in meinen Umständen ist.« (22. Februar 1805) Caroline von Wolzogen berichtet in ihrer Biographie, daß sich Schiller bereits in dieser Phase mit dem eigenen Sterben auseinandergesetzt habe, daß er seinem Tod ohne Furcht entgegensah.

In den letzten Monaten seines Lebens bahnte sich ein enger Kontakt zu dem Weimarer Gymnasialprofessor Johann Heinrich Voß (1779–1822) an, der als Hauslehrer auch Schillers Söhne unterrichtete. Voß war 1804 nach Weimar gezogen, wohnte in unmittelbarer Nähe und war ein gern und häufig gesehener Gast. Schiller war bereits mit dem Vater, dem Homer-Übersetzer und Schriftsteller Johann Heinrich Voß (1751–1826), freundschaftlich verbunden gewesen, dieser war Pate seiner jüngsten Tochter und hatte

122. Friedrich Schiller. Gemälde von Ludovike Simanowiz, 1794.

123. Johann Wolfgang Goethe. Gemälde von George Dawe, 1819.

124. Schillers Taschen-
uhr vom Ende des
18. Jahrhunderts.

als Autor gewichtige Beiträge für die »Horen« geliefert. Den jungen Voß hatte er zu einer Übersetzung von Shakespeares »Othello« angeregt, die er noch im April 1805 durchsah und bearbeitete. Besonders während der schweren Fieberanfälle im Februar 1805 wachte der junge Mann nächtelang am Bett des Kranken, verabreichte ihm Medikamente und stand ihm seelisch bei. Seine in Briefform gehaltenen Mitteilungen an die Berliner Freunde gehören zu den wichtigsten Quellen über die letzten Monate in Schillers Leben.

Sein bescheidener Wunsch, in »leidlicher Gesundheit bis zum 50 Jahr« auszuhalten, erfüllte sich nicht. Nach dem harten und langen Winter 1804/05 setzte er seine Hoffnung auf die belebende Kraft des Frühlings, der ihm für kurze Zeit Heiterkeit, ja Lebensfreude wiederbrachte. In seinem letzten Brief an Körner vom 25. April 1805 liegen Hoffnung und Befürchtung eng beieinander: »Die beßere Jahrszeit läßt sich endlich auch bei uns fühlen und bringt wieder Muth und Stimmung; aber ich werde Mühe haben, die harten Stöße, seit neun Monaten, zu verwinden und ich fürchte, daß doch etwas davon zurückbleibt; die Natur hilft sich zwischen 40 und 50 nicht mehr so als im 30sten Jahr, wenn mir nur Leben und leidliche Gesundheit bis zum 50 Jahr aushält.«

Im Anschluß an einen Theaterbesuch am 1. Mai setzte die letzte Krankheit ein, eine akute Pneumonie. Auf dem Weg ins Theater hatte er unverhofft Goethe getrof-

fen, der selbst noch kaum wiederhergestellt war von einer schweren »Nierencholik mit heftigen Krämpfen, welche zweymal zurückkehrte«. Sie legten eine kurze Strecke gemeinsam zurück und trennten sich dann – für immer. Heinrich Voß holte den bereits von Schüttelfrost und Fieber Gequälten vom Theater ab. Am 3. Mai besuchte Cotta auf der Durchreise nach Leipzig seinen todkranken Autor. Die unerwartete Begegnung gab ihm noch einmal die Kraft, sich an den Schreibtisch zu setzen und den Monolog der Marfa niederzuschreiben. Mit ihm hat er die Feder endgültig aus der Hand gelegt. Vom 5. Mai an verschlechterte sich sein Zustand unaufhaltsam. Die entzündete, zerstörte Lunge ließ Atmung kaum mehr zu. Er litt unter Fieberanfällen und Krämpfen. In den letzten Tagen wachten vor allem Charlotte und Caroline von Wolzogen an seinem Bett. Die Unruhe der letzten Nacht löste sich am Morgen des 9. Mai 1805, es war ein Donnerstag, in Bewußtlosigkeit auf. Wieder zu sich gekommen, nahm er auf Anraten des Arztes ein Bad, danach trank er ein Glas Champagner, um seinen Kreislauf zu beleben. Er erlitt weitere Ohnmachten, die Sprache versagte, so daß er sich nur noch über Gesten verständlich machen konnte. Gegen 17.30 Uhr erlitt er einen »Nervenschlag«, kurz darauf einen zweiten, der sein Ende herbeiführte.

Zunächst wagte es niemand, Goethe die Todesnachricht zu überbringen. Als er am nächsten Vormittag, wahrscheinlich durch

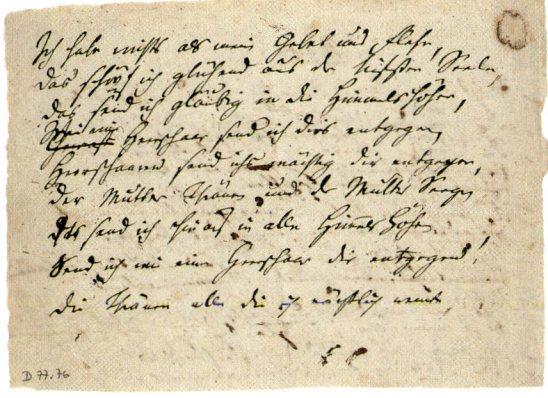

125. »Demetrius« –
Fragment. Schlußverse
des Monologs der Marfa,
II/1. Nach dem Bericht
Caroline von Wolzogens
fand Wilhelm von
Wolzogen diese Zeilen
nach Schillers Tod auf
seinem Schreibtisch.

126. Schiller auf dem
Totenbett. Bleistift-
zeichnung und farbige
Kreide von Ferdinand
Carl Christian Jagemann,
10. Mai 1805.

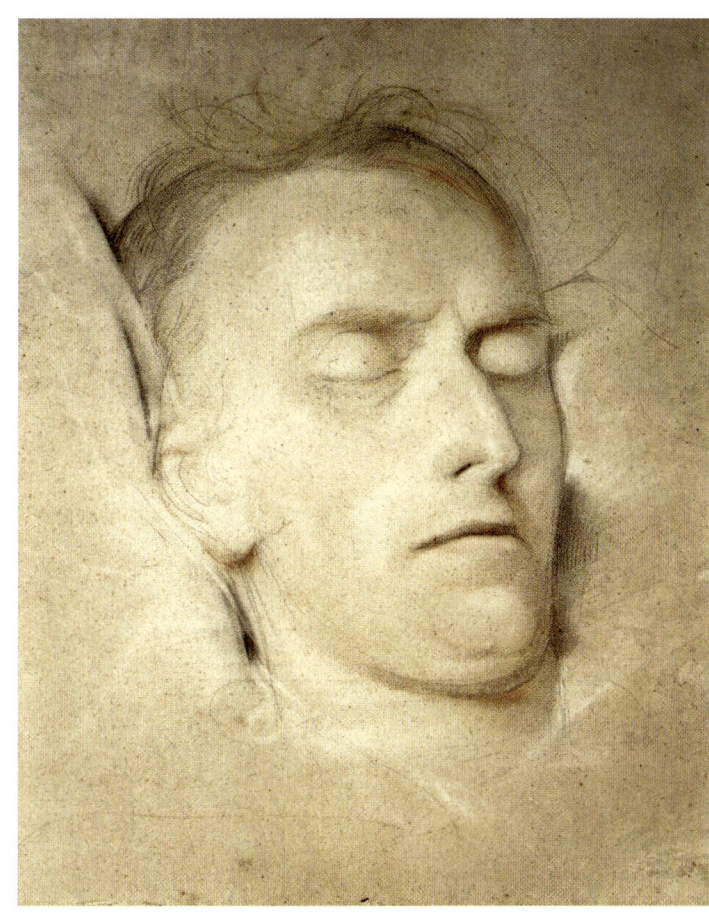

die Vermittlung Christianes, den Tod mehr erriet als erfuhr, zog er sich in langes tiefes Schweigen zurück, er war einsam geworden. Erst Wochen später konnte er in einem Brief an Zelter vom 1. Juni 1805 den erlittenen Verlust in Worte fassen. Er sah ihn vor dem Hintergrund der eigenen schweren Erkrankung: »Ich dachte mich selbst zu verlieren, und verliere nun einen Freund und in demselben die Hälfte meines Daseyns.«

Vor der Beisetzung wurde der Leichnam von dem Leibmedikus Wilhelm Ernst Christian Huschke und dem Arzt Gottfried Herder, einem Sohn des Schriftstellers und Weimarer Generalsuperintendenten, obduziert. Der vom Herzog angeforderte Bericht ergab, daß fast sämtliche inneren Organe zerstört waren. »Urinblase und Magen waren allein natürlich«, heißt es abschließend. Als Todesursache wurde »eine akute Pneumonie der linken Seite« angegeben. Huschke hatte dem Bericht folgenden knappen Satz hinzugefügt: »Bei diesen Umständen muß man sich wundern, wie der arme Mann so lange hat leben können […].« »Nach vierzehnjährigem Sterben [muß] der Tod für Schiller eine Erlösung gewesen sein.«* (Norbert Oellers)

Dem Weimarer Brauch entsprechend, wurde Schiller in der Nacht zum 12. Mai 1805 zwischen 24 und 1 Uhr von seinen nächsten Freunden, unter ihnen Heinrich Voß, Wilhelm von Wolzogen und der Weimarer Bürgermeister Karl Schwabe, zu Grabe getragen und im Landschaftskassengewölbe

* Albrecht Schöne, Schillers Schädel. München 2002.

* Norbert Oellers, »Mein Kopf ist ganz wüste.« Der kranke Klassiker Schiller. In: Friedrich Schiller, Frankfurt a. M. 1996, S. 11.

auf dem Jakobsfriedhof beigesetzt. Nur vornehme Bürger fanden in dieser privaten Begräbnisstätte ihre letzte Ruhe. Erst am nächsten Tag erfolgte die kirchliche Trauerfeier in der Weimarer St. Jakobs-Kirche. Den Gottesdienst hielt Generalsuperintendent Johann Ludwig Gottfried Vogt; die Fürstliche Hofkapelle spielte Auszüge aus Mozarts »Requiem«. Kein Biograph hat den letzten Weg Schillers so eindringlich dargestellt wie Thomas Mann zu Beginn seines »Versuchs über Schiller«. Die zur Legende gewordene Geschichte der unfeierlichen Bestattung Schillers, der Bergung seiner mutmaßlichen Gebeine, vor allem der grotesken Suche und wundersamen Identifizierung des Schädels durch den Weimarer Bürgermeister Schwabe und der Bestattung in der Fürstengruft 1827 hat Albrecht Schöne in einer sorgfältigen Recherche zusammengefaßt.*

Die mit 39 Jahren verwitwete Charlotte von Schiller stand nun vor der Aufgabe, ihre vier Kinder allein zu erziehen. Kurz vor seinem Tod hatte Schiller mit Cotta einen Vertrag geschlossen, der dem Verleger für die Dauer von zwanzig Jahren die Rechte an seinem Werk sicherte. Die daraus erzielten Honorare boten ihr und den Kindern eine solide finanzielle Basis. Familie und Freunde standen ihr zur Seite. Sogar die Großherzogin Maria Pawlowna nahm sich der Kinder an. Für Charlotte war das Bewußtsein, in einer glücklichen Ehe gelebt zu haben, das wichtigste. Als vollkommene Dichtergattin hat sie ihren Mann geliebt, sie hat ihn umsorgt und unterstützt. Sie hat seine Stücke abgeschrieben, war ihm Gesprächspartnerin gewesen, hat sich um seine Korrespondenz gekümmert. Sie hatte aber auch ein eigenes Leben, das sich jetzt als tragfähig erwies. Sie hat Erzählungen geschrieben, die in ihrer Zeit veröffentlicht wurden. Sie war belesen, spielte Klavier, zeichnete gern, sprach Französisch und übersetzte aus der Fremdsprache. Als Frau und Mutter konnte sie auf eine gemeinsam mit ihrem Mann getragene Fürsorge für ihre Kinder zurückblicken. Schiller war ein liebevoller Vater gewesen. Phasen der Abwesenheit, vor allem seine Aufenthalte im Jenaer Gartenhaus, waren kein Ausdruck von Flucht oder Beziehungslosigkeit den Kindern gegenüber, sondern notwendige, dem kranken Körper abgerungene Zeit der Konzentration auf die Arbeit. Hatte sich Schiller für längere Zeit zurückgezogen, sehnte er sich schon bald nach seinen Kindern zurück. Mit ihnen hat er gespielt und sich auf ihre Welt eingelassen. »Mein kleiner Sohn ist frisch und gesund, und macht die Freude meines Lebens aus. Mir ist, trotz meines ewigen Krampf Uebels, selten so wohl im Geist und Herzen gewesen«, schrieb er am 29. Dezember 1794 an Körner. Briefstellen wie diese finden sich häufig. Karl sei ihm »so zum Bedürfniß geworden, daß mir in manchen Momenten bange wird, dem Glück eine solche Macht über mich eingeräumt zu haben«, teilte er dem Freund am 18. Januar 1796 mit. »Ernstchen ist ein rechtes Goldmännchen im Hause«,

»Karolinchen ist sehr vergnügt und lobt mich in einem fort, daß ich sein höfliches Hofrätchen sey«.

In den drei großen Korrespondenzen mit Körner, Humboldt und Goethe gibt es nicht eine Stelle, wo er sich über Kinderlärm oder durch Kinder bedingte Störungen beklagte. Seine Kinder waren tatsächlich nicht die Last, sondern »die Freude seines Lebens«. Die Härte und Prinzipienorientierung, die der eigene Vater ihm und seinen Schwestern gegenüber hatte walten lassen, kopierte er nicht. 1793, nach der Geburt des ersten Kindes, hatten die Schillers eine Kinderfrau, Christina Wetzel, eingestellt, sie kam aus Schwaben und blieb der Familie auch nach Schillers Tod erhalten. Den erzieherischen Alltag hat Charlotte mit ihrem Mann besprochen, bei den vielen alltäglichen Infektionen und mehr noch bei den Kinderkrankheiten teilte er nicht nur ihre Ängste um das Überleben der Kinder, er kümmerte sich

127. Schillers erste Grabstätte, das Landschaftskassengewölbe auf dem Jakobsfriedhof in Weimar, wo er in der Nacht zum 12. Mai 1805 beigesetzt wurde. Kupferstich von Nemetschek, 1829.

128. Die Fürstengruft in Weimar, das herzogliche Familiengrab. Kupferstich von Robert Bauer, 1826. 1827 wurden Schillers Gebeine in die Fürstengruft umgebettet, wo 1832 auch Goethe beigesetzt wurde.

auch um die medizinische Versorgung und Vorsorge der Kinder. Schläge als Disziplinierungsmittel lehnten beide genauso ab wie angsteinflößendes oder einschüchterndes autoritäres Verhalten. Charlotte hatte ihre Verwandtschaft offensichtlich kritisch beobachtet: »Ich habe bey diesen beyden Geschwistern rechte beobachtungen über die Erziehungsweise gemacht, und mich über dem Onkel recht geärgert von neuen. Denn er ist allein Schuld daran, daß sie so sind, weil er sie so viel geprügelt hat. Sie werden nie mals zeigen können, daß sie froh sind, und den Menschen wohlwollen, weil sie frühe so viel Furcht hatten. Unser Kinder die wir Gottlob nicht so erzogen haben, gehen ordentlich unter denen herum als wesen andrer Art. Sie zeigen ihr wohlbehagen, und ihren Schmerz, und haben kein physisches

uebelseyn zu fürchten. Man sieht es ihnen schon an, daß sie, weil es ihnen wohlgeht auch wohlwollende und liebende Gemüther haben.« Ihre Kinder folgten in der Lebensorientierung eher der mütterlichen Familientradition. Keines der Kinder wandte sich der Dichtung zu.

Karl studierte in Heidelberg und Jena Forstwirtschaft und war später – wie auch der Großvater Lengefeld – im Forstdienst tätig, sein Bruder Ernst studierte in Heidelberg und Jena Rechtswissenschaften, war als Assessor und Gerichtsrat in Köln und Trier tätig, später als Appellationsgerichtsrat wieder in Köln. Er starb fast im selben Alter wie der Vater an einem Lungenleiden. Die ältere Tochter Caroline war zunächst Erzieherin am Hofe des Herzogs Eugen von Württemberg, 1836 heiratete sie den verwitweten Bergrat Franz Carl Junot, Vater von sechs Kindern, und lebte fortan in Rudolstadt. Die jüngere Tochter Emilie heiratete 1828 den Freiherrn Heinrich Adalbert von Gleichen-Rußwurm, ein Patenkind ihres Vaters. Auf dem in Unterfranken gelegenen Schloß Greifenstein (hier hatte Schiller auf einer Reise in seine Heimat sogar einmal übernachtet) betreute sie mit großem Sachverstand den Nachlaß ihres Vaters, gab unveröffentlichte Manuskripte heraus und pflegte das Andenken des Dichters. Ihr Sohn Ludwig (1836–1901) war ein angesehener Landschaftsmaler, dessen Sohn Alexander Freiherr von Gleichen-Rußwurm (1865–1947) war der letzte direkte Nachkomme Schillers.

Porträt

Zur Vertonung geschaffen –
Schiller und die Musik

Bey mir ist die Empfindung anfangs ohne bestimmten
und klaren Gegenstand; dieser bildet sich erst später.
Eine gewisse musikalische Gemüthsstimmung geht vorher,
und auf diese folgt bey mir erst die poetische Idee.
An Goethe, 18. März 1796

Schiller, der kaum gesungen und kein Instrument gespielt hat, offenbart in diesem persönlichen Brief eine höchst intensive Beziehung zur Musik. Ihre Klangwelt scheint eine wesentliche Inspirationsquelle seiner Dichtung gewesen zu sein. Zeugnisse aus dem unmittelbaren und dem entfernteren Lebenskreis belegen seine Musikalität und widersprechen damit der These, ihm habe ein weiter gehendes Interesse an der Musik gefehlt bzw. er sei ein kenntnisloser Dilettant gewesen.

Zunächst fällt der hohe Anteil an theoretisch-philosophischem Gehalt seiner Dichtung auf, vor allem seiner Lyrik. Schiller war sich dessen offensichtlich bewußt; am 3. August 1795 schrieb er dem Komponisten Johann Friedrich Reichardt, daß seine Gedichte »sich nicht wohl zur Composition [qualifizieren], weil sie mehr Ausführungen philosophischer Ideen als Empfindungsgemälde« seien, und bezeichnete sich im selben Brief in bezug auf die Musik als einen »erbärmlichen Layen«. Und am 11. Dezember 1800 räumte er Goethe gegenüber ein: »Ich habe, wie Sie wissen, in Angelegenheiten der Musik und Oper so wenig Kompetenz und Einsicht, daß ich Ihnen mit meinem besten Willen und Vermögen bei dieser Gelegenheit wenig taugen werde.«

Diese Äußerungen zeigen, daß sich Schiller aufgrund mangelnder musikalischer Bildung nur mit großer Zurückhaltung über Musik äußerte.

Zur Bedeutung der Musik in Schillers Leben

Schillers Leben ist reich an musikalischen Erfahrungen. In einem Brief an seine Schwägerin Caroline von Wolzogen schreibt er: »Es ist etwas Geheimnisvolles in der Wirkung der Musik, daß sie unser Inneres bewegt, so daß sie ein Verbindungsmittel zwischen zwei Welten wird. Wir fühlen uns erweitert, erhöht, andächtig, was heißt das anderes, als in das Allgemeine der Natur, zu Gott gezogen? – Die Musik ist eine höhere, feinere Sprache als die Worte. In Momenten, wo der erhöhten Seele jeder Ausdruck zu schwach erscheint, wo sie verzweifelt, die feineren Nuancen ihrer Empfindung in Worte zu fassen, da beginnt die Tonkunst. Aller erster Gesang hat diesen Grund« (Hans Knudsen, 1908, S. 9). Ein Musikerlebnis zu Schillers Lebzeiten ist allerdings mit den Hörerfahrungen unserer Tage nicht zu vergleichen. Musik in den letzten vier Jahrzehnten des 18. und zu Beginn des 19. Jahrhunderts war entweder Hausmusik, Kirchenmusik, Volksmusik oder höfische Musik; ihre Wahrnehmung war insofern immer unmittelbar und einmalig und ihre Wirkung ungleich stärker.

Nachhaltige Musikerfahrungen oder gar Musikerziehung scheint es in Schillers früher Kindheit kaum gegeben zu haben. Als ein prägendes Erlebnis für das streng und fromm erzogene Kind kann der Besuch des Gottesdienstes gelten. Am Ende seiner 1793 entstandenen Schrift »Über Anmut und Würde« geht er auf das Feierliche ein, unter anderem auf feierliche Musik und die Wirkung von Kirchenglocken, Gemeindegesang und Orgel. Daß Glocken ihn offensichtlich faszinierten, ergibt sich unmittelbar aus seiner Dichtung, man denke nur an die berühmte Ballade, aber auch an »Don Karlos« (II/14, IV/ 24, V/11). In der »Jungfrau von Orleans« sind es der Klang der Orgel (IV/ 9) und der Schall der Trompeten (IV/9), die Johannas seelische Situation verdeutlichen.

Infolge des Umzugs der Familie nach Ludwigsburg im Jahre 1766 konnte Schiller schon früh erste musiktheatralische Eindrücke sammeln, die für den späteren Dramatiker von zentraler Bedeutung waren. So berichtete die Schwester Christophine von den Reaktionen des neunjährigen Bruders auf die ersten Opernaufführungen in Ludwigsburg und Stuttgart. Die prunkvolle Ausstattung und die glanzvolle Musik hätten ihn derart in Begeisterung versetzt, daß er zu Hause versuchte, einige Szenen nachzustellen. Andererseits reizten die außerordentlich kostspieligen Aufführungen den Widerspruchsgeist des in bescheidensten Verhältnissen aufgewachsenen Knaben, so daß seine Einstellung zur Oper zeit seines Lebens ambivalent war. Das verschwenderisch-prachtvolle Erscheinungsbild der herzoglichen Oper als Spiegelung des spätbarocken Absolutismus stand in krassem Gegensatz zu Schillers kleinbürgerlicher Lebenswelt.

Im Bericht des Jugendfreundes Andreas Streicher heißt es: »In seinem zehnten Jahr hatte er [...] schon in Ludwigsburg Opern gesehen, die der Herzog mit allem Pomp, mit aller Kunst der damaligen Zeit aufführen ließ. So neu und wundervoll dem empfänglichen Knaben der schnelle Wechsel prachtvoller Dekorationen [...], das Anhören großer Sänger, von einem trefflichen Orchester begleitet, der Anblick von Balletten, [...] – so sehr dies alles vereinigt, ihn auch außer sich versetzen mußte, so hatte es doch nur die äußeren Sinne des Auges, des Ohres berührt, aber Gefühl und Gemüt weder angesprochen, noch befriedigt.« Schillers grundlegender Einwand, die Musik nehme die Sinne gefangen, blockiere den Intellekt und beschränke die Abstraktion, das heißt, sie verhindere die ästhetische Freiheit, klingt hier bereits an.

Die Carlsschulzeit (1773–1780) bot ihm die Möglichkeit, Opernaufführungen und Konzerten beizuwohnen. Der musikliebende und selbst musizierende Herzog Carl Eugen von Württemberg hatte den renommierten italienischen Komponisten Niccolò Jommelli (1714–1774) engagiert, der von 1753 bis 1774 Hofkapellmeister in Stuttgart war und dessen Opernaufführungen Schiller häufig besuchte. Hier hörte er Werke von Händel, Haydn, Antonio Sacchini, Johann Christian Bach und Ignaz Holzbauer. Über dessen Oper »Die Zerstörung von Carthago« (1779) äußerte er sich in einem Brief an Dalberg vom 7. Juni 1784: »[...] ich zweifle

129. Niccolò Jommelli, neapolitanischer Kapellmeister am Württemberger Hof. Zeitgenössische Radierung nach einem Ölbild von 1762.

Niclas Jommelli.

aber beinahe, ob sie den Beifall des Publikums haben wird. *Meinen*, ich gestehe es, hat sie nicht. Poesie und Musik rührten mich wenig, und ich glaube, daß mein Urtheil so ziemlich das allgemeine ist. Doch bin ich schlechterdings kein Kenner, und auch als Liebhaber maße ich mir nicht an, darüber zu sprechen.« Andreas Streicher erinnerte sich eines gemeinsamen Besuchs der Oper »Ariadne auf Naxos« des böhmischen Komponisten Franz Benda, die im Kreis der Freunde auf zum Teil harsche Kritik stieß. Schiller hingegen sah »mit ernstem und tiefem Blick und so ganz in sich versunken auf das Theater, als ob er nie etwas Ähnliches gesehen hätte. [...] man sah ihm an, daß er nicht gern aus der Stimmung trete, die sich seiner bemächtigt hatte.« Tief

bewegt von der Musik, schwankte er andererseits in der Beurteilung des Verhältnisses zwischen Aufwand und Qualität der Aufführungen und in der Einschätzung der Kunstform Oper. In dieser Zeit war Schiller viel mit Streicher zusammen, dessen Klavierspiel er überaus schätzte. Der Eindruck des musizierenden Freundes mag der Hintergrund für die Figur des Stadtmusikanten Miller in »Kabale und Liebe« (1784) gewesen sein. Dessen Tochter Luise, Ferdinand und Lady Milford haben ebenfalls eine enge Beziehung zur Musik. Auch werden in diesem Stück Willkür und Verschwendungssucht reflektiert.

Noch in der Carlsschulzeit, wahrscheinlich um 1779/80, verfaßte Schiller den Text zu der Oper »Semele«; das Libretto nach Ovids »Metamorphosen« wurde in der »Anthologie auf das Jahr 1782« unter dem Titel »Semele, eine lyrische Operette von zwei Szenen« veröffentlicht. Schiller versuchte hier, mit Worten ein musikalisches Drama zu schaffen. Die Gattungsbezeichnung der lyrischen Operette »verweist auf die ›tragédie lyrique‹, also das französische Drama für Musik, meint aber vielleicht auch ganz direkt, daß der Text hier schon Musik ist« (L. Finscher, 1990). Die soziale Kritik an absolutistischer Willkürherrschaft in der Figur des Jupiter/Zeus verbindet »Semele« mit den »Räubern« und »Kabale und Liebe«.

Schiller hat stets die Nähe musikbegeisterter Menschen gesucht. Der Stuttgarter Freund und spätere Musiker und Klavierbauer Andreas Streicher ist hier ebenso zu nennen wie der lebenslange Freund Christian Gottfried Körner, in dessen Dresdener Haus regelmäßig Konzerte stattfanden. Hier lernte Schiller den Dresdener Hofkapellmeister und kürfürstlich-sächsischen Hofkomponisten Johann Gottlieb Naumann und den Leipziger Kapellmeister und Komponisten Johann Adam Hiller kennen. Körner war es auch, der Schiller auf die Musikreflexionen Jean-Jacques Rousseaus aufmerksam machte.

Ein großes persönliches Glück für Schiller war das verständnisvolle Engagement von Charlotte von Lengefeld, seiner späteren Frau, die um die Wirkung der Musik als Inspirationsquelle für seine poetische Produktion wußte. Sie erlernte eigens für ihn das Klavierspiel, um zu spielen, während er am Schreibtisch arbeitete. Auch ihre Kinder erhielten Klavierunterricht, und zwar bei dem Weimarer Kammermusiker Daniel Gottlieb Schlömilch. Im Gegensatz zu seiner Frau tanzte Schiller höchst ungern; er faßte lieber das Wesen des Tanzes in einem Gedicht zusammen.

Bei einem so deutlich ausgeprägten Bedürfnis »nach einer musikalischen Nahrung« (an Zelter, 6. Juli 1797) erstaunt es, daß Schiller nie selbst musizierte und nur selten gesungen hat. Erklären läßt es sich daraus, daß in Schillers Kindheit und Schulzeit der materielle Spielraum für das Erlernen eines Instrumentes nicht vorhanden war und auch sein späterer Lebensweg eine

130. Der Musiker Johann Andreas Streicher. Büste von Franz Klein. Schillers Freund und Begleiter auf der Flucht aus Württemberg gab ihm durch sein Klavierspiel wertvolle Anregungen für seine Stücke. Streicher heiratete später eine Cousine Mozarts und wurde in Wien ein bedeutender Klavierbauer.

solche Orientierung aus finanziellen und gesundheitlichen Gründen nicht mehr erlaubte.

Trotz aller Zurückhaltung und Ambivalenz bekundete er auch in späteren Jahren ein großes Interesse an der Oper. Von der Verschmelzung von Dicht- und Tonkunst erwartete er eine Wiederbelebung der klassischen Tragödie. Am 29. Dezember 1797 schrieb er an Goethe: »Ich hatte immer ein gewisses Vertrauen zur Oper, daß aus ihr wie aus den Chören des alten Bacchusfestes das Trauerspiel in einer edlern Gestalt [sich] loswickeln sollte. In der Oper erläßt man wirklich jene servile Naturnachahmung, und obgleich nur unter dem Namen von Indulgenz könnte sich auf diesem Wege das Ideale auf das Theater stehlen. Die Oper stimmt durch die Macht der Musik und durch eine

Der Tanz

Siehe, wie schwebenden Schritts im Wellenschwung sich die Paare / Drehen, den Boden berührt kaum der geflügelte Fuß. / Seh ich flüchtige Schatten, befreit von der Schwere des Leibes? / Schlingen im Mondlicht dort Elfen den luftigen Reihn? / Wie, vom Zephir gewiegt, der leichte Rauch in die Luft fließt, / Wie sich leise der Kahn schaukelt auf silberner Flut, / Hüpft der gelehrige Fuß auf des Takts melodischer Woge, / Säuselndes Saitengetön hebt den ätherischen Leib. […] / Ewig zerstört, es erzeugt sich ewig die drehende Schöpfung, / und ein stilles Gesetz lenkt der Verwandlungen Spiel. / Sprich, wie geschiehts, daß rastlos erneut die Bildungen schwanken / Und die Ruhe besteht in der bewegten Gestalt? / Jeder ein Herrscher, frei, nur dem eigenen Herzen gehorchet / Und im eilenden Lauf findet die einzige Bahn? / Willst du es wissen? Es ist des Wohllauts mächtige Gottheit, / Die zum geselligen Tanz ordnet den tobenden Sprung, / Die, der Nemesis gleich, an des Rhythmus goldenem Zügel, / Lenkt die brausende Lust und die verwilderte zähmt; / Und dir rauschen umsonst die Harmonien des Weltalls, / Dich ergreift nicht der Strom dieses erhabenen Gesangs, / Nicht der

freiere harmonische Reizung der Sinnlichkeit das Gemüt zu einer schönern Empfängnis, hier ist wirklich auch im Pathos selbst ein freieres Spiel, weil die Musik es begleitet, und das Wunderbare, welches hier einmal geduldet wird, müßte notwendig gegen den Stoff gleichgültiger machen.« Goethe verwies in seiner Antwort vom 30. Dezember 1797 auf Mozart: »Ihre Hoffung, die Sie von der Oper hatten, würden Sie neulich in Don Juan auf einen hohen Grad erfüllt gesehen haben, dafür steht aber auch dieses Stück ganz isoliert und durch Mozarts Tod ist alle Aussicht auf etwas Ähnliches vereitelt.« Die Opern Mozarts schätzte Schiller nur zum Teil, man kann davon ausgehen, daß er »Die Zauberflöte«, »Così fan tutte«, »Don Giovanni« und »La Clemenza di Tito« gekannt hat. Wahrscheinlich widerstrebte ihm die Mischung von Tragischem und Komischem in Mozarts »drammi gioccosi«.

Aber auch mit Haydns »Schöpfung« konnte er erstaunlicherweise nichts anfangen. Am 5. Januar 1801 übermittelte er Körner ein schwer nachvollziehbares Urteil: »Am Neujahrsabend wurde die Schöpfung von Haydn aufgeführt, an der ich aber wenig Freude hatte, weil sie ein charakterloser Mischmasch ist. Dagegen hat mir Glucks Iphigenia auf Tauris einen unendlichen Genuß verschafft. Noch nie hat eine Musik mich so rein und schön bewegt, als diese: es ist eine Welt der Harmonie, die gerade zur Seele dringt und in süßer hoher Wehmuth auflöst.« Schiller hat es immer bedauert, daß

Gluck von Mozart in den Schatten gestellt wurde. Sein persönlicher Musikgeschmack bewegte sich trotz seiner späteren musikästhetischen Reflexionen deutlich in Richtung der Empfindsamkeit und des Sturm und Drang, blieb also einer vorklassischen Stufe verpflichtet, was sich vor allem in seiner lebenslangen Wertschätzung von Glucks »Iphigenie auf Tauris« ausdrückte.

Schillers Musikalität entwickelte sich zum einen durch die Instrumentalmusik von Johann Sebastian Bach und seinen Söhnen, vor allem Philipp Emanuel Bach, und Georg Friedrich Händel, zum anderen durch die französische und deutsche Oper. Es war die Musik der »Alten«, die seinem intellektuellen und emotionalen Charakter entsprach. »Die Alten taten mit ihrer Musik so erstaunliche Wirkungen weil sie einfach war. Ihre einzelnen Akkorde drangen ans Herz und rührten es« (NA 42, S. 306). In der Abhandlung »Über das Pathetische« geht er im Rahmen seiner dramentheoretischen Überlegungen auf die neuere Musik ein: »Auch die Musik der Neuern scheint es vorzüglich nur auf die Sinnlichkeit anzulegen und schmeichelt dadurch dem herrschenden Geschmack, der nur angenehm gekitzelt, nicht ergriffen, nicht kräftig gerührt, nicht erhoben sein will. Alles *Schmelzende* wird daher vorgezogen, und wenn noch so großer Lärm im Konzertsaal ist, so wird plötzlich alles Ohr, wenn eine schmelzende Passage vorgetragen wird. Ein bis ins Tierische gehender Ausdruck der Sinnlichkeit erscheint dann gewöhnlich auf allen Gesichtern […], kurz alle Symptome der Berauschung stellen sich ein: zum deutlichen Beweise, daß die Sinne schwelgen, der Geist aber oder das Prinzip der Freiheit im Menschen der Gewalt des sinnlichen Eindrucks zum Raube wird. Alle diese Rührungen, sage ich, sind […] von der Kunst ausgeschlossen, weil sie bloß allein dem *Sinne* gefallen, mit dem die Kunst nichts zu verkehren hat.« Hier ist ein zentraler Gedanke der Kunst- und damit auch der Musikauffassung Schillers angesprochen: »Der letzte Zweck der Kunst ist die Darstellung des Übersinnlichen.«

Musikästhetik und Dichtung

Zutiefst überzeugt von der sittlichen Kraft der Musik, entwarf Schiller ein musikästhetisches Konzept, in dem Musik über die Seelenregung hinaus »wahre ästhetische Freiheit« ermögliche. Musik sollte nicht überwältigen, sondern »nur steigernde, aber niemals auflösende Funktion« (Johannes Mittenzwei) haben.

Ausgangspunkt seines Denkens über Musik war die Frage nach dem Wesen des Schönen. Musiktheoretischen Überlegungen widmete er sich erst spät und nur zögernd, wenn sie ihm für seine ästhetischen Reflexionen unentbehrlich erschienen. Es war vor allem Körner, der ihm Anregungen für eine musiktheoretische Auseinandersetzung vermittelte. An ihn schrieb Schiller am 20. Juni 1793: »Und dann möchte ich auch durch

Dich mit musikalischen Ideen bekannt werden, weil ich diese Kunst nicht zurücklassen kann und will.« Am 11. Januar 1793 hatte er ihm gestanden: »An musikalischen Einsichten verzweifle ich, denn mein Ohr ist schon zu alt; doch bin ich gar nicht bange, daß meine Theorie der Schönheit an der Tonkunst scheitern werde.« Eine ausschließlich der Tonkunst gewidmete Abhandlung von Schiller gibt es nicht, sondern nur vereinzelte musikästhetische Reflexionen.

Gemäß der hohen intellektuellen Kultur der herzoglichen Akademie hatte sich Schiller bereits während seiner Schulzeit mit den wesentlichen Studien über Musiktheorie vertraut gemacht. So gehörte die »Allgemeine Theorie der Schönen Künste« des Philosophen Johann Georg Sulzer zu den Lehrbüchern der Carlsschule. Später studierte er das Hauptwerk des Musiktheoretikers Johann Philipp Kirnberger, »Die Kunst des reinen Satzes in der Musik«. Inwieweit er die Instrumentallehren von Carl Philipp Emanuel Bach, Johann Joachim Quantz und Leopold Mozart kannte, läßt sich nicht belegen. Über die Tonkunst setzte er sich nicht nur mit Körner auseinander, sondern auch mit Goethe und Carl Friedrich Zelter, mit seinem Jugendfreund Johann Rudolf Zumsteeg, Hofkapellmeister des Herzogs von Württemberg, sowie mit den Komponisten Johann Friedrich Reichardt und Johann Gottlieb Naumann. Der Briefwechsel mit Körner ist die entscheidende Quelle für das Verständnis von Schillers Denken über die Musik.

begeisternde Takt, den alle Wesen dir schlagen, / Nicht der wirbelnde Tanz, der durch den ewigen Raum / Leuchtende Sonnen schwingt in kühn gewundenen Bahnen? / Das du im Spiele doch ehrst, fliehst du im Handeln, das Maß.

Für Kant, der eine unterschiedliche Wertigkeit der Künste vertrat, war die Tonkunst der Poesie insofern unterlegen, als sie vorrangig auf den Genuß abziele, sich mithin an die Sinne wende und deshalb einem philosophisch-ethischen Zugriff entzogen bleibe. Dem setzte Schiller die Anschauung entgegen, daß auch die Musik ein erzieherisches Potential in sich trage. Nach seiner Auffassung ist der Künstler, ob Wort-, Ton- oder bildender Künstler, immer Erzieher – der Erzieher des Menschen zu seiner ästhetischen Freiheit.

Die Briefe »Über die ästhetische Erziehung des Menschen« enthalten Schillers zentrale Aussagen zur Musikästhetik. Im 22. Brief beschreibt er einen Gegensatz zwischen Musikrezeption und philosophisch-kritischer Reflexion: »Wir verlassen eine schöne Musik mit reger Empfindung […]; wer uns aber unmittelbar nach einem hohen musikalischen Genuß zu abgezogenem Denken einladen […] wollte, der würde seine Zeit nicht gut wählen. Die Ursache ist, weil auch die geistreichste Musik *durch ihre Materie* noch immer in einer größeren Affinität zu den Sinnen steht, als die wahre ästhetische Freiheit duldet, weil auch das glücklichste Gedicht von dem willkürlichen und zufälligen Spiele der Imagination, *als seines Mediums*, noch immer mehr partizipiert, als die innere Notwendigkeit des wahrhaft Schönen verstattet, weil auch das trefflichste Bildwerk, und dieses vielleicht am meisten, *durch die Bestimmtheit*

seines Begriffs an die ernste Wissenschaft grenzt.« Die Handschrift Kants wird hier deutlich.

Es war Schiller, der als erster den Begriff der musikalischen Poesie prägte. In seiner Abhandlung »Über naive und sentimentalische Dichtung« erinnert er an die »doppelte Verwandtschaft der Poesie mit der Tonkunst und der bildenden Kunst«. Und er präzisiert: »Je nachdem nämlich die Poesie entweder einen bestimmten *Gegenstand* nachahmt, wie die bildenden Künste, oder je nachdem sie, wie die Tonkunst, bloß einen bestimmten *Zustand des Gemüts* hervorbringt, ohne dazu eines bestimmten Gegenstandes nötig zu haben, kann sie bildend *(plastisch)* oder musikalisch genannt werden.« Klopstock sei das Ideal eines »musikalischen Dichters«, der »im Felde der Idealität« alles erreicht habe, was ein »musikalischer Dichter« zu erreichen in der Lage sei. Mit Herder verband ihn die Vorstellung, daß Musik nicht nur über physikalisch-mathematische Kriterien zu erfassen, sondern um die Idee des Schönen zu ergänzen sei.

Damit die Musik zu ästhetischer Freiheit führe, stellte sie Schiller in Beziehung zu den anderen Künsten und forderte die Verschmelzung ihrer unterschiedlichen Einflüsse und Wirkungen: »[…] es ist eine notwendige und natürliche Folge ihrer Vollendung, daß, ohne Verrückung ihrer objektiven Grenzen, die verschiedenen Künste *in ihrer Wirkung auf das Gemüt* einander immer ähnlicher werden. Die Musik in ihrer höchsten Veredlung muß Gestalt werden und mit der ruhigen Macht der Antike auf uns wirken; die bildende Kunst in ihrer höchsten Vollendung muß Musik werden und uns durch unmittelbare sinnliche Gegenwart rühren; die Poesie in ihrer vollkommensten Ausbildung muß uns, wie die Tonkunst, mächtig fassen, zugleich aber, wie die Plastik, mit ruhiger Klarheit umgeben.« Das »Gestaltwerden« der Musik kann sich nur über die »Form« realisieren: »In einem wahrhaft schönen Kunstwerk soll der Inhalt nichts, die Form aber alles tun; denn durch die Form allein wird auf das Ganze des Menschen, durch den Inhalt hingegen nur auf einzelne Kräfte gewirkt.«

Schiller will eine »Gegeninstanz zur Affektwirkung der Musik« (Carl Dahlhaus) schaffen, die er als Bedrohung empfand, und deren transitorischen Charakter aufgehoben wissen. Er fand diese Gegeninstanz in dem Konzept einer Musik, die »in ihrer höchsten Veredelung Gestalt« wird. Ihm ging es um die innere musikalische Einheit, die der Musik eine der bildenden Kunst vergleichbare ästhetische Freiheit verleiht. Weder Schiller noch Körner ahnten damals, daß die Utopie einer Musik als tönender Gestalt in den klassischen Symphonien und Streichquartetten Haydns und Mozarts bereits Realität geworden war. Schillers Forderungen an Stil und Rang der Musik entsprachen mithin genau dem, was sich musikgeschichtlich zwischen 1780 und 1820 in der Periode der Wiener Klassik vollzog.

Die musikalische Dimension in Schillers Dichtung

Seinen Glauben an die hohe Macht der Musik formulierte Schiller in dem Epigramm »Tonkunst«, in dem es allein Polyhymnia, die Muse der Tonkunst, vermag, Einfluß auf die Seele zu nehmen:

Leben atme die bildende Kunst, Geist fodr'
ich vom Dichter,
Aber die Seele spricht nur Polyhymnia
aus.

Er, der Handlung immer durch Worte ausdrückte, hat auch der Musik einen großen Raum gelassen. Musikalische Elemente korrespondieren mit der Aussage oder der Handlung, sie werden als Gleichnis eingesetzt oder als Metapher, als Verstärkung oder zur Verdeutlichung und Vertiefung einer psychologischen Dimension. In den beiden Dissertationen von 1779 und 1780 denkt Schiller sogar über musiktherapeutische Wirkungen nach. Der Gesang hat genauso eine poetische Botschaft wie der Einsatz eines bestimmten Instrumentes – vor allem aber wird die Sprache selbst als Instrument eingesetzt. Unabhängig vom gedanklichen Anteil ist Schillers Sprache im Hinblick auf Metrik, Rhythmus, Klangfarbe, Sprachmelodie und Reimformen von so hoher Virtuosität und Musikalität, daß sie für jeden Komponisten eine Herausforderung darstellt. »In Dur und Moll musiziert er mit der Sprache und gestaltet nacherlebend das Jubilieren, Brausen, Rauschen und Seufzen der Tonkunst, die alle menschlichen Empfindungen, auch die verborgensten und oft kaum aussprechbaren, zum Ausdruck bringt« (Johannes Mittenzwei). In seinen Bühnenwerken wie in seiner Lyrik setzte er vor allem das Klavier ein, aber auch Leier und Harfe, Trommeln, Posaunen und Pfeifen, Flöten und Oboen und natürlich den Einzel- und den Chorgesang. Auch das »Saitenspiel« taucht häufig als musikalische Metapher für das menschlichen Leben auf, oft in der tragischen Zuspitzung des »zerrissenen Saitenspiels« (Hermann Fähnrich). In Schillers Ideenwelt spielte Musik eine erstaunlich große Rolle, er dachte musikalisch: »Das Musikalische eines Gedichtes schwebt mir weit öfters vor der Seele, wenn ich mich hinsetze es zu machen, als der klare Begriff von Inhalt, über den ich kaum mit mir einig bin«, vertraute er Körner am 22. Mai 1792 an.

Das »Musikalische eines Gedichtes« oder eines dramatischen Textes sei im folgenden an Texten aus allen Werkphasen verdeutlicht. Das frühe Gedicht »Laura am Klavier« von 1782 ist eine begeisterte Hymne auf die – hier auch erotisch vermittelte – Macht der Musik. In dionysischem Entzücken verbinden sich Liebe und Musik, der Schöpferkraft vergleichbar »strömt der Töne Zaubermacht« und hinterläßt ein Gefühl rauschhafter Seligkeit.

In dem 1804 aus Anlaß der Hochzeit »Ihrer Kaiserlichen Hoheit der Frau Erbprin-

zessin von Weimar Maria Pawlowna Großfürstin von Rußland« verfaßten Festspiel »Die Huldigung der Künste. Ein lyrisches Spiel« ist noch einmal das Hohelied der Musik angestimmt, symbolisiert durch die Leier:

Der Töne Macht, die aus den Saiten quillet,
Du kennst sie wohl, du übst sie mächtig aus,
Was ahnungsvoll den tiefen Busen füllet,
Es spricht sich nur in meinen Tönen aus;
Ein holder Zauber spielt um deine Sinnen,
Ergieß ich meinen Strom von Harmonien,
In süßer Wehmut will das Herz zerrinnen,
Und von den Lippen will die Seele fliehn,
Und setz ich meine Leiter an von Tönen,
Ich trage dich hinauf zum höchsten Schönen.

Vor allem im Gesang erlebte Schiller die »Zaubermacht der Töne«. Kaum je hat er sich der Musik so widerstandslos überlassen und sich zu ihrer »Macht« über die Seele bekannt wie in dem Gedicht »Die Macht des Gesanges« (1796), das zu den philosophischen Gedichten gehört. In der 1795 in den »Horen« erschienenen Elegie »Die Sänger der Vorwelt« wirkt der Sänger durch seine verbindende Kraft friedenstiftend. Wieder ist es die Leier, die die Klage des Sängers / Dichters über den Verlust an Anteilnahme begleitet:

Sagt, wo sind die Vortrefflichen hin, wo find ich die Sänger,
Die mit dem lebenden Wort horchende Völker entzückt;
Die vom Himmel den Gott, zum Himmel den Menschen gesungen
Und getragen den Geist hoch auf den Flügeln des Lieds?
Ach, noch leben die Sänger, nur fehlen die Taten, die Lyra
Freudig zu wecken, es fehlt, ach! ein empfangendes Ohr.
Glückliche Dichter der glücklichen Welt! Von Munde zu Munde
Flog, von Geschlecht zu Geschlecht euer empfundenes Wort.
Wie man die Götter empfängt, so begrüßte jeder mit Andacht,
Was der Genius ihm, redend und bildend, erschuf.
An der Glut des Gesangs entflammten des Hörers Gefühle,
An des Hörers Gefühl nährte der Sänger die Glut.
Nährt' und reinigte sie! Der Glückliche, dem in des Volkes
Stimme noch hell zurück tönte die Seele des Lieds,
Dem noch von außen erschien, im Leben, die himmlische Gottheit
Die der Neuere kaum, kaum noch im Herzen vernimmt.

In seinem großen Gedicht »Die Künstler« gestaltet Schiller im Bild der Musik den Vorrang der Künste gegenüber den Wissenschaften:

Was bei dem Saitenklang der Musen
Mit süßem Beben dich durchdrang,
Erzog die Kraft in deinem Busen,
Die sich dereinst zum Weltgeist schwang.

Auch in den Dramen hat die Tonkunst ihren Platz. Betrachtet man die aufführungstechnischen Angaben, so erstaunen die Vielfalt und vor allem der Stellenwert, der der Musik eingeräumt wird. Schillers Vorliebe für das Klavier ist vor allem in den frühen Dramen zu erkennen. In den »Räubern« (II/2) singt Amalia an entscheidender Stelle das Abschiedslied Andromaches und Hektors und begleitet sich dabei am Klavier. Im »Fiesko« verdeutlicht Tanz- oder symphonische Musik einzelne Szenen, in III/9 artikuliert Julia ihren Zorn durch das Spielen eines Allegros auf dem Flügel. In »Kabale und Liebe« lebt nicht nur der Geige, Cello und Flöte unterrichtende Stadtmusikant und Komponist Miller mit und von der Musik, auch seine Tochter Luise, der sie liebende Ferdinand und Lady Milford lassen ihre enge Beziehung zur Musik erkennen. Musik hat zum einen eine steigernde oder läuternde Funktion. Auf Luises angstvolle Vorahnungen antwortet Ferdinand, ihr Bund sei ebensowenig zu trennen, wie man »die Töne eines Akkords auseinanderreißen« könne (I/4). Auch höchste seelische Not findet ihren Ausdruck durch Musik. Indem Ferdinand die Saiten einer Geige zerreißt und das Instrument zerschmettert (III/4), offenbart er seinen Schmerz offener und intensiver, als es ihm mit Worten möglich wäre. In diesen Szenen weist die Musik über die Sprache hinaus, drückt sie das Ungesagte aus (so in den »Räubern« die Liebe zwischen Amalia und Karl und das Ausmaß ihrer Bedrohung) und verdeutlicht seelische Gestimmtheit. Zu Recht spricht Fähnrich im Hinblick auf die großen Monologe – gerade wenn es um die Äußerung von Gefühlen geht – von »Wortarien«. Auch Thomas Mann hat in seinem »Versuch über Schiller« »Die Jungfrau von Orleans« als »Wort-Oper« wahrgenommen und damit die hohe Musikalität der Sprache Schillers zum Ausdruck gebracht. Den »Blankvers« dieses Stückes bezeichnet er als ein »poetisches Klangbild«, »worin alle Rhythmen in Bewegung gesetzt, alle Register der Sprache gezogen werden, das sich in den verschiedensten Versmaßen und Strophenformen ergeht, in Trimetern und Stanzen, im Wechsel von dramatischem Rezitativ und lyrischer Arie; und damit der Schauspielbühne einmal aller Prunk der Oper vergönnt sei, ist auch noch ein großer Kirchgang und Festzug da, die Sinne zu fesseln«. Demgegenüber fällt auf, daß Schiller den negativ gezeichneten Figuren, den Gegenspielern und Intriganten wie dem Präsidenten von Walter, dem Haussekretär Wurm oder dem Hofmarschall von Kalb in »Kabale und Liebe«, weder Instrumente noch musikalische Metaphern zugedacht hat. Sie sind ohne Musik, mithin ohne seelische Tiefe.

Die Funktion, die in den frühen Dramen dem Klavier zukommt, übernimmt im »Don Karlos« die Laute; die »Laute – das weiß Gott im Himmel – Laute, die lieb ich bis zur Raserei«, täuscht Karlos vor (II/8). Dieses Instruments bedient sich die Prinzessin Eboli in ihrem bösen Spiel um die Zuneigung des Prinzen. Auf so populäre Lieder wie die des Fischerknaben, des Hirten und des Alpenjägers zu Beginn des »Wilhelm Tell« sei hier nur verwiesen, ebenso auf das Lied »Mit dem Pfeil, dem Bogen«, das Tells Sohn Walter singt. Interessant ist der Einsatz der Musik vor allem am Schluß des Stückes, die neugewonnene Freiheit wird hier durch die Tonkunst symbolisiert. Von der Bühnenmusik, die zu Lebzeiten Schillers eingesetzt wurde, ist erstaunlicherweise nichts mehr erhalten.

Schillers Wirkung auf die nach ihm lebenden Komponisten

Zeit seines Lebens bemühte sich Schiller um eine geistesverwandte Komposition seiner Dichtungen. Dabei hatte er genaue Vorstellungen von einer Vertonung, wie aus einem Brief an Körner kurz vor seinem Tod hervorgeht: »Die Musik darf nie Worte wählen und sich mit kleinlichen Spielereien abgeben, sondern muß nur dem Geist der Poesie im Ganzen folgen« (5. März 1805).

131. Giselher Klebe,
»Die Räuber«. Oper in
vier Akten, op. 25.
Klavierauszug mit Text
nach Friedrich Schiller,
Bearbeitung vom
Komponisten. Edition
Bote und Bock, 1956,
Umschlag.

132. Johann Gottlieb Naumann, Die Ideale (»So willst du treulos von mir scheiden«; Text der ersten Fassung des Gedichts), Lied mit Klavierbegleitung, a-Moll. Zeitgenössischer Stich.

133. Johann Rudolf Zumsteeg, Die Gesänge aus dem Schauspiel »Die Räuber«. Aus: Kleine Balladen und Lieder, mit Klavierbegleitung, bey Breitkopf und Härtel, Leipzig 1800. Titelvignette. Zeitgenössischer Stich.

Der Freund aus Carlsschulzeiten und spätere Komponist Johann Rudolph Zumsteeg war der erste, der ein Schiller-Gedicht vertonte, und Giselher Klebe (geb. 1925) ist bisher der letzte, den Schillers Werk inspirierte. Klebe komponierte »Die Räuber. Oper in vier Akten«, auch das Textbuch »nach Friedrich Schiller« schrieb er selbst. Schiller wurde zu allen Zeiten vertont, unter anderem von Beethoven und Verdi, Carl Maria von Weber, Schubert, Liszt, Brahms und Max Bruch.

Populär schon zu seinen Lebzeiten wurde das Reiterlied »Wohl auf, Kameraden, auf's Pferd, auf's Pferd! / Ins Feld, in die Freiheit gezogen« aus »Wallensteins Lager« (I/11). Nicht nur Schiller selbst hat dieses Lied außerordentlich geschätzt und sich um seine Vertonung bemüht, es fand auch rasch das Interesse mehrerer Komponisten. Körner vertonte es als erster, es folgten Zelter und Zumsteeg. In ganz Deutschland bekannt wurde das Reiterlied durch die 1798 im »Musenalmanach« publizierte Vertonung von Christian Jakob Zahn, die der Opernkomponist Franz Destouches für die Uraufführung von »Wallensteins Lager« am Weimarer Hoftheater am 12. Oktober 1798 zu einer Orchesterfassung ausarbeitete. Den Höhepunkt seiner Popularität erfuhr das Reiterlied in den Befreiungskriegen gegen Napoleon 1813–1815.

Ein begeisterter Schiller-Leser und -Verehrer war Beethoven. Bereits als junger Komponist interessierte er sich für das zeitgenössische Theater und die Oper. 1782 lernte er in Bonn »Die Räuber« kennen, ein Jahr später fand hier die Uraufführung des »Fiesko« statt. Aus seiner Bonner Zeit kannte er auch die 1785 entstandene »Ode an die Freude«, die ihn ein Leben lang begleitete. 1824 legte er sie dem letzten Satz seiner 9. Symphonie zugrunde, nachdem er das Gedicht so lange bearbeitet und gekürzt hatte, bis Text und Musik eine vollständige Einheit bildeten. Ein Höhepunkt in der Aufführungsgeschichte dieser Symphonie war die Interpretation durch Leonard Bernstein zum Jahreswechsel 1989/90 in der Berliner Philharmonie aus Anlaß des Falls der Berliner Mauer. Die von Bernstein vorgenommene Textänderung »Freiheit, schöner Götterfunken« knüpfte an eine bis heute lebendige Deutungstradition an, die sich in ihrem Ursprung auf die Ideale der Französischen Revolution bezog.

In seinem Aufsatz zur Rezeptionsgeschichte der »Ode an die Freude« weist Christoph Bruckmann einleuchtend nach, daß Schillers Ode keineswegs eine vorrevolutionäre Huldigung des Freiheitspostulats war, sondern den weitgefaßten Freude- und Harmoniebegriff als das höchste Ziel aller menschlichen Wünsche meinte: »Nicht die Beseitigung gesellschaftlich festgeschriebener Ungleichheit soll einen unentfremdeten, brüderlichen Umgang zwischen den Menschen möglich machen, sondern die Freude als eine kosmologische Kraft, die allem Lebendigen innewohnt und alles Lebendige

134. Christian Jakob Zahn, Wallensteins Lager – Reiterlied (»Wohlauf, Kameraden, auf's Pferd«). Lied für Einzelstimme und einstimmigen Chor mit Klavierbegleitung, D-Dur. Lithographischer Druck, J. G. Cottasche Buchhandlung, 1807.

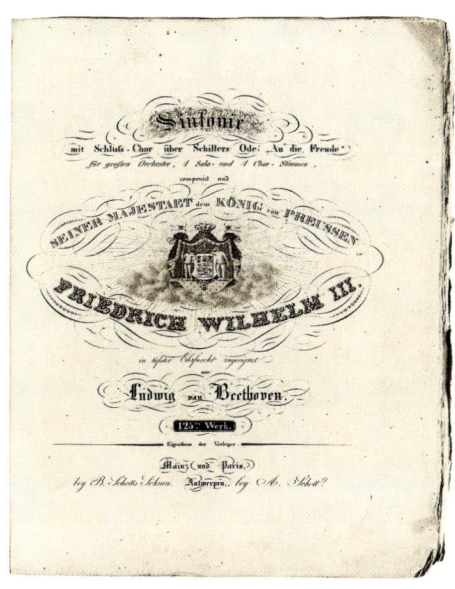

135. Ludwig van Beethoven, An die Freude (»Freude, schöner Götterfunken«), Teilvertonung für die Symphonie Nr. 9, d-moll, op. 125. Titelblatt der Erstausgabe, bey B. Schotts Söhnen, Antwerpen. Lithographie, Ende 1826.

136. Johann Friedrich Reichardt. Stich von Traugott Riedel nach dem Gemälde von Anton Graff (1794), 1814.

137. Franz Schubert. Gemälde von Wilhelm August Rieder, um 1825.

miteinander verbindet.« Freude, die Himmelstochter, meint bei Schiller und Beethoven mehr als Freiheit, nämlich das, was die Menschen beseelt und damit über äußere Existenzbedingungen hinausgeht.

Es kann nicht verwundern, daß ein bedeutender Teil der Schiller-Vertonungen der Lyrik galt, gehen doch im Gedicht Sprache und Musik am unmittelbarsten ineinander über. Schuberts Liedvertonungen sind im gegenwärtigen Musikleben nicht mehr so präsent wie zur Zeit ihrer Entstehung, auch wenn sie in ihrer musikalischen Qualität und musikgeschichtlichen Bedeutung durchaus einen mit Beethoven vergleichbaren Rang beanspruchen. Schubert hat zeit seines Lebens Schiller-Gedichte vertont. »Des Mädchens Klage« (1811), das Lied von Wallensteins Tochter Thekla, gilt als seine erste Liedkomposition, die Vertonung von »Dithyrambe« (1824) als die letzte Bearbeitung eines Schiller-Textes. Insgesamt hat Schubert über vierzig Gedichte Schillers vertont. Die Liedkomponisten seiner Zeit wie Zumsteeg oder Zelter waren noch weitgehend dem durchkomponierten Strophenlied verpflichtet, in dem alle Strophen eines Gedichts der gleichen Musik folgen. In diesem Sinne rühmte Schiller Zelter als einen »Meister in derjenigen Composition, wo die Musik sich der Poesie als Begleiterin anschmiegt, und wo es darauf ankommt, den Charakter eines Gedichtes zu treffen. Seine Melodie zum Taucher, zur Bajadere, zum Zauberlehrling, zu meiner Dithyrambe, und noch einige sind mir Muster in ihrer Art.« Schuberts Vertonungen variieren demgegenüber die einzelnen Strophen und vermitteln durch ein stärkeres Eingehen auf Stimmungen und Einzelheiten des Textes einen jeweils eigenen musikalischen Ausdruck. Gerade bei den Schiller-Liedern gestattete sich Schubert einen enormen Freiraum in der Gestaltung. Sprache, Sing- und Instrumentalstimme haben ihre ganz eigene Dynamik und entsprechen doch gänzlich Schillers Forderung, die Musik solle »dem Geist der Poesie im Ganzen« folgen.

Ein Großteil an Schiller-Vertonungen – meist Lieder mit Klavierbegleitung, aber auch Kantaten für Soli, Chor und Orchester – stammt von Zeitgenossen wie Johann Rudolf Zumsteeg, Christian Jakob Zahn und Johann Gottlieb Naumann. Ein spannungsreiches Verhältnis verband Schiller mit dem preußischen Hofkapellmeister Johann Friedrich Reichardt. Trotz einer heftigen publizistischen Fehde – Schiller hatte auf Reichardts herabwürdigende Kritik an seinen »Horen« mit boshaften Xenien reagiert – und einer von gegenseitiger Aversion gekennzeichneten Beziehung war es gerade Reichardt, der 1810/11, wenige Jahre nach Schillers Tod, zwei Bände mit fünfzig Liedvertonungen von hoher musikalischer Qualität veröffentlichte. Daneben beanspruchen Zelters Balladenkompositionen (»Der Handschuh«, »Die Teilung der Erde«, »Berglied«), das Chorlied »An die Freude« und das Lied für Soli, Chor und Orchester

138. Johann Friedrich Reichardt, Schillers lyrische Gedichte, Heft 2, bey Breitkopf & Härtel in Leipzig, Titelseite. Stich, 1811.

139. Franz Liszt, »Die Künstler« (»Wie schön, o Mensch, mit deinem Palmenzweige«; Teilvertonung: »Der Menschheit Würde«). Für Soli, vierstimmigen Männerchor und Orchester, R 540. Partitur mit Klavierauszug. Lithographischer Druck, Weimar 1854.

Schiller gehört zu den meistvertonten Dramatikern der Weltliteratur. In seinem Aufsatz »Schiller und Verdi oder Die Geburt des Dramas aus dem Geist der Oper« begründet Dieter Borchmeyer diese Tatsache mit der Opernaffinität sowohl der frühen als auch der klassischen Dramen. An Johannas großem Monolog zu Beginn des vierten Aktes, bei dem auch Schillers Szenenanweisungen für die Musik eine zentrale Rolle spielen, zeigt er, daß kein anderes Schiller-Drama die Opernumsetzung so herausfordere wie »Die Jungfrau von Orleans«.

Musikgeschichtlich ist die »Literaturoper«, das heißt die Übertragung der Dramen Schillers auf das Musiktheater, ein Phänomen der 19. Jahrhunderts. Giuseppe Verdi, der sich Schiller so enthusiastisch näherte wie Shakespeare, schuf in nur vier Jahren drei große Schiller-Opern: »Giovanna d'Arco« (1845), »I Masnadieri« (1847) und »Luisa Miller« (1849). 1867 erschien sein in sieben Fassungen erhaltenes Opus magnum »Don Carlos«.

Während sich der Schiller-Übersetzer und Verdi-Freund Andrea Maffei 1847 als Librettist von »I Masnadieri« noch genau an Schillers Vorlage hielt, bearbeiteten die Librettisten Temistocle Solera (»Giovanna d'Arco«) und Salvatore Cammarano (»Luisa Miller«) den Text erheblich, um ihn den Konventionen der Belcanto-Oper anzubequemen (vgl. Ethery Inasaridse, 1989). Jede Rhetorik, die sich nur im Dialog entfalten

mit Klavierbegleitung »Die Gunst des Augenblicks« einen vergleichbaren musikgeschichtlichen Rang.

Schillers Lyrik gab auch Anlaß für die Komposition von Instrumentalmusik höchsten Ranges. Anläßlich des Todes Anselm Feuerbachs schrieb Johannes Brahms 1881 das Chorwerk mit Orchesterbegleitung »Nänie«, einen Klagegesang darüber, daß auch Schönheit sterblich sei. Über drei Figuren der griechischen Mythologie (Eurydike, Adonis und Achilles) wird die Vergänglichkeit alles Schönen und Vollkommenen besungen. Zu nennen wäre auch die große »Symphonische Dichtung« Franz Liszts »Die Ideale« nach dem gleichnamigen Gedicht.

141. Giuseppe Verdi,
Luisa Miller, Oper in
drei Akten. Libretto in
italienischer Sprache.
Titelblatt des Klavier-
auszugs. L'Editore
Giovanni Ricordi, 1851.

kann, wurde gestrichen, und viele kleine Bindemittel aus Alltäglichkeiten, die das Grauen bei Schiller plausibel und damit unerträglicher machen, fehlten. Auch wenn die hochpolitische Grundstruktur der Dramen als solche nicht erhalten blieb, kommen Verdis Opern ihr doch nahe, vor allem sein »Don Carlos«. Verdis fünfaktige Oper, eine Weiterführung von Meyerbeers *Grand Opéra*, existiert in mehreren Fassungen, sie ist aufgrund ihrer Überlänge im Original kaum je zu hören. Claudio Abbado spielte 1985 die Urfassung von 1867 mit seiner Scala-Plattenproduktion bei der Deutschen Grammophon ein. Inszeniert wurde dieser »Don Carlos« erstmals an der Hamburgischen Staatsoper aus Anlaß von Verdis 100. Todesjahr in der Regie von Peter Konwitschny und der musikalischen Leitung von Ingo Metzmacher.

Nicht nur Schillers Musikalität, auch die Bedeutung der Musik für sein Werk läßt Thomas Mann im letzten Satz seiner Erzählung »Schwere Stunde« anklingen: »Und aus seiner Seele, aus Musik und Idee, rangen sich neue Werke hervor, klingende und schimmernde Gebilde, die in heiliger Form die unendliche Heimat wunderbar ahnen ließen, wie in der Muschel das Meer saust, dem sie entfischt ist.«

Fünftes Kapitel

Werk und Öffentlichkeit

Umrisse einer Wirkungsgeschichte

142. Friedrich Schiller.
Büste von Johann
Heinrich Dannecker
Gipsfassung für die
Übertragung in Marmor,
1794.

Seit über zweihundert Jahren übt das Werk Schillers seine Wirkung aus. Diesen Zeitraum der Rezeption in einem kurzen Überblick angemessen darzustellen ist ganz und gar unmöglich. Unendlich erscheint der Umfang dessen, was zu diesem Themenkomplex gehört: Schiller auf dem Theater, Schiller in den Editionen, den Anthologien und den Lesebüchern, mithin seine Rolle in der Schule, Schiller in der Geschichtswissenschaft, der Philosophie, der Pädagogik und der Theologie, Schiller in der Musik, Schiller im Denkmal, in Ausstellungen und Museen, in den Gedenkjahren, Schillers Wirkung im Ausland, z. B. in Frankreich (1792 wurde er zum Bürger Frankreichs ernannt), in Polen, Rußland, wo er eine große Bedeutung hatte, und nicht zuletzt in Deutschland, das im 20. Jahrhundert in zwei Staaten geteilt war, Schiller und seine Biographen … Doch selbst ein knapper Überblick über wesentliche Aspekte der Rezeption verdeutlicht den Rang, den er in den letzten beiden Jahrhunderten eingenommen hat, sowie die unterschiedlichen Sichtweisen und vermag der heutigen Auseinandersetzung mit ihm fördernde Impulse zu verleihen.

Schiller wurde zu Recht als »Zeitgenosse aller Epochen« charakterisiert. »Zeitgenosse«, weil sein Werk immer auch eine politische Bedeutung aufweist; »aller Epochen«, weil er stets öffentlich präsent und wirksam war und jede Zeit und jede Gesellschaft auf ihn auch politisch reagierte.

Seine öffentliche Wirkung begann bereits zu Lebzeiten, wobei »öffentlich« den gesellschaftlichen, politischen, offiziellen und staatlichen Raum meint, in dem Würdigung und Kritik, aber auch Vereinnahmung und Instrumentalisierung stattfinden. Mit den »Räubern« gelang dem noch theaterunerfahrenen Autor 1781 auf Anhieb ein bühnensicheres Stück, das ihn als einen Dramatiker auswies, über den es in der »Erfurtischen Gelehrten Zeitung« hieß: »Haben wir je einen deutschen Shakespeare zu erwarten, so ist es dieser.« Die Uraufführung 1782 im Mannheimer Nationaltheater, Schillers erste, unter äußerst ungünstigen Bedingungen zustande gekommene Begegnung mit dem Publikum, geriet sogleich zu einem Höhepunkt öffentlicher Anerkennung. Vorausgegangen war seine Flucht aus dem Bannkreis des württembergischen »Tyrannen«, die ihn schon bald zur Legende macht. Die Wertschätzung des Publikums setzt sich fort – keines der weiteren Stücke wurde für die Schublade geschrieben, vor allem das Hoftheater in Weimar, aber auch die Bühnen in Mannheim, Leipzig, Bonn und Hamburg wetteiferten um die Uraufführungsrechte.

Auf dem mühevollen Weg vom hochverschuldeten Selbstverleger zum freien Schriftsteller waren sowohl die Editionen als auch die Aufführungen die Basis einer gewissen finanziellen Selbständigkeit sowie Voraussetzung für seine wachsende Popularität. Verlegt wurde er zunächst bei Metzler in

Stuttgart, bei dem Mannheimer Christian Friedrich Schwan, bei Siegfried Lebrecht Crusius in Leipzig und hier auch bei Georg Joachim Göschen, der besonders für die publizistischen Arbeiten ein sensibler und verläßlicher Partner war, und dann vor allem bei Johann Friedrich Cotta in Tübingen. Zunehmende Bedeutung für die Rezeption erlangten Zeitungen und Zeitschriften, die die Entstehung einer bürgerlichen Öffentlichkeit bedingten und beförderten.

Für Schiller bestand zu keiner Zeit die Gefahr, in Vergessenheit zu geraten oder ignoriert zu werden. Bereits zu Lebzeiten, aber erst recht nach seinem frühen Tod genossen Person und Werk den Nimbus höchster Geltung. Seine Wirkung vor allem im 19. Jahrhundert war von literaturhistorischer Singularität. Schon in den ersten Jahrzehnten nach seinem Tod wurde er auch als Person bekannt, ja populär, und zwar durch einige Publikationen und Aktivitäten, die noch von seinem unmittelbaren Lebensumkreis ausgingen.

Durch die spektakuläre Umbettung der Gebeine Schillers 1827 in das herzogliche Familiengrab, die Fürstengruft auf dem Neuen Friedhof in Weimar, erhielt die Ruhestätte des Dichters den angemessenen Raum, in dem fünf Jahre später auch Goethe beigesetzt wurde. Als Goethe 1828 bei Cotta in Tübingen seinen Briefwechsel mit Schiller veröffentlichte, gewährte er nicht nur in ihre Freundschaft einen tiefen Einblick, er lieferte auch wichtige Dokumente zu Schil-

lers Leben und die entscheidenden Materialien zum Verständnis der Weimarer Klassik. 1830 veröffentlichte Schillers Schwägerin Caroline von Wolzogen ebenfalls bei Cotta die erste, auf zwei Bände angelegte materialreiche Biographie. Im selben Jahr gab Wilhelm von Humboldt seinen Briefwechsel mit Schiller heraus, dem er ein persönliches Porträt voranstellte, beides Ausdruck tiefer Freundschaft und Geistesverwandtschaft. Auch Schillers längste, zwanzig Jahre dauernde Freundschaft mit Körner hat sich in einem umfangreichen Briefwechsel niedergeschlagen, der 1847 publiziert wurde. Von großer Bedeutung für das Verständnis Schillers und die Anerkennung seiner Person waren Hegels Berliner Ästhetik-Vorlesungen von 1818 bis 1828. Hegel knüpfte an Schillers Konzept der ästhetischen Erziehung an und würdigte dessen Leistung für die Entwicklung einer eigenständigen Ästhetik.

Schiller im 19. Jahrhundert

Schon in den ersten Jahrzehnten des 19. Jahrhunderts wurde Schiller zum Dichter der Nation. »Denn er war unser!« – die von Goethe 1805 in seinem Epilog zur »Glocke« formulierte Würdigung des gerade verstorbenen Freundes hatte Symbolwert für die Schiller-Verehrung des ganzen Jahrhunderts. Wie aber ist es zu erklären, daß Schiller, der weder als Dichter noch als Historiker für eine Nation schreiben wollte, dem die Zuschreibung als Nationaldichter geradezu wesensfremd war, den Deutschen zum Vorbild und den Nationalbewegungen zur Leitfigur wurde?

Seine Leser – Vertreter fast aller Stände und Schichten – entwickelten gegenüber seinem Werk und seiner Person ein stark affektives Verhältnis, das durch einige Besonderheiten gekennzeichnet ist. Schiller hatte zu einer Sprache gefunden, die von allen verstanden wurde und die Hoch- und Volkssprache miteinander verband. Bestimmte sprachliche Strukturen seiner Dramen kamen einer populären Lektüre entgegen. So wurde 1799 nach der Uraufführung der »Piccolomini« prognostiziert, daß schon bald »einige hundert Verse daraus […] Denksprüche im Munde der Gebildeten unserer Nation« sein würden. 1809 empörte sich ein Literat, daß bereits die Stubenmädchen ihren Schiller auf den Lippen trügen. Ludwig Tieck konstatierte 1827, Schillers Vorliebe für die Sentenz verwandele das Drama »ganz in Rede, Gesinnung und Situation« und fordere zum Auswendiglernen heraus. Wenige Jahre später sah Tieck die wesentlichen Elemente der Schillerschen Popularität darin, daß die »berühmten Stellen, die jeder auswendig weiß«, vom Kontext des Stückes isoliert und deshalb »so ungestüm beklatscht« würden. Mit seinem »Karlos« habe sich Schiller »die Menge« »versöhnt«, »indem er allen ihren Wünschen und ihrem verwirrten Begehren geflügelte Worte« verliehen; »Politik, Philosophie und Geschichte« seien ihm wichtiger als »Poesie«.*

* Zitiert nach: Norbert Oellers, Schiller – Zeitgenosse aller Epochen. Dokumente zur Wirkungsgeschichte Schillers in Deutschland. Teil 1782–1859, Frankfurt a. M. 1970.

Diese als romantische Kunstauffassung erkennbare Kritik geht dort fehl, wo sie unterstellt, Schillers öffentliche Wirkung reduziere sich auf ebendiese geflügelten Worte. Vielmehr sind »Gerechtigkeit« und »Gedankenfreiheit« die zentralen Motive, die sich von Anfang an durch das Werk ziehen. Neben dem Ziel einer »ästhetischen Erziehung des Menschen« sind es die grundlegenden Forderungen seiner Dichtung nicht nur an die Träger politischer und juristischer Macht, sondern an alle gesellschaftlichen Bereiche. Die zeitgenössischen Zuschauer und Leser haben das noch unmittelbar verstanden, sie erkannten Schillers republikanischen Gestus und sahen in ihm vor allem den Aufbegehrenden, der das Bestehende nicht nur kritisierte, sondern die Gesellschaft verändern, die soziale Lage verbessern, die Erziehung und Bildung jedes einzelnen entwickeln wollte. Sie spürten die produktive Kraft des Aufrührerischen, das ideale Potential, das sich in den Texten artikuliert. Insofern ist dieser Dichter durchaus einer der »wirkungsreichsten Erzieher des deutschen Volkes zur Staatsgesinnung«, wie ihn Albert Ludwig in seiner ersten großen Wirkungsgeschichte von 1909 charakterisierte. Das Bürgertum der zweiten Hälfte des 19. Jahrhunderts verklärte und entschärfte ihn dann allerdings zunehmend als idealistischen Schwärmer. Dieses Los teilte er mit den großen Dichtern der Weimarer Klassik; es erklärt zugleich, warum die Klassiker »dem deutschen Volk im neunzehnten

Jahrhundert politisch so wenig zu sagen hatten« (Walter Muschg).

Ungeachtet einer faden, weitgehend desinteressierten und in Vorurteilen befangenen literarischen Kritik war Schillers Popularität ungebrochen und stand in deutlichem Gegensatz zu der weitgehend negativen Bewertung, die Goethe in den ersten Jahrzehnten des 19. Jahrhunderts erfuhr. Während dieser in »heftigen Tiraden beschimpft wird, erscheint Schiller als der reine tugendhafte, nach Weltverbesserung und Menschheitsbeglückung strebende Dichter« (Norbert Oellers, 1970). Nach Goethes Tod wuchs der literarische Ruhm Schillers weiter an.

Nicht nur im Zitieren und Deklamieren erschöpfte sich der Schillerkult, die Identifikation mit dem Dichter fand ihren Ausdruck auch in den Schiller-Leseabenden, die zu einem festen Bestandteil des kulturellen und literarischen Lebens wurden. Die deutsche Gesellschaft, auf die Schillers Werk zu Beginn des 19. Jahrhunderts traf, war im Gegensatz zu den großen europäischen Nationalstaaten wie England, Frankreich oder Spanien noch weit entfernt von einer Überwindung der Kleinstaaterei. Das Bürgertum, das jetzt die geistige Führung für sich in Anspruch nahm, war ein machtloses Bürgertum ohne Nationalstaat und ohne die Chance eines Gleichklangs von Geist und Macht. Die meisten deutschen Fürsten verharrten in geistiger Rückständigkeit, die kulturelle und soziale Entwicklung ihrer Untertanen war gelähmt. Die Schriftsteller hingen direkt von ihnen ab, ihnen fehlte der öffentliche Raum und damit jede Wirkungsmöglichkeit über den unmittelbaren Horizont des jeweiligen Landesherrn hinaus. Wenn hier dennoch »große politische Dichtungen entstanden, war ihnen das Unglück der deutschen Geschichte an die Stirn geschrieben«: »Die Grenzen der deutschen Klassik liegen in dieser Verbindung von geistiger Größe und staatlicher Bedeutungslosigkeit« (Walter Muschg).

Schillers antiabsolutistische Haltung und sein republikanischer Geist waren die Basis, daß er für die Selbsterforschung und -definition der deutschen Nation in Anspruch genommen wurde. An ihm entzündete und nährte sich patriotische Begeisterung. Er vereinte die Deutschen in dem Wunsch nach einem Vaterland und einem kulturell begründeten Begriff der Nation. Dies kontrastierte in eigentümlicher Weise mit seiner – von Goethe geteilten – Skepsis gegenüber nationalstaatlicher Repräsentanz und Größe der Deutschen, wie er sie 1797 in dem Xenion »Deutscher Nationalcharakter« formulierte:

Zur Nation *euch zu bilden, ihr hofft es,*
Deutsche, vergebens;
Bildet, ihr könnt es, dafür freier zu
Menschen euch aus.

Ästhetische Erziehung im Sinne einer ganzheitlichen Humanität bedeutete Schiller

Zu der enormen Bedeutung des Vereinswesens im 19. Jahrhundert vgl. Thomas Nipperdey, Deutsche Geschichte 1800–1866. München 1983. Nipperdey spricht vom 19. als dem »Jahrhundert der Vereine« (S. 267). Ihre soziale, gesellschaftliche und politische Bedeutung reichte in alle gesellschaftlichen Bereiche hinein.

mehr als die Bildung einer deutschen politischen Nation. Dies ist kein Widerspruch zu den Grundaussagen seiner Dramen, in denen es um die Konstituierung moderner Nationen geht. Indem er andere europäische Länder zum Schauplatz und zum Thema machte, wurde er zum Kristallisationspunkt europäischer Reflexion und auf diesem Wege wiederum zum Hoffnungsträger des deutschen Bürgertums.

Die Rezeptionsgeschichte Schillers ist nie nur ihr literarhistorischer Mythos. Die Verehrung galt zum einen dem literarisch-philosophischen Repräsentanten der Weimarer Klassik, zum anderen dem populären, im politischen Kräftefeld wirkenden Dichter als Motor der bürgerlichen Demokratiebewegung. Die eine orientierte sich an Text und Werk und hatte ihre Foren in den Köpfen der Intellektuellen und Dichter, in den Universitäten, auf dem Buchmarkt und in den Theatern. Die populäre Dichterverehrung hingegen artikulierte sich seit den 1820er Jahren im öffentlichen Raum, in den Schillervereinen und -feiern. Zunächst in Schillers württembergischer Heimat entstanden, breiteten sie sich bald im ganzen Land aus.

Das erste öffentliche Fest fand am 20. Todestag des Dichters, dem 9. Mai 1825, vor den Toren Stuttgarts statt. Organisiert hatte es der 1824 gegründete Stuttgarter Männergesangsverein »Liederkranz«, der per Satzung verpflichtet war, Schillers Erbe zu pflegen und jedes Jahr an seinem Todestag eine öffentliche Feier zu veranstalten.

Der »Liederkranz« kann als typisch für die in dieser Zeit entstehenden liberalen Vereine gelten, die nach Anlässen suchten, der obrigkeitsstaatlichen Bevormundung zu entgehen und trotz Vereinigungsverbot ein Forum zu schaffen, das auch politisches Zusammengehörigkeitsgefühl stimulierte.* In den jährlichen Gedenkfeiern verschmolzen Person und Werk zu einer Identifikationsfigur als Medium bürgerlicher Selbstvergewisserung. Im Rahmen dieser ersten großen Schillerfeier wurde eine von Johann Heinrich Dannecker geschaffene Büste in einem öffentlichen Park Stuttgarts zwischen Lorbeerbäumen und Zypressen aufgestellt.

Der »Liederkranz« verfolgte zu dieser Zeit das Ziel, Schiller entweder in Stuttgart selbst oder an seinem Geburtsort Marbach mit einem angemessenen Denkmal zu ehren. Zu diesem Zweck gründete sich 1825 ein Verein, der sich ab 1826 Schiller-Verein nannte. Höhepunkt seines kontinuierlichen Engagements war das Schillerfest 1839. Die Konkurrenz Stuttgart – Marbach entschied schließlich Stuttgart für sich, wo am 8. Mai 1839 das Denkmal des dänischen Bildhauers Bertel Thorvaldsen enthüllt wurde. Geweiht wurde es von Gustav Schwab, der nicht nur evangelischer Pfarrer war, sondern auch als Altphilologe den Cotta-Verlag beriet und als Redakteur dessen »Morgenblatt« und den »Musenalmanach« betreute. Finanziert worden war das nationale Geltung beanspruchende Denkmal durch Spenden aus dem ganzen Land.

Die »nationalreligiöse Form« dieser und späterer Feiern (Noltenius) führte zu einer heftigen Kontroverse mit den Kirchen, die die quasi religiöse Verehrung Schillers vor allem von seiten der Jugend als Bedrohung empfanden und mit Kritik und Zensur reagierten. So wurde zum Beispiel gefordert, auf das Läuten der Glocken zu verzichten, das bei den Schillerfeiern durchaus üblich war. Andererseits gab es viele Geistliche, die in Schiller einen Christen sahen, dessen Humanität und Menschenliebe auch unabhängig vom unmittelbaren Bekenntnis als vorbildlich galten.

Das Schiller-Fest vom 8. Mai 1839 wurde zu einem nationalen Ereignis. Unter den aus dem ganzen Land versammelten 30 000 Teilnehmern dominierte der dritte Stand und manifestierte sich als politische Kraft. Zum erstenmal war es ihm gelungen, Vertreter anderer Stände zu einem großen Nationalfest zu versammeln, dessen Ziel es war, zur Schaffung einer deutschen Nation beizutragen.

Diese Entwicklung setzte sich politisch allerdings nicht fort. Die gescheiterte Revolution von 1848/49 bedeutete eine herbe Zäsur in der Geschichte des deutschen

143. Enthüllung des Schiller-Denkmals von Bertel Thorvaldsen am 8. Mai 1839 in Stuttgart.

144. Schiller-Festumzug
auf dem Markt von Leipzig
am 10. November 1859.
Leipziger Illustrierte
Zeitung, 19. November
1859.

Die Schillerfeier auf dem Markte zu Leipzig am 10. November.

Bürgertums. Gleichwohl führten die Feiern zu Schillers 100. Geburtstag im November 1859 den Erfolg des Festes von 1839 weiter, ja übertrafen es sogar. Sie wurden zu einem nationalen Ereignis von bisher nicht gekanntem Ausmaß und stellten »wahrscheinlich das größte Massenfest des 19. Jahrhunderts in Deutschland«* dar (Otto Dann). Schillers Popularität als nationaler Dichter war ungebrochen. Die Feiern, zum erstenmal nicht an einem zentralen Ort, sondern gleichzeitig in etwa 500 deutschen und 50 ausländischen Städten ausgerichtet, demonstrierten den Willen zu nationaler Integration und einem kulturell begründeten Be-

* Otto Dann, Schiller.
In: Deutsche Erinne-
rungsorte. Hrsg. von
Etienne François und
Hagen Schulze. Mün-
chen 2001, Band 1.

griff der Nation, der seine Basis im Bekenntnis zur Weimarer Klassik als der Blütezeit deutscher Kultur und Bildung fand. Drei Tage lang veranstaltete man im ganzen Land feierliche Bankette und Umzüge, Denkmalsenthüllungen, Theateraufführungen und festliche Veranstaltungen in Rathäusern, Schulen, Universitäten und auf unzähligen öffentlichen Plätzen. Das am häufigsten zitierte Werk war das »Lied von der Glocke« mit seinen 22 Druckseiten, dessen Verse auf Banderolen und Spruchbändern standen und auch etliche Alltagsgegenstände zierten. In zeittypischer Gegnerschaft verharrten nur der Adel, die Offiziere und die Vertreter der katholischen Kirche. Die Bauern als breite Schicht der Bevölkerung tauchten in diesem Rahmen gar nicht auf; die Schiller-Vereine und -Feiern waren städtische Einrichtungen. Auch Handwerker und Arbeiter waren nur zu einem kleinen Prozentsatz vertreten.

Die Bedeutung des Zentenariums läßt sich auch an seinen literarischen Reflexen ablesen. Wilhelm Raabe schrieb für die Wolfenbütteler Feier das Gedicht »Zum 10. November 1859«, in dem er den desolaten Zustand des Reiches beklagte: Die Zeit sei schwer und kein »Retter« in Sicht. Insofern gründet er seine Hoffnung auf Schiller und seine Botschaft und beschwört »ein einig, ewig Volk, ein einzig Volk von Brüdern«. Auch der Österreicher Franz Grillparzer und Friedrich Hebbel, Emanuel Geibel, der Schwabe Georg Herwegh, der Schweizer Gottfried Keller und Theodor Fontane verfaßten seinerzeit vielbeachtete Texte. Berühmt wurden vor allem Kellers »Prolog zur Schillerfeier in Bern« und Herweghs »Prolog für die Schillerfeier in Zürich«.

Nach 1848, als der Versuch einer gemeinsamen politischen Verfassung gescheitert und das oppositionelle Bewußtsein des Bürgertums gebrochen war, traten an die Stelle des revolutionären Impetus weihevolle Verehrung und Pathos. Davon wurde auch Schiller eingeholt. Mehr noch als Goethe galt er als der große deutsche Nationaldichter, der zunehmend als nationaler

145. Johann Heinrich Dannecker. Gemälde von Philipp Friedrich Hetsch.

146. Friedrich Schiller. Gewandbüste in Gips von Johann Heinrich Dannecker, 1794.

* Vgl. Anton Pärn, *Helme und Puhtu: die ältesten Schiller-Denkmäler stehen in Estland. Marbach, Schillerverein, 1996.*

Der Plastiker, der uns ergötzt, / weil er die großen Männer setzt, / grauschwärzlich, grünlich oder weißlich, / schon darum ist er löb- und preislich, / daß jeder, der z. B. fremd, / soeben erst vom Bahnhof kömmt, / in der ihm unbekannten Stadt / gleich den bekannten Schiller hat. / Der Plastiker, der uns ergötzt, / weil er die großen Männer setzt, / grauschwärzlich, grünlich oder weißlich, / schon darum ist er löb- und preislich, / daß jeder, der z. B. fremd, / soeben erst vom Bahnhof kömmt, / in der ihm unbekannten Stadt / gleich den bekannten Schiller hat.
Wilhelm Busch, Maler Klecksel (1884), 1. Kapitel, Vers 85–92.

Besitz reklamiert und als Volksdichter auf den Sockel gestellt und zum vaterländischen Symbol erhoben wurde.

Das 19. Jahrhundert war ein Jahrhundert des Denkmals und an seinem Ende schließlich eins der Denkmalinflation. Neben dem seit der Antike ausgebildeten Reiterdenkmal entstanden jetzt auch Darstellungen von Repräsentanten der Kunst- und Geistesgeschichte, die auf diese Weise zeitlose Präsenz erlangten und zum nationalen Besitz wurden. Seit Mitte des Jahrhunderts war es gerade Schiller, der zum Gegenstand dieses Denkmalkults wurde. Überall in Deutschland entstanden Schiller-Denkmäler, die so allgegenwärtig waren, daß Wilhelm Busch 1884 in seinem »Maler Klecksel« darüber spottete.

Schon der junge Schiller hatte in seinem Freund Johann Heinrich Dannecker einen Bildhauer an der Seite, der mit seiner Büste von 1794 das Grundmuster für alle folgenden Gestaltungen lieferte. Es sollte den Dichter ganz nah am Leben zeigen und war doch nicht frei von Idealisierung. Schillers Jugendfreund Scharffenstein erzählte, daß schon diese Gipsbüste »einen unbegreiflichen Eindruk in die Menschen gemacht« habe (Christian von Holst). In ihr verschmolzen antike Schönheitsvorstellungen mit dem individuellen Ausdruck von Willenskraft. 1806 fertigte Dannecker eine Marmorfassung an, die ihrerseits zur Grundlage für den Entwurf eines Denkmalstempels wurde.

Die erste Erwähnung eines Schiller-Denkmals geht zurück in das Todesjahr des Dichters. Hoch im Norden, in der Ostseeprovinz Estland, soll ihm ein deutsch-baltischer Adliger in dem privaten Raum seines Schloßgartens in Helme mit einer Gedächtnisstätte gehuldigt haben. Lediglich Briefe eines Zeitgenossen geben davon Kunde.* Als real nachweisbares ältestes Denkmal gilt das 1813 geschaffene in Puhtu im Westen Estlands. Errichtet wurde es von einer baltischen Adligen, die mit Charlotte von Schiller bekannt war und im Briefwechsel mit ihr stand.

Das bereits erwähnte Denkmal von Thorvaldsen in Stuttgart war das erste, das Schiller als Standbild in voller Größe zeigte. Es entstand auf Initiative des Stuttgarter Schillervereins und präsentiert den lorbeerbekränzten Dichter in nachdenklicher Haltung, einen weiten Theatermantel über das zeitgenössische Kostüm geworfen. Die rechte Hand, die den Mantel rafft, hält zugleich einen Stift. In der linken hat der Dichter ein Buch, in das er mit dem Zeigefinger hineingreift. Thorvaldsens Sicht – Schiller wirkt ernst und konzentriert, mit geneigtem Kopf ist er tief in Gedanken versunken – widersprach der politischen Aufbruchsstimmung des Vormärz. Das kämpferische Bürgertum erkannte in diesem vergrübelten Standbild seine Projektionsfigur nicht wieder: den Vorkämpfer liberaler Forderungen, die Symbolfigur nationaler Hoffnungen.

Die Entwürfe für das Goethe-Schiller-Denkmal in Weimar aus dem Jahre 1851 und

147. Schiller-Denkmal
von Reinhold Begas auf
dem Gendarmenmarkt in
Berlin, 1871.

148. Goethe-und-Schiller-
Denkmal vor dem Natio-
naltheater in Weimar von
Ernst Friedrich August
Rietschel, 1857.

erst recht seine realisierte Form vermitteln
ein anderes politisches Signal. Beide Dichter erscheinen als Einheit, die kulturelle
antizipiert die nationalstaatliche Einigung.
Die idealisierenden Entwürfe von Christian
Daniel Rauch zeigten die Dichter in antikem
Habitus, während sein Schüler Ernst Rietschel sich für das zeitgenössische Kostüm
entschied. Als heroische Theaterdichter traten sie bei ihrer Enthüllung 1857 dem Bürgertum entgegen und prägten fortan das
Klassikerbild. Alle weiteren Denkmäler, die
den Klassiker und deutschen Nationaldichter darstellen, haben fast immer einen politischen Bezug; Dichterverehrung und nationale, ja patriotische Dimension sind nicht
mehr voneinander zu trennen.

Das Bedürfnis nach Kanonisierung des
Klassikers äußerte sich zudem darin, daß
Schiller im letzten Drittel des 19. Jahrhunderts zum festen Bestandteil schulischer
Bildung wurde. Im Deutschunterricht wurde er obligatorisch gelesen, im Lateinunter-
richt übersetzte man ihn ins Lateinische, und
der Philosophieunterricht beschäftigte sich
mit seiner Ästhetik.

Von einer patriotischen Woge war auch
die institutionalisierte Schiller-Rezeption
getragen. 1835 wurde in Marbach mit dem
Schillerverein die erste literarische Gesellschaft in Deutschland gegründet. Im Schillerjahr 1859 konnte das Geburtshaus in
Marbach der Öffentlichkeit als Gedenkstätte
übergeben werden. 1889 öffnete in Weimar
das Goethe- und Schiller-Archiv seine Pfor-

ten. Hier befindet sich seither der gesamte schriftliche Nachlaß, während der bildliche und gegenständliche Nachlaß in Marbach aufbewahrt wird. 1890 wurde in Marbach die Errichtung eines Schillermuseums beschlossen, doch erst neun Jahre später begann man mit dem Bau. 1901 erfolgte die Grundsteinlegung, 1903, an Schillers Geburtstag, fand die feierliche Einweihung statt. Dieses Projekt eines Literaturmuseums und Archivs in der Geburtsstadt des Dichters gehört zu den herausragenden Leistungen der Rezeptionsgeschichte. Schiller ist nunmehr auf allen Ebenen zum Klassiker geworden.

Schiller im 20. Jahrhundert

Mit der Wende vom 19. zum 20. Jahrhundert verblaßte der Schiller-Mythos. Die Verklärungsphase, in der Schiller national überstrapaziert und sein Bild verfälscht worden war, wich einer Neubewertung seiner Rolle. Die mit ökonomischem Fortschritt und Bildungsoptimismus verbundene Aufbruchsstimmung nach der Reichsgründung war längst einem Krisenbewußtsein gewichen. Der Enthusiasmus über nationale Einheit und Stärke schlug um in eine »Reichsverdrossenheit«, deren Hintergrund die vielen ungelösten sozialen und politischen Fragen waren. Der Erfolg von Schriftstellern wie Heinrich Heine, Theodor Fontane, Thomas Mann und Stefan George signalisierte ein verändertes Aufnahmepotential

149. Schiller-Standbild
in Marbach von
Ernst Rauch, 1876.

* Vorrangig aus Nietzsches prinzipieller Abkehr von idealistischen Denkansätzen läßt sich der spätere Bruch mit Schiller, die Abqualifikation des einst geliebten und verehrten Dichters erklären. *Vgl. Matthias Politycki, Umwertung aller Werte? Deutsche Literatur im Urteil Nietzsches. Berlin – New York 1989, v. a. S. 220 ff. und 364 ff.*

* *Vgl. Der Menschheit Würde. Dokumente zum Schiller-Bild der deutschen Arbeiterklasse. Hrsg. von Günther Dahlke. Weimar 1959.*

* *Vgl. dazu: Deutsche Erinnerungsorte. Hrsg. von Etienne François und Hagen Schulze. Band 1–3, München 2001.*

für neue Literatur in der lesenden Bevölkerung.

1888 hatte Friedrich Nietzsche in der »Götzendämmerung«, im Kapitel »Streifzüge eines Unzeitgemäßen«, Schiller als den »Moraltrompeter von Säckingen«, mithin als Spießbürger attackiert. Unter Anspielung auf Victor von Scheffels populäres Versepos »Der Trompeter von Säkkingen« aus dem Jahre 1854 verspottete Nietzsche Schillers bürgerliche Moralvorstellungen, wie sie vor allem im »Lied von der Glocke« und dem Gedicht »Würde der Frauen« zum Ausdruck kommen. Dieses Verdikt blieb auch im folgenden Jahrhundert an Schiller hängen. Anzumerken ist allerdings, daß sich darin das Verhältnis Nietzsches zu Schiller keineswegs erschöpfte.*

Neben Goethe wurde Schiller nunmehr als Klassiker gewürdigt, dem große Dichterpersönlichkeiten wie Lessing, Novalis und Hölderlin an die Seite gestellt wurden. Die für das 19. Jahrhundert charakteristische politische Inanspruchnahme vor allem durch die nationaldemokratische Bewegung wandelte sich zugunsten einer neuen Sicht auf Schiller als den großen Idealisten – vielleicht gewinnt er erst in dieser Pendelbewegung den ihm angemessenen »Erinnerungsort«*. Seine zentrale Botschaft, die Freiheitsidee, mußte sich in einer grundlegend veränderten historischen Konstellation bewähren, wobei die politische Dimension keineswegs unterschlagen wurde.

Die Feiern zu Schillers 100. Todestag

1905 und zur 150. Wiederkehr seines Geburtstages 1909 sind mit denen des vorangegangenen Jahrhunderts nicht mehr zu vergleichen. Ihr gewandelter Charakter entsprach einer veränderten historischen Realität; das Gedenken galt nunmehr dem Klassiker, dessen Werk auch in einer neuen sozialen Konstellation grundlegende Fragen aufwarf und mit seinen Idealen von Freiheit und Menschenwürde Anstöße für aktuelle Auseinandersetzungen gab.

Exemplarisch für die veränderten Prioritäten ist Schillers Rolle in der Arbeiterbewegung. In der Auseinandersetzung zwischen Marxismus und Revisionismus geriet er an den Rand des Interesses, löste aber gleichwohl nachhaltige parteipolitisch gefärbte Kontroversen aus.*

Franz Mehring, einer der Begründer der marxistischen Literaturwissenschaft, sprach dem Dichter in »Schiller. Ein Lebensbild für deutsche Arbeiter« und »Schiller und die Gegenwart« jegliches Potential für die Lösung politischer Probleme ab. Auf die »Briefe zur ästhetischen Erziehung des Menschen« zielend, kritisierte er dessen Bemühen, »von der ästhetischen Schönheit zur politischen Freiheit« gelangen zu wollen. Für Mehring ist Schillers Idealismus »nur eine wertlose Scherbe, an der sich der proletarische Klassenkampf wohl die Finger zerschneidet, aber in der sich niemals seine eigentümliche Größe widerspiegeln kann«. Es sei ein »Hohn auf die hungernden Massen«, »wenn man ihnen zumuten wollte, sich ihrer Fesseln nur ›in einem lieblichen Blendwerk von Freiheit‹ zu entledigen«.*

Im Gegensatz dazu versuchte der sozialdemokratische Publizist und Politiker Kurt Eisner in seiner Schrift »Über Schillers Idealismus« von 1905, den Dramatiker aufgrund seines revolutionären Gehalts als Motor der Arbeiterbewegung in Anspruch zu nehmen. Obwohl er sich durchaus kritisch mit ihm auseinandersetzte, vor allem im Hinblick auf seine Haltung zur Französischen Revolution, konstatierte er, daß Schiller »die beiden einzigen großen Revolutionsdramen unserer Literatur geschrieben« habe (»Kabale und Liebe« und »Wilhelm Tell«) und der »revolutionäre Idealismus seiner Kunst« Zündkraft nicht nur für die bürgerliche Revolution des 19., sondern auch für die proletarische des 20. Jahrhunderts habe.*

Mit dem Ende des 19. Jahrhunderts begann die philologische Erschließung des Werkes. In Stuttgart, Berlin und Leipzig erschien eine Werkausgabe nach der anderen. Von grundlegender Bedeutung ist die von Karl Goedeke 1867–1876 besorgte historisch-kritische Ausgabe von Schillers sämtlichen Schriften, die die Basis für alle weiteren Editionen darstellte; 1904/05 gab Eduard von der Hellen die sechsbändige Säkularausgabe heraus. Seit 1943 erscheint im Auftrag der Stiftung Weimarer Klassik und des Schiller-Nationalmuseums Marbach die von Norbert Oellers herausgegebene »Nationalausgabe«, die spätestens im Jahre 2005 abgeschlossen sein wird. Ein wesentlicher Bestandteil dieser umfangreichen Gesamtausgabe sind die Briefe: 10 Bände (Bd. 23–32) enthalten die von Schiller geschriebenen, 8 Bände (Bd. 33/I–40/I) die an ihn gerichteten Briefe. Damit wurde die von Fritz Jonas 1892–1896 herausgegebene siebenbändige Briefausgabe abgelöst. Der in der Mitte des 20. Jahrhunderts gewählte Titel verdeutlicht, daß Schiller noch immer für nationale Identität stand. In die gleiche Richtung wies die 1922 erfolgte Umbenennung des Marbacher Schillermuseums in »Schiller-Nationalmuseum«. Den langfristigen Prozeß der Realisierung dieser historisch-kritischen Nationalausgabe von 1940 bis heute hat Norbert Oellers in seinem Aufsatz »Zur Geschichte der Schiller-Nationalausgabe« dargestellt. Er geht darin auf die anfänglichen Eingriffe staatlich-politischer Stellen ein, auf die kriegsbedingten Verzögerungen des Projekts und auf die seit Ende der vierziger Jahre kontinuierliche Publikationsarbeit, die bis 1989 von zwei deutschen Staaten, von Weimar und Marbach, ausging. Die auf ehemals 32 Bände berechnete Ausgabe wird bei ihrer Fertigstellung mindestens 43 Bände umfassen.*

Nach dem Ende des Ersten Weltkrieges, auf einem Tiefpunkt nationaler Entwicklung, erfolgte eine Rückbesinnung auf die unbeschädigten »geistigen Güter«. Sie seien »der wertvollste Besitz des deutschen Volkes und der einzige, den ihm niemand rauben kann«, formulierte Otto Güntter, Leiter des Marbacher Museums und Archivs und

Zitiert nach: Oellers, Schiller – Zeitgenosse aller Epochen, Teil II: 1860–1966, Frankfurt a. M. 1976.

Norbert Oellers, Zur Geschichte der Schiller-Nationalausgabe. In: Oellers, Friedrich Schiller. Frankfurt a. M. 1996.

Emphase der reformpädagogischen Bewegung zu einem persönlichen Erlebnis und als wirkende Kraft wahrgenommen.

Die Periode der Weimarer Republik blieb im Hinblick auf Schiller ereignislos, es fehlten die kalendarischen Anlässe. Interessant ist immerhin ein Ereignis am Rande, das in den Beginn dieser historischen Epoche fällt. Der Schriftsteller Ernst Hardt hatte als neuer Intendant des Weimarer Hoftheaters dieses in »Deutsches Nationaltheater« umbenannt. Am 19. Januar 1919, dem Tag der Wahlen zur Weimarer Nationalversammlung, eröffnete er das umbenannte Haus mit einer Festaufführung des »Wilhelm Tell«. Dieser bewußte Einsatz für Schiller gewinnt seine Bedeutung vor dem Hintergrund der Rede des designierten Reichspräsidenten Friedrich Ebert am 6. Februar 1919 zur Eröffnung der Nationalversammlung. Einen Bezug zur Weimarer Klassik herstellend, identifizierte er Weimar ausschließlich mit Goethe und erwähnte Schiller mit keinem Wort.

Unter einem besonderen Stern stand die Schiller-Rezeption im George-Kreis. Stefan George, der sich selbst gern als »Meister« gerierte und ansprechen ließ, gab den ihn umgebenden Dichtern, Künstlern und Gelehrten seine Wertungen und Neigungen vor. Er schätzte neben den französischen Vorbildern Mallarmé und Verlaine vor allem Jean Paul und Friedrich Hölderlin. Schiller hingegen lehnte er als Dramatiker und Lyriker weitgehend ab, nur die ästhetischen

Mitglied im Vorstand des Schwäbischen Schillervereins, im Jahre 1920 über die Rolle der Dichter in einer Zeit »politischer Erniedrigung«. Die existentielle Erfahrung der Zerstörung menschlichen Lebens und bisher gültiger Werte führte zu neuen Prioritäten auch im Blick auf Schiller. Hatte er bisher als Symbolfigur des politischen Fortschritts und als wirkungsmächtiges Bildungsgut gegolten, so wurde er jetzt entsprechend der

Schriften erfuhren eine positive Bewertung: »Aber als schönheitslehrer. und erzieher. als verfasser der Ästhetischen Erziehung. der seinem volk auch heute noch fremd ist und vermutlich noch lange bleibt. wird Schiller noch einmal eine glänzende auferstehung feiern.«*

Der Literaturhistoriker, Schriftsteller und Übersetzer Max Kommerell, der George in Marburg begegnet war, geriet in seinen Bann und war zwischen 1924 und 1928 sein ständiger Begleiter. In dieser Zeit schrieb Kommerell sein – zweifellos anfechtbares, bereits mit dem Titel politische Mißverständnisse provozierendes – Werk »Der Dichter als Führer in der deutschen Klassik – Klopstock, Herder, Goethe, Schiller, Jean Paul, Hölderlin«, das 1928 bei dem jüdischen Verleger Georg Bondi erschien (2. Aufl., Frankfurt a. M. 1942). Es war noch deutlich dem Weltbild des George-Kreises verpflichtet: der Dichter als wirkendes Vorbild einer Gemeinschaft. Gerade seine Arbeiten über Schiller zeigen Kommerells grundlegende Wandlung vom gleichsam naiven Mitläufer Hitlers zu dessen scharfem Gegner.*

In dem umfangreichen Kapitel über Schiller wird diesem nur mit Einschränkung die Rolle eines Führers zugesprochen. Er, dem es selbst nicht vergönnt gewesen sei, einen »wirklichen Führer« zu erleben, eigne sich unter den Dichtern nur bedingt als Führerfigur und Erzieher. Im Umkreis der Jugenddramen um Franz und Karl Moor,

Fiesko, Karlos und Posa sieht ihn Kommerell als einen »Verschwörer«, einen »von Aufruhrkräften Besessenen«. Dabei stellt er das im Umfeld des »Karlos« entstandene, als Tragödie angelegte »Malteser-Fragment« in den Vordergrund, das einzige, bereits im Vorwort formulierte Bekenntnis Schillers zu Ordensdisziplin und geheimem Männerbund. Obgleich ihn der Malteser-Stoff bis zum Ende seines Lebens beschäftigte, blieb das Fragment im Spektrum des Gesamtwerkes marginal. Mit diesem wie immer anfechtbaren Buch kommt dem jungen Kommerell das Verdienst zu, das Thema der Verschwörung im Werk Schillers entdeckt zu haben. 1930 entzog sich der Achtundzwanzigjährige dem Führungsanspruch Georges, und es kam zu einem definitiven Bruch. Bis zum Erscheinen der beiden großen Studien »Schiller als Gestalter des handelnden Menschen« (1934) und »Schiller als Psychologe« (1935) vergingen nur wenige Jahre, die einen an prinzipieller Neuorientierung kaum zu überbietenden Entwicklungsschritt darstellten. Beide Abhandlungen gehören bis heute zum Besten, was die Schiller-Literatur zu bieten hat.

Mathilde Ludendorff, die Frau des preußischen Generals Erich von Ludendorff, pries in ihrem Buch »Der ungesühnte Frevel an Luther, Lessing und Schiller im Dienste des allmächtigen Baumeisters aller Welten« (1938) »artgerechtes Deutschtum« und prangerte dessen »Feinde« an: Juden, Marxisten, Freimaurer und Jesuiten, in denen sie

* Deutsche Dichtung, Band 3: Das Jahrhundert Goethes. Hrsg. und eingeleitet von Stefan George und Karl Wolfskehl. Berlin 1923, Vorrede zur 2. Auflage.

* Vgl. Walter Müller-Seidel, Schiller im Verständnis Max Kommerells. In: Festschrift für Hans-Jürgen Schings. Berlin 2002.

151. Der George-Kreis, 1929; von links nach rechts: Johann Anton, Ewald Volhard, Stefan George, Max Kommerell, Friedrich Walters und Werner Elze.

* Jahrbuch der Goethe-Gesellschaft, 20/1934.

* Klassiker in finstren Zeiten 1933–1945. Ausstellung des Deutschen Literaturarchivs im Schiller-Nationalmuseum. Band 1. Hrsg. von Bernhard Zeller. Marbacher Katalog Nr. 38, Marbach am Necker 1983.

biegt, dessengleichen die große Auseinandersetzung nicht bedarf.«

Ähnlich verfälschend versuchte Ernst Bertram, wie Kommerell Abtrünniger des George-Kreises, in einem am 26. Mai 1934 gehaltenen Festvortrag der Goethe-Gesellschaft zu Schillers 175. Geburtstag diesen als Führernatur zu preisen und als solche seinen Zeitgenossen anzudienen.*

Der spektakulärste Versuch dieser Rezeptionslinie, Schiller als Symbolfigur nationalsozialistischer Propaganda zu instrumentalisieren, ist das Buch des Juristen und NS-Politikers Hans Fabricius aus dem Jahre 1932, das mit geringfügigen Veränderungen 1934 erneut erschien: »Schiller als Kampfgenosse Hitlers. Nationalsozialismus in Schillers Dramen«. In plattester Umdeutung wurden die Stücke dazu benutzt, die tragenden Begriffe der nationalsozialistischen Ideo-logie wie »Herrengeschlecht«, »Herrenmacht«, »rassische Überlegenheit«, »Herrentragik«, »Blutsverwandtschaft«, »Vollmenschen«, »Krieg« als »Beweger des Menschengeschicks«, »minderrassige Knechte«, »Führer« oder »Volkstum« als deren zentrale Botschaft herauszuarbeiten. Fabricius will nachweisen, daß »der Geist, der aus den Dramen Schillers spricht, derselbe ist, der heute alle echten Nationalsozialisten beseelt«.* Der von den Nationalsozialisten initiierte Prozeß antisemitischer Ideologisierung und Gleichschaltung erfaßte auch die Hochschulen. Dabei sollte die Tradition des deutschen Idealismus für Propaganda-

bedrohliche, überstaatlich organisierte Mächte sah. Vor allem gegen Juden und Freimaurer zog sie zu Felde. Schiller sei einem Giftmord zum Opfer gefallen, den die jüdisch durchsetzten Logen zu verantworten hätten. Und Goethe, dem »Hauptrivalen« Schillers, wurde unterstellt, Drahtzieher des »Frevels« gewesen zu sein. Da diese Behauptung einer gezielten Ermordung enorme Beachtung fand, sah sich die Goethe-Gesellschaft 1935 zu einer Publikation veranlaßt, die alle vorhandenen Dokumente zu »Schillers Tod und Bestattung« bereitstellte. Max Hecker, der Herausgeber und Verfasser eines ausführlichen Nachworts, schrieb: »[…] mit Unwillen müssen wir gewahren, wie blinder Übereifer das vermeintliche Rätsel um Schillers Tod und Bestattung zu einem schmählichen Werkzeug zurecht-

zwecke genutzt werden. Und zahlreiche Germanisten erwiesen Hitler ihre Reverenz. So verkündete Professor Julius Petersen 1934 auf einer Tagung der Goethe-Gesellschaft in Weimar, Schiller und Goethe seien »die ersten Nationalsozialisten gewesen«.

Während der Nationalsozialismus sich Goethe gegenüber reserviert bis abweisend verhielt, war der Schiller-Mythos noch zu gegenwärtig, als daß nicht versucht wurde, an ihn anzuknüpfen. Die nationalsozialistische Kulturpolitik reagierte mit deutlichem Kalkül auf die Interessen der verschiedenen Bevölkerungsschichten und sozialen Gruppen, wodurch sie sich für längere Zeit eine gewisse Attraktivität sicherte. Der Weimarer Festakt zu Schillers 175. Geburtstag im Jahre 1934 machte diese Strategie hinreichend deutlich. Mit dem Auftritt der politischen Prominenz in Frack und Zylinder, mit den von Hans Pfitzner dirigierten Werken Beethovens und der Umbenennung der Jenaer Hochschule in »Friedrich-Schiller-Universität« suggerierten die Nationalsozialisten, neben der politischen Nation auch die Kulturnation zu repräsentieren. Um das Bürgertum als den angestammten Träger der Kulturnation vereinnahmen zu können, präsentierten sie sich als Teil der kulturellen Tradition.

Das mit Schiller in hohem Maße verbundene Ideal von Jugend und Aufbruch manifestierte sich in einem Staffellauf, der ersten Großveranstaltung des Schillerjahrs. Die Schillerfeiern wurden für eine landesweite Demonstration nationalsozialistischer, völkischer und antisemitischer Ideologie vereinnahmt. Mit propagandistischem Geschick untersetzte man die Tradition des Idealismus mit Parteipropaganda und antisemitischer Hetze, Schiller geriet zum völkisch-vaterländischen Helden. Zum erstenmal wurden die Feierlichkeiten auch über das Medium Rundfunk bis in jeden Winkel des Landes verbreitet. Die Marbacher Sonnenwendfeier am 21. Juni 1934 wurde das herausragende Ereignis der Schiller-Vereinnahmung durch die Nationalsozialisten. Über 15 000 Hitlerjungen trugen eine Grußbotschaft zum Schillerdenkmal nach Marbach. Eigentliches Ziel aber war das landesweite Erfassen der Jugend, die Erprobung ihrer organisatorischen Verfügbarkeit, ihre ideologische Manipulierung. Bei der Berufung auf Schiller knüpften die Nationalsozialisten an völkisch-nationale Deutungen des 19. Jahrhunderts an. Die Deutung des Werkes in bezug auf die NS-Ideologie – der Dichter wurde politisch verstanden und als »Vorläufer des Nationalsozialismus« propagiert* – bzw. die Rolle, die die Germanistik dabei spielte, ist in der zweiten Hälfte des 20. Jahrhunderts aufgearbeitet und kritisch reflektiert worden.*

An einen Vorfall anläßlich der Gedenkfeiern sollte immer wieder erinnert werden. Die offiziellen Reden in Marbach wurden plötzlich unterbrochen, als der Oberleutnant Hans Burrer in Zivil an das Mikrophon trat und den Mut hatte, Hitlers Politik als

* Vgl. vor allem: Klassiker in finsteren Zeiten 1933–1945, Band 1 und 2.

* Vgl. vor allem: R. W. Leonhardt, Der Sündenfall der deutschen Germanistik. Stuttgart und Zürich 1959;

Benno von Wiese / R. Henss (Hrsg.), Germanistik – eine deutsche Wissenschaft. Frankfurt a. M. 1967; G. Ruppelt, Schiller im nationalsozialistischen Deutschland. Der Versuch einer Gleichschaltung. Stuttgart 1979; Deutsche Klassiker im Nationalsozialismus. Schiller, Kleist, Hölderlin. Hrsg. von C. Albert. Stuttgart 1994; W. Barner / Ch. König, Germanistische Wissenschaft vor und nach 1945. Frankfurt a. M. 1996.

»Wahnsinn« zu brandmarken. Er sprach zwei Gedichte: »An den Genius Schiller's! / [...] / Dein Geist tut not / Dein Geist ist tot! / Hilf! Daß der Wahnsinn, der nazistische Wahnsinn / aus den Hirnen schwindet.« Vor seiner unmittelbar erfolgenden Verhaftung konnte er noch ausrufen : »An Deutschland! / Nun bricht der Tag des Todes an / mit Paukenschlag und Trommelklang / die Fahnen wehn voran! / Für's heilige deutsche Vaterland / der Freiheit hohes Unterpfand / zünd' ich die Todesfackel an!« (Zitiert nach: Marbach. Rückblick auf ein Jahrhundert. 1895–1995, 1996) Burrer wurde verhaftet und verurteilt, keine Zeitung berichtete von diesem Vorfall. Eine weitere kompromißlose Stimme der Kritik gehörte John Heartfield, der aufgrund seiner Antikriegshaltung bereits 1933 emigrieren mußte. Mit den Mitteln der politischen Satire geißelte er 1934 vom Ausland aus in der in Berlin erscheinenden »Arbeiter-Illustrierten-Zeitung« die Instrumentalisierung Schillers durch die Nationalsozialisten.

Wenngleich Hitler selbst mehrfach Reden über »die nationalsozialistische Kunst« hielt und sich dabei auch auf Schiller bezog, wenngleich er bei der Wiedereröffnung des Schiller-Theaters der Reichshauptstadt mit »Kabale und Liebe« am 11. November 1938 persönlich anwesend war, wenngleich Schiller auf den Theater- und Freilichtbühnen zu den meistgespielten klassischen Bühnenautoren zwischen 1933 und 1942/43 gehörte, weil er das deutsche Ideal von Staat und Volk am sinnfälligsten zum Ausdruck gebracht habe, erwies sich der Dichter doch immer deutlicher als schlechter Parteigänger. Die Kritiker Schillers im Hinblick auf dessen Tauglichkeit für die NS-Ideologie hatten seine »Gefährlichkeit« rasch erkannt. In einer Aufführung des »Don Karlos« am Bremer Stadttheater im Jahre 1933 brach unmittelbar nach den Worten Posas »Geben Sie Gedankenfreiheit!« ein solcher Applaus los, daß sich die Theaterdirektion genötigt sah, die Aufführung abzubrechen. Dieser offensichtlich systemkritische Szenenapplaus wiederholte sich auf anderen Bühnen und konnte nur schwer unterdrückt werden.

Nach Hitlers Machtübernahme im Jahre 1933 war im Rahmen der Siegesfeiern der NSDAP auf allen großen Bühnen des Landes Schillers Freiheits-, National- und Führerdrama »Wilhelm Tell« gespielt worden; es gehörte zwischen 1933 und 1941 zu den meistgespielten Stücken in Deutschland. Noch am 20. April 1938 (»Führers Geburtstag«) wurde es in einer Sonderinszenierung am Wiener Burgtheater aufgeführt. Das Stück war populär und in vielen geflügelten Worten gegenwärtig. Zu Beginn des Nationalsozialismus gewannen die seit dem 19. Jahrhundert gern zitierten Worte des alten Attinghausen »Ans Vaterland, ans teure, schließ dich an« (II/1) eine neue Bedeutung und erst recht der Stauffacher-Satz »Unser ist durch tausendjährigen Besitz / Der Boden [...]« (II/2). War es bis zu diesem Zeitpunkt gelungen, den Rütlischwur zu einer den Nationalsozialismus bekräftigenden Kulthandlung umzufunktionieren, so erwies dieses Drama des Tyrannenmords seine politische Sprengkraft darin, daß es der »Tyrannenmacht« ihre Grenzen setzte, indem es sich nicht beliebig umdeuten ließ. 1941 verbot Hitler durch einen persönlichen Befehl den »Schweizer Heckenschützen Tell«. Das Stück durfte auf keiner deutschen Bühne mehr gespielt und an keiner deutschen Schule mehr behandelt werden. Spätestens zu diesem Zeitpunkt zeichneten sich auf den deutschen Bühnen drei Richtungen ab: eine NS-konforme, eine des Rückzugs in eine unpolitische Werktreue und eine a priori zum Scheitern verurteilte: der Versuch, das kritische Potential der Stücke zu inszenieren.

Wohl kaum ein Autor ist in der Auslegung seiner Werke so kontrovers diskutiert worden wie Schiller. Die Bedeutung der Schiller-Huldigungen für die Staats- und Parteiführung der Nazis lag neben dem politisch-propagandistischen Kalkül vor allem in der eigenen kulturellen Aufwertung. Indem man sich zu einem der bedeutendsten Repräsentanten klassischer deutscher Humanität bekannte, ließ sich der blanke Terror zumindest zeitweise kaschieren. Je mehr sich das nationalsozialistische Gewaltsystem, gestützt von der Bevölkerung, durchsetzte und schließlich den Zweiten Weltkrieg auslöste, um so mehr galten dem kritischen Teil der deutschen Kulturnation die Klassiker als Hoffnungs- und Bezugspunkte einer positiven Identifikation.

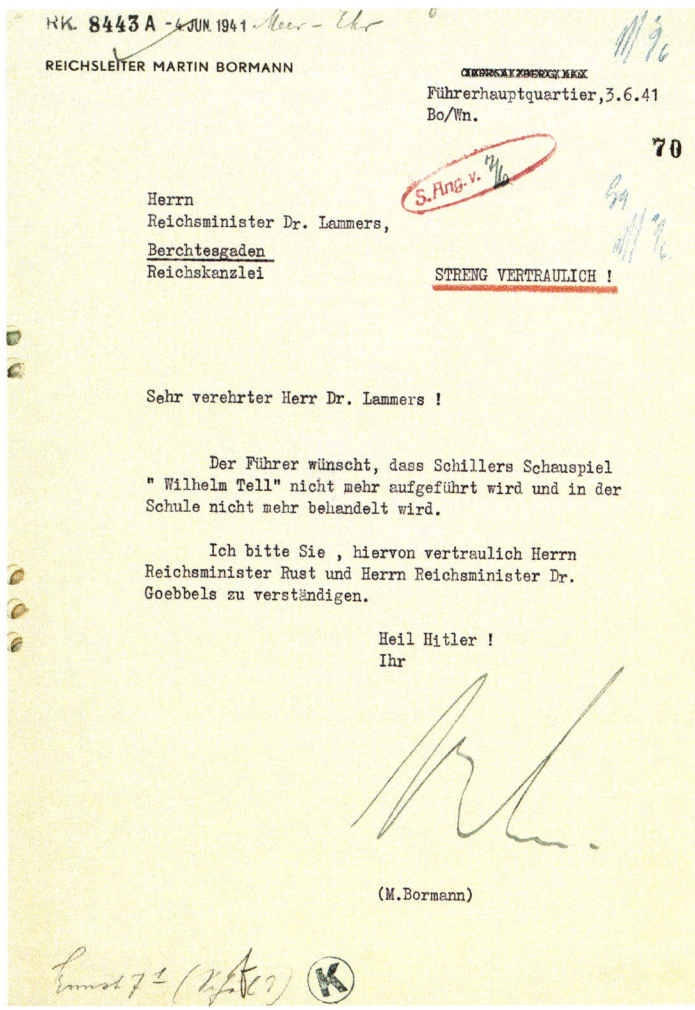

152. Verbotsdekret für »Wilhelm Tell« aus dem »Führerhauptquartier«, 1941.

Das Ende des Krieges führte eine grundlegend veränderte nationale Situation herbei. Das 1859 mit Schiller eingeforderte, 1871 gegründete Deutsche Reich wurde 1945 durch die alliierten Siegermächte aufgelöst und neu strukturiert. Schiller hatte für die nationale Idee gestanden, und zwar sowohl für den nationaldemokratischen Entwurf als auch für das ihn vereinnahmende chauvinistische und nationalsozialistische Konzept. Mit dem Jahr 1945 fanden beide, die demokratische wie die chauvinistische Nationalidee, ihr definitives Ende. Eines der Xenien, geschrieben 1797 angesichts nationaler Zerrissenheit und der Trennung von Geist und Macht, trifft auch für die deutsche Teilung nach 1945 zu:

Deutschland? Aber wo liegt es? Ich weiß das
Land nicht zu finden,
Wo das gelehrte beginnt, hört das politische
auf.

Entsprechend der veränderten deutschen Realität erfuhr die Rezeption Schillers eine grundlegende Neuorientierung. Ihn weiterhin als Nationaldichter zu verstehen wäre anachronistisch gewesen. Statt dessen wurde er von beiden deutschen Staaten in Anspruch genommen. Für die neugegründete DDR gehörte er als »einer der größten Söhne des deutschen Volkes« zum kulturellen Erbe. Schiller sollte »allen gehören«, »dem deutschen Volk und der fortschrittlichen Menschheit«, er sollte »Künder echter Völkerfreundschaft« sein und vor allem der Jugend in einer Gesellschaft ohne klassenbedingte Grenzen als Vorbild dienen.* Im Westen richtete man den Blick vor allem auf den Idealisten und Humanisten Schiller. Noch während des Krieges, im Jahre 1940, hatte der Regisseur Herbert Maisch in durchaus aufklärerischer Absicht den Spielfilm

* Friedrich Schiller.
Dichter der Nation.
Hrsg. und kommentiert
von Ursula Wertheim.
Berlin 1959

»Friedrich Schiller« gedreht; Maisch war 1933 aus dem Mannheimer Nationaltheater entlassen worden, weil er auf seine Schauspieler jüdischen Glaubens nicht verzichten wollte. Dieser Film konnte sich auch im Nachkriegsdeutschland behaupten.

Die wohl erste Publikation über Schiller, die nach 1945 Bedeutung erlangte, war die bereits 1937 erschienene Biographie von Reinhard Buchwald »Schiller und Beethoven. Zur Wesensgestalt deutscher Klassik«. Den Schillerschen Idealismus hielt Buchwald für unverzichtbar für den Prozeß des Wiederaufbaus des zerstörten Landes. Die Bühnen hatte Schiller rasch zurückerobert. Mit der Gründung von Bundesrepublik und DDR 1949 konkurrierten nunmehr ein westdeutscher und ein ostdeutsche Schiller. Sowohl Marbach als auch Weimar nahmen für sich in Anspruch, der zentrale Ort des Gedenkens zu sein.

Offenkundig wurde die Konkurrenz in den Gedenkjahren 1955 und 1959. Beide Systeme nahmen das historische Erbe der Klassik für sich in Anspruch, profilierten sich in der Rhetorik des kalten Krieges, verweigerten die kritische Aufarbeitung der Funktionalisierung Schillers während des Nationalsozialismus und verhinderten damit die Selbstreflexion. Dennoch muß hier differenziert werden; das Ausmaß ideologischer Vereinnahmung, das die Feierlichkeiten der DDR kennzeichnete, läßt sich in der Bundesrepublik so nicht erkennen. Den ersten Anlaß einer öffentlichen Ehrung nach

Ende des Krieges bot der 150. Todestag Schillers. Die Adenauer-Regierung hatte eine Einladung zu einem gesamtdeutschen Festakt in Weimar abgelehnt. Der damalige Kulturminister der DDR, Johannes R. Becher, hielt im Mai 1955 im Weimarer Nationaltheater seine Ansprache »Denn er ist unser«. Die Goethe-Sentenz aufgreifend, reklamiert er Schiller für die DDR.

Jeder Form der Vereinnahmung sich widersetzend, hielt Thomas Mann wenige Monate vor seinem Tod aus Anlaß des 150. Todestages seine »Rede über Schiller«, gleichlautend im Westen (am 8. Mai 1955 vor der Deutschen Schillergesellschaft in Stuttgart) wie im Osten (am 14. Mai 1955 im Deutschen Nationaltheater in Weimar). Initiiert hatte diese Ehrung der damalige Bundespräsident Theodor Heuss, der sich in seiner Rede dagegen verwahrte, »den völlig wehrlosen Schiller posthum zum unbefragten Ehrenmitglied einer Partei zu machen«*. Einen für die damalige Zeit weitreichenden Gedanken äußerte der französische Botschafter André Françoit-Poncet in seinem Beitrag »Friedrich Schiller – unser Mitbürger«. Er erinnerte an Schillers französische Ehrenbürgerschaft in der Ersten Republik, mithin an eine übernationale Dimension in dessen Denken. Indem er eine »weltläufigere [...] Denkart« forderte und Schiller als »Weltbürger des Geistes« und Europa als »Idealbild unserer Zukunft«* präsentierte, unterlief er die nationale Befangenheit der beiden deutschen Staaten.

Als denkwürdig kann auch die am 10. November 1955 von Carlo Schmid im Berliner Sportpalast gehaltene Schiller-Rede gelten. Bewußt jeden Hinweis auf Goebbels und die belastete Vorgeschichte dieses Ortes vermeidend, feierte er in spätidealistischem Tenor noch einmal Schiller als eine der großen deutschen Gestalten, in denen die Geschichte des Landes einen Anlaß finde, sich mit sich selbst auseinanderzusetzen.

Die Schiller-Ehrung der beiden deutschen Staaten hatte offiziellen Charakter, die Reden sowohl in Stuttgart als auch in Weimar waren an ein geladenes Publikum gerichtet. Insofern unterschieden sie sich grundlegend von dem Schillerfest 1859, an das Thomas Mann am Ende seiner Ansprache erinnerte, als ein »Sturm der Begeisterung« Deutschland einigend ergriff: »[...] es war ein nationales Fest, und das sei das unsrige auch. Entgegen politischer Unnatur

153. Thomas Mann anläßlich seiner Schiller-Rede 1955 vor dem Nationaltheater Weimar. Begrüßung durch den Minister für Kultur der DDR, Johannes R. Becher, und den stellvertretenden Minister Alexander Abusch.

* Bernhard Zeller (Hrsg.), Schiller. Reden im Gedenkjahr 1955. Stuttgart 1955.

154. Nationale Schiller-
Ehrung der DDR 1959
vor dem Deutschen
Nationaltheater Weimar.
Foto aus dem Stadt-
archiv Weimar.

wahrte er sich dagegen, »Schiller ins Absolute, Endgültige, Vorbildliche aufzublähen
[…], als wären die Klassiker die heiligsten
Güter der Nation, nicht, weil ich die Klassiker für kein Gut halte, sondern weil ich den
Nationen in dieser Sache mißtraue«. In
Schiller sei »die große Nüchternheit spürbar, die wir heute dem Staat gegenüber nötig
haben, dessen Neigung, total zu werden,
immanent geworden ist« (zitiert nach: Norbert Oellers, 1976). Ganz anders Alexander
Abusch, 1959 Minister für Kultur in der
DDR. Er nannte Schiller einen der »Genien
unserer Nationalliteratur« und betonte das
hohe kulturelle Niveau der DDR. Es sei
erstaunlich, »wie allseitig und auf welchem
Niveau sich bei uns eine Renaissance des
humanistischen Erbes vollzieht«.

Der Westen übte sich demgegenüber in
bewußter Politikferne, hier dominierte das
idealistisch-klassizistische Schillerbild. Mit
den »Augen des Geistes« umriß Emil Staiger
im Schillerjahr »Schillers Größe«. Den politischen Schiller verkennend, ging er davon
aus, daß »seine Domäne, das Feld seiner
zuverlässigsten Meisterschaft, die Region des
Erhabenen« sei. Der geheime Sinn der Kunst
erfülle sich im »inneren Geschehen«.

Seit 1951 lag Adornos Buch »Minima
Moralia« vor, seine »Reflexionen aus dem
beschädigten Leben«, in denen zum erstenmal
in der deutschen Diskussion Auschwitz
als Zäsur und unheilbarer Bruch der Zivili-
sationsgeschichte begriffen und reflektiert
wurde. Vor allem der Adorno-Satz, daß

fühle das zweigeteilte Deutschland sich eins
in seinem Namen.«

Das Jubiläumsjahr 1959 stand wie das
von 1955 im Zeichen des sich verschärfen-
den Gegensatzes zwischen Ost und West.
Doch nicht alle Reden zum 200. Geburtstag
Schillers verharrten in nationaler Befangenheit. Als Beispiel sei Friedrich Dürren-
matt genannt. Anläßlich der Verleihung des
Schillerpreises am 9. November 1959 ver-

nach Auschwitz kein Gedicht mehr geschrieben werden dürfe, löste unter Schriftstellern und Intellektuellen nachhaltige Irritation und Blockaden aus. Diese setzten sich fort bis in die Studentenbewegung, deren philosophischer Kopf Adorno war. Gebunden an das Primat alles Politischen, entwickelte sich in der 68er Generation zudem eine manifeste Kultur- und Literaturfeindlichkeit, in der die Reserve gegenüber der Klassik und insbesondere eine deutliche Anti-Schiller-Bewegung ihre Ausprägung fand (vgl. Klaus Briegleb, 1993). Schon Bertolt Brecht hatte 1929 in den »Gesprächen über Klassiker« von deren Tod im Ersten Weltkrieg gesprochen: »Die Wahrheit ist: sie sind im Krieg gestorben. Sie gehören unter unsere Kriegsopfer.« Spätestens seit den dreißiger Jahren galt Brechts kritischer Blick den Idealisierungen der klassischen Texte und ihrer Rezeption, in denen er normative Verbindlichkeit und unantastbare Ewigkeitswerte reflektierte. In einem grotesken, nie revidierten Fehlurteil hatte Adorno in dem Kapitel über Schiller, dem 53. der »Minima Moralia«, eine direkte Linie gezogen vom Humanismus zum Faschismus: »Im innersten Gehäuse des Humanismus, als dessen eigene Seele, tobt gefangen der Wüterich, der als Faschist die Welt zum Gefängnis macht.« Zuvor hatte er den »sprachlichen Habitus Schillers« als »von unten« kommend und »am Stammtisch eingeübt« denunziert; Schiller würde sich mit der Macht identifizieren, »die er nicht hat, und

durch Arroganz sie überbiete[n] bis in den absoluten Geist und das absolute Grauen hinein«. Bei einem »Geistesriesen« wie Schiller sei es vom »Primat der praktischen Vernunft [...] stets nur ein Schritt zum Haß gegen die Theorie. Solche Dynamik wohnt aller idealistischen Gedankenbewegung inne.« Aus der Perspektive der Jetztzeit kann festgehalten werden, daß die Geschichte solche an die Dialektik der Aufklärung gebundenen Exzesse exkulpiert hat.

Einen grundlegend neuen Weg der Auseinandersetzung ging der Regisseur und Berliner Theaterleiter Erwin Piscator. Mit der Neuinszenierung seiner bald dreißig Jahre zurückliegenden »Räuber«-Aufführung 1957 in Mannheim korrigierte er den ursprünglichen politischen Ansatz des revolutionären Theaters. Hatte er seine »Räuber« 1926 als Revolutionsstück gesehen, mit Spiegelberg in der Maske Lenins als Zentralfigur, so arbeitete er jetzt deutlicher »das gedankliche Gerüst Schillerscher Freiheitsantithetik« heraus (Erwin Piscator, 1986), indem er die Monologe akzentuierte. Mit diesem offenen, kritisch reflektierenden, Eingriffe nicht scheuenden Konzept bereiteten Regisseure wie Piscator oder Rudolf Sellner eine Theaterpraxis vor, die seit den sechziger Jahren von dem Piscator-Schüler Hansgünther Heyme, von Peter Zadek, Egon Monk, Hans Hollmann, Wilfried Minks und Peter Stein weiterentwickelt wurde.* Eine extreme Form der Auseinandersetzung stellte der junge »Stückezertrümmerer« Frank Castorf vor.

* Vgl. dazu: Schiller spielen. Stimmen der Theaterkritik 1946 bis 1985. Eine Dokumentation. Hrsg. von Ferdinand Piedmont. Darmstadt 1990.

In seiner Inszenierung der »Räuber« vom 22. September 1990 in der Berliner Volksbühne Ost stand das Thema der individuellen Rebellion und der Rechte des einzelnen im Mittelpunkt. Diese Aufführung wurde ein genauso spektakulärer Erfolg wie die des »Wilhelm Tell nach Schiller« zur 700-Jahr-Feier der Schweiz am 8. Mai 1991 am Theater Basel.

Bis 1989 wurde in den Schulen und im Kulturleben der DDR die Beziehung zwischen der »sich herausbildenden sozialistischen deutschen Nation und dem Schillerschen Erbe« gepflegt. In den Oberschulen war Schiller verbindlicher Unterrichtsgegenstand, er wurde unter dem Aspekt des Kulturerbes gelesen und diskutiert. 1984 wurde aus Anlaß des 225. Geburtstages hinter dem Wohnhaus Schillers in Weimar ein Museumsneubau begonnen und 1988 eingeweiht.

In der Bundesrepublik verzichtete man 1972 im Rahmen der Oberstufenreform der Gymnasien auf einen Lektürekanon. Seither ist Schiller in der gymnasialen Oberstufe kein obligatorischer Schulstoff mehr, seit 1989 ist dieser Verlust an verbindlichem literarischem Grundwissen gesamtdeutsch. Schiller wird als »Erinnerungsort« im Unterricht nicht mehr tradiert.

Das Schiller-Nationalmuseum, während des Krieges geschlossen, nahm nach 1945 seine Ausstellungsaktivitäten wieder auf. 1947 entstand aus dem Zusammenschluß des 1835 gegründeten Marbacher Schiller-Vereins mit dem 1895 gegründeten Schwäbischen Schiller-Verein die Deutsche Schillergesellschaft mit Sitz in Marbach. Sie ist Trägerin des Schiller-Nationalmuseums. Das seit 1957 erscheinende Jahrbuch der Gesellschaft erfaßt systematisch alle Veröffentlichungen zu Schiller; die jeweils aktuelle Schiller-Bibliographie erscheint seit 2000 nicht mehr im Fünfjahresrhythmus, sondern jährlich.

1969 wurde der Erweiterungsbau des Schiller-Nationalmuseums zu einem Deutschen Literaturarchiv begonnen und 1973 eröffnet. Als Archiv der zeitgenössischen deutschsprachigen Literatur umfaßt es den gesamten deutschsprachigen Raum; Sammlungen und Nachlässe werden von der Forschung genutzt und stehen für die öffentliche Präsentation in Ausstellungen und Publikationen zur Verfügung.

Wenn im Jahre 2005 aus Anlaß des 200. Todestages nach der Bedeutung Schillers für das 21. Jahrhundert gefragt wird, so ist eines festzuhalten. Auch im Zeitalter der Globalisierung wird Schiller nicht nur als Klassiker Geltung beanspruchen können. Die Figuren eines Franz und Karl Moor, eines Ferdinand, eines Karlos und Marquis Posa, der Jungfrau von Orleans, einer Maria Stuart und eines Wallenstein sind von aktueller Bedeutung. Ihre Niederlagen und ihre Siege vermitteln eine aufklärerische Botschaft. Das in den »Briefen zur ästhetischen Erziehung« entworfene Konzept einer ganzheitlichen Humanität, Schillers Glaube an

die Entwicklungsfähigkeit des Menschen, hat eine den Kriterien der Aufklärung verpflichtete Aussagekraft. In seinem Werk finden wir nicht nur die Postulate humaner Menschlichkeit, es gibt auch Auskunft über die Psychologie politischer Konflikte und die sozialpsychologischen Dimensionen historisch-politischer Kämpfe. Schiller wird auch für das 21. Jahrhundert der moderne Klassiker bleiben.

155. Schiller-Nationalmuseum in Marbach am Neckar.

156. Schillers Schreibtisch
in seinem Wohnhaus in
Weimar.

Nachwort

Das Interesse an Schiller

Von Walter Müller-Seidel

D ie Wirkungen, die seit Schillers Tod von ihm und seinem Werk ausstrahlen, sind vielfältiger Art; in ihr haben die Feiern und Veranstaltungen zu seinem Gedenken ihre eigene Geschichte. Sie gehören zur Erinnerungskultur einer Nation oder vieler Nationen und sind geeignet, Vergangenes lebendig zu vergegenwärtigen. Sie sind wünschenswert, sofern sie der Sache der Literatur dienen. Aber immer erneut kann es geschehen, daß sie ihrem Zweck entfremdet werden, wenn wir es, wie zumeist, mit staatlicher Regie zu tun haben; besonders in Zeiten einer Diktatur ist dies der Fall. Wir verwenden für solche Zweckentfremdungen Begriffe wie »Vereinnahmung« oder »Instrumentalisierung«, und sie sind seit dem 19. Jahrhundert in hohem Maße Zeichen nationalstaatlichen Denkens. Sie waren schon 1859 zur Feier der 100. Wiederkehr seines Geburtstages unübersehbar. Nietzsches Lehrer in Schulpforta, August Koberstein, dachte ganz in diesem Sinn. Der junge Nietzsche hat über die Feiern an seiner Schule anschaulich berichtet: »Der hundertjährige Geburtstag Schillers hatte bei allen Verehrern des großen Deutschen den Wunsch einer allgemeinen Gedächtnisfeier angeregt. Und nicht nur die Gebildeten, nein, auch die untern Stände des Volkes nahmen lebhaft an diesem Nationalfeste Anteil. Über die Grenzen Deutschlands hinaus war das Gerücht hiervon gedrungen; fremde Länder, ja ferne Erdteile trafen großartige Vorbereitungen zu diesem Tage, so daß man wohl behaupten kann, daß noch kein Schriftsteller ein allgemeineres Interesse hervorgerufen hat, als Schiller.« Einzelheiten der Feier werden in diesem Bericht geschildert; von einer Rede Kobersteins wird abschließend gesprochen, und was dieser gesagt hat, wird im Wortlaut mitgeteilt: »dieses Nationalfest sei ein bedeutsames Vorzeichen für das wiedererwachte deutsche Nationalgefühl, und man könne an diese Feier schöne Hoffnungen für die Zukunft knüpfen«. In Namen wie Schiller-Nationalmuseum oder Schiller-Nationalausgabe sind solche Zeichen nationalstaatlichen Denkens bis zum heutigen Tage gegenwärtig. Aber daß die Verbreitung der Werke Schillers im Zeichen nationalstaatlichen Denkens nicht in seinem Sinne war, sollte man wissen. Im Brief an Körner vom 13. Oktober 1789 spricht er es aus: »Es ist ein armseliges kleinliches Ideal für eine Nation zu schreiben; einem philosophischen Geist ist diese Grenze durchaus unerträglich.« Daß heute Schillers »Lied an die

Freude« in der Vertonung Beethovens im europäischen Stimmenchor erklingt, ist das kaum zu fassende Wunder für jeden, dem die zahlreichen Vereinnahmungen noch lebhaft gegenwärtig sind.

Mit dem Wegfall des schützenden Daches der Nationalstaatlichkeit ist es schwieriger geworden, Schillers Werk in adäquater Weise zu vermitteln. Schwierigkeiten dieser Art sind zu bedenken, wenn ein neuer Zugang zu Schillers literarischem Werk und zu seinem Leben zu eröffnen gesucht wird, und daß wir es im vorliegenden Fall mit einer Biographie zu tun haben, ist nicht geeignet, die Schwierigkeiten zu beheben; denn auch Biographien verstehen sich seit geraumer Zeit nicht mehr von selbst. In der nicht mehr ganz neuen Sozialgeschichte sieht sie einer ihrer Wortführer (Hans-Ulrich Wehler) fast als erledigt an, als »letzte Auffangstelle des Historismus«, und in der Literaturwissenschaft ist der pejorative Begriff des Biographismus noch in guter Erinnerung. Aber mit solchen Urteilen ist aus heutiger Sicht das letzte Wort keineswegs gesprochen. In der neueren Geschichtswissenschaft sieht man das biographische Ich im Schnittpunkt vielfältiger Bezüge sozialgeschichtlicher oder wissenschaftsgeschichtlicher Art. Das vertiefte Interesse am inneren Menschen, diesseits wie jenseits der Psychoanalyse, kommt hinzu. Im übrigen sind Biographien, die Autobiographie eingeschlossen, weiterhin überaus populär. Macht man von dieser Popularität in durchdachter Weise Gebrauch, so kann es einem Vorhaben wie diesem nur förderlich sein. Zudem sind Bildbiographien als eine Art Untergattung der Biographie besonders beliebt. Die besten unter ihnen zeigen, daß nicht nur Äußeres abzubilden, sondern auch Inneres zur Sprache zu bringen ist. In dem vorzüglich ausgestatteten Buch »Goethes Leben in Bilddokumenten« beispielsweise, den Jörn Göres 1981 veröffentlicht hat, geht es um die durch Bilder belebte Phantasie, hier um diejenige des Lesers, wenn im Vorwort gesagt wird: »Indem wir lesen, bildet unsere Phantasie Vorstellungen dessen, wovon wir erfahren. Aber stimmen unsere so entstehenden Vorstellungen mit dem überein, was der Autor des Gelesenen vor Augen hatte? Unsere Phantasie bringt nichts hervor als das, was ihr schon einmal begegnet ist.«

Aber wir haben es mit Schiller zu tun, und hier, im Schrifttum über ihn, sieht man sich Schwierigkeiten anderer Art gegenüber: solchen einer unablässigen Produktion, die wächst und wächst; von Ermüdungserscheinungen kann nicht die Rede sein, und wer sich anschickt, das weite Feld dieses Schrifttums zu betreten, kann den Eindruck gewinnen, als habe man es mit dem schon hundertmal Gesagten zu tun, als sei Neues nicht mehr zu entdecken. Befürchtungen dieser Art werden eindrucksvoll widerlegt in dem 1996 veröffentlichten Buch von Hans-Jürgen Schings mit dem Titel »Die Brüder des Marquis Posa. Schiller und der Geheimbund der Illuminaten«. Hier werden Zusammenhänge zwischen Geheimbünden und Literatur aufgedeckt, die man bisher so nicht gesehen hat. Ein ausgiebig erläutertes Drama wie

»Don Karlos« erscheint unversehens in einem ganz neuen Licht. Doch täusche man sich nicht! Das genannte Buch ist in mehr als einer Hinsicht ein Glücksfall der neueren Forschung, und daß sich Entdeckungen wie diese Jahr für Jahr wiederholen, ist nicht anzunehmen. Dennoch ist das Interesse an der Vergangenheit einer Epoche oder eines Schriftstellers in ihr nur zu beleben, wenn es gelingt, etwas Neues einzubringen: neue Entdeckungen in der Forschung oder neuartige Sehweisen, die darin bestehen, daß etwas schon Bekanntes in ein neues Licht gerückt und in die Sprache der Gegenwart übersetzt wird, im Sinne eines bekannten Wortes von Novalis: »Alle Wahrheit ist uralt. Der Reiz des Neuen liegt in den Variationen des Ausdrucks.« Auf einen solchen Reiz des Neuen hat jeder bedacht zu sein, der im weiten Feld des Schrifttums über Schiller gehört werden will, und wenn damit Aktualisierungen verbunden sind, so darf das geschichtliche Denken nicht das Nachsehen haben. Aufgabe des Historikers ist es in jedem Fall, Vergangenes mit Gegenwart zu verknüpfen. Eine solche Verknüpfung liegt vor, wenn in einer vergangenen Kultur oder in einem Werk der Vergangenheit Vorausweisendes entdeckt wird, das in eine Geschichte des Fortschritts einmündet. Schiller als Wegbereiter späterer Entwicklungen – darüber wird noch zu sprechen sein. Aber auch dem, was historisch geworden ist und nicht mehr unmittelbar in unsere Gegenwart hineinwirkt, ist der Reiz des Neuen abzugewinnen – dadurch, daß wir es als etwas uns noch immer Angehendes verstehen und vermitteln.

Etwas derart historisch Gewordenes ist in Schillers Biographie die Freundschaftskultur in den Formen, in denen sie uns von der Aufklärung bis zur Romantik entgegentritt. Natürlich ist Freundschaft ein »Urphänomen«, das es seit alters her gibt und auch in unserer modernen Welt fortbesteht. Es gibt sie in der Kultur der Antike, der griechischen wie der römischen. Renaissance wie Humanismus erneuern solche Formen humanen Denkens, aber erst im 18. Jahrhundert und bis in die Anfänge des 19. hinein gelangt sie zu einer so nicht wieder erreichten Höhe im »Prozeß der Zivilisation«. Klopstock und Hölderlin feiern sie in Gedichten, und erst recht huldigt ihr Schiller auf seine Art, sicher am eindringlichsten im Freundschaftsdrama des »Don Karlos«, wie es genannt worden ist. Freundschaft ist der menschlichste Teil in dem in die Weltgeschichte ausgreifenden Projekt, das Posa verfolgt. Er will, daß sich Freundschaft und staatliche Zwecke in einer versöhnten Welt vertragen, die es herzustellen gilt. Davon handelt die Szene, in der er der Königin mitteilt, was sie dem Freund ans Herz legen soll:

Er mache –
O, sagen Sie es ihm! – das Traumbild wahr,
Das kühne Traumbild eines neuen Staates,
Der Freundschaft göttliche Geburt.

Daß Posa mit seinem Vorhaben scheitert und sich für den Freund opfert, erhöht den Wert nicht nur dieser Freundschaft, sondern der Freundschaft überhaupt. Dieser Wert ist in der Ballade »Die Bürgschaft« nicht weniger offenkundig, in der durch Freundschaft Töten in zweifacher Weise verhindert wird: Sowohl die Freunde wie der Tyrann bleiben am Leben, und der letztere kann der Tyrann nicht gewesen sein, für den man ihn gehalten hat, wenn er sich derart von dem Wert der Freundschaft überzeugen läßt, wie es hier geschieht. Wie sehr am Ende dieses Jahrhunderts Literatur und Leben ineinander übergehen, zeigt das Zustandekommen der Freundschaft mit Körner im Frühsommer 1785. Das stilvoll abgefaßte Einladungsschreiben der Leipziger Freunde, zugleich ein Huldigungsschreiben im Stil der Zeit, ist ein denkwürdiges Dokument, des Lebens wie der Literatur. Nicht zufällig wird in diesem Brief ein Begriff gebraucht, der wie derjenige der Sympathie für die Freundschaftskultur der Epoche kennzeichnend ist: derjenige des Enthusiasmus. Von Tränen der Freude und der Begeisterung ist im Leipziger Huldigungsbrief die Rede; und ganz im Stil der Freundschaftskultur der Zeit schreibt Schiller in seinem ersten Brief an Körner: »Innige Freundschaft, Zusammenschmelzung aller Gefühle, gegenseitige Verehrung und Liebe, Verwechslung und gänzlicher Umtausch des persönlichen Intereße sollen unser Beieinanderseyn zu einem Eingriff in Elisium machen.« Daß sich Begeisterung für Freundschaft auf beiden Seiten mit Begeisterung für den Dichterberuf verbindet, gilt es zu sehen.

Unter den Freundschaften, die in einem Kapitel dieses Buches gewürdigt werden, in dem Porträt »Für das Gespräch geboren – die großen Freundschaften«, ist der Briefwechsel zwischen Schiller und Körner sicher der innigste und herzlichste. Die Korrespondenz, die in dem epochalen Sommer des Jahres 1794 beginnt, diejenige mit Goethe, ist nicht an der Innigkeit und Herzlichkeit zu messen, die für den Briefwechsel mit Körner kennzeichnend ist. Sie hat ihre eigenen Maße und ihr eigenes Recht. Man wird ihr nur gerecht, wenn man diese und andere Eigenheiten in Rechnung stellt, zu denen der Ton vornehmer Distanziertheit von Anfang an gehört. Abermals hat man Grund, von gelebter Literatur zu sprechen; denn die Briefe Schillers wie diejenigen des Zeitalters sind ebenso Lebenszeugnisse, wie sie Formen des persönlichen Sichmitteilens sind. Aber darüber hinaus sind sie auch literarische Texte und als diese gewollt. Die Übergänge von den Briefen als Lebenszeugnissen zu den Briefen über die ästhetische Erziehung des Menschen als einem Werk der ästhetischen Theorie bis hin zu den Briefromanen – Goethes »Leiden des jungen Werther« oder Hölderlins »Hyperion« – sind fließend; und auch der Briefroman als literarische Gattung gehört wie die Freundschaft in diesen Formen zu einem Kulturgut, das im eigentlichen Sinn des Wortes historisch geworden ist. Was uns Heutige von dieser Kultur trennt, ist offenkundig. Nicht auszudenken, wie unsere Literaturgeschichte aussähe, wenn den Schreibenden um 1800 alle die technischen

Kommunikationsmittel vom Telephon bis zum Faxgerät zur Verfügung gestanden hätten … Daß dies nicht der Fall ist – und damit werden die modernen Kommunikationsmittel nicht in Acht und Bann getan –, welch ein Segen!

Hinsichtlich der Briefpartner Schillers ist noch ein Wort über Wilhelm von Humboldt zu sagen, der ja gleichermaßen ein beständiger Briefpartner Goethes gewesen ist. Der letzte Brief Goethes, der uns überliefert ist, derjenige vom 17. März 1832, ist ein Brief an diesen Freund. Und welch ein Brief! »Der Tag aber ist wirklich so absurd und konfus, daß ich mich überzeuge, meine redlichen, lange verfolgten Bemühungen um dieses seltsame Gebäude würden schlecht belohnt und an den Strand getrieben, wie ein Wrack in Trümmern daliegen und von dem Dünenschutt der Stunden zunächst überschüttet werden. Verwirrende Lehre zu verwirrtem Handel waltet über die Welt, und ich habe nichts angelegentlicher zu tun als dasjenige was an mir ist wo möglich zu steigern und meine Eigentümlichkeiten zu kohobieren, wie Sie es, würdiger Freund, auf Ihrer Burg ja auch bewerkstelligen.« Daß sich die zitierten Sätze auf die Arbeit an Faust, zweiten Teil, beziehen, geht unmißverständlich aus dem Brief im ganzen hervor. Auch im Briefwechsel zwischen Schiller und Humboldt gibt es eine solche Beständigkeit bis in die letzte Lebenszeit hinein. Vom 2. April 1805 ist der letzte Brief datiert, der an Humboldt geschrieben wurde, und es ist ein sehr bewegender Brief, mit dem wir es zu tun haben: »Ist es gleich eine unendlich lange Zeit, daß ich Ihnen nicht eine Zeile gesagt, so kommt es mir doch vor, als ob unsre Geister immer zusammen hiengen, und es macht mir Freude zu denken, daß ich mich auch nach dem längsten Stillstande, mit gleichem Vertrauen wie da wir noch zusammen lebten, an Ihr Herz legen kann. Für unser Einverständniß sind keine Jahre und keine Räume.« Die gegenseitige Anhänglichkeit bestätigt Goethe seinerseits.

Die Bedeutung, die dem großen Mittler für beide Wortführer der Weimarer Klassik zukommt, könnte es nahelegen, den Freundschaftsbund zu zweit, denjenigen zwischen Goethe und Schiller, zu einem Dreierbund unter Einschluß Humboldts zu erweitern. Goethe bringt solche Verbundenheit zu dritt im Brief vom 19. Oktober 1830 zum Ausdruck, der den Dank für die übersandte Abhandlung »Ueber Schiller und den Gang seiner Geistesentwicklung« enthält. Er schreibt: »Wie trostreich, in solchen Augenblicken, mir Ihre unschätzbaren Blätter zu Händen kommen mußten, werden Sie selbst empfinden und sich geneigtest aussprechen. Durch den entschiedenen Gegensatz ward ich so in jene Zeiten zurückgeführt, wo wir uns zu einer ernsten gemeinsamen Bildung verpflichtet fühlten, wo wir, mit unserm großen edlen Freund verbunden, dem faßlich Wahren nachstrebten, das Schönste und Herrlichste, was die Welt uns darbot, zu Auferbauung unsres willigen sehnsüchtigen Innern, zu Ausfüllung einer stoff- und gehaltbedürftigen Brust auf das freundlichste und fleißigste zu gewinnen suchten.« Welche Sprache, mit der hier eine Verbundenheit unter Freunden zum

Ausdruck gebracht wird! Ein weiterer Grund, der uns berechtigt, einem Freundschaftsbund zu dritt das Wort zu reden, kommt hinzu. Zu sprechen ist noch einmal über das
Zustandekommen des Freundschaftsbundes zwischen Goethe und Schiller, wie gern gesagt
wird. Offensichtlich hat Humboldt daran weit mehr Anteil, als im allgemeinen bekannt ist.
Dieser Bund war nach dem ersten Zusammentreffen in der Jenaer Naturforschenden Gesellschaft im Juni 1794 noch keineswegs besiegelt, als man sich zwei Tage später im Hause
Humboldts zu einem gemeinsamen Essen einfand. Im Tagebuch Humboldts wird vermerkt:
»Abends aßen Schillers und Goethe bei uns.« Es war also ein Abend mit Damen, mit den Ehe-
frauen Schillers und Humboldts, und bekannt ist auch, daß es der Ehefrau Schillers nicht an
der Fähigkeit gefehlt hat, zu vermitteln und zu verbinden. Goethe hat es in seinem Bericht
über die ersten Begegnungen hervorgehoben und bemerkt: »Seine Gattin, die ich, von ihrer
Kindheit auf, zu lieben und zu schätzen gewohnt war, trug das ihrige bei zu dauerndem Verständnis, alle beiderseitigen Freunde waren froh, und so besiegelten wir, durch den größten,
vielleicht nie ganz zu schlichtenden Wettkampf zwischen Objekt und Subjekt, einen Bund,
der ununterbrochen gedauert, und für uns und andere manches Gute gewirkt hat.«

Die Notiz im Tagebuch Humboldts und der Bericht Goethes werfen ein Licht auf den
Anteil der gebildeten Frau an dieser Brief- und Gesprächskultur, und es ist neben Humboldt
vor allem Schiller, der sein Interesse an einer solchen für die damalige Zeit neuartigen
Frauenbildung wiederholt bekundet hat. In einem Brief an die spätere Schwägerin Caroline
von Beulwitz berichtet er von dem Besuch eines Mathematikers, der ihn für ein Lyceum zu
gewinnen versucht habe. Man rechnete damit, daß es vornehmlich von Damen besucht
würde. Schiller kommt der Besucher offensichtlich nicht seriös genug vor. Gleichwohl heißt
es in diesem Brief: »aber ich wünschte mir nichts mehr als eine Beschäftigung dieser Art«.
Um Mathematik in Verbindung mit Frauenbildung geht es in einem anderen Brief, abermals
an Caroline von Beulwitz. Sie will Mathematikstunden nehmen, und Schiller begleitet ihr
Vorhaben mit Zuspruch; er schreibt: »Sie sind ja gar erstaunlich, daß Sie die Mathematik
nun vornehmen wollen! Ich bin voll Erwartung, wie Sie Ihnen beym ersten Besuche gefallen
hat, und ob Sie die Bekanntschaft fortsetzen wollen.« Doch handelt es sich, was die Frauenbildung angeht, nur um eine Seite im weitgespannten Erziehungsprogramm, und Erziehung
gehört wie Freundschaft, Gespräch oder Bildung zu den Schlüsselbegriffen des Zeitalters.
Aber auch Erziehung ist im Verständnis der Zeit nicht ohne weiteres auf unsere heutige
Welt übertragbar. Auch sie ist in der Bedeutung, die sie für das 18. Jahrhundert besaß, historisch gewordene Kultur. Aber der Glanz, der von ihr ausstrahlt, ist bis zum heutigen Tag nicht
verblaßt. Zwei fast entgegengesetzte Aspekte sind für Schillers Erziehungsprogramm
bezeichnend.

Zum ersten sein Interesse an Popularität, an Resonanz auch unter einfachen Menschen. Mit der Philosophie seiner Zeit aufs beste vertraut, argumentiert er in Fragen der ästhetischen Theorie auf intellektuell hohem Niveau – und ist doch zugleich an Popularität des eigenen Wirkens interessiert, an der Reichweite seines öffentlichen Schreibens; er ist in diesem Punkt ja auch nicht erfolglos geblieben. Die Popularität vieler seiner Balladen oder des Gedichts »Das Lied von der Glocke« bestätigt es. Noch im frühen 20. Jahrhundert kannte man an Volksschulen Gedichte Schillers auswendig. Es ist daher kein Zufall, daß er in der Ankündigung seiner Zeitschrift »Rheinische Thalia« den Begriff »Volksbildung« gebraucht. In der Erläuterung des Programms seiner Zeitschrift lesen wir das Wort, das Beachtung verdient: »Die Rheinische Thalia wird jedem Gegenstand offen stehen, der den Menschen interessieret und unmittelbar mit seiner Glückseligkeit zusammenhängt. Also alles, was fähig ist, den sittlichen Sinn zu verfeinern, was im Gebiete des Schönen liegt, alles, was Herz und Geschmack veredeln, Leidenschaften reinigen und allgemeine Volksbildung wirken kann, ist in ihrem Plane begriffen.« Aber das Interesse an Volksbildung schließt nicht aus, daß der Blick in allen Fragen der Bildung und Erziehung nach oben gerichtet bleibt. In jeder Form der Bildung geht es um Bildungsstufen. In der Rezension der Gedichte Bürgers ist davon die Rede. Ungeachtet aller berechtigten Volkstümlichkeit müsse es dem Dichter darum gehen, sich nicht mit dem Volk gleich zu machen oder zu ihm herniederzusteigen, sondern »es scherzend und spielend zu sich hinaufzuziehen«.

Mit einem Verständnis von Bildung, die nicht »herniedersteigt, sondern hinaufzieht«, geht es um die andere Seite im Programm seiner ästhetischen Erziehung: um ein auf weite Zeiträume gerichtetes Denken, das die Menschheit in allen Weltteilen umfaßt. Schillers kühnes Reformwerk der Erziehung sieht eine Arbeit für mehr als ein Jahrhundert vor, wie in dem wichtigen Brief an den Herzog von Augustenburg vom 13. Juli 1793 gesagt wird, dem herausragenden Text in der Vorgeschichte des Hauptwerks mit dem Titel »Ueber die ästhetische Erziehung des Menschen in einer Reihe von Briefen«. Alle Linien seines pädagogischen Denkens wie der Umsetzung dieses Denkens ins dichterische Werk laufen hier zusammen, die Auseinandersetzung mit den Ereignissen der Französischen Revolution eingeschlossen. Diese vor allem! Denn der entscheidende Anstoß, eine ästhetische Theorie in der Form von Briefen auszuarbeiten, geht von den Ereignissen in Frankreich aus. Die wohl nachhaltigste Erschütterung seines Denkens in diesen Jahren wird durch die Hinrichtung des französischen Königs bewirkt. Was den Dichter als einen Anwalt der Menschenrechte völlig aus der Fassung bringt, ist nicht die außer Kraft gesetzte monarchische Staatsform, sondern der Umstand weit mehr und vor allem, daß hier über ein Menschenleben entgegen allen vorausgegangenen Menschenrechtserklärungen verfügt wird. Humanität wird von Schiller nicht abstrakt verstanden. Sie entzündet sich an einem Akt des Tötens, und es ist ebenso der Dichter wie der Arzt, der darauf mit Empörung und Entsetzen reagiert. Der Grund für solche Verfehlungen menschenrechtlichen Denkens wird in einer unausgereiften Denkart, in der Unreife und Unmündigkeit nicht nur der niederen Stände ausgemacht, sondern der Gesellschaft im ganzen, einschließlich der politisch Handelnden. Solchen Verfehlungen, so sieht es Schiller, ist nur durch ein großgedachtes Reformwerk der Erziehung abzuhelfen. Diesem Reformwerk liegt eine Diagnose des Zeitalters zugrunde, die davor bewahren sollte, den Verfasser dieser Briefe mit dem Fortschrittsoptimismus der Aufklärung voreilig in Verbindung zu bringen. Hier geht es um unerbittliche Zeitkritik, die ebenso der Politik, der Gesellschaft und der Wissenschaft gilt, wie sie auf die seelische Befindlichkeit des einzelnen gerichtet bleibt. Diese Diagnosen und Analysen sind im Blick auf die »Sanftmut« des Zeitalters unerhört. Mit Illusionen idealistischen Gepräges wird aufgeräumt, auch mit der Rede vom ganzen Menschen, als gäbe es ihn schon. Im Hinblick auf die Arbeitsteilung der modernen Gesellschaft geht es vorrangig nicht um den ganzen, sondern um den gespaltenen Menschen, den sich der sechste Brief vornimmt: »Ewig nur an ein einzelnes kleines Bruchstück des Ganzen gefesselt, bildet sich der Mensch selbst nur als Bruchstück aus, ewig nur das eintönige Geräusch des Rades, das er umtreibt, im Ohre, entwickelt er nie die Harmonie seines Wesens, und anstatt die Menschheit in seiner Natur auszuprägen, wird er bloß zu einem Abdruck seines Geschäfts, seiner Wissenschaft.« Die Einheit des Menschen wird in diesen Analysen zur Chimäre – ein düsteres Bild im ganzen, wenn es an anderer Stelle desselben Briefs heißt: »Bey uns, möchte man fast versucht werden zu behaupten, äußern sich die Gemüthskräfte auch in der Erfahrung so getrennt, wie der Psychologe sie in der Vorstellung scheidet, und wir sehen nicht bloß einzelne Subjekte, sondern ganze Klassen von Menschen nur einen Theil ihrer Anlagen entfalten, während daß die übrigen, wie bei verkrüppelten Gewächsen, kaum mit matter Spur angedeutet sind.« Man denkt an Auffassungen in heutiger Psychologie oder Psychiatrie, an Bücher wie »Der Bruchstück-Mensch« von Gerald von Minden oder an »Multimind« von Robert Ornstein. Das Neuartige dieser ästhetischen Theorie hat Max Kommerell in einem seiner hellsichtigen Essays über Schiller erkannt. Alle, die seit Plato über Kunst nachgedacht hätten, schreibt er, seien zu der Auffassung gelangt, daß der Mensch auch durch Kunst erzogen werden könne; und wörtlich: »Schillers überraschende Auskunft ist, *nur* durch Kunst kann der Mensch erzogen werden.« Das sieht Nietzsche als Verfasser der Schrift »Die Geburt der Tragödie aus dem Geiste der Musik« nicht grundsätzlich anders, und wie Schiller ist er der Auffassung, daß die Therapie, die Wiederherstellung der Einheit, nicht der Wissenschaft zuzutrauen ist, sondern nur der Kunst.

Vor allem mit dieser Kunsttheorie hat Schiller in die Moderne hineingewirkt. Jürgen Habermas hat den Briefen über die ästhetische Erziehung des Menschen in seinem Buch »Der philosophische Diskurs der Moderne« ein eigenes Kapitel vorbehalten, und er legt Wert auf die Ästhetik der Verständigungsverhältnisse, die er wahrnimmt. Nachhaltiger sind die Wirkungen dieses Briefwerks in der Literatur der frühen Moderne. Stefan George hat Schiller hinsichtlich dieses Teils seines Werkes für sich in Anspruch genommen. Er hatte sich mit der Anthologie »Das Jahrhundert Goethes« den Vorwurf der Mißachtung Schillers zugezogen; diesen Vorwurf weist er im Vorwort zur zweiten Ausgabe in wohlgesetzten Worten zurück: »Die vorrede verlangt insofern einige berichtigende worte als man aus ihr eine missachtung Schillers herauslas. Wir wiederholen dass · wie sehr Schillers gestalt immer hervorragen wird · die schätzung gerade seiner berühmtesten dichtungen immer mehr abnimmt.« Es folgt der Passus, den man häufig zitiert findet: »Aber als schönheitslehrer und erzieher · als Verfasser der Ästhetischen Erziehung · der seinem volk auch heute noch fremd ist und vermutlich noch lange bleibt · wird Schiller noch einmal eine glänzende auferstehung feiern. In diesen schriften hat die grössere gedankenwissenschaftliche bildung der Deutschen den flug seines geistes die höhe erreichen lassen. Sie enthalten so endgültige dinge über form und Inhalt · kunst und volk wie sie dem strenggläubigsten schönheitseiferer genügen würden und wie sie dem heutigen durchschnittlichen Schillerverehrer unannehmbar sind. Nach dieser erklärung kann wohl nicht gezweifelt werden an unserer bewunderung für diese glühende deutsche seele.« Das sind Lobsprüche aus dem Geist der literarischen Moderne. Aber sie sind einseitig und werden dem vielseitigen Denken Schillers nicht gerecht. Das betrifft vorrangig den politischen Dichter, als den man ihn auch heute vielfach noch nicht wahrnimmt.

Gegenüber allen denjenigen, die den politischen Dichter nicht gelten lassen wollen, kann es nicht deutlich genug gesagt werden: Schillers theoretisches Werk mit dem Titel »Ueber die ästhetische Erziehung des Menschen in einer Reihe von Briefen« ist alles andere als Flucht in eine idyllische Welt, in der nichts sonst gilt als die Andacht zum Schönen. Wir haben es mit einem politisch motivierten Reformwerk zu tun, das die aus Schillers Sicht mißlungene Revolution in Frankreich kritisch durchdenkt. Sowohl als Verfasser dieser Briefe wie als Dramendichter bleibt Schiller ein politischer Dichter, der sich auch nach dem großen Intervall für Verschwörungen, Rebellionen und Widerstandsrecht gegen die Staatsgewalt interessiert. Er bleibt der politische Dichter auch und gerade als Gestalter des handelnden Menschen. Als diesen hat ihn Max Kommerell in einer Zeit vorgestellt, in der man Schiller zu Staatszwecken dienstbar zu machen suchte und dies auch auf fatale Weise getan hat; der Handelnde, mit dem wir es in den Dramen immer erneut zu tun haben, ist derjenige, der politisch handelt, als Staatsmann oder als Gegner der herrschenden Staatsgewalt. Es ist derjenige zugleich, der im

Handeln tragisch scheitert. In einem der genannten Aufsätze wird das, was in Schillers Dramen wieder und wieder geschieht, von Kommerell prägnant formuliert: »Denn keine Tat verwirklicht die Idee, ohne sie zugleich zu verleugnen. Mensch sein ist nicht nur Handelnkönnen, sondern Handelnmüssen, Handelnmüssen im Stoff der Welt mit sinnlichen Mitteln, und also handelnde Untreue an der Idee. Menschsein ist die Tragödie der Mittel. Was aber ist Politik anders?« Bestätigt wird diese Auffassung von Schiller als politischem Dichter durch seine Beziehung zu einer Persönlichkeit, die auch in der jüngeren Forschung noch vielfach unbekannt ist. Es ist dies der Arzt und Schriftsteller Johann Benjamin Erhard, Verfasser der 1795 veröffentlichten Schrift »Über das Recht des Volks zu einer Revolution«. Er war ein entschiedener und überzeugter Anhänger der Kantschen Philosophie und ein Verehrer des Königsberger Philosophen außerdem. Er wurde von Kant außerordentlich geschätzt, aber von Schiller nicht weniger, wie vor allem dem Brief an Körner vom 10. April 1791 zu entnehmen ist; hier heißt es: »Ich habe in den letzten Zeiten meines Jenaer Auffenthalts einige Bekanntschaften gemacht, die mir seitdem viel Vergnügen verschafft haben. Darunter gehört ein gewißer Erhard aus Nürnberg, Doctor medicinae der hieher gekommen ist, um Reinhold und mich kennen zu lernen und sich über Kantische Philosophie weiter zu belehren. Er ist der reichste, vielumfaßendste Kopf, den ich noch je habe kennen lernen […].« In Dieter Henrichs unlängst erschienenem opus magnum, dem zweibändigen Werk »Grundlegung aus dem Ich. Untersuchungen zur Vorgeschichte des Idealismus. Tübingen – Jena 1790–1794«, wird sein Name gleich eingangs als derjenige eines Denkers genannt, der an der Entwicklung dieses Idealismus nachhaltig beteiligt war; im Hauptteil des Werkes werden ihm gut 200 Seiten gewidmet. Mit diesem Arztschriftsteller, der abweichend von Kant die Revolution ebenso bejahte wie das Widerstandsrecht, hatte Schiller regen Umgang, als er sein Reformwerk ausarbeitete, die Briefe »Ueber die ästhetische Erziehung des Menschen«. Das gilt es zur Kenntnis zu nehmen, gleichviel ob man Schiller als politischen Dichter gelten lassen will oder nicht.

Noch in anderer Hinsicht ist Stefan Georges isolierter Herausstellung des Schönheitslehrers nicht zu folgen. In seinem Verständnis Schillers wird der Schönheitslehrer vom Theaterdichter strikt getrennt; der erstere wird über alles gelobt, der letztere als unerheblich abgetan. Diese Trennung ist aus wissenschaftlicher Sicht unhaltbar. Schillers Schönheitslehre ist nicht Selbstzweck, sondern steht im Dienst seines Dramas und des Theaters, die wie andere Dichtungsarten seines Werkes allesamt auf Menschenbildung, auf Bildung zu Menschheit und Menschlichkeit, bezogen bleiben. Theaterdichter ist Schiller von Anfang an, vorübergehend auch im Hauptberuf; denn es ist der erste Beruf, den er nach seiner Tätigkeit als Regimentsmedicus ausübt, und es ist auch sein eigentlicher Beruf geblieben. Das Theater entsprach am nachhaltigsten seinem Verlangen, so viele Menschen wie nur möglich mit seiner Botschaft zu erreichen. Schiller sieht es als seine Bestimmung an, für »eine größere Welt« zu schreiben. Keine Institution im aufgeklärten Absolutismus bot hierfür eine bessere Möglichkeit als eben das Theater, und Theater um diese Zeit, das ist Nationaltheater und theatralische Sendung, Theaterroman und Theatromanie, Aufstieg aus den Niederungen der Schausteller bis hinauf in die Höhen des höfischen Theaters unter Leitung angesehener Intendanten aus dem Adel. Das Theater bot am Ende des 18. Jahrhunderts ähnlich gute Möglichkeiten des Aufstiegs wie um die Mitte des 19. Jahrhunderts die Medizin. Hier wie dort haben die Begabtesten dieser Generationen die Situation erfaßt und sich Gebieten verschrieben, in denen zusehends Rang und Ansehen zu gewinnen waren. Schiller war einer von ihnen. Die erwähnte Aussage, daß er für eine größere Welt schreibe, steht im Zusammenhang einer Reise nach Berlin im Jahre 1804, über die er in verschiedenen Briefen berichtet. Auf diese Reise mit vermutlich geheimen Verhandlungen in der preußischen Hauptstadt ist unlängst in einer Berliner Ausstellung aufmerksam gemacht worden; auch eines der letzten Hefte des Marbacher Magazins gilt diesem Besuch. Zudem ist auf eine andere Verbindung Schillers mit Berlin aufmerksam zu machen, die sich freilich erst nach seinem Tod hat entwickeln können. Die Wirkungen, die seit 1810 von der Berliner Universität ausgegangen sind, sind weltweit bekannt; die Zusammenhänge zwischen Jena und Weimar einerseits und Berlin zum anderen sind es weniger. Das betrifft in erster Linie die Jenaer Antrittsvorlesung und die folgenreich gewordene Unterscheidung zwischen dem Brotgelehrten und dem philosophischen Kopf, wozu in einem Sammelband mit Arbeiten über Schiller als Historiker (von Ulrich Muhlack) gesagt wird: »Tatsächlich geht es Schiller um ein neues Wissenschaftsverständnis, das […] sich auf alle an der Universität gelehrten Fächer erstrecken soll: um Wissenschaft als Selbstzweck und damit als Bildung statt ihrer bisherigen Instrumentalisierung oder Funktionalisierung für äußere Zwecke.«

Der Hinweis auf diese ganz anders beschaffene Wirkungsgeschichte Schillers mit Beziehung auf Humboldt und die neue Universität lenkt den Blick auf die wissenschaftlichen Grundlagen in seinem dichterischen Weltbild. Sie sind sehr viel höher zu bewerten, als im allgemeinen angenommen wird. Den Ausspruch Stefan Georges, von ihm führe kein Weg zur Wissenschaft, hätte sich Schiller wohl nie zu eigen machen können. Er hatte gelernt, Wissenschaften zu schätzen, ohne sie zu überschätzen. In diesem Zusammenhang geht es zunächst um den Historiker, mehr als um den Geschichtsdichter, obschon die offizielle Geschichtswissenschaft seit dem 19. Jahrhundert lange Zeit allenfalls den letzteren gelten ließ. Inzwischen ist Schiller als Historiker in den Räumen der Geschichtswissenschaft durchaus zugelassen. Eine Wende in der Bewertung ist deutlich im Jubiläumsjahr 1959 mit den

Arbeiten von Theodor Schieder und Golo Mann zu erkennen. Aus der Geschichte des Historismus war Schiller von Friedrich Meinecke ausdrücklich ausgeschlossen worden, obwohl es an Beziehungen zu den Denkformen der Historischen Schule keineswegs fehlt. In Fragen der literarischen Sprache und ihrer Formen denkt Schiller betont historisch. Er erkennt ihren notwendigen Wandel an und macht in der Auseinandersetzung mit Bürger am Beispiel der Lyrik geltend, daß sie nicht bleiben könne, wie sie ist. Er fürchtet, daß das philosophierende Zeitalter über eine zu anspruchslose Lyrik ohne alle Reflexion hinweggehen könnte, und denkt darüber nach, wie dies zu verhindern sei: »Dazu aber würde erfordert, daß sie selbst mit dem Zeitalter fortschritte, dem sie diesen wichtigen Dienst erweisen soll [...]. Die Sitten, den Charakter, die ganze Weisheit ihrer Zeit müßte sie, geläutert und veredelt, in ihrem Spiegel sammeln und mit idealisierender Kunst aus dem Jahrhundert selbst ein Muster für das Jahrhundert erschaffen.« Die normative Geltung antiker Literaturformen erkennt er aus demselben Grund nicht an. Gegenüber dem klassischen Philologen Johann Wilhelm Süvern besteht er auf dem Recht des historischen Denkens und führt aus: »Ich theile mit Ihnen die unbedingte Verehrung der Sophokleischen Tragödie, aber sie war eine Erscheinung ihrer Zeit, die nicht wieder kommen kann, und das lebendige Produkt einer individuellen bestimmten Gegenwart einer ganz heterogenen Zeit zum Maaßstab und Muster aufdringen, hiesse die Kunst, die immer dynamisch und lebendig entstehen und wirken muß, eher tödten als beleben.« Auch der Vorwurf des Historikers Theodor Schieder, daß der Beruf des Geschichtsschreibers durch das Mitreden des Geschichtsphilosophen und sein »dogmatisches Konzept von Universalgeschichte« verfehlt werde, ist zu entkräften durch den Blick auf das, was als Tragik im Gang der Weltgeschichte wahrgenommen wird. Das Scheitern der Hauptfigur in der Tragödie des »Don Karlos« ist ja nicht vergessen, wenn wenige Jahre später die Jenaer Antrittsvorlesung gehalten wird. Mit ihr wird nicht der Fortschrittsgläubigkeit der Aufklärung und des 19. Jahrhunderts das Wort geredet, in der es vorrangig um die Fortschritte in Gesellschaft, Wissenschaft und Technik geht. Der vermeintlich nur optimistische Blick auf den Gang der Weltgeschichte in der Antrittsvorlesung und die Tragödie des handelnden Menschen in »Don Karlos« sind zwei Seiten ein und desselben dichterischen Weltbildes. Aber trotz Tragik und Tragödie wird der Glaube an das Fortschreiten humanen Denkens nicht preisgegeben, und die Tragödie trägt das Ihre zu solchem Fortschreiten bei. Daher ist auch die Geschichte des Dreißigjährigen Krieges nicht das letzte Wort in der Sache. Das diffuse Hin und Her des geschichtlichen Verlaufs wird überhöht von der Tragödie der »Wallenstein«-Trilogie, über die sich Golo Mann begeistert vernehmen läßt: »Und dies Wunderwerk, Wunderwerk in allen seinen einander durchdringenden Schichten, Wunderwerk auch als Schau des Politischen wäre nie möglich gewesen ohne Schillers Historiker-Existenz.«

Über dem Geschichtsdenker ist der Rechtsdenker nicht zu übersehen, und sein Denken auf diesem Gebiet schließt Kritik ein, am Rechtswesen im ganzen wie an der ausübenden Justiz. Das ist an der Umwertung des politischen Verbrechers und am Verbrecher allgemein zu zeigen, den noch die Aufklärung aus der menschlichen Gesellschaft ausgegrenzt hatte und dem nun in Grenzen Sympathie entgegengebracht wird. Sie wird im dramatischen Werk auf die Gestalt Fieskos übertragen, mit dem sich die Rede vom erhabenen Verbrecher verbindet. Auf dem Hintergrund eines solcherart gegen Ausgrenzung gerichteten Denkens ist die Erzählung »Der Verbrecher aus verlorener Ehre« zu verstehen – ein Text, der das soziale Umfeld des Täters einbezieht und an der Denkweise der Richter Kritik übt, wenn es heißt: »Die Richter sahen in das Buch der Gesetze, aber nicht einer in die Gemütsverfassung des Angeklagten.« In der Jurisprudenz sieht man Schillers Denkart, die Art seiner Justizkritik, als wegweisend an, wie der Rechtsphilosoph und Strafrechtslehrer Erik Wolf ausführt: »In dieser Blickwendung von der Tat auf den Täter, die mit Schillers ›Verbrecher aus verlorener Ehre‹ begonnen hat und in Feuerbachs aktenmäßiger Darstellung merkwürdiger Kriminalfälle sich erstmals mit der Kraft eines neuen Gedankens durchsetzt, kommt eine sittliche Haltung zum Ausdruck, für die das Dasein des Verbrechers eine allgemein menschliche, jedermann angehende Frage stellt.« In der Mannheimer Rede über die Schaubühne liest man den häufig zitierten Satz: »Die Gerichtsbarkeit der Bühne fängt an, wo das Gebiet der weltlichen Gesetze sich endigt.« Ein gewisses Eigenrecht in der Darstellung von Rechtsfällen im literarischen Text wird beansprucht, und vielleicht kann man das weithin ungeschriebene Widerstandsrecht als ein solches Gebiet bezeichnen, das eher in die Zuständigkeit der Dichtung gehört als in diejenige des jeweils geltenden Rechts. Auf dieses Rechtsgebiet läßt sich Schiller als Autor des Schauspiels »Wilhelm Tell« ein, und die Kühnheit, es getan zu haben, ist noch heute bewundernswert. Einer Bejahung dieses Rechts stand die lutherische Obrigkeitslehre im Wege, aber auch Kants politische Philosophie, die sich dezidiert gegen ein solches Recht ausspricht. Das geschieht in dem Aufsatz »Über den Gemeinspruch: Das mag in der Theorie richtig sein, taugt aber nicht für die Praxis«, in dem es heißt: »Hieraus folgt, daß alle Widersetzlichkeit gegen die oberste gesetzgebende Macht, alle Aufwiegelung […], aller Aufstand, der in Rebellion ausbricht, das höchste und strafbarste Verbrechen im gemeinen Wesen ist, weil es dessen Grundfeste zerstört. Und dieses Verbot ist unbedingt.« Schiller hat sich nicht daran gehalten und seinen Wilhelm Tell auf die Bühne gebracht. Er hat das ungeschriebene Widerstandsrecht ebenso bejaht wie den Tyrannenmord als eine ultima ratio politischen Handelns. Mit dieser Bejahung hat er sich zugleich in Widerspruch gesetzt zu Philosophen und Historikern wie Hegel und Treitschke. Später hat er eben deshalb den Haß Hitlers auf sich gezogen, der ein Verbot ergehen ließ, das Stück in der Schule zu behandeln und auf öffentlichen Bühnen aufzuführen. In das Humanitätszeitalter, wie man vielfach mißverständlich sagt, ist dieses hart an der Grenze zur Tragödie angesiedelte Drama nicht so leicht zu integrieren, wenn man der Auffassung ist, daß sich Humanität mit Töten nicht verträgt und vertragen darf. Aber Umstände können sich ergeben, die es gebieten, daß Humanität suspendiert werden muß, um sie wiederherzustellen. Das ist hier der Fall, vergleichbar mit den Ereignissen des 20. Juli 1944 im Versuch, Hitler zu beseitigen, auch wenn die Tat, anders als in Schillers Drama, mißlang.

Im Zusammenhang der Ereignisse dieses Jahres ist auf einen Text Schillers aufmerksam zu machen, der sein Rechtsdenken in das hellste Licht rückt. Gemeint ist der Aufsatz »Die Gesetzgebung des Lykurgus und Solon«. Es handelt sich um eine Gegenüberstellung der Staatsverfassungen von Sparta und Athen, mit deutlicher Parteinahme für die letztere. Es heißt hier: »Der wichtigste Theil seiner Gesetzgebung [gemeint ist Sparta] war daher die Erziehung. […] Sobald das Kind gebohren war gehörte es dem Staat. […] Wenn es stark und wohl gebildet war, übergab man es einer Wärterin; war es schwächlich und mißgebildet, so warf man es in einen Abgrund an dem Berge Taygetus. […] Abscheulich war der Gebrauch, den man von diesen unglücklichen Menschen [den Heloten] machte. Man betrachtete sie als ein Geräthe, von dem man zu politischen Absichten, wie man wollte, Gebrauch machen könnte, und die Menschheit wurde auf eine wirklich empörende Art in ihnen verspottet.« Schillers Urteil über diese Staatsform ist unmißverständlich: »Aber hält man den Zweck, welchen Lykurgus sich vorsetzte, gegen den Zweck der Menschheit, so muß eine tiefe Mißbilligung an die Stelle der Bewunderung treten, die uns der erste flüchtige Blick abgewonnen hat. Alles darf dem Besten des Staats zum Opfer gebracht werden, nur dasjenige nicht, dem der Staat selbst nur als ein Mittel dient. Der Staat selbst ist niemals Zweck, er ist nur wichtig als eine Bedingung unter welcher der Zweck der Menschheit erfüllt werden kann, und dieser Zweck der Menschheit ist kein andrer, als Ausbildung aller Kräfte des Menschen, Fortschreitung.« Dieser Aufsatz Schillers wurde in der Zeit des nationalsozialistischen Regimes hier und da aufmerksam gelesen, und der Vergleich mit demjenigen der Spartaner bot sich an. Im Kreis der Geschwister Scholl hat man sich mit diesem Aufsatz befaßt; in seinen Aufzeichnungen »Ich will Zeugnis ablegen bis zum letzten« spielt ihn Victor Klemperer in Übereinstimmung mit Schiller gegen den Ungeist der Zeit aus.

In seiner Erzählung »Der Verbrecher aus verlorener Ehre« gebraucht Schiller das für ihn bezeichnende Wort »Gemüthsverfassung«. Er wendet es gegen die Richter, die davon nichts verstehen. In den »Briefen über Don Karlos« werden verwandte Ausdrücke wie »Seelenzustand« oder »Gemütslage« benutzt. Sie beziehen sich keineswegs nur auf den labilen Zustand des Prinzen, sondern auch auf andere Personen des Dramas wie den König, den »schauerliche

Träume« wie »Furien des Abgrunds« verfolgen. In den Briefen »Ueber die ästhetische Erziehung des Menschen« wird von dem Psychologen im Sinne eines ausgeübten Berufes gesprochen, der es gelernt habe, die Gemütskräfte in der Vorstellung zu scheiden. Diese und andere Begriffe, die Schiller in seinen Briefen und Schriften verwendet, weisen ihn im Gebiet der Psychologie als sehr kenntnisreich aus – als einen »scharfsinnigen Psychologen«, wie eine Überschrift der vorliegenden Bildbiographie lautet. Sie wurde ihm zuerst im Unterricht seines Lehrers Jakob Friedrich Abel vermittelt. An einen spekulativen und wirklichkeitsfernen Unterricht hat man dabei nicht zu denken, sondern weit mehr an empirische Beobachtungen im Sinne einer schon sehr modern anmutenden Wissenschaft. Das intellektuelle Niveau dieses Unterrichts hat Hans-Jürgen Schings in seinem Buch über Schillers »Don Karlos« und die Illuminaten wie folgt charakterisiert: »Was die Eleven darüber hinaus an Abel fesselt, ist die moderne Wissenschaft par excellence, die er betreibt, die neue Anthropologie – jene physiologisch interessierte Psychologie, eine Mischung aus ›Seelenlehre, Menschen- und Naturforschung‹, die empirische Menschenbeobachtung auf ihre Fahnen schreibt und zur pragmatischen Menschenkenntnis anleitet.«

Spätestens seit der Arbeit am »Don Karlos« ist der Kenntnisstand durch ein Schrifttum ganz anderer Art erweitert und vertieft worden. Es ist dies die französische Geschichtsschreibung und Geschichtserzählung des 17. und 18. Jahrhunderts, die den Triebkräften und Motiven des politisch Handelnden nachgeht. Politische Geschichte und Seelenlehre in der Erkundung des inneren Menschen sind in diesem Schrifttum nicht voneinander zu trennen. Der Abbé de Saint-Réal ist ein solcher Geschichtserzähler. Er ist mit seiner Darstellung des Don Karlos als einer »Nouvelle Historique« zu einer der wichtigsten Quellen Schillers für die Ausarbeitung seines Dramas geworden. Die Psychologie, die im Anschluß an dieses Schrifttum in das Drama Schillers eindringt, ist vorzugsweise eine solche des politisch handelnden Menschen. Es ist eine Psychologie des Bewußtmachens, die in die vielfach unbewußten Seelenbereiche hineinleuchtet, und die Bereiche des Unbewußten waren für Schiller alles andere als eine terra incognita, wie neuere Forschung überzeugend aufgezeigt hat. Diese Psychologie scheint Einsichten der modernen Wissenschaft vorwegzunehmen, wie es uns denn sehr modern vorkommt, wenn Schiller seinen Wallenstein sagen läßt: »Wir handeln, wie wir müssen.« Wo bleibt hinsichtlich solcher Aussagen der Dichter der Freiheit? möchte man fragen. Geht es in dem, was Wallenstein bemerkt, wirklich um das vom Ich Gewollte oder nicht vielmehr um etwas Gewolltes im Ich? Schillers sehr modern anmutende Psychologie hat die Schiller-Forschung bis weit ins 20. Jahrhundert hinein kaum zur Kenntnis genommen.

Daß Schiller in solchen Fragen Erfahrung geltend macht, wird von seiner medizinischen Ausbildung her einsichtig; und ausgebildet wurde er als Arzt an einem Institut, das sich in kurzer Zeit hohes Ansehen verschafft hatte. Es befand sich hinsichtlich der Kenntnisse, die es vermittelte, und der Praxis, die hier betrieben wurde, durchaus auf der Höhe der Zeit. Daß Schiller an diesem Institut zum Arzt ausgebildet wurde und folglich ein Arztschriftsteller war wie in der Moderne Arthur Schnitzler, Hans Carossa, Gottfried Benn oder Alfred Döblin, geriet in der Geschichte seiner Rezeption weithin in Vergessenheit, und erst in neuerer und neuester Zeit hat man dieser »Grundlagenforschung« in ihrer Bedeutung für Schillers dichterisches Weltbild Rechnung zu tragen versucht. Zweifellos ist Schiller von seiner medizinischen Ausbildung her zu einem Wissenschaftsverständnis gelangt, das ihn auf dem Wege in die Moderne zeigt, in die Wissenschaft der modernen Welt, die er begriff und in seiner Ästhetik verarbeitet hat. Im Erstdruck der Erzählung »Der Verbrecher aus verlorener Ehre« lesen wir Sätze wie die folgenden: »Die Heilkunst und Diätetik, wenn die Ärzte aufrichtig sein wollen, haben ihre besten Entdeckungen und heilsamsten Vorschriften an Kranken- und Sterbebetten gesammelt. Leichenöffnungen, Hospitäler und Narrenhäuser haben das hellste Licht in der Phisiologie angezündet. Die Seelenlehre, die Moral und die gesetzgebende Gewalt sollten billig diesem Beispiel folgen, und in ähnlicher Weise aus Gefängnissen, Gerichtshöfen und Kriminalakten – den Sektionsberichten des Lasters – sich Belehrung holen.« Dem mit ärztlichem Denken vertrauten Dramatiker mag man es zuschreiben, wenn Verschwörer wie Fiesko, Posa oder Wallenstein das Töten von Menschen zu vermeiden suchen und zu verhindern wissen. Die Morde und Hinrichtungen sind Sache der Herrschenden: der kaiserlichen Räte in Wien, der Inquisition am spanischen Hof in Madrid oder der über ein Königreich gebietenden Elisabeth von England. An der Empörung über die Hinrichtung des französischen Königs durch die Schindersknechte des Revolutionstribunals ist die Empörung des Arztes beteiligt, wie man annehmen darf.

Daß ärztliches Denken in der Ausübung des Dichterberufs weiterwirkt, ist am Eintreten für den einzelnen zu zeigen, dem über aller Bedeutung des Ganzen Vorrang gebührt. Das ist die Botschaft der »Briefe über Don Karlos«, die sie mit der Kritik an dem politisch handelnden Marquis Posa verbindet: »An die Stelle des Individuums tritt bei ihm das ganze Geschlecht.« Deutlicher noch ist diese Botschaft im vierten dieser Briefe ausgesprochen: »Hohes wirkendes Wohlwollen gegen das Ganze schließt keineswegs die zärtliche Teilnahme an den Freuden und Leiden eines einzelnen Wesens aus.« Die systematische Zurücksetzung des einzelnen um des gesunden Ganzen willen, wie sie im Biologismus des 19. Jahrhunderts propagiert wurde, die Rede vom Volkskörper, die den Körper des einzelnen als zweitrangig und nebensächlich erscheinen läßt, enthält die uns bekannten Ansätze zur Barbarei, die es gegeben hat. Sie hätte voraussehbar sein können. Schillers »Botschaft« in den »Briefen über Don Karlos« liest sich, von der Kritik an Posa abgesehen, wie Selbstkritik und Kritik an der

Aufklärung zugleich – wie eine Warnung, solchen Zurücksetzungen entgegenzuwirken. Sie liest sich wie eine ärztliche Botschaft, über dem Wirken für die abstrakte Menschheit den »konkreten« einzelnen nur ja nicht zu versäumen; und so auch könnte der Brief an den befreundeten Revolutionsfreund Johann Benjamin Erhard gelesen werden, den Schiller am 5. Mai 1795 schreibt: als Mahnung und Warnung an sich selbst wie an den Freund, die Gefährdungen revolutionären Denkens nicht zu übersehen, das sich über die Rechte des einzelnen nur allzu leicht hinwegsetzt. Als spräche der Arzt zum Arzt, der dieser Freund auch war, heißt es hier: »Nach und nach, denke ich mir, sollen Sie sich ganz und gar von dem Feld des praktischen Cosmopolitism zurükziehen, um mit Ihrem *Herzen* sich in den engeren Kreis der Ihnen zunächst liegenden Menschheit einzuschließen, indem Sie mit Ihrem *Geist* in der Welt des Ideals leben. Glüend für die Idee der Menschheit, gütig und menschlich gegen den einzelnen Menschen, und gleichgültig gegen das ganze Geschlecht, wie es wirklich vorhanden ist – das ist mein Wahlspruch.«

Über das, was in Schillers Welt historisch geworden ist, ohne deswegen für uns interesselos geworden zu sein, sollte ebenso gesprochen werden wie über das, was bis zu uns hin unmittelbar weiterwirkt. Über Themen wie Schillers Modernität, Schiller und die Moderne oder Schiller und unser Weg in die Moderne wird in nächster Zeit mancherlei zu hören und zu lesen sein. Inwiefern über Themen wie diese mit gutem Grund gesprochen werden kann, ist zu erläutern; denn als Historiker bezeichnen wir Schillers Zeit als Zeit der Weimarer Klassik. In der Geschichte der Ästhetik im deutschen Sprachgebiet sind Klassik und Moderne keine austauschbaren Begriffe, sondern Gegensätze, die nicht gedankenlos einzuebnen sind. Solche Gegensätze zwischen beiden Epochen gibt es in mehrfacher Hinsicht. Aber sie verlieren an Bedeutung und Gewicht, wenn wir die ästhetischen Oppositionen der vergangenen Epoche mit der unseren vergleichen. Hier wie dort basieren ästhetische Oppositionen auf kritischer Distanz, sei es zu Staat, Gesellschaft oder den Wissenschaften, und hier vor allem sind Epochenverwandtschaften festzustellen. Schiller läßt es, wie an den Briefen »Ueber die ästhetische Erziehung des Menschen« zu zeigen war, an ihr nicht fehlen. Wo dies aber geschieht, wo Epochenverwandtschaften erkennbar werden, haben wir Grund, von Vorläufern, Wegbereitern oder Ahnherren zu sprechen.

Oppositionen dieser Art sind am nachdrücklichsten in den Briefen »Ueber die ästhetische Erziehung des Menschen« und in denen an den Herzog von Augustenburg niedergelegt. Hier geht es nicht um Übereinstimmungen mit den Wissenschaften, um ihre Einheit mit den Künsten, die Goethe so wichtig war. Schiller denkt in Fragen wie diesen anders. Er erkennt die Wissenschaften in ihrer Bedeutung für Fortschritt und Wohlstand des Menschen, aber er sieht auch, daß sie ihre eigenen Wege gehen und die Künste nicht benötigen, um sich zu entfalten. In dem berühmten Brief an den Herzog von Augustenburg vom 13. Juli 1793 spricht er aus, was ihn besorgt macht: »Selbst die spekulirende Vernunft entreißt der Einbildungskraft eine Provinz nach der anderen, und die Grenzen verengen sich, je mehr die *Wissenschaft* die ihren erweitert.« Schiller sieht die Wissenschaften wie andere Geschäfte in die arbeitsteilige Welt eingebunden – in eine solche, die den Aufspaltungen und Zersplitterungen wenig oder nichts entgegenzusetzen hat. Es gehört zur Hellsicht seines Denkens, daß er Rang und Bedeutung der Wissenschaften wahrnimmt, ohne ihnen kritiklos zu folgen. Er sieht deutlich das wissenschaftliche Zeitalter heraufziehen, das er nicht zu hintergehen sucht, und sieht doch die ästhetische Erziehung, die Erziehung durch Kunst oder nur durch Kunst, für um so dringlicher an. Die Aufgabe der Kunst könnte als erledigt angesehen werden, wenn der Mensch zur wahren Bestimmung seiner Humanität gefunden hätte. Daß es sich so nicht verhält, macht Kunst und, aus Schillers Sicht, besonders Dichtung unentbehrlich. Wiederum ist es der Herzog von Augustenburg, dem dieser Gedanke anvertraut wird: »Wäre das Faktum wahr, – wäre der ausserordentliche Fall wirklich eingetreten, daß die politische Gesetzgebung der Vernunft übertragen, der Mensch als Selbstzweck respektiert und behandelt, das Gesetz auf den Thron erhoben und wahre Freiheit zur Grundlage des Staatsgebäudes gemacht worden, so wollte ich auf ewig von den Musen Abschied nehmen, und dem herrlichsten aller Kunstwerke, der Monarchie der Vernunft, alle meine Thätigkeit widmen.« Schiller nimmt in seinem Denken den Wissenschaften nichts von ihren Rechten. Aber Alleinherrschaft billigt er ihnen nicht zu. Das Humanwerden menschlicher Existenz sieht er in ihrem Wirken nicht gewährleistet. Daher votiert er für eine Rangordnung der Werte: für Kunst als das für ihn Höchste, das sich denken läßt. Nicht ohne Selbstbewußtsein läßt er die Gräfin Schimmelmann in einem Brief 1795 wissen, wie er hinsichtlich dieser Rangordnung denkt: »Von jeher war Poesie die höchste Angelegenheit meiner Seele. […] An der Poesie endigen alle Bahnen des menschlichen Geistes und desto schlimmer für ihn, wenn er sie bis zu seinem Ziele zu führen den Muth hat. Die höchste Filosofie endigt in einer poetischen Idee, so die höchste Moral, die höchste Politik. Der dichterische Geist ist es, der allen Dreien das Ideal vorzeichnet, welchem sich anzunähern ihre höchste Vollkommenheit ist.« Und fast schon in einem Ton der Überheblichkeit bekräftigt er in einem Brief an Goethe beiläufig diese für ihn selbstverständlich gewordene Rangordnung der Werte in dem Satz: »Soviel ist indeß gewiß, der Dichter ist der einzig wahre Mensch, und der beßte Philosoph ist nur eine Carrikatur gegen ihn.«

Im Grundsätzlichen denkt die literarische Moderne nicht anders, die ihre ästhetische Opposition intensivieren und vertiefen wird. So gesehen kann die Behauptung gewagt werden, daß die Moderne mitten in der Klassik beginnt und daß Schiller zu denjenigen gehört, die im einen immer schon das andere denken. Die wohl nachdrücklichste Zuordnung seiner »Klassik« zur Moderne hin hat der Zürcher Literarhistoriker Karl G. Schmid vorgenommen, wenn er im Nachwort zum Briefwechsel mit Goethe in der Artemis-Gedenkausgabe sagt: »Schiller ist der Kolumbus der ästhetischen Moderne, mit ihm tritt innerhalb der deutschen Dichtung jene Reflexion des modernen Schriftstellers über sich selbst zum erstenmal, und gleich auf der bedeutendsten Höhe, auf, die sich im 19. und 20. Jahrhundert so öfters wiederholte. [...] Gleichsam archetypisch steht Schiller vor und in allen Nachfahren, die an der Amfortas-Wunde des Intellektes leiden: der Reihe von Hölderlin und Kleist und Hebbel über Dostojewskij, Ibsen, C. F. Meyer und vielen anderen bis hinauf, in unsern Tagen, zu Thomas Mann.« Wie kaum ein anderer unter den Schriftstellern der Moderne ist es Thomas Mann, der in seinem literarischen Werk und in seiner denkwürdigen Rede vor einem halben Jahrhundert den Ahnherrn der ästhetischen Moderne bestätigt hat. Innerhalb der eigenen erlebten Rezeptionsgeschichte wirkt der am 8. Mai 1955 vorgetragene »Versuch über Schiller« aufs lebendigste fort: die durchdacht gesetzten Worte, der eingeübte und keinesfalls zufällige Ton, die Erinnerung an das, was damals noch nicht lange zurücklag, in seinen Worten: »eine Regression des Menschlichen, einen Kulturschwund der unheimlichsten Art, einen Verlust an Bildung, Anstand, Treu und Glauben, jeder einfachsten Zuverlässigkeit, der beängstigt«. Unvergessen auch die Dezenz des Gedenkens, die nunmehr im Gedenken an Schiller die Erinnerung an Thomas Mann und diese Rede einschließt, in der sich ein Satz wie der folgende besonders eingeprägt hat: »Von seinem sanft-gewaltigen Willen gehe durch das Fest seiner Grablegung und Auferstehung etwas in uns ein: von seinem Willen zum Schönen, Wahren und Guten, zur Gesittung, zur inneren Freiheit, zur Kunst, zur Liebe zum Frieden, zu rettender Ehrfurcht des Menschen vor sich selbst.«

Anhang

Chronik

1749 Der Vater, Johann Caspar Schiller (1723–1796), läßt sich als Wundarzt in Marbach nieder und heiratet Elisabeth Dorothea Kodweiß (1732–1802), die Tochter des Löwenwirts.

1753 Der drohende Vermögensverlust des Schwiegervaters zwingt Johann Caspar Schiller, erneut in die Armee des württembergischen Herzogs Carl Eugen einzutreten. Er nimmt mit Unterbrechungen am Siebenjährigen Krieg teil, zunächst als Regimentsfurier, seit 1758 als Leutnant. 1761 wird er zum Hauptmann und 1763 zum Werbeoffizier ernannt.

1757 Geburt des ersten Kindes, Elisabeth Christophina(e) Friederika.

1759 10. November: Geburt des ersten und einzigen Sohns, Johann Christoph Friedrich.
11. November: Taufe.

1764 Die Familie zieht nach Lorch bei Schwäbisch Gmünd (bis 1766). Unterricht bei Pfarrer Philipp Ulrich Moser. Jugendfreundschaft mit Karl Philipp Conz und Christoph Ferdinand Moser.

1765 Elementarunterricht in der Lorcher Dorfschule. Beginn des Lateinunterrichts bei Pfarrer Moser.

1766 Erster Griechischunterricht bei Pfarrer Moser. 23. Januar: Geburt der zweiten Schwester, Louise Dorothea Katharina. 22. November: Geburt von Charlotte von Lengefeld, Schillers späteren Frau, in Rudolstadt. Ende Dezember Umzug der Familie Schiller in die herzogliche Residenzstadt Ludwigsburg.

1767 Eintritt in die Ludwigsburger Lateinschule (bis 1772); Wunsch des Schülers, Theologie zu studieren und eine der Klosterschulen des Landes zu besuchen. Freundschaft mit Friedrich Wilhelm von Hoven.

1768 Erste Theatereindrücke beim Besuch des Ludwigsburger Hoftheaters; Besuch von Opernaufführungen. 20. November: Geburt der dritten Schwester Maria Charlotte.

1769 Neujahrsgruß an die Eltern; älteste erhaltene Handschrift Schillers.

1772 25. April: Konfirmation. Schillers erstes Gedicht entsteht (nicht erhalten). Erste Trauerspielversuche: »Die Christen«, »Absalon« (nicht erhalten). Ende des Jahres Schulabschluß.

1773 16. Januar: Gegen seinen Willen auf Geheiß des Herzogs Eintritt in die »Militärische Pflanzschule«, die spätere »Carlsschule«, auf Schloß Solitude bei Stuttgart (bis 1775). 4. Mai: Geburt der vierten Schwester Beata Friederike in Ludwigsburg (am 22. Dezember gestorben).

1774 Beginn des Studiums der Juris-
prudenz. Freundschaft mit Georg
Friedrich Scharffenstein, Friedrich
Wilhelm von Hoven und Johann
Wilhelm Petersen, Gründung eines
Dichterbundes. 29. März: Tod der
Schwester Maria Charlotte.

1775 Umzug der Militärakademie nach
Stuttgart, Einrichtung einer medi-
zinischen Fakultät. Dem Vater Schil-
lers wird die Leitung der Herzog-
lichen Hofgärtnerei auf Schloß
Solitude übertragen. Nach der
Lektüre von Goethes »Werther«
Dramenplan »Der Student von
Nassau« (nicht erhalten).

1776 Gemeinsam mit Wilhelm von Hoven
Wechsel vom Jura- zum Medizinstudium. Großer Einfluß des Philo-
sophielehrers Jakob Friedrich Abel.
Intensive Shakespeare-Lektüre;
»Der Abend«, Schillers erstes
gedrucktes Gedicht, erscheint
im »Schwäbischen Magazin«.

1777 Arbeit an den »Räubern«;
Gedicht »Der Eroberer« erscheint
im »Schwäbischen Magazin«.
Weitere Gedichte entstehen.
8. September: Geburt der fünften
Schwester Caroline Christiane
(Nanette).

1779 10. Januar: Festrede zum Geburtstag
Franziska von Hohenheims, der
späteren Frau des Herzogs Carl Eugen
von Württemberg: »Gehört allzuviel

Güte, Leutseligkeit und große
Freigebigkeit im engsten Verstande
zur Tugend?« Ablehnung der ersten,
in Latein verfaßten Dissertation
»Philosophie der Physiologie«.
Jahresabschlußfeier der Akademie,
Schiller erhält drei Preise. Es ent-
stehen die Gedichte »Die Gruft
der Könige« und »Die schlimmen
Monarchen« sowie die lyrische
Operette »Semele«.

1780 Zweite Festrede zum Geburtstag
Franziska von Hohenheims: »Die
Tugend in ihren Folgen betrachtet«;
11. Februar: Zum Geburtstag des
Herzogs Aufführung von Goethes
»Clavigo«, Schiller spielt die Titelrolle. Fortsetzung der Arbeit an den
»Räubern«. 13. Juni: Tod des Freundes August von Hoven; »Eine
Leichenphantasie«. Ärztliche
Betreuung des Kommilitonen Josef
Grammont, Krankenberichte über
ihn. Schillers zweite Dissertation,
»Über den Zusammenhang der
tierischen Natur des Menschen mit
seiner geistigen«, wird zusammen
mit der dritten, »De discrimine
febrium inflammatoriarum et putri-
darum« (Über den Unterschied der
entzündlichen und faulen Fieber),
positiv beurteilt und angenommen,
Drucklegung beider Schriften bei
Cotta. Abschlußprüfungen.
15. Dezember: Entlassung aus der

Militärakademie. Als Militärarzt zum Grenadierregiment Augé in Stuttgart beordert, untersteht aber weiterhin dem Herzog. Übersetzung aus Vergils »Aeneis«, Konzeption der »Theosophie des Julius«. Arbeit an den »Räubern«.

1781 16. Januar: Tod des Freundes Johann Christian Weckherlin; Nachruf: »Elegie auf den Tod eines Jünglings«. Wohnung bei Luise Dorothea Vischer; ungezwungenes Leben mit den Akademiefreunden. Ende Mai / Anfang Juni: »Die Räuber« erscheinen anonym mit fingiertem Druckort im Selbstverlag. Bekanntschaft mit Andreas Streicher und Henriette von Wolzogen. Heribert von Dalberg, Intendant des Mannheimer Theaters, fordert Schiller zu einer Bühnenbearbeitung auf und setzt Textänderungen durch.

1782 13. Januar: Uraufführung der »Räuber« im Mannheimer Nationaltheater unter streng geheim gehaltener Anwesenheit des Autors, der ohne Genehmigung Stuttgart verlassen hat. Februar: »Anthologie auf das Jahr 1782« mit mindestens 49 Gedichten von Schiller. »Die Räuber« werden von weiteren deutschen Bühnen übernommen. Gemeinsam mit Abel und Petersen Herausgabe der Vierteljahrsschrift »Wirtembergisches

Repertorium der Litteratur«. Drucklegung der »Räuber. Ein Trauerspiel« bei Schwan in Mannheim. 25.–28. Mai: Zweite unerlaubte Reise nach Mannheim. Hoffnung auf Anstellung als Theaterdichter. 28. Juni–11. Juli: Arrest wegen unerlaubten Aufenthalts in Mannheim; Arbeit am »Fiesko«, erstes Konzept für »Luise Millerin«. Auf Anregung Dalbergs Beschäftigung mit Don Karlos. Der Herzog verbietet Schiller das Stückeschreiben. 22. September: Flucht aus Stuttgart mit Andreas Streicher. 27. September: Lesung aus »Fiesko« vor Mannheimer Schauspielern, völliger Mißerfolg. Oktober: Fortsetzung der Flucht nach Frankfurt a. M.; bis 30. November Aufenthalt in einem Gasthaus in Oggersheim. Umarbeitung des »Fiesko«; Dalberg lehnt auch diese Fassung ab. 30. November: Aus Furcht vor Verhaftung Fortsetzung der Flucht; 7. Dezember: Ankunft auf dem thüringischen Landgut der Henriette von Wolzogen in Bauerbach bei Meiningen (bis Juli 1783). Freundschaft mit dem Meininger Bibliothekar Wilhelm Friedrich Hermann Reinwald.

1783 »Kabale und Liebe« (Luise Millerin) vollendet; neue Dramenpläne: »Imhof« und »Maria Stuart«; Arbeit an »Dom Karlos« (später

»Don Karlos«), Bauerbacher Entwurf.
14. April: Brief an Reinwald über
das Wesen des Dichters und das
Verhältnis zu seinen Figuren sowie
das Grundkonzept der »Philosophie
des Julius«. Ende April: »Die Verschwörung des Fiesko zu Genua.
Ein republikanisches Trauerspiel«
erscheint bei Schwan in Mannheim.
20. Juli: Uraufführung des »Fiesko«
in Bonn. Unglückliche Beziehung
zu Charlotte von Wolzogen. 24. Juli:
Abreise aus Bauerbach, 27. Juli:
Ankunft in Mannheim. Studium der
Mannheimer Antikensammlung
anhand von Winckelmanns Kunstgeschichte. 1. September: Anstellung
als Theaterdichter am Mannheimer
Nationaltheater für ein Jahr. Herbst:
Schwere Malariaerkrankung.

1784   8. Januar: Aufnahme in die Kurfürstliche Deutsche Gesellschaft in
Mannheim; Antrittsrede: »Was
kann eine gute stehende Schaubühne
eigentlich wirken?« (26. Juni,
später: » Die Schaubühne als eine
moralische Anstalt betrachtet«)
11. Januar: Mannheimer Erstaufführung des »Fiesko« ohne Erfolg. März:
»Kabale und Liebe. Ein bürgerliches
Trauerspiel« erscheint bei Schwan in
Mannheim. 13. April: Uraufführung
von »Kabale und Liebe« in Frankfurt
a. M.; 15. April: Erstaufführung von
»Kabale und Liebe« in Mannheim,

großer Erfolg. 9. Mai: Bekanntschaft
mit Charlotte von Kalb. Anfang
Juni: Päckchen und Brief von vier
unbekannten Verehrern aus Leipzig,
Beginn der lebenslangen Freund-
schaft mit Christian Gottfried
Körner. Arbeit an »Don Karlos«.
31. August: Der Vertrag mit Dalberg
wird nicht erneuert, Entlassung
als Theaterdichter. 26. Dezember:
Lesung des ersten Aktes von »Don
Karlos« vor dem Darmstädter Hof
in Anwesenheit des Herzogs Carl
August von Sachsen-Weimar, der
Schiller am 27. Dezember zum
Weimarischen Rat ernennt.

1785   Mitte März: Erstes Heft der Zeit-
schrift »Rheinische Thalia« bei
Göschen in Leipzig. Beziehung zu
Charlotte von Kalb. Ausweglose
Situation in Mannheim; drückende
Schuldenlast. Einladung Körners
nach Leipzig. 9. April: Abreise aus
Mannheim. 17. April: Ankunft in
Leipzig, Bekanntschaft mit Ludwig
Ferdinand Huber. Ende April: Treffen
mit dem Verleger Georg Joachim
Göschen. 1. Juli 1785 erste Begegnung
mit Körner, bis Juli 1787 dessen Gast
in Leipzig, Gohlis und Dresden.
Freundschaft mit Körner, Huber
und den Schwestern Dora und Minna
Stock. September: Einzug in Körners
Weinberghaus in Loschwitz an der
Elbe, Oktober: Rückkehr nach

Dresden. Ode »An die Freude«.
Arbeit an »Don Karlos«.

1786 Intensives Geschichtsstudium.
Februar: Zweites Heft der »Thalia«.
Mai: Drittes Heft der »Thalia«.
Beginn der Arbeit am »Geisterseher«
und an der »Geschichte des Abfalls
der Vereinigten Niederlande von der
Spanischen Regierung«.

1787 Januar: Viertes Heft der »Thalia«.
Unerwiderte Liebe zu Henriette
von Arnim. Arbeit an »Die Rebellion
der Vereinigten Niederlande«. Juni:
»Dom Karlos Infant von Spanien«
erscheint bei Göschen in Leipzig.
21. Juli: Auf Einladung Charlotte
von Kalbs Umzug nach Weimar
(bis Mai 1788); Abschied von Körner.
Beziehung mit Charlotte von Kalb.
Bekanntschaft mit Wieland, Herder,
Knebel; Goethe weilt in Italien.
27. Juli: Erster Empfang bei der
Herzogin Anna Amalia in Tiefurt.
Bekanntschaft mit Corona Schröter
und Charlotte von Stein. August:
Fahrt nach Jena auf Einladung von
Karl Leonhard Reinhold, Entschluß
zum Kant-Studium. 29. August:
Uraufführung des »Don Karlos«
(Jambenfassung) in Hamburg. Sep-
tember: Arbeit an der »Geschichte
des Abfalls der Vereinigten Nieder-
lande von der Spanischen Regierung«.
Mitarbeit an der Jenaer »Allgemeinen
Literatur-Zeitung«. November: Reise

nach Bauerbach und Meiningen zu
Wilhelm von Wolzogen, Frau von
Wolzogen und der Schwester Christo-
phine Reinwald; 6. Dezember: Erster
Besuch bei den Lengefelds in Rudol-
stadt. Intensives Geschichtsstudium.

1788 Januar–April: Charlotte von
Lengefeld in Weimar. Arbeit am
»Geisterseher«; Gedicht: »Die Götter
Griechenlands«. Freundschaftliches
Verhältnis zu den Schwestern Char-
lotte von Lengefeld und Caroline von
Beulwitz. Anfang Mai: Fünftes Heft
der »Thalia«. 18. Mai: Abreise nach
Volkstedt bei Rudolstadt, täglicher
Kontakt mit den Lengefelds.
Dramenplan: »Die Malteser«(bleibt
Fragment, obwohl Schiller immer
wieder daran arbeitet). Fortführung
der »Geschichte des Abfalls der
Vereinigten Niederlande von der
Spanischen Regierung« (erscheint
am 29. Oktober bei Crusius in
Leipzig). Beschäftigung mit antiker
Dichtung. 5. August: Tod Henriette
von Wolzogens. 18. August: Umzug
nach Rudolstadt (bis November).
7. September: Erste persönliche
Begegnung mit Goethe im Lengefeld-
schen Haus, keine Annäherung.
Erste Fassung des Gedichts »Die
Künstler«. 12. November: Rückkehr
nach Weimar. 15. Dezember:
Berufung nach Jena als Professor für
Geschichte (unbesoldete Professur).

1789   Februar: Zweite Fassung des Gedichts »Die Künstler« (im März im »Teutschen Merkur« veröffentlicht). Anfang März: Sechstes Heft der »Thalia«. 11. Mai: Umzug nach Jena. Mitte Mai: Siebentes Heft der »Thalia«. 26. Mai: Antrittsvorlesung in Jena: »Was heißt und zu welchem Ende studiert man Universalgeschichte«. Anfang August: Verlobung mit Charlotte von Lengefeld. Ende Oktober: Achtes Heft der »Thalia«. 5. November: »Der Geisterseher« erscheint bei Göschen in Leipzig. Ende Dezember: Erste Begegnung mit Wilhelm von Humboldt, Beginn der Freundschaft.

1790   2. Januar: Ernennung zum Meininger Hofrat. Arbeit an der »Geschichte des Dreißigjährigen Kriegs«. Mitte Januar: Neuntes Heft der »Thalia« (ohne Beiträge Schillers). 22. Februar: Trauung mit Charlotte von Lengefeld in der Dorfkirche von Wenigenjena. Anfang September: Zehntes Heft der »Thalia«. Vorlesungen. Arbeit an der »Geschichte des Dreißigjährigen Kriegs«. Ende November: Elftes Heft der »Thalia«.

1791   Januar: Mitglied der Erfurter Kurfürstlichen Akademie nützlicher Wissenschaften. Schwere Erkrankung, von der er sich nie wieder erholt. Mitte Januar: Rezension »Über Bürgers Gedichte« erscheint anonym in der Jenaer »Allgemeinen Literatur-Zeitung«; Schiller erläutert sein Grundverständnis der Aufgabe des Dichters. Mai: Schwerer Rückfall; Gerücht über Schillers Tod. Baggesens Totenfeier in Kopenhagen. Beurlaubung von der Jenaer Professur. Beginn des Kant-Studiums. Konzept zu einem Trauerspiel »Wallenstein«. Erster Plan zum »Lied von der Glocke«. Juli: Kur in Karlsbad; August / September: Nachkur in Erfurt. Oktober: Zwölftes Heft der »Thalia« (ohne Beiträge Schillers). Übersetzung von Vergils »Aeneis«. Der dänische Prinz von Schleswig-Holstein-Augustenburg und der Minister Graf Ernst von Schimmelmann gewähren für drei Jahre eine Pension von je 1000 Talern. Dadurch Möglichkeit zu philosophisch-ästhetischen Studien und Studium der Philosophie Kants.

1792   Januar: »Neue Thalia. Erstes Stück 1792«. Wiederholte schwere Krankheitsanfälle. März: »Neue Thalia. Zweytes Stück 1792«. April / Mai: Schiller für vier Wochen als Gast bei Körner. Juni: »Neue Thalia. Drittes Stück 1792«. August: »Neue Thalia. Viertes Stück 1792« (ohne Beitrag Schillers). 26. August: Schiller wird von der Pariser Nationalversammlung zum

»citoyen français« ernannt. Ende
August: »Kleinere prosaische
Schriften«, 1. Teil, bei Crusius
in Leipzig.
21. September: Abschluß der
»Geschichte des Dreißigjährigen
Kriegs«. November: Erörterung
des »Horen«-Plans mit Göschen.
Dezember: »Neue Thalia. Fünftes
Stück« (ohne Beitrag Schillers).

1793 Januar: »Neue Thalia. Sechstes Stück
1792« (ohne Beitrag Schillers).
Januar / Februar: Briefe an Körner
als Vorstudie zu »Kallias oder Über
die Schönheit«. Februar: Einleitungs-
brief an den Herzog von Augustenburg mit der Bitte, seine Ideen zu
einer Philosophie des Schönen in
einer Folge von Briefen darlegen
zu dürfen. Weiterhin schwere Krankheitsattacken. April: Besuch Wilhelm
von Humboldts. April / Mai: »Neue
Thalia. Erstes Stück 1793« (ohne
Beitrag Schillers). Juni: »Neue Thalia.
Zweites Stück 1793«. »Über Anmut
und Würde«. »Vom Erhabenen«.
1. August: Mit Charlotte Abreise
nach Württemberg; Aufenthalt in
Heilbronn, ab September in Ludwigsburg. Wiedersehen mit den Eltern
und Schwestern, den Freunden von
Hoven, Conz, Johann Heinrich
von Dannecker und seinem alten
Lehrer Johann Friedrich Jahn.
14. September: Geburt des ersten

Sohnes Karl in Ludwigsburg.
September: »Neue Thalia. Drittes
Stück 1793«. Erste Begegnung
mit Hölderlin. 24. Oktober: Tod
des Herzogs Carl Eugen.

1794 März: Aufenthalt in Tübingen,
Treffen mit Abel, erste Begegnung
mit Cotta. Mitte März: Umzug
nach Stuttgart, viele gesellschaftliche
Kontakte. Entstehung der Schiller-
Büste von Dannecker. Stellt Cotta
den »Horen«-Plan vor.
6. Mai: Abschied von den Eltern und
Schwestern. Rückreise.
14. Mai: Ankunft in Jena. Humboldt
und Fichte in Jena. Mai: Vertrag mit
Cotta über die »Horen«. 24. Juni:
Goethes Zusage zur Mitarbeit an den
»Horen«. Intensive Kant-Studien.
20. Juli: Gespräch mit Goethe über
die Urpflanze, Annäherung Goethes
an Schiller. 23. August: Beginn des
Briefwechsels mit Goethe. August:
»Neue Thalia. Viertes Stück 1793«.
14.–27. September: Zu Gast bei
Goethe in Weimar.
Bühnenbearbeitung von Goethes
»Egmont«. Oktober: »Neue Thalia.
Fünftes Stück 1793«.

1795 15. Januar: Erstes Heft »Die Horen«
(Monatsschrift), weitere folgen mit
Gedichten und den Abhandlungen
»Über die ästhetische Erziehung des
Menschen« und »Über naive und
sentimentalische Dichtung«.

Februar: Letztes Heft der »Neuen Thalia« (ohne Beitrag Schillers). Zum erstenmal nach siebenjähriger Unterbrechung wieder ein Gedicht: »Poesie des Lebens«, weitere folgen als Beiträge für die »Horen«. Rückkehr zur Dichtung. November: Mit Goethe Xenien-Plan als Reaktion auf die Angriffe auf die »Horen«. 15. Dezember: »Musenalmanach für das Jahr 1796« erscheint.

1796 Januar/Februar: In Zusammenarbeit mit Goethe entsteht ein Großteil der Xenien. Wiederaufnahme der Arbeit am »Wallenstein«. 23. März: Tod der Schwester Nanette. Juni: Zusammentreffen mit Jean Paul. 11. Juli: Geburt des zweiten Sohnes Ernst. Freundschaftlicher Kontakt mit Friedrich Schlegel. 7. September: Tod des Vaters. 29. September: »Musen-Almanach für das Jahr 1797« (Xenien-Almanach) erscheint bei Cotta in Tübingen. Quellenstudium für den »Wallenstein«.

1797 Arbeit am »Wallenstein«. 16. März: Kaufvertrag für das Gartenhaus in Jena, 2. Mai: Einzug. Anfang Juni: Beginn der Balladendichtung, bis September entstehen in Kooperation mit Goethe die großen Balladen. 2. Oktober: »Musenalmanach für das Jahr 1798« (Balladenalmanach) erscheint bei Cotta in Tübingen. Fortsetzung der Arbeit am »Wallen-

stein«, häufige Unterbrechung durch Krankheit. 4. November: Beginn der Versgestaltung des »Wallenstein« (bisher nur in Prosa).

1798 Intensive Arbeit am »Wallenstein«. Gesundheitliche Krisen. Anfang Juni: Letztes Heft der »Horen« (ohne Beitrag Schillers). Regelmäßige Zusammenarbeit mit Goethe, Erörterung der dichterischen Projekte, Gespräche über dichtungstheoretische, philosophische und naturwissenschaftliche Fragen sowie über die Konzeption des »Wallenstein«. 21. September: Nachricht über die Dreiteilung des »Wallenstein« an Cotta. 12. Oktober: Uraufführung von »Wallensteins Lager« am Hoftheater Weimar. 17. Oktober: »Musenalmanach für das Jahr 1799« erscheint bei Cotta in Tübingen. Ende Dezember: Abschluß der »Piccolomini«.

1799 30. Januar: Uraufführung der »Piccolomini« am Weimarer Theater. 17. März: Abschluß von »Wallensteins Tod«. 20. April: Uraufführung von »Wallensteins Tod« am Weimarer Theater. Herzog Carl August empfiehlt Schiller den Umzug nach Weimar. 26. April: Entschluß zur Bearbeitung der »Maria Stuart«, Quellenstudium. 23. Juli: Begegnung mit Ludwig

Tieck. 11. Oktober: Geburt der Tochter Caroline. 19. Oktober: »Musenalmanach für das Jahr 1800« erscheint bei Cotta in Tübingen. 23. Oktober: Schwere und langanhaltende Erkrankung Charlotte Schillers. 3. Dezember: Umzug nach Weimar.

1800 Januar–März: Bühnenbearbeitung von Shakespeares »Macbeth«. 14. Mai: Uraufführung des »Macbeth« in Schillers Bearbeitung am Hoftheater Weimar. 9. Juni: Abschluß der »Maria Stuart«. 14. Juni: Uraufführung der »Maria Stuart« am Hoftheater Weimar. 16. Juni: Entschluß zur Arbeit an der »Jungfrau von Orleans«. Ende Juni: »Wallenstein« erscheint bei Cotta in Tübingen. Juli/August: Quellenstudium zur »Jungfrau von Orleans« und Konzept. Ende August: »Kleinere prosaische Schriften«, 2. Teil, erscheinen bei Crusius in Leipzig. Arbeit an der »Jungfrau von Orleans«.

1801 2. Januar: Schwere Erkrankung Goethes an Gesichtsrose. 16. April: Abschluß der »Jungfrau von Orleans«. April: »Maria Stuart« erscheint bei Cotta in Tübingen; Bühnenbearbeitung von Lessings »Nathan«. Suche nach neuen Dramenstoffen (»Malteser«, »Die Braut von Messina«, »Warbeck«, »Die Polizei«). Der Herzog wendet

sich gegen eine Aufführung der »Jungfrau« am Hoftheater Weimar. 12. Mai: »Kleinere prosaische Schriften«, 3. Teil, erscheinen bei Crusius in Leipzig. 6. August – 20. September: Aufenthalt in Dresden bei Körner. 11. September: Uraufführung der »Jungfrau von Orleans« in Leipzig. 12. Oktober: »Die Jungfrau von Orleans« erscheint bei Unger in Berlin. Ende Oktober (bis Ende Dezember): Bearbeitung von Gozzis »Turandot« für die Bühne. 28. November: Erstaufführung von Lessings »Nathan der Weise« in Schillers Bearbeitung am Hoftheater Weimar.

1802 30. Januar: Uraufführung von Gozzis »Turandot« in Schillers Bearbeitung am Hoftheater Weimar. Ende Januar: Erste Beschäftigung mit »Wilhelm Tell«. 24. Februar: Erste Begegnung mit Carl Friedrich Zelter. 29. April: Einzug in das Haus an der Esplanade (Schillerhaus), Tod der Mutter. Anfang Mai: »Kleinere prosaische Schriften«, 4. Teil, erscheinen bei Crusius in Leipzig. Mitte August: Beginn der Arbeit an der »Braut von Messina«. 16. November: Erhebung in den erblichen Adelsstand.

1803 1. Februar: Abschluß der »Braut von Messina«. 19. März: Uraufführung der »Braut von Messina« am Hoftheater Weimar. 20. Juni: »Die Braut von Messina« erscheint bei Cotta in Tübingen. 2.–14. Juli: Erholungsaufenthalt in Lauchstedt. Arbeit am »Wilhelm Tell«. 14. Dezember: Ankunft der Madame de Staël in Weimar (bis 29. Februar 1804). 15. Dezember: Erste Begegnung mit ihr. 18. Dezember: Tod Herders.

1804 18. Februar: Abschluß des »Wilhelm Tell«. 9. Februar: Begegnung mit Johann Heinrich Voß jun., Beginn der Freundschaft. 17. März: Uraufführung des »Wilhelm Tell« am Hoftheater Weimar. 26. April – 21. Mai: Berlin-Aufenthalt. 19. Juli: Abreise nach Jena zur bevorstehenden Entbindung Charlottes. 24. Juli: Schwerer Krankheitsanfall, nur sehr langsame Erholung. 25. Juli: Geburt der Tochter Emilie. Anfang Oktober: »Wilhelm Tell« erscheint bei Cotta in Tübingen. 4. – 8. November: »Huldigung der Künste« zum Empfang des Weimarischen Erbprinzen und seiner Gemahlin, der russischen Prinzessin Maria Pawlowna. 12. November:

Aufführung des Festspiels. 17. Dezember (bis 14. Januar 1905): Übersetzung und Bühnenbearbeitung der »Phädra« des Racine. 24. Dezember: Tod Hubers in Ulm.

1805 30. Januar: Uraufführung der »Phädra« in der Bearbeitung Schillers am Hoftheater Weimar. 8.–12. Februar: Schwere Erkrankung Goethes. 8./9. Februar: Schwerer Krankheitsanfall, Heinrich Voß wacht nächtelang am Krankenbett. Leichte Genesung. Weiterarbeit am »Demetrius«. 2. April: Letzter Brief an Humboldt; 25. April: Letzte Briefe an Goethe und Körner. Mitte April: »Die Huldigung der Künste« erscheint bei Cotta in Tübingen. 1. Mai: Letzte Begegnung mit Goethe. Erneuter Krankheitsanfall. 9. Mai: Tod Schillers. In der Nacht zum 12. Mai: Beisetzung im Landschaftskassengewölbe auf dem Weimarer Jakobsfriedhof (1827: Bestattung in der Fürstengruft zu Weimar). 13. Mai: Offizielle Totenfeier.

Literaturverzeichnis

Verzeichnet sind die benutzten Schiller-Ausgaben sowie eine Auswahl der herangezogenen Forschungsliteratur. Spezielle Literaturhinweise werden in den Kapiteln bzw. Porträts vollständig zitiert. Wichtige bibliographische Hinweise enthält die von Ingrid Hannich-Bode bearbeitete periodische Bibliographie des Jahrbuchs der Deutschen Schillergesellschaft.

AUSGABEN

Schillers Werke. Nationalausgabe. Begründet von Julius Petersen, fortgeführt von Lieselotte Blumenthal und Benno von Wiese. Hrsg. im Auftrag der Stiftung Weimarer Klassik und des Schiller-Nationalmuseums Marbach von Norbert Oellers. Weimar 1943 ff.
Friedrich Schiller, Sämtliche Werke. 5 Bände. Aufgrund der Originaldrucke hrsg. von Gerhard Fricke und Herbert G. Göpfert in Verbindung mit Herbert Stubenrauch, München 1958/59; ab 2004 in neuer Kommentierung: Friedrich Schiller, Sämtliche Werke. Aufgrund der von Herbert G. Göpfert durchgesehenen Originaldrucke hrsg. von Peter André Alt, Albert Meier und Wolfgang Riedel. 5 Bände, München 2004.

FORSCHUNGSLITERATUR

Alt, Peter André: Schiller. Eine Biographie. Leben – Werk – Zeit. 2 Bände, München 2000.

Alt, Peter André: Schiller. München 2004.

Aurnhammer, Achim et al.: Schiller und die höfische Welt. Tübingen 1990.

Biedermann, Flodoard Freiherr von (Hrsg.): Schillers Gespräche. München 1961.

Boas, Eduard: Schiller's Jugendjahre. Hrsg. von Wendelin von Maltzahn. Hannover 1856.

Böckmann, Paul: Schillers Geisteshaltung als Bedingung seines dramatischen Schaffens. Darmstadt 1967.

Borchmeyer, Dieter: Altes Recht und Revolution. Schillers »Wilhelm Tell«. In: Friedrich Schiller. Kunst, Humanität und Politik in der späten Aufklärung. Ein Symposium. Hrsg. von Wolfgang Wittkowski. Tübingen 1982, S. 69–113.

Borchmeyer, Dieter: Kritik der Aufklärung im Geiste der Aufklärung: Friedrich Schiller. In: Aufklärung und Gegenaufklärung in der europäischen Literatur, Philosophie und Politik von der Antike bis zur Gegenwart. Hrsg. von Jochen Schmidt. Darmstadt 1989, S. 361–376.

Borchmeyer, Dieter: Macht und Melancholie. Schillers Wallenstein. Frankfurt a. M. 1988.

Borchmeyer, Dieter: Schiller und Verdi oder Die Geburt des Dramas aus dem Geiste der Oper. In: Jahrbuch der Bayerischen Akademie der Schönen Künste, XIV/2000, S. 145–166.

Borchmeyer, Dieter: Weimarer Klassik. Portrait einer Epoche. Weinheim 1994.

Briegleb, Klaus: 1968 – Literatur in der antiautoritären Bewegung. Frankfurt a. M. 1993.

Bruckmann, Christoph: »Freude! Sangen wir in Thränen, Freude! In dem tiefsten Leid«. Zur Interpretation und Rezeption des Gedichtes »An die Freude« von Friedrich Schiller. In: Jahrbuch der Deutschen Schillergesellschaft 1991, Stuttgart 1991, S. 96–112.

Buchwald, Reinhard: Schiller und Beethoven. Zur Wesensgestalt der deutschen Klassik. Heidelberg 1946.

Burger, Heinz Otto (Hrsg.): Begriffsbestimmung der Klassik und des Klassischen. Darmstadt 1972.

Dahlhaus, Carl: Formbegriff und Ausdrucksprinzipien in Schillers Musikästhetik. In: Schiller und die höfische Welt. Hrsg. von A. Aurnhammer et al., Tübingen 1990, S. 156–167.

Dahlke, Günther (Hrsg.): Der Menschheit Würde. Dokumente zum Schiller-Bild der deutschen Arbeiterklasse. Weimar 1959.

Damm, Sigrid: Christiane und Goethe. Eine Recherche. Frankfurt a. M. 1998.

Eckermann, Johann Peter: Gespräche mit Goethe in den letzten Jahren seines Lebens. Hrsg. von Fritz Bergemann. Frankfurt a. M. und Leipzig 1981 (zuerst 1955).

Fähnrich, Hermann: Schillers Musikalität und Musikanschauung. Hildesheim 1977.

Fahrner, Klaus: Der Bilddiskurs zu Friedrich Schiller. Stuttgart 2000.

Finscher, L.: Was ist eine lyrische Operette? Anmerkungen zu Schillers »Semele«. In: Schiller und die höfische Welt. Hrsg. von Achim Aurnhammer et al. Tübingen 1990, S. 148–155.

Golz, Jochen (Hrsg.): Caroline von Wolzogen, 1763–1847. Marbach am Necker 1999.

Hansen, Uffe: Schiller und die Persönlichkeits-psychologie des animalischen Magnetismus. Überlegungen zum Wallenstein. In: Jahrbuch. der Deutschen Schillergesellschaft 1995, S. 195–229.

Hartmann, Julius: Schillers Jugendfreunde. Stuttgart und Berlin 1904.

Hinderer, Walter: Von der Idee des Menschen. Über Friedrich Schiller. Würzburg 1998.

Hofmann, Michael: Schiller. Epoche – Werke – Wirkung. München 2003.

Holst, Christian von: Johann Heinrich Dannecker. Der Bildhauer. Katalog der Ausstellung in der Stuttgarter Staatsgalerie 1987.

Hoven, Friedrich Wilhelm von: Lebenserinnerungen (1840). Mit Anm. hrsg. von Hans-Günther Thalheim und Evelyn Laufer. Berlin 1948.

Hucke, Karl-Heinz: Jene »Scheu vor allem Mercantilischen«. Schillers »Arbeits- und Finanzplan«. Tübingen 1984.

Humboldt, Wilhelm von: Briefwechsel mit Schiller. Mit einer Vorerinnerung über Schiller und den Gang seiner Geistesentwicklung. Stuttgart und Tübingen 1830.

Inasaridse, Ethery: Schiller und die italienische Oper. Das Schillerdrama als Libretto des Belcanto. Frankfurt a. M. 1989.

Kaiser, Gerhard R., und Seifert, Siegfried (Hrsg.): Friedrich Justin Bertuch (1747–1822). Verleger, Schriftsteller, Unternehmer im klassischen Weimar. Tübingen 2000.

Klassiker in finsteren Zeiten 1933–1945. Ausstellung des Deutschen Literaturarchivs im Schiller-Nationalmuseum. Marbacher Katalog Nr. 38, Marbach am Neckar 1983.

Knudsen, Hans: Schiller und die Musik. Greifswald 1908.

Kommerell, Max: Geist und Buchstabe der Dichtung. Goethe – Schiller – Kleist – Hölderlin. Frankfurt a. M. 1956 (5. Auflage 1962).

Koopmann, Helmut: Schiller und die Komödie. In: Jahrbuch der Deutschen Schillergesellschaft 1969, S. 272–285.

Koopmann, Helmut: Schiller-Handbuch. Hrsg. von H. K. in Zusammenarbeit mit der Deutschen Schillergesellschaft. Stuttgart 1998.

Lehmann, Hartmut: Pietismus und weltliche Ordnung in Württemberg. Stuttgart 1969.

Mann, Thomas: Versuch über Schiller. Frankfurt a. M. 1955.

Max Kommerell 1902–1944. Bearbeitet von Joachim W. Storck. Marbacher Magazin 34/1985.

Merseburger, Peter: Mythos Weimar. Zwischen Geist und Macht. Stuttgart 1998.

Michaelis, Rolf: Die Horen – Geschichte einer Zeitschrift. Supplement-Band der sieben-bändigen Ausgabe. Verlag Hermann Böhlaus Nachfolger, Weimar und Stuttgart 2000.

Michelsen, Peter: Der Bruch mit der Vaterwelt. Studien zu Schillers »Räuber«. Heidelberg 1979.

Minder, Robert: Schiller, Frankreich und die Schwabenväter. In: Minder, Kultur und Literatur in Deutschland und Frankreich. 5 Essays. Frankfurt a. M. 1962.

Mittenzwei, Johannes: Schillers musikalischer Brief-wechsel mit Körner. In: Das Musikalische in der Literatur. Halle an der Saale 1962, S. 208 bis 230.

Müller-Seidel, Walter: Der Zweck und die Mittel. Zum Bild des handelnden Menschen in Schillers »Don Karlos«. In: Jahrbuch der Deutschen Schillergesellschaft 1999. S. 188–221.

Müller-Seidel, Walter: Die Geschichtlichkeit der deutschen Klassik. Literatur und Denkformen um 1800. Stuttgart 1983.

Müller-Seidel, Walter: Georg Friedrich Gaus. Zur religiösen Situation des jungen Schiller. In: Deutsche Vierteljahrsschrift, 26/1952, S. 76–99.

Müller-Seidel, Walter: Schiller. Klassik und
    Modernität. Sonderdruck eines Vortrags.
    Marbach 1996.
Muschg, Walter: Die deutsche Klassik, tragisch
    gesehen (1952). In: Heinz Otto Burger (Hrsg.),
    Begriffsbestimmung der Klassik und des
    Klassischen. Darmstadt 1972, S. 157–176.
Noltenius, Rainer: Dichterfeiern in Deutschland.
    München 1984.
Oellers, Norbert: Friedrich Schiller. Zur Modernität
    eines Klassikers. Frankfurt a. M. und Leipzig
    1996.
Oellers, Norbert: Schiller als Historiker. Zusammen
    mit Otto Dann und Ernst Osterkamp. Stuttgart
    und Weimar 1995.
Oellers, Norbert: Schiller. Geschichte seiner Wirkung
    bis zu Goethes Tod. 1805–1832. Bonn 1967.
Oellers, Norbert (Hrsg.): Schiller – Zeitgenosse aller
    Epochen. Dokumente zur Wirkungsgeschichte
    Schillers in Deutschland. Teil I: 1782–1859,
    Frankfurt a. M. 1970; Teil II: 1860–1966,
    Frankfurt a. M. 1976.
Petersen, Julius (Hrsg.): Schillers Gespräche. Berichte
    seiner Zeitgenossen über ihn. Leipzig 1911.
Piscator, Erwin: Zeittheater. »Das Politische Theater«
    und weitere Schriften von 1915 bis 1966. Hrsg.
    von M. Brauneck und P. Stertz. Reinbek 1986.
Riedel, Wolfgang: Die Anthropologie des jungen
    Schiller. Zur Ideengeschichte der medizinischen
    Schriften und der »Philosophischen Briefe«.
    Würzburg 1985.
Riedel, Wolfgang: Die Aufklärung und das Unbewußte.
    Die Inversion des Franz Moor. In: Jahrbuch der
    Deutschen Schillergesellschaft 1993, S. 198–220.
Ruppelt, Georg: Schiller im nationalsozialistischen
    Deutschland. Der Versuch einer Gleichschaltung.
    Stuttgart 1979.
Schiller. Bilder und Texte zu seinem Leben.
    Hrsg. von Axel Gellhaus und Norbert Oellers.
    Unter Mitarbeit von Georg Kurscheidt und
    Ursula Naumann. In Verbindung mit der
    Deutschen Schillergesellschaft. Photographie
    und Gestaltung von Rudolf Straub. Köln,
    Weimar, Wien 1999.
Schiller-Handbuch. Hrsg. von Helmut Koopmann
    in Zusammenarbeit mit der Deutschen Schiller-
    gesellschaft Marbach. Stuttgart 1998.
Schillers »Räuber«. Urtext des Mannheimer
    Soufflierbuchs. Hrsg. von Herbert Stubenrauch
    und Günter Schulz. Mannheim 1950.
Schillers Selbstcharakteristik aus seinen Schriften.
    Nach einem älteren Vorbild neu herausgegeben
    von Hugo von Hofmannsthal. München 1926.
Schiller spielen. Stimmen der Theaterkritik
    1946–1985. Eine Dokumentation. Hrsg. von
    Ferdinand Piedmont. Darmstadt 1990.
Schings, Hans-Jürgen: Melancholie und Aufklärung.
    Melancholiker und ihre Kritiker in Erfahrungs-
    seelenkunde und Literatur des 18. Jahrhunderts.
    Stuttgart 1977.
Schings, Hans-Jürgen: Die Brüder des Marquis Posa.
    Schiller und der Geheimbund der Illuminaten.
    Tübingen 1996.
Selbmann, Rolf: Dichter-Denkmäler in Deutschland.
    Literaturgeschichte in Erz und Stein. Stuttgart
    1988.
Streicher, Andreas Johann: Schiller-Biographie. Hrsg.
    von Herbert Kraft. Mannheim, Wien – Zürich
    1974.
Streicher, Andreas Johann: Schillers Flucht aus
    Stuttgart und Aufenthalt in Mannheim
    1782–1785 (1836). Hrsg. von Paul Raabe.
    Stuttgart 1968.
Wiederholte Spiegelungen. Weimarer Klassik
    1759–1832. Ständige Ausstellung des Goethe-
    Nationalmuseums. München – Wien 1999.
Wilpert, Gero von: Schiller-Chronik. Berlin 1958.
Wolzogen, Caroline von: Schillers Leben.
    Verfaßt aus Erinnerungen der Familie, seinen
    eigenen Briefen und den Nachrichten seines
    Freundes Körner. Zwei Theile in einem Band.
    Stuttgart und Tübingen 1830.
Zeller, Bernhard (Hrsg.): Schiller. Reden im Gedenk-
    jahr 1955. Stuttgart 1955.

Bildnachweis

akg-images
22, 49, 50, 116, 117, 118, 137, 140, 147

Aufbau-Verlag / Archiv
25, 30, 38, 41, 46

Babovic, Toma / Bremen
156

Bildarchiv Preußischer Kulturbesitz
119

Bundesarchiv, Koblenz
152

Deutsches Historisches Museum,
Berlin
120

Kernerhaus, Weinsberg
36

Reiss-Engelhorn-Museum, Mannheim
47

Schiller-Nationalmuseum / Deutsches
Literaturarchiv Marbach a. N.
1, 2, 3, 7, 9, 10, 11, 12, 14, 15, 16, 17, 19, 20,
23, 24, 26, 27, 28, 29, 31, 32, 33, 34, 35, 37,
39, 40, 42, 43, 44, 45, 48, 53, 54, 55, 56, 57,
58, 59–62, 63, 64, 66, 70, 71, 72, 74, 76, 78,
79, 80, 81, 82, 83, 84, 85, 86, 87, 90, 91/92,
94, 95, 96, 97, 98–101, 103, 104/105, 106,
107, 114, 121, 122, 125, 127, 128, 130, 131,
132, 133, 134, 135, 136, 138, 139, 141, 142,
143, 144, 145, 146, 149, 150, 155

Städtisches Museum Ludwigsburg
21

Stiftung Weimarer Klassik
und Kunstsammlungen
4/5, 6, 8, 18, 51, 52, 65, 67, 68, 69, 73, 75, 77,
88, 89, 93, 102, 108, 109, 110, 111, 112, 113,
115, 123, 124, 126, 148, 153, 154

Württembergische Landesbibliothek
Stuttgart
129, 151 (Stefan-George-Archiv)

Personenregister

Abbado, Claudio (geb. 1933) 229

Abel, Jakob Friedrich (1751–1829) 19 f.,
41–43, 48–53, 149, 274

Abusch, Alexander (1902–1982) 254

Adenauer, Konrad (1876–1967) 253

Adorno, Theodor W. (1903–1969) 15, 254 f.

Albrecht, Sophia (Sophie) Johanna
Dorothea, geb. Baumer (1757–1840) 80,
87, 151

Aristoteles (384–322 v. Chr.) 103, 174

Arnim, Marie Henriette Elisabeth von
(1768–1847) 89 f.

Augé, Johann Abraham David von
(1698–1784) 45, 52, 71

Bach, Carl Philipp Emanuel (1714–1788)
69, 216 f.

Bach, Johann Christian (1735–1782) 213

Bach, Johann Sebastian (1685–1750) 109,
216

Baggesen, Jens Immanuel (1764–1826) 129 f.,
134 f., 142

Baumann, Katharina (1764–1850) 80

Becher, Johannes R. (1891–1958) 253

Beck, Heinrich (1760–1803) 65

Beethoven, Ludwig van (1770–1727) 141,
224–226, 249, 252, 261

Beil, Johann David (1754–1794) 65

Benda, Franz (1709–1786) 113, 214

Bengel, Johann Albrecht (1687–1752) 31

Benn, Gottfried (1886–1956) 275

Bernstein, Leonard (1918–1990) 225

Bertram, Ernst (1884–1957) 248

Bertuch, Friedrich Johann Justin
(1747–1822) 109, 113, 153 f.

Beulwitz, Friederike Sophie Caroline
Augusta von s. Wolzogen

Beulwitz, Friedrich Wilhelm Ludwig von
(1755–1829) 121 f.

Beyme, Karl Friedrich (1765–1838) 201

Böck, Johann Michael (1743–1793) 65

Bode, Johann Joachim Christoph
(1730–1793) 108 f., 116

Bondi, Georg 247

Borchmeyer, Dieter (geb. 1941) 179, 228

Brahms, Johannes (1833–1897) 224, 228

Brecht, Bertolt (1898–1956) 48, 255

Bruch, Max (1838–1920) 224

Buchwald, Reinhard (1884–1983) 252

Bürger, Gottfried August (1747–1794) 14,
266, 271

Burrer, Hans 249 f.

Busch, Wilhelm (1832–1908) 240

Carossa, Hans (1878–1956) 275

Castorf, Frank (geb. 1951) 255 f.

Cammarano, Salvatore (1801–1852) 228

Clavière, Etienne (1735–1793) 146

Consbruch, Johann Friedrich (1736–1810)
42

Conz, Carl Philipp (1762–1811) 30, 136

Conz Johann Philipp 30

Corneille, Pierre (1606–1684) 84

Cotta, Christina Friedrich 32

Hoven, Christoph August von (1761–1780) 32 f., 39, 45, 65, 136 f.

Hoven, Friedrich Wilhelm David Daniel von (1759–1838) 32 f., 39, 45

Huber, Ludwig Ferdinand (1764–1804) 86–88, 90, 93, 109, 123, 150 f., 153, 204 f.

Hufeland, Christoph Wilhelm Friedrich (1762–1836) 197, 200

Hufeland, Gottlieb (1760–1817) 116, 119

Humboldt, Caroline Friederike von, geb. von Dacheröden (1766–1829) 97, 140, 265

Humboldt, Friedrich Wilhelm Christian Freiherr von (1767–1835) 8, 10–13, 16, 21 f., 88, 92–94, 97–99, 101, 140 f., 143, 158–161, 172, 197, 209, 233, 264 f., 270

Humboldt, Friedrich Wilhelm Heinrich Alexander von (1769–1859) 88, 158

Huschke, Wilhelm Ernst Christian (1760–1828) 208

Ibsen, Henrik (1828–1906) 278

Iffland, August Wilhelm (1759–1814) 65, 71, 82, 144, 197–201

Jacobi, Friedrich Heinrich (1743–1819) 158 f.

Jahn, Johann Friedrich 32–34, 39

Jean Paul (eigtl. Johann Paul Friedrich Richter, 1763–1825) 111, 143, 158, 246 f.

Jommelli, Niccolò (1714–1774) 213

Jonas, Fritz (1845–1920) 245

Joseph II., Kaiser (1741–1790) 65

Junot, Franz Carl (1786–1846) 210

Kalb, Charlotte Sophia Juliane von, geb. Marschalk von Ostheim (1761–1843) 83–86, 90, 96, 108, 110 f., 116, 124, 137, 140, 185

Kalb, Heinrich Julius Alexander von (1752–1806) 83–85, 110, 124

Kalb, Karl Friedrich (Fritz) von (1784–1852) 85, 110, 124, 137

Kant, Immanuel (1724–1804) 16, 50, 96, 109, 116, 119, 127, 130–132, 155, 158, 164, 171, 218, 269, 272

Keller, Gottfried (1819–1890) 239

Kirnberger, Johann Philipp (1721–1783) 217

Klebe, Giselher (geb. 1925) 224

Klein, Christian (1741–1799) 42

Kleist, Heinrich von (1770–1811) 88, 196, 278

Klemperer, Victor (1881–1960) 273

Klinger, Friedrich Maximilian (1752–1831) 42

Klopstock, Friedrich Gottlieb (1724–1803) 42 f., 158, 184, 247, 262

Knebel, Karl Ludwig von (1744–1834) 109 f., 113

Koberstein, August (1797–1870)

Kodweiß, Anna Maria, geb. Munz (1698–1773) 26

Kodweiß, Elisabeth Dorothea s. Schiller

Kodweiß, Georg Friedrich (1698–1771) 27, 29

Schiller, Caroline Christiane (Nanette)
(1777–1796) 28, 37, 136 f., 139

Schiller, Caroline Henriette Louise
(1799–1850) 28, 145, 186 f., 189, 193,
195, 209 f.

Schiller, Elisabeth Christophina
(Christophine) Friederike (1757–1847)
26–28, 30, 32, 34, 66, 70, 73, 75, 139,
213

Schiller, Elisabeth Dorothea, geb. Kodweiß
(1732–1802) 19, 26–32, 34 f., 56, 66, 70,
73, 81, 92, 126, 136 f., 139, 191 f.

Schiller, Emilie Henriette Louise
(1804–1872) 28, 202 f., 205, 210

Schiller, Ernst Friedrich Wilhelm
(1796–1841) 28, 145, 186 f., 189, 193,
198, 201, 205, 209 f.

Schiller, Johann Caspar (1723–1796) 26–35,
48, 56, 64, 70, 83, 92, 126, 136 f., 139,
189, 209

Schiller, Johannes (1682–1733) 27

Schiller, Karl Friedrich Ludwig (1793–1857)
28, 137–140, 186 f., 189, 193, 198, 201,
205, 209 f.

Schiller, Louise Antoinette Charlotte,
geb. von Lengefeld (1766–1826) 8, 10,
13, 20, 28, 31, 56, 58, 88, 92, 97, 103, 108,
121–127, 135–140, 186 f., 190, 192–195,
197 f., 201 f., 206–210, 215, 240, 265

Schiller, Louise Dorothea Katharina
(1766–1836) 28, 31–34, 66, 136, 139

Schiller, Maria Charlotte (1768–1774) 28,
33 f., 37, 66

Schimmelmann, Charlotte Gräfin von
(1757–1816) 277

Schimmelmann, Ernst Heinrich Graf von
(1747–1831) 129

Schings, Hans Jürgen (geb. 1937) 261 f.,
274

Schlegel, August Wilhelm (1767–1845)
142 f., 158, 162

Schlegel, Dorothea Caroline Albertine, geb.
Michaelis (1763–1809) 143

Schlegel, Karl Wilhelm Friedrich
(1772–1829) 88, 142 f., 162

Holstein-Augustenburg, Friedrich
Christian Herzog von Schleswig-
(1765–1814) 48, 129–132, 142, 266, 277

Schlömilch, Daniel Gottlieb 215

Schmid, Carlo (1896–1979) 253

Schmid, Karl G. 278

Schmidt, Johann Ludwig (1726–1792) 145

Schmidt, Karl Christian Ehrhardt
(1761–1812) 127

Schnitzler, Arthur (1862–1931) 275

Scholl, Hans (1918–1943) 273

Scholl, Sophie (1921–1943) 273

Schöne, Albrecht (geb. 1925) 208

Schramm, Anna Sophie Auguste
(1736–1818) 118, 127

Schramm, Christine Charlotte Friederike
(1744–1826) 118, 127

Schröder, Friedrich Ludwig (1744–1816)
108

Schröter, Corona Elisabeth Wilhelmine
(1751–1802) 115

Schubart, Christian Friedrich Daniel
(1739–1791) 38 f., 65, 70

Schubert, Franz (1797–1828) 224, 226 f.

Mit 156 farbigen Abbildungen
Mit einem Nachwort von Walter Müller-Seidel

ISBN 3-351-03018-5

1. Auflage 2004
© Aufbau-Verlag GmbH, Berlin 2004
Gesamtgestaltung Therese Schneider
Repro LVD GmbH, Berlin
Druck und Binden Kösel, Krugzell
Printed in Germany

www.aufbau-verlag.de